高等院校经济学管理学系列教材

China Financial Market
Microstructure for Practitioners

中国金融市场微结构实务

韩 乾 / 著

北京大学出版社
PEKING UNIVERSITY PRESS

图书在版编目(CIP)数据

中国金融市场微结构实务/韩乾著. —北京:北京大学出版社,2021.6
高等院校经济学管理学系列教材
ISBN 978-7-301-32206-2

Ⅰ. ①中… Ⅱ. ①韩… Ⅲ. ①金融市场—金融结构—中国—高等学校—教材 Ⅳ. ①F832.5

中国版本图书馆 CIP 数据核字(2021)第 094476 号

书　　　　名	中国金融市场微结构实务 ZHONGGUO JINRONG SHICHANG WEIJIEGOU SHIWU
著作责任者	韩　乾　著
责 任 编 辑	杨丽明
标 准 书 号	ISBN 978-7-301-32206-2
出 版 发 行	北京大学出版社
地　　　　址	北京市海淀区成府路 205 号　100871
网　　　　址	http://www.pup.cn　新浪微博:@北京大学出版社
电 子 信 箱	sdyy_2005@126.com
电　　　　话	邮购部 010-62752015　发行部 010-62750672　编辑部 021-62071998
印 刷 者	北京市科星印刷有限责任公司
经 销 者	新华书店
	787 毫米×1092 毫米　16 开本　19.75 印张　468 千字 2021 年 6 月第 1 版　2021 年 6 月第 1 次印刷
定　　　　价	68.00 元

未经许可,不得以任何方式复制或抄袭本书之部分或全部内容。
版权所有,侵权必究
举报电话:010-62752024　电子信箱:fd@pup.pku.edu.cn
图书如有印装质量问题,请与出版部联系,电话:010-62756370

作者序

如果说市场是看不见的手,于无形之中使资源得到最优配置,那么市场微结构这门学科就是研究这只手到底是如何工作的。具体地说,它是研究交易制度、市场规则、投资者构成等因素如何影响投资者行为和市场运行质量的专门学科。在国外顶级商学院,市场微结构作为金融投资专业的必修课,少说也有二三十年之久。然而,笔者回国十年来在国内985高校从事金融教学和研究工作,却意外地发现国内几乎没有高校系统开设"市场微结构"这门课,关于市场微结构的学术研究成果与金融学其他分支相比也严重偏少,且鲜有发表在主流学术期刊。我国证券期货市场虽然起步较晚,没有欧美市场历史那么悠久,但发展比较迅速,目前我国股票和债券市场都已经是全球第二大市场,期货和期权等衍生品市场的交易量也排名世界前列。相比之下,高校里关于市场微结构的教育不但落后于市场实践,而且几乎属于空白,这方面的人才培养远远不能满足金融市场改革开放和健康发展对交易和监管人才的巨大需求。这种紧迫感和责任感是笔者下定决心写作本书的首要原因。

另一个原因是,欧美高校流行的市场微结构教材讲述的是欧美金融市场的情况,跟我国的实际情况在许多方面大相径庭,如果只是简单地将其翻译成中文,虽然有一定价值,但作用有限。这一点在笔者与金融业界人士的交流中屡屡被确认。一个从美国华尔街回国的典型交易员往往要花上至少半年时间才能比较熟悉国内的金融市场微结构。比如,欧美大多数金融市场的行情信息都是实时广播,而我国上海证券市场的行情更新频率是3秒,期货市场的行情更新频率是0.5秒或者0.25秒;欧美股票交易实行的是T+0方式,而我国股票交易是T+1方式,即当天买入的股票不能当天卖出;欧美股票结算实行的是T+2方式(美国于2017年将T+3方式改为T+2方式),而我国实行的是股票T+0和资金T+1方式;欧美证券期货市场一般实行做市商制度,每只股票有一个或多个指定做市商负责双边报价,而我国股票市场目前没有做市商,全部依靠电子撮合;欧美股票市场上的做空机制相对比较发达,具有比较完备的金融风险管理产品体系,如股票股指期货、期权以及个股融券制度等,而我国股票市场上的做空工具比较有限等。期货市场上的微结构差异也很明显。这里仅引用我国原油期货上市后《中国证券报》的一篇报道以窥斑见豹:"从运行实践来看,境外客户对内地的交易规则有一定不适,尤其是在平仓方面(包括平今、平昨);同时,境外客户对内地的交易系统也不太熟悉。"可以说,我国金融市场微结构在方方面面都与欧美市场截然不同,翻译过来的微结构实务教材无异于南橘北枳,水土异也。

第三个原因是,市场微结构设计对于一个金融市场是否能够良好、稳定、健康地运行非常重要。我国2015年股市异常波动的真正原因是什么?股指期货的交易限制对现货市场的运行有何影响?如何杜绝证券市场价格的"闪崩"现象?股票交易应不应该实行

T+0方式？应该如何看待包括融券和金融衍生品在内的做空机制？更一般地，一些监管措施因何目的出台？用来解决哪些市场问题？对市场的整体效果如何评估？对市场各交易群体的影响又是几何？显然，这些微结构问题有些容易回答，有些比较复杂，存有争议，还有些一时半会儿找不到最终答案。但不可否认的是，很多微结构问题都是实际市场运行中必须面对的重大问题，对资本市场的发展意义深远。同时，正因为市场各方对这些问题仍有不同意见，更加彰显了学习和研究市场微结构的重要性。如此，一本全面介绍我国金融市场微结构的专业书就必不可少。

以上三个原因共同构成了写作本书的初心。假使微结构对金融市场发展无足轻重，抑或国内外市场微结构大同小异、相差无几，再或国内高校的微结构教学已蔚然成风，只要有一条理由成立，本书都没有存在的必要。但是很遗憾，这三条到目前为止无一成立。

因为这是一本详细介绍我国金融市场微结构实务的书，所以它的潜在读者范围应该很广。它可以帮助国内外业界人士快速而全面地掌握我国金融市场的微结构，提高对我国金融市场的适应性。交易所和市场监管人士可以通过中国与国际市场的横向比较加深对市场运行规律的理解，也可运用本书中提供的指标和方法提高政策制定、评估和监管的水平。普通投资者可以通过阅读本书学会以微结构的视角去分析和看待每天金融市场上所发生的事件和现象，提高交易技巧和水平。笔者更乐见高校和其他金融培训机构采用本书作为市场微结构的专业教材，培养一批优秀的金融交易人才和监管人才，为我国正在进行的金融市场改革开放提供强有力的智力支持。

本书的写作难度比笔者预想的要大。如果只是介绍市场微结构的理论和模型，大概不需要花两年的时间来完成。理论和模型是现成的，从国外学术文献中搬过来就好。可这样做就违背了笔者写一本实务方面的书的初衷。市场微结构领域的概念和知识点相比金融学其他分支更贴近市场和真实交易。为了全面掌握我国金融市场微结构的实际情况，尽量做到纵向有历史、横向有比较、深度有细节，笔者就许多实操问题咨询了离市场最近的金融业界人士和交易所监管人士。他们每天的工作要么在市场里用真金白银进行交易，要么密切关注着市场里发生的一切交易活动，要么亲自参与制定一系列市场交易规则，没有人比他们更明白市场在发生什么。尽管他们平时工作非常繁忙，但无一例外对笔者的询问都给予了十分的耐心，并不吝提供了许多宝贵的信息和资料，大大提高了本书的实用价值。在此，对他们中的每一个人都深表感谢。

首先非常感谢上海广策信息技术有限公司的陈亮，作为全球多个知名高频交易商的前资深交易员和我国证券期货交易系统供应商之一，他谙熟中美两国的金融市场微结构，清楚地知道中国金融市场在微结构方面与国外存在较大差异。与陈亮的交流使笔者更加坚定了写作本书的信心和决心。特别要感谢华宝证券资深顾问吴振华，作为CTP期货交易系统的开发者和我国证券期货交易行业的深度参与者，他对我国金融市场微结构有着独到而精深的理解，并慷慨分享了很多来自市场第一线的观察和洞见，其中不少被采纳和写进了本书。非常感谢鹏华基金的李振宇、靳剑飞和张羊城，他们为笔者了解我国债券市场和债券交易提供了第一手信息和资料。还要特别感谢这些年结识的记者朋友们，他们的每一次采访都促使笔者学习和加深对我国金融市场微结构的理解，很多新闻动态在他们的提醒下被发掘并采用。

北京大学出版社杨丽明在成书的全过程中给予了笔者很大的激励和帮助。当初笔者虽一直有意写一本关于金融市场微结构的书,但始终担心时间占用太多而没有下定决心。是杨老师的主动联系和不断鼓励打消了笔者的顾虑,否则以笔者的惰性,这本书的问世至少还要再拖个一两年。她细致的编辑和校对工作使本书不仅图文并茂,而且结构清晰。

致谢笔者在厦门大学指导的硕士生和博士生们。在写作刚开始的一学期里,他们与笔者每个星期都要一起学习市场微结构中外文献,一些讨论内容成为本书中的一部分。在写作的过程中,书中的很多统计图表随着时间流逝和市场变化需要进行修改、调整和更新。郭小川、吴博强、蒋涛和丁心琦是本书的第一批读者,定稿前一个多月的时间里他们边读边改,使全书的数字统计更准确,文字更流畅,也使结构安排更符合金融专业学生的学习特点。赵诚志、孔铭熠、蔡冰清、邹璐璐、刘馨利用业余时间为本书制作了精美的幻灯片,提高了本书作为教材使用的便利度。

最后,要特别感谢笔者的家人。写书需要投入相当多的时间和精力,而人的精力总是有限的。在这两年里,周末和假期的空闲时光基本都留给了写书,这期间所有的家务和子女教育都由家人默默承担,但她们从无怨言,总是对我的"自私"行为给予充分的理解和支持。

市场微结构总是在不断发展和变化当中。尤其当前我国金融市场正处于不断对外开放、深化制度改革的宏伟进程中,各种政策措施层出不穷。这当中很多政策都正在或者即将深刻改变我国金融市场微结构,比如设立科创板并试点和推广注册制改革、实施资产管理新规、取消合格境外机构投资者的投资额度限制、股市异常波动期间禁止程序化交易接口、推出金融衍生品新品种等。很有可能当笔者完成本书的同时,市场微结构的某些方面又发生了改变。感兴趣的读者需要持续关注这些变化,并运用本书介绍的微结构知识进行分析,以加深对我国证券期货市场的理解并用于交易和监管实践。

韩　乾
2021 年 3 月 28 日于厦门

引 言

假设现在你手上持有一只充满气体的气球。当你松手后这只气球会以何种速度、何种轨迹飞行多久，取决于气球本身以外的很多因素，比如所处空间的大小、风速、湿度等。但毫无疑问的是，这也跟气球内部的分子运动密切相关。即使没有外部因素，比如在一个封闭的恒温恒湿的空间，气球的运动轨迹还是会受到来自内部分子运动的影响。

金融市场就像这只气球，它的运行情况不仅受到外部宏观因素的冲击，也深受市场内部结构因素，也就是市场微结构的影响。即便没有外部宏观信息冲击的时候，金融资产的价格仍然会因为微结构而产生波动。在宏观条件比如经济增速、财政、货币政策等发生巨大变化时，微结构又会将这些外部冲击放大或者缩小。

市场微结构研究的是行情信息、报单类型、成交规则、风险管控、结算和清算等交易制度以及这些交易制度对投资者行为和市场运行质量的影响。市场微结构的最小组成单位是交易者的报单，报单就好比气球内的分子。成千上万的分子会按照热力学、空气动力学规律运动，而海量的报单也会按照一定的交易规则进行提交、等待成交、成交或者撤单。交易者提交报单之前，还要了解市场的行情信息。行情信息的更新频率、速度、透明度，都会直接影响交易者的报单行为。当交易者提交报单后，一般要经过经纪商的风控系统进行资金和交易资产的检查，审核通过后才能发送到交易所的撮合服务器进行集中交易。对每一笔成交，交易所的清算会员机构都要在规定的周期内完成清算和结算，对所涉及的资金和资产的权益归属进行最后的确认。

这整个交易过程中涉及很多交易规则、交易制度、交易系统和交易人员，这些一起构成了市场的微结构。微结构直接决定市场运行的质量。微结构的细小变化，往往会在很大程度上改变交易者行为以及交易者之间的博弈均衡和财富分配，从而影响资产价格的走向、波动以及市场流动性。无数个事实证明，微结构设计上的疏漏和失误往往会造成市场交易者的重大亏损，甚至引发金融系统性风险。比如2013年的光大证券"乌龙指"事件，其本质就是市场微结构问题，是微结构教学的典型案例。由于报单生成系统和执行系统的缺陷，当日光大证券自营业务交易团队误下的234亿元巨额报单绕过了柜台风控系统，未经校验直接进入交易所，加上我国股票交易实行的是股票T+0和资金T+1结算方式，全部报单共成交72亿元，不但最终对光大证券造成了巨额损失，也扰乱了市场的正常秩序。再比如2016年推出的熔断机制，因设计不当，在市场下行的时候不但没能使市场冷静，反而放大了交易者的恐慌心理，导致沪深两市暴跌加剧。

从更宏观的角度来看，市场微结构的设计安排关乎金融市场能否有效服务于实体经济。金融市场服务于实体经济，从本质上讲就是要帮助市场参与者实现资金跨时间和跨空间的最优配置。无论是企业还是个人，都可能在某个时间点成为资金的需求方和供给方。

比如企业在发展的某个阶段需要从市场融资；个人有一笔闲置资金需要投资和交易金融资产以实现财富的增值保值。一个成熟发达的金融市场应当为满足这些实际需求提供便利：为需求方和供给方最大限度地降低信息不对称，更有效地匹配双方，让交易者以更低的价格迅速成交，保证市场信息的准确、及时、公开、透明，并提高信息反映到资产价格的效率，控制好各种金融风险，保障交易者资金和证券的安全。而这些正是市场微结构最关心的问题。好的交易机制可以有效降低买卖双方的信息不对称，提高透明度，降低交易成本，增加市场流动性；好的交易机制会促进买卖双方的报价和成交意愿，增加市场深度，不至于几个大单就"掀起千层浪"，保障市场稳定。因此，无论从市场的微观运行还是从市场的宏观职能来看，市场微结构都具有极其重要的现实意义。

全书的结构安排如下：

第一章解答"谁在交易"的问题，先将交易者分为交易服务的供给方和需求方，逐一介绍我国金融市场交易的主体，证券公司、期货公司、私募基金、公募基金、商业银行、交易所、监管部门等一一亮相。后面第八章中还会将交易者进一步细分为不同的类型，这里价值投资者、投机者、赌博者、做市商、大宗交易者等鱼贯登场，他们的交易目的迥异，交易行为各有特色，然而相互之间又有密切的互动和联系，有的互为竞争对手，有的相互依存，有的弱肉强食。更重要的是，每一种类型的交易者都会对市场产生或多或少、或好或坏的影响，它们一起形成了我国金融市场上的生物链和生态圈，俨然是金融交易的"动物世界"。但是因为这些分析需要用到微结构中的基本概念，所以请读者稍安勿躁，留待第二章至第七章再讲。

第二章解答的是"交易什么"的问题，主要介绍目前我国金融市场上的主要资产类型。这里既包括一些读者常见的资产品种如股票、债券、ETF基金，也包括普通投资者相对比较陌生的期权、资产支持证券和信用违约互换等。读者会发现，经过近三十年的发展，我国金融资产的种类已经越来越丰富，但横向与国际市场相比较，我国金融产品线还不够齐全，尤其是金融衍生品的供给远远不足。有心的读者还会发现，有些金融产品甫一问世就备受市场追捧，成交量暴增并持续增长，但也有些金融产品看起来与那些"爆款"类似，但就是无人问津，交易惨淡。还有的产品起初成交量很高，但竞争品种一上线很快就萎缩殆尽。这一切都跟市场微结构息息相关。

第三章至第七章是全书的核心，涵盖了市场微结构学中最重要的基本概念，也是跟投资者日常交易密切联系的几章，相信读者在阅读的过程中会时有收获。报单是市场交易的最基本单元，因此第三章详细介绍各种报单类型，有些读者会惊讶地发现自己原来对每天使用的交易指令并不太了解。只有掌握了报单类型以及各自的特点，投资者才能更好地根据自己的交易目的选择最合适的报单方式。

我国是典型的指令驱动市场，第四章通过很多例子重点介绍了指令驱动的交易制度，梳理了集合竞价和连续竞价规则的异同。相比于连续竞价，很多投资者对集合竞价过程不太重视，也不清楚当中具体发生了什么。事实上，不仅集合竞价中的信息对于市场走势判断有一定的作用，掌握集合竞价和连续竞价阶段在价格发现和流动性上的异同也有助于设计更好的交易策略。关注市场运行效率和质量的交易所和监管人士应该会对这一章中的内容较感兴趣。

市场运行质量的两个重要方面——流动性和波动性分别在第五章和第六章中介绍。这两个概念是市场交易者和监管者最关心的市场质量维度，媒体报道中也充斥着这两个词。但学完第五章读者会发现，原来流动性有很多维度，而且我们平时所听到、见到的"流动性"其实大多数时候是指资金流动性，跟微结构当中的市场流动性完全不是一回事。读者也会看到国际市场上交易所是如何管理流动性的。波动性也是一个常被误解的概念，第六章提供了一个关于波动性的测试例子，相信不少读者做完测试后才会明白自己的直觉是错误的。这两章还分别总结了学术文献中流动性和波动性的若干计算方法，对从业人员、高校师生开展相关研究应有裨益。

第七章讨论了信息以及信息融入市场价格的过程。这是金融市场发挥价格发现功能和资源配置功能的核心所在。我们常说一个市场是不是有效率，其实就是指信息是否公开透明，是否快速、准确地体现到市场价格中。进一步地，交易信息分为交易前信息和交易后信息，那么信息透明度是不是越高越好呢？信息透明度到底对市场运行有何影响？读者在读完这部分内容后会对目前我国证券期货市场大力加强信息披露机制的改革举措有更深刻的理解。价格发现是金融市场的重要功能，如何度量价格发现？期货有跨市场的价格发现功能，我国的股指期货价格发现功能发挥得如何？有哪些中国市场特色？这些问题都会在本章找到答案。

在介绍了以上微结构的核心概念后，第九章关注一个重要问题：什么才算是好的金融市场？金融市场应当服务于实体经济发展，虽然我们已经有这样的共识，如何达到这个目标却可能有若干个路径可供选择，比如市场上一直有一种论调，认为金融市场应该以融资为目的，有人认为保护投资者利益是金融市场的首要任务，还有人说金融市场要像美国股市那样长期"慢牛"才是最重要的，总之千人千解。不过，如果从市场微结构的角度来看，答案却是十分清楚的。过分强调金融市场的融资功能会破坏市场生态，不利于市场的高质量运行，容易形成资产泡沫和导致暴涨暴跌，间接上又损害了融资功能。至于能否实现牛长熊短其实从根本上取决于实体经济的发展状况，金融市场只要能够做到实体经济的晴雨表就好。尽管这一章没有任何数字和公式，却澄清了不少认识上的误区。比如融资和市场质量二者之间存在怎样的辩证关系？改善市场微结构跟实体经济发展之间有何关系？如何正确认识做空机制和程序化交易？何谓投机？这些都是监管人士十分关心的话题。

第十章介绍的交易系统，多数非专业投资者应该不太熟悉。本章详细介绍了交易所系统包括行情公布系统、收发系统、显示系统、结算系统，以及券商和期货公司的柜台系统。最后部分比较了国内外交易系统在性能和技术上的差别。本章内容对交易所、监管层和程序化交易者更有价值。

交易成本是普通投资者长期忽视而专业投资者高度重视的概念。金融市场交易成本的高低直接关系到投资者利益和市场的活跃度，更会影响市场的运行效率和资源配置功能的发挥。监管层应当时刻关注市场的隐性和显性交易成本的变化，尽量通过市场化的规则和制度来降低交易摩擦，提高交易效率。第十一章将我国证券期货市场上的交易成本逐一拆解，帮助读者了解交易成本的结构组成，并详细介绍了交易成本的度量方法及其影响因素。

交易后的清结算工作被称为"管道工"工作，因为清结算发生在交易结束后，在业务上属于中后台，任务重又通常不为人所知。但其实一个金融市场的平稳运行绝对离不开一个强大可靠的清结算系统。第十二章先回顾了国际上清结算业务的发展历史，然后分别介绍了我国证券、期货和期权市场上的清结算业务并与国际习惯进行比较，有助于交易所和监管层了解现实差距和明确改进方向。投资者尤其是期货和期权投资者需要了解清结算过程中的风险，从而避免不必要的交易损失。

第十三章介绍了市场关注的热点——高频交易和程序化交易。无论是美国还是中国，程序化交易和高频交易因其与市场价格"闪崩"和金融市场危机的关联而备受争议。本章回顾了高频交易在美国的发展历史，分析了高频交易和程序化交易在中国的发展现状和监管现状，并讨论了它们对市场运行质量的利弊。如同金融衍生品，市场对程序化交易和高频交易存在一定的误解，相信读者在读完本章后会有更客观的判断。

金融市场改革开放是现阶段我国资本市场的鲜明特征。谈我国市场的微结构，就必须提到金融市场的改革开放。近年来，决策层高度重视资本市场改革开放，科创板的设立、注册制改革、陆港通和沪伦通等互联互通机制的陆续推出，开启了我国金融市场基础设施和制度改革的序幕。随着A股纳入一系列国际指数、外资在我国金融机构的投资占比限制放松以及外资机构在我国的投资品种范围扩大，外资机构的深度参与将逐步改变我国证券期货市场上的投资者结构、投资理念和市场生态，也将对我国金融市场的运行质量和定价效率产生重大影响。第十四章梳理了近年来我国金融市场改革开放的重大举措，并分析了这些举措对市场微结构可能产生的影响。

他山之石，可以攻玉，通过与国际市场的对比可以强化我们对中国金融市场微结构的认识。第十五章重点介绍了境外两个具有代表性的金融市场——美国和中国香港金融市场的微结构。美国金融市场是公认的成熟市场，为美国实体经济的发展提供了巨大的动力和支持，但美国金融市场的结构与A股市场结构大相径庭，通过两者之间的对比可以为中国金融市场的深化改革提供宝贵的借鉴。中国香港与内地文化相近，总体市场结构上也比较接近，但在具体规则上还是有很大差别。通过与香港市场的客观对比，同样有助于优化内地金融市场的设计。

第十六章，也是全书最后一章，介绍了加密货币市场的微结构。加密货币是近年来新兴的金融资产品种，世界各国对加密货币的看法、态度和监管措施各有不同。但这些并不妨碍加密货币交易和交易所的蓬勃兴起。学术界对于加密货币交易和市场微结构的研究也正迎头赶上。本章回顾总结了目前为止学术界对于加密货币交易的研究成果，介绍了关于加密货币市场微结构的最新发现，最后分析展望了比特币和天秤币可能对全球货币主权带来的挑战。

为了帮助读者进一步拓宽视野、了解现实和更好地理解相关概念，书中正文部分穿插了一些名词解释、历史典故、真实案例和学术成果介绍，希冀拓展读者阅读的深度和广度。这些补充内容统一用方框标注。

现在就让我们正式开启金融市场微结构实务的学习之旅。先来看两个股票和债券的交易实例感觉一下吧。对于这些例子中充斥的术语，读者可能现在还不熟悉，不过不用担心，随着学习的逐步深入，这些术语都会在后面各章节中得到阐释。

例一　股票交易

上午9:10,老杨习惯性地打开了笔记本电脑,点开某证券公司的股票交易软件,5分钟后一天的交易就要开始了。作为一个老股民,老杨知道,每个交易日的9:15—9:25为开盘集合竞价时间,9:30—11:30、13:00—14:57为连续竞价时间,14:57—15:00为收盘集合竞价时间。其中9:15—9:20交易者可以自由申报,未成交的申报可以撤销;9:20—9:25可以继续申报,但交易所的交易主机不接受撤单申报;9:25—9:30为冷却期,交易所主机不再接受申报。

老杨在9:18通过软件输入一笔买入申报,表达自己希望以25.60元/股的价格买入某股票的愿望。9:30开盘了,连续竞价模式开始。老杨看到电脑屏幕上显示该股票的开盘价为25.70元/股。这个开盘价是交易所综合考虑全市场所有报单并最大化成交量之后所确定的价格,凡是高于该价格的买入申报和低于该价格的卖出申报都会成交。老杨的申报显然低于这个开盘价,所以没能在集合竞价期间成交。不过没关系,老杨明白他的申报会自动进入连续竞价。

随着市场交易者不断申报和成交,股票价格开始上下跳动。老杨密切关注着股价变化,随时准备根据行情修改自己的申报。10:30价格已经涨到了26.50元/股。老杨觉得今天这只股票的价格走势基本明朗,自己原先提交的25.60元/股的申报价格太低,不大可能成交。刚刚市场上又传出有利于该股票的消息,老杨决定撤销之前的申报,重新提交了一个26.45元/股的限价申报,相当于告诉全市场他愿意以不高于26.45元/股的价格买入这只股票。老杨等了一会儿,发现股票价格继续上涨,已经到了26.70元/股,自己的限价申报仍然未能成交。老杨觉得自己不能再错过买入机会了,于是他再次撤销了申报,改为市价申报,意思是自己愿意按照当前市场上的最优卖出申报价格成交。很快,老杨看到自己的申报成交了,成交价格是26.73元/股。

老杨舒了一口气,脑海里不禁想起当年股市刚刚开始时候的情景。20世纪90年代初期,老杨买卖股票需要到证券公司营业部柜台,在营业大厅看行情,凭身份证领取并手动填写委托单,行情好的时候人山人海,委托单抢也抢不到。再后来,老杨通过寻呼机收取行情,也可以通过电话给营业部下委托指令了,不用跑到营业部柜台排队。无论是手动委托还是电话委托,都要由营业部传到交易所的交易大厅。大厅里有营业部的出市代表,他们是一群身着红马甲的人,收到营业部发来的客户委托后将这些委托输入交易所的撮合主机终端,再将交易结果反馈给营业部。到了21世纪,随着互联网的普及,股票交易也搬到了线上,老杨可以在电脑上提交申报,证券公司在经过资金和证券核对无误后将申报转交到交易所的交易主机进行撮合,证券公司的清算和结算也都在电脑里自动完成。虽然在股市摸爬滚打20年,但老杨没有学过市场微结构知识,所以其实并不清楚他的申报具体是按照什么规则与其他市场成交的。

下午3:00全天的股票交易结束。老杨看到电脑上显示的收盘价为27.50元。按照目前我国股票交易T+1的规定,老杨在当天买入的股票至少要等到明天才能卖出。

收盘以后发生的事情老杨就不太了解了。证券公司营业部在每天下午收盘后要对当日的所有委托和成交情况进行结算和清算,各家证券公司清结算的时间不太一样,有的下午 5 点多就开始,有的则要工作到深夜。① 无论如何,在结束一天的工作之前证券公司都要将当日的结算结果上报给交易所,交易所核实后再上报给中国结算,后者将当日市场上的所有交易信息全部登记到全国统一的记账系统,并在证券公司层面进行证券和资金的清算与结算。证券在清结算后当日即在证券公司之间进行划拨,但资金划转须在次日才能完成。这就是证券结算的 T+0 与资金结算的 T+1。交易者当日卖出股票收到的资金也只能在第二日才能动用。

例二 债券交易

早上 8:00,某公募基金债券交易员小王到办公室开始了新的一天。首先,他打开各个债券组合的头寸表,根据之前安排好的今日交易情况以及各产品的申赎、债券的兑息兑付情况开始计算今日头寸,将银行间和交易所的融资情况汇报给经理。

8:30 后,小王打开资金业务 QQ 群,开始进行银行间资金询价:A 组合可以融出资金 1 亿元,期限是隔夜;B 组合要融入资金 2 亿元,期限是隔夜;C 组合要融入资金 2200 万元,期限是 7 天(7D)。今日资金市场维持紧平衡,B 组合分别有 1 亿元利率债和 1 亿元同业存单,小王很快找熟悉的银行"大腿"平了这 2 亿元的账户资金缺口。与此同时,小王也给熟悉的朋友以及在资金业务 QQ 群里发布消息:出隔夜 1E,借 2200W 7D,意即融出 1 亿元隔夜资金(组合 A),融入 2200 万元 7 天资金(组合 C)。A 组合融出隔夜的押券要求是质押债券的主体评级在 AA+ 及以上且属于非产能过剩行业,同时要求融出对手方是券商或银行自营。虽然 A 组合融出资金的要求较高,但由于今日资金面略微偏紧,所以小王很快将这 1 亿元以高于市场加权利率 40 bp 融出(1 bp 等于万分之一),在核对对手方的质押券无误后将交易要素发给了对手方。现在小王只剩下 C 组合的 2200 万元 7 天需要处理,由于 C 组合的持仓券资质较弱,并且 2200 万元在银行间市场属于小量资金,所以小王一直紧盯群里的出钱(融出资金)消息并 QQ 点对点询问平时出钱的资金小伙伴们。虽然过程较为艰难,但总算询到了一家同意融出的,小王赶紧把 C 组合可质押券发给小伙伴。若这些质押券经过小伙伴核对可以质押,那这笔交易基本上就谈妥了。

时间一晃,马上就 9:15 了。由于最近股市向好,基金经理预计今日权益市场开盘后能大涨,于是给小王下达了转债 a 参与集合竞价的买入指令。小王知道交易所市场早上 9:25—9:30 是集合竞价时间,上交所债券 9:30—11:30、13:00—15:00 是连续竞价时间;上交所回购 9:30—11:30、13:00—15:30 是连续竞价时间;深交所债券 9:30—11:30、13:00—14:57 是连续竞价时间,14:57—15:00 是集合竞价时间;深交所回购 9:30—11:30、13:00—15:27 是连续竞价时间,15:27—15:30 是集合竞价时间。小王得到指令后立即在 9:25 之前按照经理的指令在系统上进行了买入转债 a 的操作。9:30,由于小王的指令价格高于集合竞价价格,小王成功买入转债 a。

C 组合融资的对手方已核对完质押券,贴给小王交易要素,小王将 B 组合、C 组合的质押式回购交易通过本币交易系统发送到对方那里,等待对方点击成交即可。这时候,A 组合的对手方已经将交易发送到小王的本币交易系统上,小王复核要素无误后点击成交。

---

① 如果读者进行过股票买卖,应该体验过晚上打开手机股票交易软件时经常会有提示"系统正在结算中"。

忙完资金交易之后，小王开始整理今日债券一级市场信息。对于大部分今日发行的债券，研究员都进行了点评和判断是否能入库（公司的信用产品库）。小王整理好一级债券市场发行信息，发送给经理，并着重选取了几只看起来性价比不错的债券进行推荐，待经理作出判断选择后，小王再联系债券销售进行一级投标。

很快，时间快到中午了，小王想起来自己今日计划要进行卖出的几只信用债还没有刷给中介①，于是赶紧完善交易要素发给中介，让中介机构帮忙询价，同时自己也找熟悉的小伙伴针对性地进行了询价。

下午13:00，小王开始了下半场的工作。A 组合还需要在交易所进行 1 亿元的 7D 融出，B 组合则需要在交易所进行 1 亿元的隔夜融资。② 经理让小王进行择机交易，在下午这段时间将这两个组合的头寸平掉。小王认为今日资金在逐渐转松，尾盘可能跳水，于是选择先出掉 A 组合的 1 亿元，等到 15:00 左右再择机进行 B 组合的 1 亿元隔夜融入。

小王一边盯着交易所价格，一边跟现券小伙伴进行信用债的询价，有小伙伴对小王卖出的债券有意向，并且二人价格相近，于是二人再度进行了讨价还价，并各自请示了经理，最终达成了交易。

小王刚想歇一口气去个卫生间，此时突然传来债市重大利好消息，经理指示小王赶紧买入，利率债市场收益率迅速下行，小王按照经理要求立马联系中介以市价买入 1 亿元的利率债活跃券 190215.IB，场面十分激烈。

等小王回过神来，已经是 16:00，后台同事告诉小王，今日 A 组合的银行间质押式回购到期的对手方还未还钱，我们无法将融出的资金给到下家对手方。小王一看 QQ，果然由于到期的对手方未还钱，故 A 组合还未给钱到下家，下家已经催了好几遍了。由于产品组合的资金结算速度一向较慢，于是小王赶紧催上家还钱，并询问资金链条情况，做好万一对手方还不上钱的准备。

此时，债券销售联系小王说 b 债 17:00 就要截标了，要小王将最终版本的投标书赶紧传真过去，小王将这个债的市场投标信息告诉经理后，更改了投标信息，立即传真给该债券的簿记机构，完成了投标。

已经 16:40 了，A 组合的上家还未还钱，为了避免对下家违约，小王只能请示经理后选择应急，联系平时关系紧密的银行重新融入一笔 1 亿元。由于银行间前台交易系统 16:50 便关闭了，所以时间非常紧张，小王赶在 16:47 分时给应急对手方发送了交易。银行十分给力，立即点击成交。小王赶紧催后台进行了结算，顺利将资金给到了下家。此时已经 16:50 了，但是上家仍未将资金还给小王，这一笔资金是中债登托管的，上清所的结算结束时间是 16:55，中债登是 17:00。等到了 17:00，后台告诉小王，交割失败。小王心灰意冷，在被领导批评和质问原因后，继续加班联系对手方进行了失败报备处理。

忙完这一切，已经晚上 19:00 了。小王顾不上吃饭，开始对今日行情和消息进行总结，写今日的交易日报，并为明日的交易进行准备。

---

① "中介"是货币中介的简称。国内债券市场有五大货币中介：上海国利货币经纪有限公司，平安利顺国际货币经纪有限责任公司，上海国际货币经纪有限责任公司，中诚宝捷思货币经纪有限公司以及天津信唐货币经纪有限责任公司。

② 由于债券基金组合可以持有银行间与交易所债券，对应也存在银行间与交易所的账户头寸。上文提及的是银行间头寸，此处的头寸是债券基金组合的交易所头寸。

目 录

- 1 第一章 谁在交易?
  - 1 1.1 需求方
    - 1 1.1.1 投资者
    - 7 1.1.2 避险者
    - 7 1.1.3 娱乐者
  - 8 1.2 供给方
    - 8 1.2.1 证券公司
    - 10 1.2.2 期货公司
    - 11 1.2.3 交易所
    - 18 1.2.4 登记、托管、清算和结算机构
    - 20 1.2.5 金融信息服务商
    - 20 1.2.6 系统供应商
    - 21 1.2.7 监管者

- 25 第二章 交易什么?
  - 26 2.1 股票
    - 26 2.1.1 股票品种
    - 27 2.1.2 股票发行
  - 29 2.2 标准化债权类资产
    - 30 2.2.1 债券
    - 34 2.2.2 债券交易
  - 40 2.3 证券投资基金
  - 41 2.4 远期与期货
    - 43 2.4.1 期货定价原理
    - 44 2.4.2 期货品种
  - 45 2.5 期权
    - 46 2.5.1 期权定价公式
    - 47 2.5.2 期权品种
  - 48 2.6 信用衍生产品
  - 50 2.7 固定收益及货币衍生品场外交易

50	2.7.1 远期利率协议
51	2.7.2 债券远期
52	2.7.3 利率互换
52	2.7.4 外汇远期
52	2.7.5 人民币外汇掉期
54	2.7.6 外汇货币掉期
54	2.7.7 外汇利率期权
54	2.7.8 人民币外汇期权
55	附录：场外衍生品市场

58	第三章 报单
58	3.1 报单类型
58	3.1.1 按交易方向分类
60	3.1.2 按成交即时性分类
70	3.1.3 按有效期分类
70	3.1.4 按委托数量分类
70	3.1.5 其他报单类型
71	3.2 最小交易单位
71	3.3 市场执行系统
71	3.3.1 经纪驱动市场
72	3.3.2 报价驱动市场
73	3.3.3 指令驱动市场

75	第四章 指令驱动市场
75	4.1 报单优先规则
75	4.2 成交价确定规则
75	4.3 集合竞价机制
76	4.3.1 集合竞价的成交规则
78	4.3.2 中国证券市场的集合竞价时间
79	4.3.3 集合竞价期间的行情显示
82	4.3.4 集合竞价虚假申报
83	4.4 连续竞价机制
85	4.5 集合竞价与连续竞价的对比

88	第五章 市场流动性
89	5.1 流动性的维度
92	5.2 流动性的决定因素
92	5.3 流动性提供者

93	5.3.1 做市商
93	5.3.2 大宗交易者
94	5.3.3 价值投资者
95	5.3.4 预设交易者
95	5.3.5 套利交易者
97	5.4 一个虚构的例子
97	5.5 流动性管理
98	5.5.1 Maker-Taker 费用模型的历史
98	5.5.2 Maker-Taker 费用模型的现状
100	5.5.3 关于其影响的争论
102	5.5.4 Maker-Taker 费用模型在中国市场中的运用情况
102	5.6 流动性与定价效率之间的关系

104	第六章 波动性
104	6.1 波动性的计算
105	6.1.1 日度历史波动性——标准误差
105	6.1.2 日度历史波动性——指数加权移动平均（MA）
105	6.1.3 日内波动性——Parkinson estimator
105	6.1.4 日内波动性——Garman and Klass estimator
106	6.1.5 日内波动性——Rogers and Satchell estimator
106	6.1.6 已实现波动性——realized volatility
106	6.1.7 基于委托报价的波动性
106	6.2 正确认识波动性
111	6.3 波动性的影响因素
111	6.4 波动性的分解

113	第七章 信息
114	7.1 交易信息透明度
114	7.1.1 交易前透明度
118	7.1.2 交易后透明度
118	7.2 单一市场价格发现
119	7.3 跨市场价格发现
119	7.3.1 跨市场价格发现的度量指标
121	7.3.2 中国期货市场的价格发现功能
123	7.4 信息披露、信息质量和信息传递

第八章　交易者类型　……126

- 8.1　机构投资者和零售投资者　……126
- 8.2　按照交易目的划分　……127
  - 8.2.1　实用交易者（utilitarian traders）　……128
  - 8.2.2　逐利交易者　……131
  - 8.2.3　无效交易者（futile traders）　……146
- 8.3　按照是否拥有有用信息划分　……146
- 8.4　按照交易频率划分　……146
- 附录：何谓"投机"？　……147
  - （一）不能以交易次数来判断　……148
  - （二）不能以交易标的来判断　……148
  - （三）不能以是否加杠杆来判断　……149
  - （四）不能以交易者类别来判断　……149
  - （五）不能以做多做空来判断　……150
  - （六）不能以套保/套利/投机的三分法来判断　……150
  - （七）不能以实体还是金融二分法来判断　……150

第九章　什么是好的市场？　……151

- 9.1　典型认识误区　……151
  - 9.1.1　股票市场的首要功能是融资？　……151
  - 9.1.2　实体企业发展跟市场流动性无关？　……152
  - 9.1.3　提高流动性对中国股票市场有意义吗？　……153
  - 9.1.4　卖空机制对市场有害无益？　……154
- 9.2　市场效率　……157
  - 9.2.1　基于统计方法的市场效率检验指标　……157
  - 9.2.2　基于资产定价模型的市场效率检验指标　……158
- 9.3　市场监管　……160
- 9.4　股票实行T+0交易的可行性分析　……162
  - 9.4.1　学界研究　……162
  - 9.4.2　境外经验　……163
  - 9.4.3　对投资者的影响　……163
  - 9.4.4　实行T+0有无风险？　……164
- 附录Ⅰ：融券为什么这么难？　……165
- 附录Ⅱ：转融通业务　……167
  - （一）转融通的期限费率　……167
  - （二）转融通的业务模式　……169
- 附录Ⅲ：如何看待杠杆交易？　……171
  - （一）杠杆是金融的本质，没有杠杆就没有现代金融　……171
  - （二）杠杆交易往往是替罪羊　……172
  - （三）杠杆有多种，需要区别对待　……172

174　第十章　交易系统

- 175　10.1　信息系统
  - 175　10.1.1　行情搜集和发布系统
  - 177　10.1.2　信息发送和接收系统
  - 177　10.1.3　交易通道
  - 178　10.1.4　报单显示系统
- 178　10.2　券商和期货公司的柜台系统
- 179　10.3　期货交易所开发的柜台系统
- 181　10.4　交易所结算系统

182　第十一章　交易成本

- 182　11.1　股票市场交易成本
  - 182　11.1.1　券商佣金
  - 183　11.1.2　印花税
  - 183　11.1.3　交易所费用
  - 184　11.1.4　过户费
  - 184　11.1.5　证券投资收益所得税（企业所得税）
  - 185　11.1.6　证券投资基金的增值税
  - 187　11.1.7　买卖价差
  - 190　11.1.8　价格冲击
  - 191　11.1.9　融券成本
  - 192　11.1.10　股指期交易限制
- 193　11.2　期货市场交易成本
- 196　11.3　交易成本的影响因素

198　第十二章　清算和结算

- 198　12.1　主要结算模式
- 201　12.2　结算模式的发展历史
- 205　12.3　结算机构与交易所的关系
- 205　12.4　中国证券结算模式
  - 205　12.4.1　券款对付
  - 207　12.4.2　其他结算方式
  - 207　12.4.3　中国股票结算模式
  - 209　12.4.4　中国债券结算
- 209　12.5　中国期货的清结算
- 211　12.6　期权结算制度
- 213　12.7　境外衍生品市场保证金制度概况

217　第十三章　高频交易和程序化交易

- 218　13.1　什么是高频交易
- 218　13.2　境外高频交易发展历史
- 221　13.3　高频交易的策略
- 221　13.4　高频交易的好与坏
- 222　13.5　高频交易的监管
- 223　13.6　高频交易在中国
- 224　13.7　程序化交易
- 225　13.8　量化交易

227　第十四章　中国资本市场改革开放

- 227　14.1　证券期货市场改革开放简史
  - 227　14.1.1　建立和完善合格境外机构投资者（QFII）制度
  - 230　14.1.2　两地互联互通机制
  - 232　14.1.3　A股加快纳入国际主流指数
  - 233　14.1.4　金融业对外开放力度加大
  - 233　14.1.5　期货市场逐步开放
- 234　14.2　资本市场改革的里程碑——科创板
- 236　14.3　加强投资者教育与保护

239　第十五章　境外金融市场微结构

- 239　15.1　美国股票市场微结构
  - 240　15.1.1　美国证券期货交易所
  - 247　15.1.2　另类交易系统
  - 249　15.1.3　内盘
  - 251　15.1.4　交易所做市商模式
  - 252　15.1.5　OTC市场
- 257　15.2　美国衍生品市场微结构
  - 257　15.2.1　美国期货市场
  - 258　15.2.2　美国期权市场
- 261　15.3　中国香港金融市场微结构
  - 262　15.3.1　中国香港股票市场微结构
  - 271　15.3.2　中国香港衍生品市场微结构

278　第十六章　加密货币市场微结构

- 278　16.1　文献回顾
  - 278　16.1.1　比特币能否成为货币？

280	16.1.2	比特币是否具有分散风险的功能？
282	16.1.3	比特币的风险特性
285	16.1.4	比特币的监管
287	16.1.5	比特币价格的影响因素
288	16.1.6	比特币期货和比特币期权
290	16.1.7	比特币市场微结构
291	16.1.8	比特币市场微结构的最新进展
293	16.1.9	小结
293	16.2	Libra横空出世

第一章 谁在交易？

如今地球上的每一分钟都有无数交易者在不同的金融市场里交易形形色色的金融工具，以达到各自的交易目的。这些交易者既有个人、公司，也有政府部门；交易资产既有看得见的商品，也有看不见的指数、股票、债券、利率、货币甚至更抽象的波动性。金融市场将全世界彼此陌生的交易者集中在一个个无形的电子交易网络系统，巨量的信息在这里交互消化，庞大的资金在这里进进出出，最终形成了价格的瞬间涨跌。毫无疑问，金融市场是一个激动人心的神奇世界。

参与金融市场交易的自然人和法人一起构成了交易行业的主体。其中有些为别人达成交易而提供服务和便利，有些则使用这些服务以实现自己的交易目的。前者为供给方，后者为需求方。

这里的"供给"和"需求"不是指对某种金融资产，而是指对交易服务的供给和需求。比如某个交易者在市场上挂出了一个市价单，无论是买单还是卖单，该交易者都是交易服务的需求方。但并不是所有提交报单的交易者都是需求方，比如某期权做市商申报了限价单等待成交，那该做市商就是交易服务的供给方。关于市价单和限价单的区别将在第三章详细介绍。有时同一个机构可以既是供给方又是需求方。比如某证券公司，其自营部门和资产管理部门在市场上进行买卖的时候就是需求方，但其经纪部门和清结算部门是交易服务的供给方。

1.1 需 求 方

人们往往因为各种原因对交易产生需求，这一节介绍交易服务的需求方。根据不同的交易目的，需求方大致可分为投资者、避险者和娱乐者。更具体的分类可见第八章。

1.1.1 投资者

自然人投资者、专业机构投资者和一般法人投资者交易金融资产主要是为了实现资金跨时间和跨空间的配置。自然人投资者就是日常所讲的"散户""个人投资者"或者"零售投资者"。专业机构投资者也称特殊法人投资者，通常相对自然人投资者具有资金、信息和交易技术优势，包括公募证券投资基金、私募证券投资基金、证券公司自营部门、证券公司资产管理部门、信托公司、保险公司以及合格境外机构投资者（QFII）、人民币合格境外机构投资者(RQFII)、商业银行、全国社保基金和养老基金等。一般法人投资者是指企业本身或者企业大股东、政府部门和事业单位,通常长期持有证券,较少参与二级市场交易。

据中国证券登记结算有限公司官网统计,截至2018年3月,我国股票市场大约有1.375亿账户处于未休眠状态的期末投资者。另据海通证券粗略估计,自然人投资者持有股票市值占A股市场流通总市值约34%,机构投资者流通市值占比约16%,而一般法人投资者持股占50%左右,这说明至少有一半市值的股票未在市场自由流通。债券市场主要以中央银行、商业银行、基金等法人投资者占据主体,自然人投资者目前参与各种债券交易的门槛仍然很高,投资占比虽有增长,但几乎可以忽略不计。

> 20世纪80年代末,由于意识到计划经济体制下国有企业的低效率等问题,我国开始对国有企业进行股份制改造,在原有国有资产存量的基础上溢价增发可流通股票从社会融资,但同时为了保证国有控股的性质,规定原始国有股不允许在二级市场交易,只能在场外协议转让,成为非流通股,从此开始了流通股与非流通股并存的局面。这种"股权分置"的不公平现象以及非流通股对企业高管造成的负面激励,严重阻碍了股票市场价格信号和资金导向功能的发挥,成为实体经济改革和发展的绊脚石。
>
> 2005年股权分置改革在前期"国有股减持"和"全流通"尝试的基础上重新开启,拉开了我国证券市场成立以来最深刻的改革的序幕。人们习惯把占总股本比重不超过5%的小部分非流通股叫作"小非",可以在股改后一年内进行流通;超过5%的非流通股叫作"大非",可以在股改后两年内进行流通。为降低"大小非"解禁对市场股票总量供给的冲击,监管层要求企业按照一定的速度逐步进入市场。在经过两批试点再到全面实施之后,至2007年年底轰轰烈烈的股权分置改革基本完成,是我国资本市场走向成熟的又一里程碑。

1.1.1.1 证券投资基金管理公司

证券投资基金管理公司(以下简称"基金公司"),是指经中国证券监督管理委员会批准,在中国境内设立,从事证券投资基金管理业务的企业法人。公司董事会是基金公司的最高权力机构。

基金公司发行的产品即为基金(关于基金品种的介绍请见第二章)。根据募集方式的不同,基金可以分为公开募集基金(以下简称"公募基金")和非公开募集基金(以下简称"私募基金")。公募基金的起投金额一般比较低(最低1元),持有股票在20只以上。私募基金的投资者需要具备比较严苛的条件,比如投资于单只私募基金的金额不得低于100万元,个人投资者金融资产不低于300万元或者最近三年个人年均收入不低于50万元,等等。目前,我国市场上,单只私募基金产品的投资者数量不得超过200人,超过200人即被视为公开募集。

公募基金公司的利润主要靠每日提取的基金管理费与申购赎回费,与基金的盈利没有直接关联。而私募基金公司的收益主要靠业绩报酬,一般按照业绩利润的20%计提,产品单位净值为正的情况下可以提取管理费。

截至2019年10月,我国境内共有公募基金管理公司137家,管理资产净值大约14万亿元,基金数量9000只左右,其中股票型基金占比从10年前的95%降到25%,大部分增长来源于债券型基金和货币市场基金。从有效户数来看,个人投资者占比在99%以上,而从持有资产占比来看,机构投资者占50%左右。图1-1为我国公募基金管理规模的时间变化趋势。

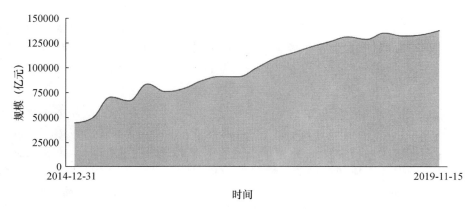

图1-1 市场全部基金规模走势

资料来源:东方财富官网。

截至2019年第二季度,我国境内共有私募证券投资基金公司近9000家,备案私募基金产品约40000只,资金规模为2.5万亿元左右。① 私募基金是不是金融机构?这是困扰私募基金行业的一个老问题。2018年资管新规《关于规范金融机构资产管理业务的指导意见(征求意见稿)》明确规定了金融机构在开展资管业务当中必须遵守的各项条例,在投资者适当性、产品明示、从业人员资质要求等方面,私募基金都被默认为是金融机构,需要一起遵守这些规定。但是2018年正式发布的该资管新规却规定银行只能与金融机构合作,而私募基金被认为不属于金融机构。这让很多银行顿感为难,因为通常头部私募基金的风险管理和投资能力要强于公募基金,银行的资金需要更专业、更有能力的管理人来打理。保险资金也有同样的直接投资私募基金的需求。

对私募基金利好的消息是,2018年10月19日,银保监会出台了《商业银行理财子公司管理办法》,首次明确私募基金管理人可以作为理财合作机构,而此前的资管新规和《商业银行理财管理办法》都要求私募基金管理人只能作为投资顾问参与。

私募基金到底属不属于"基金"?私募基金到底属不属于"金融机构"?这两个悬在私募基金头上的问题之所以产生,关键还是有关部门之间缺乏足够的沟通和协调,比如税务部门与证券监管部门之间,以及证券监管部门与银保监管部门之间。② 当然,超过2万多家

---

① 注意,这里并未统计私募股权投资基金、创业基金以及私募资产配置类基金的数量和规模。如果加上这些,则截至2019年第二季度,私募基金数量共计2.4万多家,资金规模达13万亿元以上,大致与公募基金规模相当。
② 关于这个问题的更多讨论,详见本书第十一章。

私募基金公司中间一定存在良莠不齐、鱼龙混杂的情况,全部不加区别地都认证为"金融机构"也会带来其他方面的问题和风险,因此需要有严格的认定程序和监督。私募基金要在中国得到健康有序的发展,应该解决相关的法律法规问题,统一和明确私募基金的性质。

1.1.1.2 证券公司自营部门

证券公司是专门经营证券业务的具有独立法人地位的有限责任公司。至2019年年底,全国共有131家证券公司。一般而言,证券公司的业务可以分为前台、中台和后台三部分。其中前台主要是直接面向客户,创造公司利润,包括经纪业务、投资银行业务、资产管理业务、自营业务和研究等;中台业务包括风险管理和法律合规;后台业务包括清算和结算、信息技术和行政管理等。作为交易服务需求方的,主要是前台的自营部门和资产管理部门,而清算和结算部门提供证券公司与客户之间证券和资金的交割与划付,因此是交易服务的供给方。

自营部门用证券公司的自有资金进行证券投资交易,所能投资的证券范围近年来逐渐扩大至股票、非上市公司股权、债券、基金和其他权益类证券。《证券经营机构证券自营业务管理办法》明确规定,证券公司自营资金不能与客户资金进行混合操作,需要建立防火墙制度,进行单独的财务管理和严格的风险管控。早期的自营业务违规操作行为颇多,对市场造成了价格扭曲甚至操纵。因此,2005年,中国证券监督委员会(以下简称"证监会")出台了《证券公司证券自营业务指引》,加强规范管理,收到了较好的效果。

> 2006年年中,上海证券某行业研究员经过调研,认为上市公司普洛康裕的投资价值不错,随后向其自营部门的人介绍,并陪同自营部门有关人员到公司调研。调研之后,上海证券自营部门开始买入普洛康裕股票,该研究员也开始同步对外推出普洛康裕的研究报告,并明确给出"强烈推荐买入"的投资评级。此后在普洛康裕2007年发布的一季报中,上海证券名列该公司前十名无限售条件股东的榜首和前十大股东第四名。在其后该公司公布的半年报中,上海证券依然在列。一直到三季报时,上海证券才从前十大股东中退出。这个案例中,上海证券的风控部门明显没有建立有效的防火墙制度,遭到证监会处罚。

1.1.1.3 证券公司资产管理部门

证券公司接受客户的资金或者资产委托,以某个计划的名义进行投资,投资结果返还给投资者。这部分类信托业务叫作资产管理业务。历史上证券公司通过资产管理的渠道变相融资,融来的资金用于自营或者填补资金缺口,后经综合治理才逐渐走上正轨。图1-2为2014年以来证券资管产品的规模和数量趋势图。

目前,证券公司资产管理业务大致分为两类:定向资产管理和专项资产管理。定向资产管理接受单一客户的委托,是1对1理财模式,投资范围无限制;专项资产管理面向机构客户,类似一个专项债券,主要投资于某个具体的项目,由项目产生的现金流用于还本付

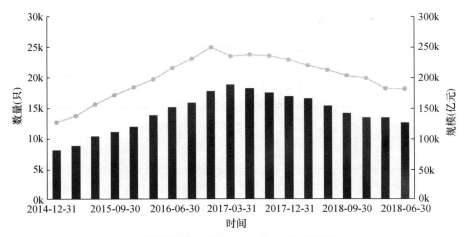

图 1-2 证券资管产品规模和数量趋势

资料来源：中国证券业协会官网。

息,也可做成资产支持证券(ABS)形式。

2013年新基金法出台之前,证券公司资产管理业务还有一个集合资产管理计划,可以接受多个客户的委托(区别于定向资产管理业务中的1对1),分为限定性集合资产管理计划和非限定性集合资产管理计划(统称"大集合"),以及限额特定资产管理计划(俗称"小集合")。

限定性集合资产管理计划主要投资风险较低、流动性较好的产品,单个客户至少投5万元;非限定性集合资产管理计划的投资范围纯由合同约定,风险较高,要求单个客户至少投10万元;限额特定资产管理计划要求客户人数不超过200人,单个客户参与资金在100万元以上,产品存续期规模在10亿元以下。

新基金法出台之后,无投资者人数限制的"大集合"被定性为公募基金,而有人数200人限制的"小集合"被定性为私募基金。从此,证券公司的集合资产管理计划退出历史舞台,不再新发,申请到公募基金牌照的证券公司把原来的集合产品纳入新成立的基金部门。

1.1.1.4 保险公司资产管理机构

保险公司的资产管理机构将保险资金以及业外资金来源投向银行存款、债券、股票和基金、机构股权、不动产等,也可设立保险系公募基金和私募基金,发行资产管理计划,为保险资金保值增值。关于保险资金的具体使用可以参见中国保险监督管理委员会(以下简称"保监会")颁布的《保险资金运用管理办法》。

据保监会统计,截至2019年第三季度,全国共有保险资管公司27家,资管总规模达15.26万亿元。在所投资的金融资产中,债券占比最高,达到34%;银行存款次之,占比16%;股票和基金占比13%。

1.1.1.5 国家队

社保基金、中央汇金投资有限责任公司(以下简称"中央汇金")、中国证券金融股份有限公司(以下简称"中证金")被称为我国金融市场的"国家队"。这个名称的由来是因为以上机构多次在股票市场出现异常波动时出手购入或者增持相关股票,起到了增强投资者信心、稳定市场的关键作用,被誉为市场的"定海神针"。"国家队"在市场上的一举一动都备受关注,因为这些交易往往被市场参与者认为代表了国家的意向。

中央汇金是 2003 年由国家出资设立的国有独资公司,代表国家依法行使对国有商业银行等重点金融企业出资人的权利和义务,直接控股或参股金融机构包括国家开发银行、中国工商银行、中国银行、中国建设银行等六家主要国有商业银行,国泰君安、申银万国等四家证券公司,中国再保险等两家保险公司和四家其他机构。

中证金是经国务院同意、中国证监会批准设立的全国性证券类金融机构,是中国境内唯一从事转融通业务的金融机构,旨在为证券公司融资融券业务提供配套服务。主要业务职责范围是:为证券公司融资融券业务提供转融资和转融券服务;运用市场化手段调节证券市场资金和证券的供给;管理证券公司提交的转融通担保品;统计监控证券公司融资融券业务运行情况,监测分析融资融券交易情况,防控市场风险和信用风险;经中国证监会批准同意的其他业务。

1.1.1.6 商业银行

商业银行是我国债券市场上重要的机构投资者,同时也是债券市场上的筹资者,相对于投资业务,筹资业务仅占很小的比重。①

商业银行参与债券市场的交易,主要是在银行间场外市场进行。这一方面是因为商业银行的交易额一般都很大,更希望通过一对一的询价方式进行,以减少对市场价格的冲击。另外一个重要原因是在我国历史上,商业银行进入交易所场内交易曾经发生过一些问题。

20 世纪 90 年代中后期,大量商业银行信贷资金通过债券回购交易进入股市,造成股市价格剧烈波动。1997 年夏天,《关于各商业银行停止在证券交易所证券回购及现券交易的通知》要求商业银行全部退出交易所债券交易,并由此成立了银行间场外交易市场。时隔 12 年之后,2009 年,证监会和银监会联合发布《关于开展上市商业银行在证券交易所参与债券交易试点有关问题的通知》,试点期间,已经在证券交易所上市的商业银行,经中国银监会核准后,可以向证券交易所申请从事国债、企业债、公司债等债券品种的现券交易,以及经相关监管部门批准的其他品种交易,但不能开展回购交易,以避免银行信贷资金违规进入股市的问题。

到目前为止,商业银行进入交易所市场进行交易仍然处于试点阶段。确实,商业银行由于体量庞大,进入任何一个交易所都会形成强大的垄断力量,对市场价格造成冲击和影响。这是发展有关金融产品如国债期货所面临的重大难题。商业银行是国债的主要持有

---

① 商业银行也有国债交易柜台,面向个人投资者销售国债,或者充当交易商的角色为个人投资者交易国债提供中间服务。所以,商业银行同时也是交易的供给方。

者,没有它们的参与,国债期货市场就活跃不起来,但是如果让它们参与,就要考虑好由于其庞大的体量可能产生的垄断问题。

1.1.1.7 (人民币)合格境外机构投资者

合格境外机构投资者是指经中国证监会批准投资于中国证券市场,并取得国家外汇管理局额度批准的中国境外基金管理机构、保险公司、证券公司以及其他资产管理机构。

人民币合格境外机构投资者是指经中国证监会批准并取得国家外汇管理局额度批准,运用来自境外的人民币资金进行境内证券投资的境外法人,主要包括境内基金管理公司、证券公司、商业银行、保险公司等香港地区子公司,或者注册地及主要经营地在香港地区的金融机构,并且在香港地区证券监管部门取得资产管理业务资格,已经开展资产管理业务。更多关于 QFII 和 RQFII 的最新监管进展可见第十四章。

1.1.2 避险者

除了"投资者"之外,另有一类交易服务的需求方,其交易目的是规避市场风险。这类"避险者"包括从事实体经济活动的企业和个人以及金融机构。他们所使用的金融交易工具包括各种远期合约、掉期合约、商品期货、金融期货和期权等衍生品。比如大量使用铜为原材料的企业可以在上海期货交易所买卖铜期货来对冲价格风险,蛋鸡养殖户可以在大连商品交易所买卖鸡蛋期货来锁定未来的鸡蛋出售价格。关于"避险者"在第八章有更详细的介绍。

1.1.3 娱乐者

还有一类需求方的交易目的与避险者恰恰相反,他们是为了追求风险。这类交易者偏好名义价格低、波动性高和换手率高的股票(因这类股票的特征与彩票比较相近,被称为"类彩票型"股票),追求刺激和冒险,从中获得心理满足,因此称为"娱乐者"。这类交易者在各个国家和地区的金融市场中都有,在我国现阶段的证券期货市场上一些散户也表现出明显的"娱乐者"特征。

> 学术研究确实发现部分个人投资者的交易目的是获得赌博所带来的快感。比如一项针对中国台湾地区市场的研究发现,彩票与股票交易存在替代关系。当台湾地区彩票池资金超过 5 亿台币的时候,个人投资者的股票交易量会减少约 9%,而"类彩票型"股票的交易量降低 6.8%—8.6%。另外一项针对美国个股期权市场的研究发现,以"类彩票型"股票为基础资产的看涨期权交易量占比最高,并加剧了这些股票的价格波动。

1.2 供给方

这一节介绍重要的交易服务供给方,包括证券公司、期货公司、交易所、清算和结算机构、交易信息提供商、监管者等。

1.2.1 证券公司

证券公司是交易服务供给方的重要一员。交易者在开始买卖股票和交易所债券前,需要在证券公司营业部开立股东账户和资金结算账户,签订买卖代理委托服务协议,证券公司从委托服务中收取一定的佣金。这就是证券公司的经纪业务。据不完全统计,经纪业务占我国证券公司年收入的50%—90%,是证券公司收入的主要来源。

在信息技术尚不发达的年代,交易者的账户登记全部依靠人工完成,效率低下。早期股票供给有限,而需求巨大,很多证券公司营业部人满为患,不得不在户外开展业务。由于交易大厅空间的限制,不可能让所有人都直接参与交易,所以传统上交易所都采取会员制组织形式,只有会员才有资格向交易所申请席位并在交易所场内派驻经纪人代为交易。客户的委托单由会员(证券公司)营业部电话或者传真至证券公司派驻在交易所内的经纪人(俗称"红马甲"或"出市代表"),由其代为在交易所场内将委托单输入交易所电脑终端。在没有电脑的时代,经纪人通过特别的手势与其他场内交易员进行现场交流。

图 1-3　上海证券交易所旧交易大厅

> 1792年,24个经纪人在美国华尔街一棵梧桐树下签署互助协议,从此开启了交易所会员制长达200多年的历史。会员制为国际上众多交易所采用,直到21世纪才陆续有交易所改为公司制组织形式。但在交易结算上基本还是沿袭会员制,即非会员交易者必须通过交易所会员才能进行证券交易。
>
> 1920年,蒋介石联合陈果夫、张静江等人相继参股成立了茂新号、恒泰号、利源号、新丰号、鼎新号五家经纪公司,也萌生过做一个"做棉花、棉纱买卖"的经纪人的想法。但在他参观完当时的上海证券物品交易所之后十分感叹,觉得里面污浊的空气和嘈杂的人声太令人头昏脑涨了。起初这些经纪公司盈利颇丰,然而好景不长,1921年发生了交易所风潮,上海证券物品交易所和蒋介石的几个经纪公司都未能幸免,最终破产倒闭。

如今人工喊价交易已经成为历史,我国股票市场和债券市场都采取了电子撮合交易系统。交易者通常自己就可以在电脑上远程完成报撤单,不过虽然看起来没有经纪人参与,但实际上仍然需要经由证券公司的无形席位(会员登录交易所所需的账号和密码)才能将报单送入交易所的主机进行撮合,只不过由于过程中没有"人"的物理参与,感觉不那么明显罢了。

此外,大宗股票和交易所债券的买卖也需要借助于证券公司进行。比如一个基金经理需要替客户卖掉100万股某沪市股票,可在上海证券交易所大宗交易系统上提交意向申报,包括价格和数量。如果与另一交易者达成一致,那么双方要将买卖意向分别委托给所签证券公司的营业部,由后者向交易所申报成交并经交易所确认。一旦交易所确认后,买卖双方不得撤销或变更成交申报,必须履行相关清算和交收义务。表1-1为2018年4月4日公布在上海证券交易所大宗交易系统上的部分成交信息,其中"机构专用"指专业机构投资者在交易所的席位。

表1-1 2018年4月4日上海证券交易所大宗交易系统部分成交信息

交易日期	证券简称	证券代码	成交价(元)	成交金额(万元)	成交量(*)	买入营业部	卖出营业部	是否为专场
2018-04-04	益丰药房	603939	58.16	2210.08	38	中国中投证券有限责任公司总部	中国国际金融股份有限公司北京建国门外大街证券营业部	否
2018-04-04	首旅酒店	600258	26.15	1307.50	50	机构专用	机构专用	否
2018-04-04	首旅酒店	600258	26.15	1307.50	50	中信证券股份有限公司总部(非营业场所)	机构专用	否
2018-04-04	首旅酒店	600258	26.15	653.75	25	机构专用	机构专用	否
2018-04-04	首旅酒店	600258	26.15	392.25	15	中信证券股份有限公司总部(非营业场所)	机构专用	否
2018-04-04	方大碳素	600516	25.75	1081.50	42	华泰证券股份有限公司总部	华泰证券股份有限公司南京中山北路证券营业部	否

(续表)

交易日期	证券简称	证券代码	成交价（元）	成交金额（万元）	成交量（*）	买入营业部	卖出营业部	是否为专场
2018-04-04	方大碳素	600516	25.75	206.00	8	华泰证券股份有限公司总部	华泰证券股份有限公司南京中山北路证券营业部	否
2018-04-04	中国动力	600482	24.81	9675.90	390	安信证券股份有限公司成都交子大道证券营业部	安信证券股份有限公司四川分公司	否
2018-04-04	国泰君安	601211	15.47	1980.16	128	长江证券股份有限公司上海世纪大道证券营业部	中国银河证券股份有限公司上海浦东南路证券营业部	否
2018-04-04	狮头股份	600539	14.97	2290.41	153	光大证券股份有限公司宁波孝闻街证券营业部	国信证券股份有限公司深圳泰九分公司	否
2018-04-04	龙净环保	600388	14.44	9386.00	650	中国国际金融股份有限公司北京建国门外大街证券营业部	长城国瑞证券有限公司福州五一北路证券营业部	否

注：成交量单位（*）为：股票—万股/万份，基金—万份，债券—万手。
资料来源：上海证券交易所官网。

1.2.2 期货公司

期货公司接受客户委托，按照客户的指令为客户进行期货交易并收取交易手续费。期货公司就是期货市场上的经纪商，目前，全国共有149家期货公司，其中约有66家如光大期货、海通期货、中信期货等为证券公司子公司，称为"券商系"期货公司。

相比于证券公司，期货公司的商业模式比较简单直接。经纪业务是期货公司最主要的业务。期货公司要给交易所缴纳交易手续费，所以期货公司一般在此基础上额外加点。这是期货公司的第一个收入来源。但是，由于期货行业进入门槛低，竞争激烈，这些额外加点往往不多，几乎所有品种只加1毛钱，有些期货公司现在已经做到了只加1分钱。所以，如果客户不够多、交易量不够大的话，这个利润几乎可以忽略不计。

期货公司的第二个收入来源是交易所手续费返还，或者叫返佣。各大交易所通常会给期货公司提供交易返还，作为一种经济补偿。返还比例不等，如20%、30%、40%，且在不同时期有不同的比例，视交易所具体规定而定。为了吸引客户，各大期货公司迫于竞争压力，纷纷推出手续费返还，这些返还最后还是要给到客户手里。返还按照客户交易量分为不同等级，交易量越大的就给予越多的返还，比如日均双边达到1000手就可以享受超过35%的返还，等等。

期货公司的第三个收入来源是保证金利息。客户交易期货品种，需要提前缴纳交易保证金和结算保证金，这些保证金所产生的活期利息归期货公司所有。这是期货公司重要的收入来源。交易量越大，保证金越多，产生的利息收入就越高。这种对市场利率的依赖造成了期货公司营收的一大风险，如果未来市场利率下降，不少期货公司的此项收入也将大幅下降。

尽管近年来期货公司也在积极开拓新的业务渠道，比如资产管理业务，但经纪业务仍然是最主要的利润来源。从上面讨论的盈利来源看,交易量是影响经纪业务收入的核心因素。交易量上来了,手续费、返佣和保证金利息都会增加。这样比较单一的盈利模式导致期货全行业产生竞争激烈、规模过小以及片面追求交易量的显著特征。一些期货公司出于生存需要往往会不择手段、过度营销甚至不惜铤而走险,这是期货业界一切乱象的根源。

期货公司评级分为 A 类(包括 AAA、AA、A)、B 类(包括 BBB、BB、B)、C 类(包括 CCC、CC、C)、D 类和 E 类共 11 个级别,分类级别以期货公司的风险管理能力为基础,结合市场竞争力、合规状况等进行综合评估。中国期货业协会每年会公布期货公司的分类评价结果,评级高低会直接影响期货公司的经纪业务。分类评价虽然对期货公司有一些激励作用,但个别作为证券公司子公司的期货公司往往会为了排名,不顾利润而盲目追求交易量,赔钱赚吆喝,这不利于行业的持续发展。

1.2.3 交易所

证券交易所是证券交易的集中场所,其主要职能包括:提供证券交易的场所和设施;制定证券交易所的业务规则;接受上市申请,安排证券上市;组织、监督证券交易;对会员、上市公司进行监管;管理和公布市场信息。

目前,我国境内证券交易所有两家:上海证券交易所(以下简称"上交所")和深圳证券交易所(以下简称"深交所"),上市品种覆盖股票、股票 ETF 期权、基金、债券和资产支持证券等。上交所和深交所都是基于会员制的团体法人,由会员自愿组成(普通会员即证券公司,还包括少量特别会员如其他金融机构和境外金融机构驻华代表处),是不以盈利为目的、实行自律型管理的法人组织。会员制交易所的最高权力机构是会员大会,由众多会员单位构成,决策机构是理事会,一般由数个会员理事组成,具有执行会员大会决议、制定和修改交易规则等职能。

从 1990 年股票市场建立以来,无论从上市公司数目还是从市值规模来看,我国股票市场都取得了飞跃式的发展(如图 1-4 所示)。截至 2017 年年底,两家证券交易所一共上市 3486 家企业,总市值规模达到 56.6 万亿元人民币,已经是全世界第二大股票交易市场。

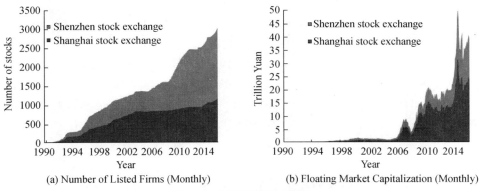

图 1-4 中国股票市场发展

资料来源:Grace Xin Hu, Jun Pan, Jiang Wang, Chinese Capital Market: An Empirical Overview, NBER Working Paper, February 2018。

我国近代史上真正的证券期货交易所可追溯至150年前的晚清。19世纪80年代末,不少知识分子意识到,仅发行股票还不够,要有配套的交易机制和场所让股票流通起来。首倡者之一康有为在1905年参观了纽约股票交易所后,感慨道"费千夫之力,十日之功,然不过纽约半之早市之交易耳"。1882年,我国民间率先建立了"上海股票平准公司",采取股份制的组织形式,业务范围包括确定每日股票市价、抵押股票解决用钱之需、代买卖股票等,可以说是我国证券交易所之雏形。

在当时,真正成规模的是外商在华证券交易所,尤以日商上海取引所和上海西商众业会所知名。前者野心勃勃,要"执中国金融牛耳";后者由英美创办,自1905年开办至1941年在中国存在了近35年,超过中国自己兴办的交易所(包括沪深两大交易所)。

中国官办的交易所要数1918年北京民国政府成立的北京证券交易所(以下简称"北证所"),此时距离招商局发行股票已经半个世纪之遥了。北证所的成立,触动了早有此意的孙中山,在其艰苦努力下,1920年上海证券物品交易所正式开市;同年11月,上海华商证券交易所也成立,宣告中国证券交易正式进入交易所时代。这些交易所先是经历了短暂的繁荣,后遭遇"信交风潮",一直持续到1937年抗战爆发。

1937年8月,日军攻占上海,华商证券交易所被迫停业。由于战乱,外地人口大量涌入上海避难,巨额游资被赶入租界内的交易所,外国人开的西商众业公所复业开张,创造了一时的"孤岛繁荣"。1941年12月,太平洋战争爆发,日伪政府禁止外股交易。沪上股票交易开始转向华股,华商证券交易所复业并日趋繁荣。1945年4月,随着局势的明朗,日本战败几成定局,交易所宣布解散,上海股市趋于沉寂。

战后,国民党政府开始接受敌伪财产包括交易所。1946年,国民党政府重设上海证券交易所。此后,国民党政府在战场上节节败退,资金开始外逃,股市成交惨淡。到1949年6月,证券大楼被查封,证券市场宣告倒闭。

1.2.3.1 上海证券交易所

与欧美动辄百年的历史相比,我国的两家境内证券交易所都还比较年轻。上海证券交易所于1990年11月26日成立,并于当年12月19日开始第一笔股票交易,是中国境内成立的第一家证券交易所。自营业以来,大批国民经济支柱企业、重点企业、基础行业企业和高新科技企业在上交所上市,融措资金,不断发展成长,为我国实体经济的发展做出了很大贡献。截至2018年6月,上交所已有1430家上市公司,上市股票1474只,上市证券11642只,总流通市值约为25.75万亿元,平均市盈率达到14.18。

1.2.3.2 深圳证券交易所

深圳证券交易所于1990年初设立工作筹备组并开始正式挂牌办公,勇于争先的深圳人在当年12月1日试营业时就开始了股票交易,这是中华人民共和国成立后的第一笔股票交易,比上交所要提前十几天。深交所的正式营业时间为次年7月。

截至 2018 年 6 月,深交所共有 2114 家企业上市,上市证券 7338 只,总流通市值约为 14.5 万亿元,平均市盈率约为 24.72。其中深市主板共有 475 家上市公司,流通市值约 5.65 万亿元,平均市盈率约为 17.32;中小企业板共有 911 家上市公司,流通市值约 6.15 万亿元,平均市盈率约为 28.94;创业板共有 728 家上市公司,流通市值约 2.75 万亿元,平均市盈率约为 37.77。

图 1-5 为我国沪深股票市场从 1990 年至 2019 年基于日度数据计算的月波动性和月换手率。

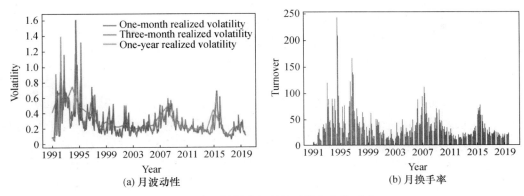

图 1-5　沪深股票市场月波动性和月换手率

资料来源:CSMAR 国泰安数据库。

可以看到,沪深两地股票市场的波动性随着市场的发展和成熟有所下降,目前平均在年化 30% 左右(作为对比,美国股票市场的波动性大约为 16%),换手率与欧美成熟市场相比也偏高。我国股票市场的波动性和流动性将在第五章和第六章专门介绍。

1.2.3.3　中国香港交易所

我国香港交易所(以下简称"港交所")历史悠久,最早可以追溯到 1914 年的香港证券交易所。现在港交所全资拥有香港联合交易所有限公司、香港期货交易所有限公司、香港中央结算有限公司和香港场外结算有限公司。2012 年,港交所收购了世界首屈一指的基本金属市场——伦敦金属交易所,现已拥有股票、债券、期货、期权、商品和结构化产品等完整的产品线,成为全球最大的金融市场营运机构之一。港交所集团是以盈利为目的的股份制上市公司,有盈利需求,运作更为市场化,这是它能够大刀阔斧改革、保持自身活力的重要原因之一。

对境内外交易所进行比较可以帮助我们更好地理解交易所的功能。如上所述,境内交易所是不以盈利为目的的法人团体,而港交所是一家上市公司。此外,相比于港交所以机构为主的海内外投资者群体,我国内地证券市场投资者中目前以散户居多。境内交易所还负有为我国实体经济的改革发展和结构转型提供金融服务和支持的历史重任,因此除了提高金融市场效率和保证市场运行质量等考量之外,境内交易所还需兼顾市场稳定和社会稳定。

以上境内外交易所在公司性质以及发展目标上的差异直接体现为产品及制度创新、市场监管和交易规则上的不同。

在产品创新上,为了维护国内金融市场的稳定,境内交易所会以更谨慎的态度对待新产品的推出。比如到目前为止，内地的股票衍生品线上只有少数指数类期货、期权和 ETF 期权，而港交所不但有股指期权、股指期货，还有股票期权、牛熊证、涡轮以及个股期货等衍生品，种类更丰富，能够满足不同类型投资者对风险对冲的需求。

在上市制度上，港交所实行上市申请注册制，而境内交易所（除科创板和创业板以外）实行上市申请审批制。注册制是指申请主体依法将与上市申请有关的一切信息和资料公开，由主管机构审查。注册制的基础是强制性信息公开披露原则，遵循"买者自行小心"的理念，主张事后控制。审批制在遵循强制性信息披露原则的同时要求申请主体必须符合有关法律和证券监管机构规定的必备条件。其理念是"买者自行小心"和"卖者自行小心"并行，目的在于禁止质量差的申请主体上市。

近年来，中国经济结构发生重大转变，以移动互联网、新能源汽车、生物医药为代表的新兴经济崛起，这些公司有强烈的融资需求，但新兴行业的公司股本、盈利、股权等在 A 股市场无法达到相对严苛的 IPO 要求，也难以通过借壳上市。而港交所抓住机遇，根据新兴产业的特点主动修改上市规则，放宽上市门槛，吸引代表未来先进生产力的公司在香港上市。2018 年 4 月 24 日，港交所发布 IPO 新规，允许双重股权结构公司上市，允许尚未盈利的生物科技公司赴港上市。此次改革被市场人士视为 25 年来港交所意义最为重大的上市制度改革。

在市场监管方面，港交所实行的是与国际接轨的会员制管理，境内交易所实行的是具有中国特色的穿透式监管。港交所在交易的登记结算上以会员为对象，而境内交易所的所有股票交易都统一在中国结算公司进行登记，证券公司只是提供席位和交易通道。穿透式监管是具有中国特色的监管模式，对于维护市场秩序、查处违法违规交易行为具有积极的作用。

在交易规则上，境内外交易所在涨跌幅、交易异常停牌、收盘价的计算、大宗交易、错误交易处理机制、市场调节机制、清算结算周期等诸多交易规则方面都不尽相同。如内地投资者熟知的涨跌幅限制，境内交易所在大部分情况下（除新股上市首日外）都实施涨跌幅限制，风险警示股票和未完成股权分置改革的股票涨跌幅限制为 5%，其他大部分股票和基金的涨跌幅限制为 10%（科创板和创业板股票首五日交易无涨跌幅限制，此后涨跌幅限制为 20%）。但港交所并不设置涨跌幅限制，以市调机制代之。更多关于香港证券期货市场微结构的介绍可见第十五章。

尽管境内外交易所之间存在很多不同之处，但近年来两者之间也开始越来越频繁地合作。证券的互联互通项目就是港交所与内地交易所合作共赢的典型案例。2014 年 4 月 10 日，中国证监会正式批复开展互联互通机制试点——沪港通。沪港通是指上交所和港交所允许两地投资者通过当地证券公司（或经纪商）买卖规定范围内的对方交易所上市的股票，是沪港股票市场交易互联互通机制。截至 2018 年 6 月底，沪股通交易金额累计 4.96 万亿元人民币，日均成交金额 58.97 亿元，累计净流入 2810.59 亿元；港股通交易金额累计 4.77 万亿元人民币，日均成交金额 73.15 亿元，累计净流入 6951.3 亿元。自开通以来，沪港通下港股通股票持续扩大，从开通时的 268 只增加到目前的 317 只。沪港通成为内地交易所与香港交易所合作成功的典范。2016 年 12 月 5 日，深交所与港交所联合推出的深港通也正式启动，是两地资本市场协同发展的又一标志。

总而言之，境内交易所在市场监管方面更为严格，对相关的上市要求更为严苛，推出新产品也更为谨慎，强调先稳后强。而港交所作为我国金融市场对外开放的窗口，其灵活性更高,市场化程度更高,国际化是其特色。两者各有所长,协同合作,都为建设强大的中国资本市场、服务实体经济的发展做出了各自的贡献。

1.2.3.4 全国中小企业股份转让系统公司

全国中小企业股份转让系统(以下简称"全国股转系统",俗称"新三板")是经国务院批准,依据证券法设立的全国性证券交易场所,也是我国第一家公司制运营的证券交易场所。全国中小企业股份转让系统有限责任公司(简称"全国股转公司")为其运营机构,于2012年9月20日在国家工商总局注册,2013年1月16日正式揭牌运营,注册资本30亿元。

全国股转公司主要职能包括:提供证券交易的技术系统和设施;制定和修改全国股转系统业务规则;接受并审查股票挂牌及其他相关业务申请,安排符合条件的公司股票挂牌;组织、监督证券交易及相关活动;对挂牌公司及其他信息披露义务人进行监管;对主办券商等全国股转系统参与人进行监管;管理和公布全国股转系统相关信息;中国证监会批准的其他职能。与上交所和深交所有所区别的是,全国股转系统更侧重于服务中小微企业,特别是创新型、创业型、成长型企业。新三板内部分为基础层、创新层和精选层,其中精选层满足一定条件可以申请转板至科创板或创业板,由此实现了多层次资本市场之间的互联互通。

截至2017年年底,全国股转系统挂牌公司达11630家,其中创新层公司1353家,基础层公司10277家,总市值约4.94万亿元。其中5540家挂牌公司完成8620次股票发行,融资4087.42亿元。

由于流动性差等原因,全国股转系统中的交易一般采取做市与协议转让两种形式。为进一步改善市场流动性,2017年12月,全国股转系统发布了《股份转让细则》,正式引入竞价机制,将协议转让方式改为竞价转让与盘后协议转让相结合的方式,其中竞价转让分为集合竞价和连续竞价两种。不同竞价方式的频次和申报价格范围都有不同规定。协议转让可以在盘中申报,但成交需在每个转让日的收盘后15:00至15:30进行确认。截至本书终稿时,全国股转系统正就新三板全面深化改革有关制度规则广泛听取和征求意见。

除了以上介绍的证券交易所,我国内地还有三大商品期货交易所、一个金融期货交易所,分别是郑州商品交易所(以下简称"郑商所")、上海期货交易所(以下简称"上期所")、大连商品交易所(以下简称"大商所")、中国金融期货交易所(以下简称"中金所"),以及若干商品现货交易所(这里仅介绍上海黄金交易所,以下简称"上金所")。2021年1月,证监会正式批准设立第五家期货交易所——广州期货交易所(以下简称"广期所"),这是我国第一家混合所有制交易所。由于刚刚成立不久,广期所尚无产品上线,因此不作过多介绍。

1.2.3.5 郑州商品交易所

中华人民共和国成立以来很长一段时间,我国实行计划经济,物资价格受国家统计调控,因此实体企业也就没有管理价格波动风险的实际需要。但从20世纪80年代起,我国实行体制内和体制外的价格双轨制,部分物资价格由市场自主决定,开始出现上下波动,企业对风险管理的需求越来越强烈。在此背景下,国务院开始研究开设商品期货交易所的可行性。考虑了几套上报方案后,最终国务院采取了郑州方案,一方面是因为郑州历来是农产品现货的重要集散地;另一方面是因为郑州方案比较稳妥,提出先建设全国统一的批发市场,等条件成熟后再建设期货市场,这符合渐进式改革的要求。1991年,时任国务院总理李鹏批准第一家试点场所,即郑州粮食批发市场,这是后来整个中国期货市场的雏形。

郑商所的交易品种以农产品为主,包括强麦、普麦、棉花、白糖、苹果等期货和白糖等期货期权。截至2017年年底,郑商所共有会员164家,分布在全国26个省(市)、自治区。其中期货公司会员149家,非期货公司会员15家;共有交割仓库297家,期货保证金存管银行14家。根据美国期货业协会(FIA)公布的全球主要衍生品交易所成交量排名,2017年郑商所在全球排名第10位。

1.2.3.6 上海期货交易所

1992年5月28日,当时的物资部和上海市政府合力组建了上期所,国内第一张标准的期货合约在此诞生,因此上期所算是中华人民共和国成立后第一家真正意义上的期货交易所。难能可贵的是,上期所在成立之初就通过计算机自动撮合成交,这在当时是全世界比较领先的交易方式。

目前,上期所现有会员196家(其中期货公司会员占近76%),在全国各地开通远程交易席位数1600多个。交易品种以金属和能源、化工类为主,主要包括黄金、白银、螺纹钢、铜、镍、铝、锌等期货产品,其中铜期货已成为世界影响力最大的三大铜期货市场之一。2018年,上期所成功推出了原油期货,作为首次对境外投资者开放的期货产品,代表了我国金融市场对外开放的决心,具有划时代的意义。根据FIA公布的全球主要衍生品交易所成交量排名,2017年上期所在全球排名第6位。

1.2.3.7 大连商品交易所

大商所成立于1993年2月28日,是我国东北地区唯一一家期货交易所。目前,在大商所交易的期货品种包括玉米、豆粕、黄大豆等农产品和聚乙烯、聚氯乙烯、铁矿石等工业品,以及豆粕期货期权等。

截至2017年年末,大商所拥有会员单位165家,指定交割库277个,期货投资者开户数309.03万个,其中法人客户8.93万个;期权投资者开户数7630个,其中法人客户1961个。2017年,大商所期货年成交量和成交额分别达到10.98亿手和52万亿元,豆粕期货期权全年成交量和成交额分别达到363.57万手和23.88亿元。目前,大商所是全球最大的油脂、塑料、煤炭、铁矿石和农产品期货市场之一。根据FIA公布的全球主要衍生品交易所成交量排名,2017年大商所在全球排名第8位。

1.2.3.8 中国金融期货交易所

中金所专门从事金融期货、期权等金融衍生品交易与结算,是我国唯一一家公司制交易所。中金所由上期所、郑商所、大商所、上交所和深交所共同发起,于2006年9月8日在上海正式挂牌成立。

中金所的主要职能包括组织安排金融期货等金融衍生品上市交易、结算和交割,制订业务管理规则,实施自律管理,发布市场交易信息,提供技术、场所、设施服务,以及中国证监会许可的其他职能。

> 目前，我国证券和期货交易所中只有中金所的组织形式是公司制，其他均为会员制。这一点从交易所的负责人头衔上也可以看出来。中金所的最高负责人称"董事长"，其他交易所的最高负责人则称"理事长"。在我国，交易所理事长由国务院任命。据悉澳门证券交易所已经在积极筹备中。

目前在中金所上市的品种包括沪深300股指期货、上证50股指期货、中证500股指期货、2年期国债期货、5年期国债期货、10年期国债期货，以及沪深300股指期权。

1.2.3.9 上海黄金交易所

上金所是经国务院批准，由中国人民银行组建，专门从事黄金交易的金融要素市场，于2002年10月正式运行，现已逐步成为中国黄金市场的枢纽以及全球重要的黄金、白银、铂金交易中心。2018年，上金所黄金交易量居全球交易所市场第2位。

根据交易所官方公开资料，截至2018年年底，上金所会员总数260家，其中，普通会员共计157家，包括金融类会员28家，综合类会员129家；特别会员共计103家，包括外资金融类会员7家，国际会员74家和券商、信托、中小银行等机构类特别会员22家。国内会员单位年产金、用金量占全国的90%，冶炼能力占全国的95%；国际会员均为国际知名银行、黄金集团及投资机构。截至2018年年底，机构客户12272户，个人客户993万户。

值得关注的是，外资机构在我国黄金现货市场上的交易量已经达到了可观的数字。据交易所统计，2019年9月外资高频交易巨头Jump Trading的黄金和白银交易量均达到了市场前5名，且上升势头迅猛。

黄金总交易量前10名如表1-2所示，白银总交易量前10名如表1-3所示。

表 1-2 黄金总交易量前 10 名汇总表

序号	会员买卖总量前10名		买入量前10名			卖出量前10名		
	会员简称	买卖总量(千克)	比重(%)	会员简称	买卖总量(千克)	比重(%)	会员简称	买卖总量(千克)	比重(%)
1	浦发银行	830508.10	13.67	浦发银行	409194.34	13.47	浦发银行	421313.76	13.87
2	平安银行	784393.75	12.91	平安银行	379123.89	12.48	平安银行	405269.86	13.34
3	交通银行	681128.00	11.21	交通银行	315514.97	10.38	交通银行	365613.03	12.03
4	浙商银行	306911.60	5.05	浙商银行	160055.60	5.27	Jump Trading	149385.10	4.92
5	Jump Trading	298770.20	4.92	Jump Trading	149385.10	4.92	浙商银行	146856.00	4.83
6	民生银行	250689.60	4.13	民生银行	124116.47	4.09	民生银行	126573.13	4.17
7	工商银行	221394.04	3.64	兴业银行	121406.99	4.00	中国银行	122454.10	4.03
8	中国银行	214642.02	3.53	工商银行	116351.94	3.83	工商银行	105042.10	3.46
9	兴业银行	177197.08	2.92	中国银行	92187.89	3.03	宁波银行	88555.63	2.91
10	宁波银行	176850.24	2.91	宁波银行	88294.61	2.91	招商银行	66785.37	2.20
合计		3942484.63	64.88		1955631.80	64.37		1997848.11	65.75

资料来源：上海黄金交易所官网。

表 1-3 白银总交易量前 10 名汇总表

序号	会员买卖总量前 10 名			买入量前 10 名			卖出量前 10 名		
	会员简称	买卖总量(千克)	比重(%)	会员简称	买卖总量(千克)	比重(%)	会员简称	买卖总量(千克)	比重(%)
1	Jump Trading	65480142	20.34	Jump Trading	32740382	20.34	Jump Trading	32739760	20.34
2	工商银行	41988727	13.04	工商银行	21048306	13.07	工商银行	20940421	13.01
3	浦发银行	39205066	12.18	浦发银行	19643974	12.20	浦发银行	19561092	12.15
4	中国银行	15457026	4.80	中国银行	7707833	4.79	中国银行	7749193	4.81
5	平安银行	14247304	4.43	深圳金融	7119840	4.42	平安银行	7259307	4.51
6	深圳金融	14153286	4.40	平安银行	6987997	4.34	深圳金融	7033446	4.37
7	山东恒邦	12814818	3.98	山东恒邦	6372585	3.96	山东恒邦	6442233	4.00
8	招金集团	12698274	3.94	招金集团	6300072	3.91	招金集团	6398202	3.97
9	金创黄金	11035582	3.43	上海仟家信	5311958	3.30	金创黄金	5752379	3.57
10	上海仟家信	10623961	3.30	金创黄金	5283203	3.28	上海仟家信	5312003	3.30
合计		237704186	73.83		118516150	73.62		119118036	74.04

资料来源：上海黄金交易所官网。

1.2.4 登记、托管、清算和结算机构

1.2.4.1 中国证券登记结算有限责任公司

证券和衍生品需要登记和存放的地方。在证券市场早期，证券和衍生品还是纸质凭证的时候，证券和衍生品由投资者自己保管。显然这是一个低效率且不安全的登记和托管方式，仅仅适合早期投资者很少以及交易不频繁的阶段。随着交易工具的去物质化，即无纸电子化，证券和衍生品越来越多地转变为在计算机系统中录入保存，因此需要集中的登记和托管机构。在一些市场中，存在多个集中登记托管机构，但是随着信息技术的迅速发展，绝大部分市场都已经完全实现了交易的电子化，证券和衍生品的登记和托管也越来越集中由一家全国性机构及其下属分支机构来提供。

中国证券登记结算有限责任公司（以下简称"中国结算"）是经中国证监会批准，依据《中华人民共和国公司法》（以下简称《公司法》）和《中华人民共和国证券法》（以下简称《证券法》）设立的不以盈利为目的的企业法人。上交所和深交所分别持有公司50%的股份。

中国结算对登记结算系统参与者提供的主要服务内容包括：(1) 为上市公司等证券发行人提供持有名册、证券权益派发、公司行为网络投票、股权激励和员工持股计划等服务；(2) 通过电子化证券簿记系统为证券持有人设立证券账户，提供登记、存管服务及证券交易后的证券交收服务；(3) 为结算参与人设立担保和非担保资金交收账户，为证券、金融衍生品交易提供清算、交收服务。就场内集中交易的证券品种，公司作为中央对手方以结算参与人为单位，提供多边净额担保结算服务。就非场内集中交易的证券品种，提供双边全额、双边净额、实时逐笔全额及资金代收付服务；(4) 为公募、私募基金发行人提供基金资产的托管服务。这里的相关概念和内容在第十二章详细介绍。

1.2.4.2 中央国债登记结算有限责任公司

中央国债登记结算有限责任公司(以下简称"中央结算公司")是1996年12月经国务院批准并出资设立的国有独资中央金融企业。中央结算公司是财政部唯一授权的国债总托管人,主持建立、运营全国国债托管系统;是中国人民银行指定的银行间市场债券登记、托管、结算机构,商业银行柜台记账式国债交易一级托管人;是企业债的总登记托管人及发行审核的第三方技术评估机构;此外还承担理财信息登记系统、信托产品登记系统和信贷资产登记流转系统等的开发或运作。

经过20多年的发展,中央结算公司负责登记结算和托管的已经不仅仅是银行间债券,还包括其他多种金融资产如信托产品、理财产品等。截至2016年年末,中央结算公司登记托管各类金融资产共计91.9万亿元,其中债券类资产43.7万亿元,商业银行理财产品29.1万亿元,信托产品19.1万亿元,为保障市场健康发展、提升监管有效性、保护投资者权益发挥了积极作用。

1.2.4.3 银行间市场清算所股份有限公司

银行间市场清算所股份有限公司又称上海清算所(以下简称"上清所")于2009年11月28日在上海成立,是人民银行认定的合格中央对手方,获得美国商品期货交易委员会(CFTC)许可,可向美国清算会员自营交易提供清算服务,同时是我国公司信用债券登记托管结算中心。

从成立之初,上清所就以国际化和主推中央对手方(CCP)清算机制为目标,经过近10年的发展,目前已经包括四大国有商业银行、证券公司以及外资银行等在内共88名清算会员,业务涵盖债券、利率、外汇和汇率、大宗商品、信用衍生品市场,同时为公司信用债和货币市场工具等近20种创新金融产品提供登记托管和清算结算服务。

表1-4将中国结算、中央结算公司和上清所三家主要清结算机构进行了对比。

表1-4 三家清结算机构对比

结算机构	结算模式	结算品种
中国结算	场内交易:中国结算作为中央对手方,证券上逐笔全额,资金上多边净额	股票、交易所上市基金(ETF)、国债、地方政府债、企业债、公司债、股票期权、国债期货、转融通等
	场外交易:双边全额、双边净额、实时逐笔全额	
中央结算公司	实时全额	国债、地方政府债、政策性金融债、商业银行债、企业债、资产支持证券、国际机构债券等
上清所	上清所作为中央对手方进行多边净额、逐笔全额结算	短融(CP)、超短融(SCP)、中票、非公开定向债务融资工具(PPN)、同业存单、大额可转让定期存单(CD)、利率衍生品、信用衍生品(CDS)、外汇衍生品(人民币期权、人民币远期运费协议等)、大宗商品衍生品等场外衍生品

1.2.4.4 证券和期货公司结算部门

证券公司的结算部门主要根据中国结算、中央结算和交易所发来的交易数据先进行一级(交易所)结算,然后再根据交易系统内的数据对本券商客户的钱券进行(会员)清算,并与托管行办理资金划付。

我国期货交易的清算在各大期货交易所内自行完成,而不是跟证券或债券一样有一个独立第三方登记结算机构如中国结算或中央结算。但是结算流程大体相似,也是先由期货公司作为交易所结算会员或者通过结算会员代理结算,然后再由期货公司与其客户进行结算。

1.2.5 金融信息服务商

资产价格在很大程度上是由信息驱动的。除了证券公司给自己的客户提供金融信息服务以外,市场上还有一些专门的信息服务商向投资者提供加工整理后的金融信息。这些金融信息包括行情信息、企业信息、宏观经济信息、机构研究报告、各种技术指标等,其中行情信息服务需要从交易所获得相关行情授权。

> 下面列出的是上交所和深交所已经授权的境内外行情信息服务商名单链接地址,关于信息服务商的更多介绍见第十章。
> http://www.sse.com.cn/services/information/vendors/
> http://www.sse.com.cn/services/information/overseavendors/
> http://www.cninfo.com.cn/fwsq/hq/qsmd.htm

1.2.6 系统供应商

1.2.6.1 证券系统供应商

由于进入较早,形成技术和行业壁垒的原因,目前我国证券行业的交易系统分别由数家公司所垄断。金仕达、顶点、恒生、金证四家基本占据了我国绝大部分基金业和主要券商的柜台系统和结算系统业务。而行情系统和下单系统基本由通达信和大智慧这两家公司所垄断。这两家原本都是行情信息服务商,后来把行情系统和下单系统结合起来提供给证券公司。关于交易系统的内容会在第十章详细介绍。

> 早期股票交易先要由投资者手工填写单子,然后交给证券公司营业部的柜台工作人员进行资金和证券的审核。这就是最初的风控系统,也是后来被称为"柜台系统"的由来。

1.2.6.2 期货交易系统供应商

期货公司的交易单元(也称为"席位")分为主席和二席(即"次席"),其中主席是指供期货散户使用的普通交易单元,而二席则指专供追求速度和效率的高端期货交易者使用的交易单元。我国各大期货交易所的技术子公司均针对主席和二席向市场提供自己的交易系统。

主席与二席的区分有点类似于证券公司内的普通单元与专用单元的区分。无论是证券公司还是期货公司,都必须在交易所申请交易单元,单元在过去是交易大厅里的物理坐席,而在今天就是一个电子登录账户。

早期,金仕达和恒生在期货行业基本控制了主席,但在上期所的新一代交易所系统以及在此基础之上开发出来的综合交易平台(comprehensive trading platform,CTP)推出之后,CTP由于性能稳定而占据了大部分主席市场。现在,各大期货交易所中除了大商所的技术公司,其他三家(上期所、郑商所和中金所)的技术子公司均提供针对主席的交易系统。在二席上,除了上期所,其他三家均提供自己的快速交易系统,比如大商所的飞创技术子公司开发的X-One,郑商所易盛技术子公司开发的启明星交易平台以及中金所技术子公司开发的飞马平台。

1.2.7 监管者

谈到金融市场,就不得不提到监管层。中国证券期货市场经常受到来自各种政策面的信息冲击。这些政策面既包括中国人民银行的货币政策、财政部的财政政策、国务院发展改革委员会以及各级地方政府的产业政策,也包括国际上的政策面冲击,比如美联储的加息和货币宽松政策、美国和欧洲的贸易政策等。

1.2.7.1 金融稳定发展委员会

国务院金融稳定发展委员会(以下简称"金融委")成立于2017年11月,目的是强化人民银行宏观审慎管理和系统性风险防范职责,落实金融监管部门监管职责,并强化监管问责。金融委的设立有利于统一协调"一行三会"的监管职能,避免监管政策叠加给金融市场带来的冲击,也有利于制定统一的金融发展政策,形成多方合力,这对防范化解金融系统性风险、推进金融系统改革开放具有重要的战略意义。

1.2.7.2 中国人民银行

> 根据中国人民银行官网介绍,中国人民银行的历史渊源可以追溯到1931年11月在江西瑞金召开的"全国苏维埃第一次代表大会"上通过决议成立的"中华苏维埃共和国国家银行"(简称"苏维埃国家银行")。此后,由于抗日战争和解放战争,人民政权被分割成彼此不能连接的区域。各根据地建立了相对独立、分散管理的根据地银行,并各自发行在本根据地内流通的货币。一直到1948年12月1日,才以华北银行为基础,合并北海银行、西北农民银行,在河北省石家庄市组建了中国人民银行,并发行人民币,中国人民银行和人民币分别成为中华人民共和国成立后的中央银行和法定本位币。

中国人民银行(以下简称"央行")是国务院组成部门,在国务院领导下制定和执行货币政策,防范和化解金融风险,维护金融稳定。其主要职责包括:拟订金融业改革和发展战略规划;依法制定和执行货币政策;制定和实施宏观信贷指导政策;完善金融宏观调控体系,维护国家金融稳定与安全;发行人民币,管理人民币流通;负责制定和实施人民币汇率政策,维护国际收支平衡,实施外汇管理,监测和管理跨境资本流动;监督管理银行间同业拆借市场、银行间债券市场、银行间票据市场、银行间外汇市场和黄金市场及上述市场的有关衍生产品交易;承担最后贷款人的责任等。从以上职责描述中可以看出,跟美联储和华尔街的关系类似,央行的一举一动都会对我国金融市场的中长期走势、行业生态等产生重大影响。

1.2.7.3 证券监督管理委员会

证监会为国务院直属正部级事业单位,依照法律、法规和国务院授权,统一监督管理全国证券期货市场,维护证券期货市场秩序,保障其合法运行。证监会的宗旨为"维护市场公开、公平、透明,维护投资者特别是中小投资者合法权益,促进资本市场健康发展"。证监会下设20多个内部职能部门,包括市场监管部、发行监管部、上市公司监管部、期货监管部、证券基金机构监管部、私募基金监管部、公司债券监管部等。各部门具体职能可以在证监会官网查询。

2017年,时任证监会副主席姜洋在一次讲话中指出:"我国资本市场有1亿多散户,直接关乎上亿家庭、数亿人的利益,保护好投资者尤其是中小投资者的合法权益,就是保护人民群众的利益。建设中国资本市场,必须对中国特色社会主义市场经济中资本市场的功能定位和政治属性有深刻的认识,要将保护投资者尤其是中小投资者的合法权益贯穿于监管理念之中,体现在制度创新和法规体系之中,始终体现我国资本市场监管的人民性。"

我国证监会的宗旨定位跟美国同行形成了有趣的对比。根据美国证监会官网介绍,美国证监会的宗旨包括提高金融市场交易的效率,保障足够的流动性,维护"实用性"交易者的利益(所谓的"实用性"交易者是指在金融市场中以实现现金流跨时空配置为目的的交易者,详见第八章)。两相对比,我国证监会的首要职责更在于维护市场的公开、公平、透明以及保护中小投资者的利益,而美国证监会的职责更侧重提高市场效率和保护"实用性"交易者的利益。客观地说,目前,我国中小投资者的交易主要以投机而不是资产配置为主,因此中小投资者并不等同于"实用性"交易者,两者的主要利益保护对象是有差异的。这些宗旨理念上的不同与中美金融市场中的投资者结构不同有较大关系。美国市场中大部分为机构投资者,而我国目前阶段是以散户为主。

1.2.7.4 银行保险监督管理委员会

银行保险监督管理委员会(以下简称"银保监会")是国务院直属事业单位,于2018年4

月正式挂牌成立。其主要宗旨为:依照法律法规统一监督管理银行业和保险业,维护银行业和保险业合法、稳健运行,防范和化解金融风险,保护金融消费者合法权益,维护金融稳定。

当前,我国金融市场上的资金主要来源于商业银行系统。由于我国居民的高储蓄率,银行有大量资金可以用于放贷,自然产生委外的需求。除了投向风险偏低的债券以外,这些银行资金也以资产管理产品和理财产品的形式大量间接流入股市甚至私募投资基金。因此,银保监会的政策变动会在很大程度上对证券市场造成资金冲击,从而影响资产的价格走势。

所谓委外业务,也称委外投资业务,指委托人将资金委托给外部机构管理人按约定进行投资管理。银行是委外市场中规模最大的资金来源方。除了银行之外,委托人还可以包括保险公司和社保等机构。外部机构管理人通常包括基金、券商、信托和私募等公司。根据基金业协会披露的数据,截至2016年年底,基金公司专户资金来源中银行委托资金为2.73万亿元,占比58.1%;基金子公司专户资金来源中银行委托资金为6.24万亿元,占比63.1%。这些基金公司专户产品的主要投资对象以债券、股票、基金和同业存款为主,基金子公司的资管产品主要投向实体,以非标债权和股权为主。

图1-6为2016年年末、2017年年末我国资管产品规模情况,其中大部分资金来源于银行。

图1-6 2016年年末和2017年年末中国资管产品规模

资料来源:根据基金业协会统计数据整理。

截至2017年年末,不考虑交叉持有因素,资产管理总规模已达120.10万亿元。其中,银行理财产品资金余额为29.54万亿元,居第一位。基金专户和券商资产规模合计约30万亿元,其中约60%即18万亿元也来自于银行体系。但2018年资管新规发布之后,银行资金委外的规模已经大为萎缩。

1.2.7.5 行业自律组织

金融行业包括证券、基金、债券、信托、保险、期货等子行业,每个子行业都有自己的行业自律组织。这些自律组织是根据相关法规、经国务院批准、在国家民政部登记的社会团体法人,接受中国证监会、银保监会和国家民政部等的业务指导和监督管理。

金融机构和参与者都必须加入各自所属行业的自律组织,比如证券公司必须成为中国证券业协会(SAC)的会员。会员一般分为普通会员、特殊会员、观察会员等。不同协会对会员的划分不太一样,具体规定可参考各大协会官网。具体参见表1-5。

表1-5 中国主要行业协会

主要行业协会名称	协会网址
中国证券业协会	http://www.sac.net.cn/ljxh/xhjj/
中国证券投资基金业协会	http://www.amac.org.cn/cms/
中国银行间市场交易商协会	http://www.nafmii.org.cn/xhzc/xhjj
中国期货业协会	http://www.cfachina.org/XHJS/XHJJ/
中国信托业协会	http://www.xtxh.net/xtxh/aboutus/index.htm
中国保险行业协会	http://www.iachina.cn/col/col12/index.html

在组织结构上,一般来讲各协会的最高权力机关都是由全体会员构成的会员大会,由各会员选举出来的理事会是会员大会的执行机构,监事会是监督机构,实行会长负责制,会长办公会下设各职能部门和专业委员会。

除了以上监管部门和机构外,各大交易所其实也承担一线监管的职能,甚至券商和期货公司也需承担部分监管义务和责任。2017年,证监会出台了《证券期货投资者适当性管理办法》,中国证券业协会、中国期货业协会和中国证券投资基金业协会也先后发布了相关实施指引,要求券商和期货公司将证券期货投资者分为普通投资者和专业投资者,对产品进行风险等级划分,进行严格的客户身份认证和考核管理,从源头上控制潜在风险的发生。这意味着,今后投资者买卖股票、基金、期货,都要接受证券期货经营机构的分类评级,并在此基础上与所购买的产品和服务相匹配,让"适合的投资者购买适合的产品",以降低投资风险。

金融市场的供给方和需求方除了以上列出的各类机构和个人之外,还有很多其他参与者,包括境外驻华金融机构、律师事务所、会计师事务所、私募股权投资基金、信托公司、企业财务公司、商业银行、保险公司、信用增进机构、支付公司、技术公司、金融资产管理公司等。其中有些参与者如私募股权投资基金、商业银行、信托公司、保险公司,在金融市场上直接或间接交易的分量还很大,由于篇幅限制,这里不一一介绍。

第二章 交易什么？

人们通常都在金融市场里交易什么呢？简单地说就是金融资产。金融资产是所有能够带来未来现金流并且可交易的东西，包括常见的股票、债券、期货、期权等。股票带来的现金流是企业未来的分红，债券带来的现金流是发债人未来支付的利息，期货和期权也都有相应的现金流回报。

金融学一个重要的分支——资产定价，专门研究资产的价格是如何决定的。跟市场微结构学不同的是，资产定价更多地从宏观经济和企业层面的长周期因素如消费增长和企业季度盈利来解释价格的成因。虽然后来发展出了各种版本的多因子模型，但其落脚点还是宏观经济和企业层面，而不是市场交易制度、交易规则、投资者交易行为等微观层面。换言之，资产定价更关心中长期（如年度、月度、周、日）均衡价格的决定因素，而微结构更侧重解释短期日内（分钟、秒、毫秒）实际价格的形成过程。

尽管如本章介绍的那样，各个资产之间千差万别，定价模型也各有各的特点，但所有定价模型在本质上都遵循一个理论。正如物理学家一直在追求一个能够解释全宇宙所有现象的"大一统"理论，研究资产定价的金融学者也有类似的追求。有趣的是，物理学的"大一统"理论模型和金融学里的资产定价模型在解释真实世界时遇到的问题也十分相像——两者都发现模型拟合时所要求的模型参数太不合理。换言之，理论很完美，但现实很骨感。下面逐一介绍我国金融市场上交易的主要金融资产。

资产定价模型[①]

考虑一个两期的经济体，经济体中存在一个典型代理人，其所面临的资源分配问题是：现在应该投资多少份（ξ）金融资产（当下价格为 P_t）从而使其总效用达到最大？如果该代理人的初始财富为 e_t，金融资产在下一期的回报为 X_{t+1}，未来效用的折现因子用 β 表示，那么该代理人的问题可以表述如下：

$$\max_{\xi}\{U(e_t - \xi P_t) + \beta E_t[U(\xi X_{t+1})]\}$$

其中，U 为代理人的效用方程，$C_t = e_t - \xi P_t$ 为代理人在 t 期的消费，而 ξX_{t+1} 为其下一期的消费。这个优化问题的一阶条件为：

[①] 读者如果对理论不感兴趣，也可跳过本小段，并不会影响对书中其余部分的阅读。

$$-P_t U'(e_t - \xi P_t) + \beta E[U'(\xi X_{t+1}) X_{t+1}] = 0$$

整理后可得：
$$P_t = E_t[\beta \frac{U'(C_{t+1})}{U'(C_t)} X_{t+1}]$$

该式告诉我们，资产的价格 P_t 等于经过风险调整之后的未来回报的折现值。这个风险调整因子是边际效用的跨期替代率，它反映了当下代理人对未来消费的不确定性所索取的风险补偿，从而具有一般性，理论上可以用它对包括股票、债券、期货、期权等在内的任何资产进行定价。这个风险调整因子也叫作市场的"定价核心"。

2.1 股 票

股票是股份制企业发行的所有权凭证，股东是合法持有股票的个人或者企业，股东拥有发行人未来权益的部分所有权。在发行企业清算时，股东要在债权人或者其他优先级权益所有人获得补偿后才能获得剩余资产。历史上最早有关股票的记载出现在公元前罗马共和国时期。

> 股份对国人来说不是什么新鲜概念，很早以前国人就通过入股的形式进行修路等投融资活动。但股份制和股票却是西方的舶来品。19世纪中叶，欧美列强争相在我国境内开设股份制公司，吸收资本。为了融资，这些外商在华发售股票。彼时，晚清政府已然经历了第一次鸦片战争、太平天国运动和第二次鸦片战争，国库空虚。为了筹措资金，有识之士呼吁学习西人公司之制，包括发行股票融资，初期"招股年余，无人过问"。但是到了19世纪70年代末80年代初的时候，社会认知发生了巨大的变化，人们对资本主义的股份制形式渐渐熟悉。"沪上风气大开，每一新公司起，千百人争购之，以得股为幸。"

2.1.1 股票品种

股票分为普通股和优先股。普通股股东拥有对公司重大决策的表决权，优先股股东没有表决权，但是可以在其他股东之前优先获得较为固定的股息，因此优先股的性质实际上介于股票和债券之间。还有一种可转优先股，给予股东一个选择的权利，可以在一定期限之后选择将优先股转为对应数量的普通股。

我国股票按照投资者类型可以分为 A、B、H 股，其中 A 股股票只允许境内投资者交易，且以人民币报价，在上海证券交易所和深圳证券交易所进行交易，后来扩展到 QFII 和 RQFII 以及"陆股通"，允许境外投资者参与；B 股股票起初只针对境外投资者发行，在上海证券交易所交易的股票以美元认购和买卖，在深圳证券交易所交易的股票则以港币认购和买卖。B股后于2001年开放给境内投资者；H股为境内企业在港交所发行的股票。在2014年11月17日以及2016年12月5日分别推出"沪港通"和"深港通"项目以前，境内交易者不可以交易H股。

"沪港通"与"深港通"项目在我国内地A股市场与香港市场之间建立了互联互通机制，两边的投资者可以在一定额度内互相买卖对方市场中规定范围内的股票。截至2017年年底，"沪港通"交易总金额已逾8万亿元，"深港通"交易总额也超过了2万亿元。更多"沪港通"与"深港通"内容请见第十四章。

2.1.2 股票发行

股票市场分为一级发行市场和二级流通市场。二级市场早期是企业原始股东的重要退出机制。本节重点介绍一级发行市场上的新股申购制度。由于我国股市上股票供给的不足和做空机制的缺乏，新股上市交易后通常会受到资金的追捧，从而出现连续若干交易日暴涨的现象。因此，打新股成了投资者密切关注的热点话题。然而随着注册制改革的推进，新股跌破发行价频有发生，打新热潮或将逐渐冷却。

国际上主流的新股申购制度为询价簿记制（book-building），主要是因为询价制度的灵活性及控制性为发行人提供了较大好处，同时询价簿记制也使主承销商在新股发行（initial public offering，IPO）配置时有较大的相机抉择空间。但其缺陷在于主承销商与发行人之间可能产生一定的代理人问题。

我国新股申购制度（也称"打新制度"）从1990年股市诞生起就存在了，经过多年发展具有一定的中国特色。最初是投资者必须购买和填写新股申请表，总表数由国家控制。1993年，为了抑制股市泡沫，平衡供需，开始实行打新制度改革。改革后打新采取两种方式，一种方式是不限制总表数，另一种是按照申请者的银行存款来分配，此时已有新股申购资金冻结功能。1994年至1999年，打新制度开始实行新股一般上网定价制度，规范采用全额预缴款、比例配售、余额转存、与储蓄存款挂钩等多种形式，该制度下需要提前将预缴款资金冻结。此期间内发行方式不断创新，但定价制度方面仍属于行政定价的范畴。

进入21世纪后，我国实行新股一般上网定价制度和新股二级市场市值配售制度相结合的新股申购模式，为目前新股申购制度的雏形。2000年2月，证监会发布《关于向二级市场投资者配售新股有关问题的通知》，宣布50%以上数量的新股向二级市场配售的政策，实施该政策的可能原因为在新股一般上网定价发行中，申购专业户垄断了一级市场，对二级市场投资者有失公平。但由于技术原因，没能解决沪深两市投资者参与市值配售的问题，此种配售发行一度暂停，直至2002年4月再次推出《关于向二级市场投资者配售新股有关问题的补充通知》，新股二级市场市值配售制度才正式恢复。

> 新股一般上网定价制度与新股二级市场市值配售制度的异同在于：第一，两种制度体系下均采用配号、摇号、中签的发行机制，但参与二级市场配售的投资者需根据持有市值进行申购并获得配号，而参与一般上网定价的投资者不受市值申购制度的约束。第二，两种制度体系交收资金的方式不同。二级市场市值配售制度无须预先缴纳申购款，但参与一般上网定价需提前将申购资金冻结，冻结时间为T+1日至T+3日，T+4日进行资金解冻，冻结期间产生的活期利息归发行人所有，考虑到股票账户的资金T+1结算，投资者实际面临的资金冻结期限为4天。第三，两种制度下的定价方式相同，新股申购价格均为行政定价即非询价方式。同一投资者可同时参与一般上网定价和二级市场市值配售两种制度。

自2002年至2006年年初，仍维持一般上网发行制度及新股二级市场市值配售制度，但定价方式更改为网上累计投标定价发行方式，即发行者与承销商预定价格区间，全部申购人在区间内竞价投标，承销商根据一定超额认购比例确定发行价格。

2006年后，上交所与深交所对新股申购的相关制度进行进一步规范，建立了现行网上申购和网下配售的新股申购制度，现行规则下新股网上申购价格与网下配售价格相同，或为网下配售询价区间的上限。

确定网上申购和网下配售股价的主要方式分为两种：发行人先与主承销商通过向网下投资者询价的方式确定股票发行价格，方式一为确定发行价格区间，再通过累计投标询价确定发行价格并向参与累计投标询价的对象配售股票（网下投资者），此时网上投资者的申购价格为询价区间的上限；方式二为发行人与主承销商直接通过初步询价确定发行价格（非区间）并向参与申购的对象配售股票，此时网上和网下投资者的申购价格均为同一发行价。对于公开发行2000万股（含）以下且无老股转让计划的，应通过发行人与主承销商直接定价方式确定发行价格，拟公开发行的股票全部向网上投资者直接定价发行（无网下配售）。

现行制度下，同一投资者不可同时参与新股网上申购与新股网下配售，二者存在较大差异：新股网下配售主要以询价方式进行，而新股网上申购则以网下询价时获取的价格进行申购后配号、摇号、中签进行，与"博彩"性质类似。

自2006年起，交易所对打新制度进行了一系列的优化，旨在克服此前部分投资者垄断新股申购以及网上申购资金冻结期太长等问题。2006年5月20日，上交所发布《资金申购上网定价公开发行股票实施办法》，宣布《关于股票发行与认购方式的暂行规定》将不再执行。2006年6月18日，上交所对以上办法发布补充通知，根据发行人和主承销商的申请，沪市上网发行资金申购的时间可以缩短一个交易日，并确定投资者网上新股申购的具体流程：投资者申购（T日），资金冻结、验资及配号（T+1日），摇号抽签、中签处理（T+2日），资金解冻（T+3日）。从投资者角度来看，实际面临的资金冻结由4天缩短为3天。

2009年6月18日，上交所和中国结算发布的《沪市股票上网发行资金申购实施办法》，对新股申购上限作出修改，规定"投资者参与网上公开发行股票的申购只能使用一个证券账户"，"申购单位为1000股，申购数量不少于1000股，超过1000股的必须是1000股的整数倍,但最高不得超过当次社会公众股上网发行总量的千分之一,且不得超过9999.9万股",并且恢复了新股发行的现金申购制度。

2013年12月13日,上交所和中国结算发布《上海市场首次公开发行股票网上按市值申购实施办法》,在现行网上申购、网下配售的制度体系中恢复市值申购制度,规定根据投资者持有的所有证券账户内网上申购日前两个交易日(T-2日)日终前所有证券的市值情况,确定其能够进行网上申购的额度。

2014年5月9日,上交所和中国结算对新股网上申购的市值规则进行修改,将"T-2日(T日为发行公告确定的网上申购日)日终持有的市值"调整为"T-2日前20个交易日(含T-2日)的日均持有市值"。

2016年1月5日,上交所与深交所同时发布批文公布网上与网下申购新股的新细则,最主要的修改体现在取消新股申购预先缴款制度,改为新股发行采用市值申购的方法,投资者只要有市值(T-2日前20个交易日(含T-2日)的日均持有市值)就能申购,中签之后再缴款。同时,若投资者中签新股却不缴款,将会受到"惩戒":若连续12个月内累计出现3次中签后未足额缴款的情形,6个月内不允许参与新股申购。取消预先缴款免去了冻结投资者资金,有利于提高投资者的资金使用效率,也有助于减轻新股申购对市场资金的影响。

总结起来,2006年后新股网上申购规则的变迁如图2-1所示。

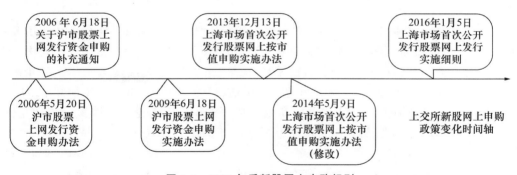

图 2-1 2006年后新股网上申购规则

2019年,科创板成功设立,其新股打新制度跟以上介绍的主板既有相同之处又有不同之处,读者可以自行了解规则。科创板与主板在新股上的最大不同可能在于,自科创板设立以来,越来越多的科创板新股出现了破发现象。2019年11月6日,上市仅6个交易日的昊海生科开盘报88.53元/股,跌破发行价(89.23元/股)。而上市仅两个交易日的久日新材开盘后不久便下探至66.01元/股,跌破发行价(66.68元/股)。这跟主板长期以来新股上市交易必然暴涨甚至连续多个涨停形成了鲜明对比,说明科创板实行的市场化定价已经开始发挥作用,未来不但新股破发,而且询价失败也会成为常态。投资者对打新股可能会趋于谨慎,资金盲目追捧打新的现象有望得到遏制。

2.2 标准化债权类资产

标准化债权类资产是比债券更广泛的概念,指依法发行的债券、资产支持证券等固定收益证券,按照发行主体划分,主要包括国债、中央银行票据、地方政府债券、政府支持机构债券、金融债券、非金融企业债务融资工具、公司债券、企业债券、国际机构债券、同业存单、信贷资产支持证券、资产支持票据和证券交易所挂牌交易的资产支持证券。

2.2.1 债券

债券跟股票一样也是有价证券,只不过债券持有人拥有发行主体的债券而不是权益。一般而言,在偿还时债权优先于股权,因此债券比较安全,回报率也较股票低。债券还具有不同到期期限,发行主体的信用等级也不尽相同,因此债券的种类比股票丰富和复杂得多。

债券品种繁多,按照付息方式可以分为零息债券、贴现债券、固定利率附息债券、浮动利率附息债券和利随本清债券等。其中,零息债券指低于面值折价发行,到期按面值一次性偿还,期限在1年以上的债券;贴现债券与零息债券类似,但期限在1年以内;固定利率附息债券按照约定利率定期支付利息,到期日偿还最后一次利息和本金;浮动利率附息债券一般以某短期货币市场参考指标为债券基准利率并加上利差作为票面利率,基准利率在待偿期内可能发生变化,而利差保持不变;利随本清债券以单利计算利息,到期时连本带利一次性支付。

政府债券包括国债和地方政府债券。国债发行主体为中央政府,具有最高信用等级,因此又称为"金边债券",具体由财政部负责发行,分为记账式国债和储蓄国债。其中,记账式国债通过中央结算公司招标发行,目前贴现(无息)国债有91天、182天、273天三个品种,附息国债有1年期、3年期、5年期、7年期、10年期、15年期、20年期、30年期和50年期等品种。储蓄国债又分为传统凭证式国债和电子凭证式国债。无论是记账式国债还是储蓄国债,现在均可以通过商业银行柜台面向个人投资者发行。

尽管我国国债市场发展已经初具规模,但相比国外同类市场整体流动性还不高。这主要是因为:首先,国债发行频率偏低;其次,针对个人投资者的债券柜台市场尚未受到重视,未能发挥价格发现的作用;最后,持有者结构尚显单一,目前主要以商业银行为主,常常持有到期,导致流动性不强。

地方政府债券发行主体为包括省、自治区、直辖市和计划单列市在内的地方政府,分为一般债券和专项债券,通过中央结算公司招标或者定向承销发行。

中央银行票据由中国人民银行发行,主要是为了方便央行通过公开市场操作调节货币供应量,面向一级交易商发行。期限一般不超过1年。

政府支持机构债券主要由中央汇金和中国铁路总公司发行,分别由央行批准发行和发改委核准发行。

金融债券分为政策性金融债券、商业银行债券和非银行金融债券,是我国债券结构中的重要组成部分。其中,发展最具规模的政策性金融债券发行主体为国家开发银行和政策性银行(中国进出口银行和中国农业发展银行)。商业银行债券包括普通金融债券(主要用作补充商业银行运营资金、调整负债结构或解决流动性问题)、次级债券(主要用作补充商业银行附属资本)、小微企业贷款专项债、"三农"专项金融债、绿色债等。非银行金融债券发行主体为境内设立的非银行金融机构，主要包括财务公司、金融租赁公司、证券公司、保险公司等发行的债券，一般为金融机构扩大融资渠道所用。金融债券只在银行间市场发行，也仅在银行间市场交易流通。

> 商业银行发行金融债券与我国银行改革进程息息相关。2003年年底，四大国有银行改革加快步伐，尤其以中国银行和建设银行首当其冲。为了在上市前能够有一份漂亮的资产负债表，这两大银行迫切需要扩充资本以满足有关要求。2004年6月，《商业银行次级债券发行管理办法》出台，中国银行、建设银行共发行1000亿元次级债，为随后的香港上市创造了有利条件。2005年，工商银行也发行了约350亿元的次级债。这些债券的成功发行开启了我国商业银行发行次级债券筹措资金的新道路。

企业信用债包括企业债券、非金融企业债务融资工具、公司债券、可转换公司债券和中小企业私募债券。企业债券是经发改委批准由企业发行的债券，包括中小企业集合债、项目收益债券和可续期债券。其中，中小企业集合债券由多个中小企业组成集合共同发行，每个发行企业各自确定发行额度分别负债，期限一般为3—5年；项目收益债券由项目实施主体或其实际控制人发行，募集资金用于特定项目的投资及建设，本息偿还资金完全或主要来源于项目建成后的运营收益；可续期债券的发行主体为非金融企业，无固定期限，内嵌发行人续期选择权和发行人赎回权。

非金融企业债务融资工具的发行主体为具有法人资格的非金融企业，其中短期融资券（commercial paper，CP）期限在1年以内，超短期融资券期限在270天以内，中期票据（MTN）期限在1年以上。另有非公开定向债券融资工具采用非公开发行方式，面向银行间市场特定机构投资者人发行，只在特定机构投资人范围内流通转让。资产支持票据以企业基础资产产生的现金流作为还款支持，其发行过程与其他资产证券化过程类似，即由发行人成立一家特殊目的载体（special purpose vehicle，SPV），通过真实销售将应收账款、银行贷款、信用卡应收款等资产出售给SPV，再由SPV以这些资产作为支持发行票据在市场上公开出售。项目收益票据的发行主体为非金融企业，募集资金用于项目建设且以项目产生的经营性现金流作为主要偿债来源。

公司债券发行主体为上市公司或非上市公众公司，由证监会核准后在交易所市场发行，在交易所交易或在全国中小企业股份转让系统转让。公司债与企业债的主要区别在于：审核机制上，公司债由证监会核准，一次核准多次发行，而企业债发行人多以国有企业为主，从历史上就是归口国家计委和后来的国家发展改革委员会审批，批准后需在1年内发行完；担保机制上，公司债无担保，而企业债一般由国家银行、央企或者国有基金进行担保。虽然2008年以来在审批和担保方面，企业债都有放宽的趋势，但这些区别仍然显著存在。

可转换公司债券发行主体为境内上市公司，在一定期限内（一般不得早于自发行之日起6个月）依据约定条件可以转换成公司股份，期限为3—5年，在交易所市场发行和交易。

中小企业私募债券发行主体为境内未上市中小微企业，由于风险较高，只面向交易所市场合格投资者非公开发行，并只在合格投资者范围内转让。

资产支持证券(asset-backed security，ABS)分为信贷资产支持证券和企业资产支持证券。其中，信贷资产支持证券发行主体为特殊目的载体，在我国采用信托模式，由信托公司通过对发起人(即资产池的原始权益人)的真实销售来掌握资产池内的资产，并以信托财产为限向投资机构支付资产支持证券收益。企业资产支持证券发行主体为证券公司，以证券公司集合理财计划形式出现，基础资产为信贷资产以外的其他资产、收费权等，在交易所市场发行和交易。具体的资产证券化流程如图 2-2 所示。

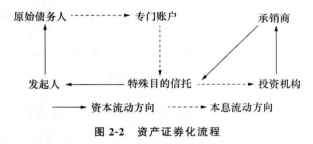

图 2-2 资产证券化流程

资产支持证券目前在欧美市场上规模很大，但在我国于 2005 年 12 月由国家开发银行在银行间债券市场成功发行首单信贷资产支持证券后，经过 10 多年发展虽有增长，但每年发行规模仍在万亿左右徘徊。根据中央国债登记结算公司统计，2018 年上半年，全国共发行资产证券化产品 6867.22 亿元，同比增长 42.08%；市场存量为 23698.20 亿元，同比增长 61.38%。其中，信贷资产支持证券(以下简称"信贷 ABS")发行 3051.47 亿元，同比增长 59.61%，占发行总量的 44.44%；企业资产支持证券(以下简称"企业 ABS")发行 3447.77 亿元，同比增长 22.79%，占发行总量的 50.21%；资产支持票据(以下简称"ABN")发行 367.98 亿元，同比增长 223.70%，占发行总量的 5.36%。图 2-3 为 2005 年至 2018 年上半年资产证券化的市场发行量。

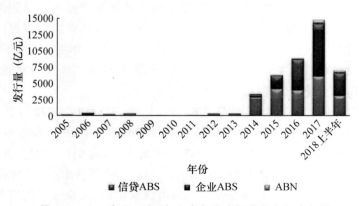

图 2-3 2005 年至 2018 年上半年资产证券化市场发行量

资产支持证券一般在银行间市场和交易所市场发行，虽然银行间市场发行的单数远低于交易所发行的单数，但就规模而言两个场所大致相当。我国目前发行规模最大的资产支持证券基础资产类型是住房抵押贷款，随着证券化技术的不断提高和金融市场的日益成熟，用于支持发行的基础资产类型也不断丰富。目前已包括住房租赁、飞机租赁、汽车消费贷款、信用卡应收款、个人消费贷款（如京东白条的证券化产品）、基础设施收费、企业应收账款、影视票房收入、扶贫贷款、绿色贷款等。

熊猫债券为境外机构在我国境内发行的人民币债券。

同业存单为存款类金融机构法人在银行间市场发行的记账式定期存款凭证，投资和交易主体为同业拆借市场成员、基金公司，固定利率存单期限在1年以内，浮动利率存单期限为1—3年。

表2-1整理了各类债券在发行主体、发行方式、主要投资者、交易场所以及监管机构等方面的信息。

表 2-1 债券汇总表

债券品种		发行主体	交易场所	监管机构	托管场所
国债	记账式国债	中央政府（财政部具体负责）	银行间场外市场、交易所场内市场、商业银行柜台	财政部	中央结算公司
	储蓄国债	中央政府（财政部具体负责）	商业银行柜台	财政部	中央结算公司
地方政府债券		省、自治区、直辖市、计划单列市等地方政府	银行间场外市场	财政部、发展改革委（以下简称"发改委"）	中央结算公司
中央银行票据		中国人民银行	银行间场外市场	中国人民银行	中央结算公司
政府支持机构债券		中央汇金投资有限责任公司	银行间	中国人民银行	中央结算公司
		中国铁路总公司	银行间	发改委	中央结算公司
金融债券	政策性金融债券	国开行、政策性银行	银行间场外交易、交易所场内交易（2017年起政策性金融债券可以在交易所交易）	中国人民银行	中央结算公司
	商业银行债券	商业银行法人			
	非银行金融债券	非银行金融机构法人			
企业信用债	企业债券 中小企业集合债券	多个中小企业所构成的集合	银行间/交易所	发改委	上清所
	企业债券 项目收益债券	项目实施主体或实际控制人	银行间/交易所	发改委	上清所
	企业债券 可续期债券	非金融企业	银行间	发改委	上清所
	非金融企业债务融资工具	具有法人资格的非金融企业	银行间	交易商协会	上清所
	公司债券 公募债	上市公司或非上市公众公司	交易所	证监会	中证登
	公司债券 私募债			证监会	中证登
	可转换公司债券	上市公司	交易所	证监会	中证登

（续表）

债券品种		发行主体	交易场所	监管机构	托管场所
资产支持证券	信贷资产支持证券	信托公司	银行间/交易所	证监会	中央结算公司
	企业资产支持证券	券商	交易所		中证登
熊猫债券		境外机构	银行间	中国人民银行、财政部	中央结算公司/上清所
同业存单		存款类金融机构法人	银行间	中国人民银行	上清所

图 2-4、图 2-5 分别统计了我国 2019 年债券市场的发行量、托管量（即已经发行但尚未到期的债券总量）及其品种细分。

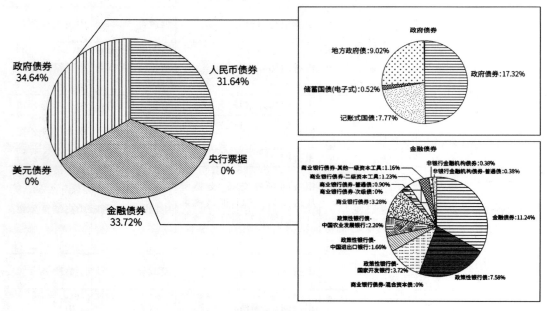

图 2-4 2019 年债券市场发行量

资料来源：CEIC 数据库（2019 年更新）。

2.2.2 债券交易

我国债券交易主要在银行间市场、交易所和商业银行柜台进行，以银行间市场为主。截至 2016 年年底，全市场共发行债券 22.34 万亿元，托管量 56.30 万亿元，交易量约 1000 万亿元，机构投资者数量达到 15300 户，其中银行间市场的债券存量约占全市场的 91%。

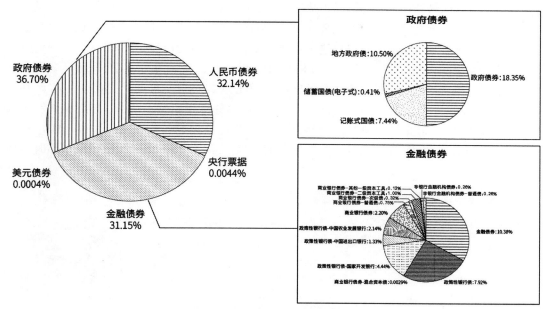

图 2-5　2019 年债券市场托管量

资料来源：CEIC 数据库（2019 年更新）。

2.2.2.1　银行间市场

银行间市场是我国最大和运作最成熟的场外交易市场，主要采取报价驱动的交易机制，参与者是各类机构投资者。2001 年，人民银行批准 9 家商业银行成为全国银行间债券市场双边报价商，因此银行间市场是我国第一个正式引入做市商制度的金融市场。

债券不同于股票，更适合发展主要面对机构投资者的场外交易。这是因为：第一，债券投资收益较低，对资金量较小的个人投资者本身吸引力不大；第二，如第二章所述，债券品种繁多，信用等级多样，更适合具有专业分析能力的机构投资者；第三，机构投资者通常从事大额交易，对私密性和控制价格冲击成本等要求更高，更适合在采用询价机制的场外市场进行。因此，几乎所有债券品种都在银行间市场有交易。

银行间市场的交易包括询价、经纪撮合和点击成交三种交易方式。询价交易就是交易双方通过电子交易平台、电话、即时通信软件等媒介自行商定交易要素的交易行为。金融机构选择询价方式主要是出于快速成交、减少对市场冲击的意图，适用于隐私性较强、涉及金额较大的交易。

经纪撮合交易是指交易双方在货币经纪公司的撮合下成交的交易行为。目前，在我国银行间固定收益衍生品市场从事货币经纪业务的公司有五家，分别是上海国利货币经纪公司、上海国际货币经纪公司、平安利顺国际货币经纪公司、中诚宝捷思货币经纪公司和天津信唐货币经纪公司，都是中外合资、国资控股的非银行金融机构。① 经纪撮合交易一般发生

---

① 2015 年沪深两交易所也引入货币经纪公司为金融机构提供居间服务，与一级交易商（做市商）制度互为补充。

在金融机构虽有交易意向但不急于马上成交,并且希望通过自身报价影响市场时。金融机构可以把愿意成交的价格报给货币经纪公司,后者会在汇总整理后向其客户提供最优报价。若有金融机构有意就某价格成交或愿意进一步协商,均可以告知货币经纪公司以达成交易。

点价成交是指有成交意愿的金融机构通过本币交易系统向全市场发送列明交易价格和交易量的标准化合约,其他市场成员可以直接点击达成交易。与询价交易的主要区别在于,点价成交是发给全市场的,而询价交易只发给熟悉的金融机构。另外,点价成交发送的是标准化合约,而询价交易一般是满足特定需要的非标准化合约。图2-6为银行间本币交易系统界面的截图,右下角是实时变化的银行间活跃利率曲线,在交易时间每隔1小时刷新一次。

图2-6 银行间本币交易系统界面

2.2.2.2 交易所市场

交易所市场内的债券交易分为场内交易和场外交易两种。场内交易采用与股票类似的竞价撮合方式,即按照"价格优先、时间优先、客户委托优先"的原则对买卖申报进行撮合成交。关于成交规则在第三章"报单"中详细介绍。

交易所市场的场外交易目前以上交所和深交所分别开发的固定收益证券综合电子平台(以下简称"综合电子平台")和综合协议转让平台为主要形式,一般为机构之间的大宗债券交易。以上交所的综合电子平台为例,综合电子平台将参与者分为一级交易商、普通交易商和间接参与人。一级交易商即做市商,有义务在平台交易中提供双边报价及对询价提供成交报价,并有最低持券量要求。目前,综合电子平台共有一级交易商14家,除了两家保险公司以外其余均为证券公司。

2.2.2.3 商业银行柜台市场

商业银行柜台市场是零售市场，目前主要交易记账式国债、国家开发银行债券、政策性银行债券和中国铁路总公司等政府支持机构债券。交易双方为柜台业务承办银行与个人投资者。承办银行具有对债券实行连续双边报价的责任，在其营业网点挂出全国统一的债券买卖报价及供投资者参考的到期收益率等信息。柜台交易结束后承办银行要实时办理债券和资金交割结算，并向中央结算公司报送有关数据及结算指令。

2.2.2.4 自贸区债券市场

自贸区债券市场是"在岸的离岸市场"，采取"境内关外"的模式，遵循"一线放开、二线管住"的管理原则。即通过自贸区发行债券融得的资金，或者投资自贸区债券获得的本金和利息，可以在自贸区内流动，也可以自由汇出境外；但如果需要回流境内非自贸区账户，则需要向相关监管部门进行报备审批。境内主体投资自贸区债券，视同境外投资管理。自贸区债券市场于2016年设立，目前尚处于不断完善阶段，虽然市场规模还很小（如表2-2所示），但意义非凡，是我国金融开放的试验田。

表2-2　2016年中国债券市场交易格局　　　　　　　　　　（单位：万亿元）

	银行间市场	交易所市场	商业银行柜台市场	自贸区市场
发行量	19.49	2.86	0.20	0.003
交易量	731.02	232.20	0.009	0.00039
托管量	51.86	4.45	0.69	0.003

数量来源：中央结算公司。

以上为债券按照交易场所进行的划分。如果按照交易方式划分，债券交易又可以分为现券交易、货币市场交易和固定收益衍生品交易三大类，其中现券交易即现券的即期买卖，是债券市场最早、最基础的交易方式。货币市场交易主要包括同业拆借、质押式回购和买断式回购。固定收益衍生品交易包括债券远期交易、远期利率协议、利率互换、信用违约互换（CDS）和国债期货交易等。固定收益衍生品在本章2.7节有所涵盖，本节主要介绍前两类交易。

2.2.2.5 现券交易

现券交易是指交易双方在交易达成当日或者次日，以约定的品种、数量、价格转让债券所有权的行为。

2.2.2.6 回购交易

债券质押式回购交易是指债券持有人在将债券质押的同时，将相应债券以特定折算比率计算出的数量（其中，银行间的折算比例为交易双方协商得到，交易所的折算比例由交易所根据债券资质给定）为融资额度而进行的质押融资，交易双方约定在回购期满后返还资金和解除质押的交易。

债券买断式回购交易是指债券持有人将债券卖给购买方的同时,交易双方约定在未来某一日期,卖方再以约定价格从买方购回相等数量同种债券的交易。

正回购方就是抵押出债券、取得资金的融入方;而逆回购方就是接受债券质押、借出资金的融出方。

债券回购主要在银行间市场进行,是商业银行和机构投资者筹措资金和融出资金的重要渠道。个人投资者可以在交易所进行债券回购交易。债券回购交易也是央行通过公开市场操作控制市场资金面充裕程度的重要手段。按照国际惯例,央行通常在市场成员中选取一些资金实力雄厚、信誉良好、交易活跃的商业银行、证券公司或信托公司,即公开市场的一级交易商作为对手方,通过招投标方式进行正、逆回购交易。一般而言,央行为使其正回购操作成功,在进行数量招标时,给出的回购利率往往会略高于市场回购利率,这样就比较容易达成交易,起到顺利回收资金的作用。而央行进行逆回购交易时,给出的回购利率常常会低于市场回购利率。因此,央行的债券回购利率通常会影响市场回购利率,被视作市场短期利率的风向标。央行通过银行间债券市场进行公开市场操作,可以调节货币供应量,实现货币政策调控目标。

2.2.2.7 同业拆借

同业拆借,又称"同业拆放市场",是指经中国人民银行批准进入全国银行间同业拆借市场(以下简称"同业拆借市场")的金融机构之间,通过全国统一的同业拆借网络进行的无担保资金融通行为。

同业拆借的期限一般比较短,主要以隔夜和7天为主,最长为1年,因为同业拆借资金主要用于金融机构短期、临时性资金需要。IBO是全银行间市场的拆借利率,是包括非银机构在内的所有以成交量为权重的加权平均利率,包括IBO001、IBO007、IBO014、IBO021、IBO1M、IBO2M、IBO3M、IBO4M、IBO6M、IBO9M和DIBO1Y共11个品种。

同业拆借是信用交易,所以参与者基本是信誉比较好的商业银行和其他金融机构。参与拆借的机构在中央银行开立存款准备金账户,在拆借市场交易的主要是金融机构存放在该账户上的多余资金。参与者须满足央行规定的资质要求,并且要对手方进行授信。日拆一般无抵押品,单凭银行间的信誉。期限较长的拆借常以信用度较高的金融工具为抵押品。

同业拆借利率是拆借市场的资金价格,是货币市场的核心利率,也是整个金融市场上具有代表性的利率,它能够及时、灵敏、准确地反映货币市场乃至整个金融市场短期资金供求关系。当同业拆借利率持续上升时,资金需求大于供给,预示流动性可能下降,当同业拆借利率下降时,情况相反。目前,我国市场上较有代表性的同业拆借利率是上海同业拆借利率(SHIBOR)。图2-7为2019年11月18日SHIBOR的市场报价。

需要注意的是,SHIBOR只是上海18家银行之间的报价,包括主要的政策行、商业银行、股份行、城商行和外资行。SHIBOR是一个定价基准,金融体系内以SHIBOR为基准的定价模式已较为普遍,但它并不是真实成交价格,因此不能真正代表市场实际发生的拆借利率水平。

跟回购一样,同业拆借也是金融机构筹措资金的重要渠道。两者相比,非金融机构可以参与回购交易融通资金,而且回购中双方通过协议确定资金金额、利率和抵押品种类,具

期限	Shibor(%)	涨跌(BP)
O/N	2.7070	▲ 1.40
1W	2.7280	▼ 0.90
2W	2.8260	▲ 8.40
1M	2.7940	▲ 0.60
3M	3.0320	▲ 1.20
6M	3.0550	▲ 0.40
9M	3.0730	▲ 0.50
1Y	3.1190	▲ 0.30

图 2-7　2019 年 11 月 18 日 SHIBOR 市场报价

资料来源：SHIBOR 官网。

有较大的灵活性。此外，债券回购额度较高，交易对手范围较广，通常拥有二者资质的机构会根据市场和自身投资行为同时进行操作，互相补充。因此，真正能够代表同业拆借市场利率水平的是质押式回购利率。

图 2-8 为近年来我国债券回购利率与 SHIBOR 利率的走势图。其中，DR007 是指银行以利率债为质押的 7 天期回购利率，R007 是指全市场机构的加权平均回购利率，两者的区别在于，DR007 限定交易机构为存款类金融机构，质押品为高质量的利率债。从图中可以看出，绝大部分时间内债券回购利率要远高于 SHIBOR，而且变化幅度也更剧烈。这主要是因为 SHIBOR 利率是 18 家较大机构的拆借报价，主体信用水平较高，且不是真正成交价格，普遍会低估真正的利率水平，而回购市场主体较多，信用主体群体较大，相应的回购利率就会比较高，也比较及时。

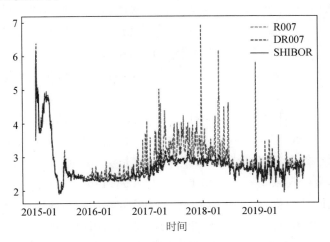

图 2-8　中国债券回购利率与 SHIBOR 利率走势

资料来源：万得数据库。

2.3 证券投资基金

证券投资基金(以下简称"基金")指通过发售基金份额,把投资人资金集中起来形成独立财产,然后由基金托管人(如银行)托管,由基金管理人(即基金公司)管理,以组合投资的方式进行证券投资的一种集合投资方式。

从产品规模上看,目前我国公募基金表现为数量少但单只基金规模大,通常为几亿元至几百亿元,而私募基金刚好相反,数量多但单只基金规模小,一般为几千万元至几亿元。从监管上看,公募基金的透明度更高,受到的监管也更严格,私募基金相对而言在投资范围和投资比例上都更灵活。

按照投资资产的不同,可以将公募基金分为股票型、债券型、混合型、货币市场型、商品型和基金中基金型(fund of funds,FOF)。其中,股票型基金是指以股票为主要投资对象,资产80%以上投资于股票的基金。债券型基金是指资产80%以上投资于债券的基金。混合型基金是同时投资于股票和债券,但投资比例又不符合股票基金和债券基金规定的基金。货币市场基金仅投资于货币市场工具,主要包括短期(1年内)货币工具如国债、商业票据、银行定期存单、金融债、政府短期债券、企业债券等短期有价证券。货币基金单位净值一般始终保持在1元左右,累计收益将自动转化为该基金的单位基金份额,单位净值不变但基金份额每日发生变动,通过计算7日年化收益率展示该货币基金的收益情况。商品型基金主要投资于商品期货,包括黄金、原油等大宗商品。FOF 则是指 80%以上的资产投资于一篮子公募基金,在我国 FOF 分为普通型和养老型,主要目的是为长期资金提供一种大类资产配置的可行投资方式。

按照运作方式的不同,可以将公募基金分为封闭式和开放式两种。封闭式基金是指基金份额总额在基金合同期限内固定不变,基金份额可以在依法设定的证券交易所交易,但基金份额持有人在封闭期内不得申购赎回的基金运作方式。开放式基金是指基金份额不固定,基金份额可以在基金合同约定的时间和场所进行申购或者赎回的基金运作方式。

开放式基金中有两个特殊的基金品种:一个是交易型开放式指数基金(exchange traded fund,ETF)。ETF 是指在交易所上市交易的、基金份额可变的开放式基金,在申购时可以采用一篮子特定股票换取 ETF 份额,而在赎回时也是换回一篮子股票而不是现金。另一个是上市型开放式基金(listed open-ended fund,LOF)。LOF 发行结束后,投资者既可以在指定网点申购与赎回基金份额,也可以在交易所买卖该基金。该类基金具备两类份额,一类是场外份额,一类是场内份额,场内份额和场外份额采用同样的方式独立运作,唯独在于其注册登记机构的不同,场外份额由管理人自建登记结算系统并进行注册登记,场内份额则由中证登公司注册登记,若场外份额需转入场内进行买卖,则投资人需要进行转托管业务。

市场上还有一类基金称为分级基金或者结构型基金,指通过事先约定基金的风险收益分配,将基金基础份额分为预期收益不同的子份额,并可将其中部分或全部类别份额上市交易。其中,分级基金的基础份额称为母基金份额,预期收益较低的子份额称为 A 类份额,具有低风险特征;预期收益较高的子份额称为 B 类份额,风险相对较高。

表 2-3 给出了截至 2019 年 9 月 30 日我国各类别公募基金的规模信息。

表 2-3 截至 2019 年 9 月 30 日中国各类别公募基金规模

类别	基金数量(只) (2019-09-30)	份额(亿份) (2019-09-30)	净值(亿元) (2019-09-30)	基金数量(只) (2019-08-31)	份额(亿份) (2019-08-31)	净值(亿元) (2019-08-31)
封闭式基金	784	11593.98	12242.24	756	10509.89	11133.13
开放式基金	5448	118249.56	125633.56	5362	119982.91	127242.36
其中:股票基金	1054	8863.86	11579.10	1029	8299.03	11068.61
其中:混合基金	2526	14296.93	17076.81	2498	14156.25	16939.59
其中:货币基金	334	70669.75	70784.48	332	73374.05	73406.89
其中:债券基金	1388	23609.75	25309.03	1357	23346.38	24957.97
其中:QDII 基金	146	809.27	884.14	146	807.19	869.30
合计	6232	129843.54	137875.80	6118	130492.80	138375.49

资料来源:中国证券投资基金业协会官网。

除了以上这些基于股权和债权的基础资产以外,市场上还有一大类金融资产,它们的未来现金流取决于未来某一段时间内基础资产的价格,因此被称为金融衍生品。衍生品是金融市场投资者实现风险管理的重要工具,在全球范围内的交易量远远超过基础资产。下面分别介绍远期、期货、期权以及其他衍生品[①]。

2.4 远期与期货

远期合约和期货合约都规定了买卖双方在未来某个时期按照事先约定的价格交易某个基础资产。这个事先约定的价格就是远期价格或期货价格。远期和期货都属于无条件合约,即合约双方都具有履约义务,否则构成违约行为,因此远期和期货都是初始价值为零的合约。但是两者在具体的交易机制上却是天差地别。

远期合约属于场外交易合约,在人类社会中出现的时间很早,距今已有数千年历史。而期货合约属于场内交易合约,对社会组织分工、制度安排和专业化程度有很高的要求,因此距离 1865 年芝加哥期货交易所(CBOT)推出的第一个严格意义上的标准化期货合约也才 150 年左右。

---

① 关于衍生品更具体的介绍,读者可以参考加拿大多伦多大学 John Hull 教授撰写的经典教材 *Futures, Options and Other Derivatives*。

> 远期合约在我国宋代就已出现。宋代四川、江西、福建各地皆有包销商的记载。四川的茶，江西的布，福建的水果，在产出之前，就有商人和生产者订立合同包销。福建太守蔡襄这样评价远期合约："（荔枝）初着花时，商人计林断之以立券。若后丰寡，商人知之，不计美恶，悉为红盐者，水浮陆转以入京师。外至北戎、西夏；其东南舟行新浮、日本、琉球、大食之属，莫不完好。重利以酬之，故商人贩益广，而乡人种益多，一岁之出，不知几万个亿。"寥寥数言道尽了远期合约的优点和对实体经济的影响。

根据中期协的统计，截至 2016 年年底，我国期货市场上有效客户约为 118 万户，其中超过 100 万户的权益规模低于 10 万元，介于 10 万元与 1000 万元之间的大概有 14 万户，剩余仅有 7200 户左右权益规模超过 1000 万元。

> 交易按照交易场所可以分为场内交易和场外交易（OTC，也称为"柜台"交易）两种。所谓场内交易就是在集中的交易场所进行标准化合约的交易，而场外交易通常是在合约双方之间私下约定的交易。我们平时在药店购买的非处方药的药盒上一般都印有"OTC"字样，代表这是在柜台就可以买到的药，不需要在医院这样相对集中的看病场所就诊并由专业医生开具药方。
>
> 场内、场外两种交易方式各有优势，场内交易的价格公开透明，流动性好，买卖双方的搜寻成本比较低，信用风险也能得到较好的控制；场外交易可以按照买卖双方的具体要求进行量身定制，可以更好地满足风险和投资的需求。

表 2-4 是郑州商品交易所的强麦期货合约。可以看出，这是一份高度标准化的合约。交割的品种必须符合特定的国家标准，交易时间、交易单位、报价单位、最小变动价位、交割月份等都有具体的规定。期货价格由交易所统一公开发布和更新，市场参与方可以根据价格信息和自身需求决定自己是否进入市场，买卖双方通过期货公司和交易所进行交易，并不需要知道对方信息，所以搜索成本大大降低。交易所还通过保证金制度和每日结算制度来最大限度降低交易双方的信用风险。保证金制度在第十二章中专门介绍。

表 2-4 郑州商品交易所强麦期货合约

交易品种	优质强筋小麦（简称"强麦"）
交易单位	20 吨/手
报价单位	元（人民币）/吨
最小变动价位	1 元/吨
每日价格波动限制	上一交易日结算价±4%及《郑州商品交易所期货交易风险控制管理办法》相关规定
最低交易保证金	合约价值的 5%
合约交割月份	1 月、3 月、5 月、7 月、9 月、11 月
交易时间	每周一至周五（北京时间法定节假日除外）上午 9:00—11:30，下午 1:30—3:00

(续表)

交易品种	优质强筋小麦(简称"强麦")
最后交易日	合约交割月份的第10个交易日
最后交割日	合约交割月份的第12个交易日
交割品级	符合《中华人民共和国国家标准——小麦》(GB1351-2008)规定的三等及以上小麦,且稳定时间、湿面筋等指标符合《郑州商品交易所期货交割细则》规定要求
交割地点	交易所指定交割仓库
交割方式	实物交割
交易代码	WH
上市交易所	郑州商品交易所

2.4.1 期货定价原理

由于衍生品的未来现金流与基础资产价格相连,因此其定价要根据无套利原则进行相对定价,而不是像股票或者债券那样进行简单的现金流折现。[①] 不妨考虑两种交易策略,其目的都是为了实现在未来某时期拥有一份基础资产。第一种策略很简单:在当下(时间 t)买入一份基础资产(价格为 S)并且持有到期(T)。第二种策略使用期货:在当下买入一份基于该基础资产的期货,到期时支付期货价格(F),同样可以拥有一份基础资产。对比一下这两种策略可以发现,第二种期货策略在当下节省了初始投资成本,到期时可以享受无风险本息($S(1+r)^{T-t}$),并且在到期之前由于没有持有现货还可以节省过程中间发生的储存成本(c)。但是,由于期间手里没有现货,不能享受到现货可能带来的便利收益(y),比如期间如果股票有分红(q)或者商品现货价格上涨随时可以出售获利等好处。显然,如果这个市场不允许套利机会的存在,那么期货价格应该满足以下等式:

$$F_t = S_t(1+r+c-y)^{T-t}$$

或者在连续时间下,

$$F_t = S_t e^{(r+c-y)(T-t)}$$

这就是期货的持有成本(cost of carry)模型。这个公式给出了期货的"公允"价值,即在市场满足无套利原则下期货的理论价格。可以看出,在合理的无风险利率、持有成本和便利收益取值范围内,期货的理论价格应该与现货价格相差不大,期货价格围绕现货价格上下波动。这个期货与现货价格之差称为"基差"。在持有成本模型里,基差的变动仅取决于无风险利率、持有成本和便利收益的大小。但有越来越多的文献指出,影响基差的因素除了这些以外,还有期现交易的非同步性、市场波动性、流动性以及市场恐慌情绪等。

基差的变动备受市场交易者关注。当基差幅度超过一定的范围,套利者便进入市场进

[①] 需要指出的是,理论上可以证明,在一个无套利机会的完备市场存在且仅存在一个市场定价核心。因此基于无套利原则的相对定价模型和基于现金流折现的绝对定价模型在本质上是一样的。详见之前的"大一统"理论部分。

行期货和现货的买卖实现套利。比如当期货价格远高于现货价格,此时套利者买入现货,卖空期货,并持有到期。如果在此过程中基差有所缩小,那么套利者即可实现获利。因此,基差的大小和变化事关套利者的进入时机和盈利。基差的大小也直接决定套期保值者的对冲成本。比如一个交易者手里有现货多头头寸,需要用期货空头来对冲下跌风险,那么此时基差就是该交易者的对冲成本。在2015年我国股市异常波动期间,股指期货曾经出现持续的大幅负基差(见图2-9),意味着对冲成本非常高,平均年化成本达到40%以上,期货作为风险管理工具的重要功能几乎名存实亡。

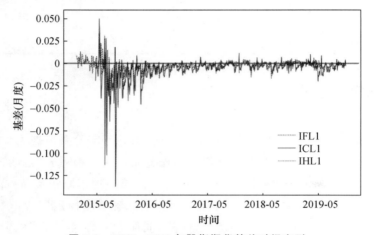

图2-9 2015—2019年股指期货基差时间序列

2.4.2 期货品种

按照基础资产的类别,期货可以分为商品期货和金融期货两类。我国目前在上期所、郑商所和大商所都有商品期货交易。其中,上期所以能源类和金属类产品为主,包括黄金、白银、铜、铝、锌、镍、螺纹钢、燃料油、原油等;郑商所以农产品为主,包括小麦、水稻、油菜籽、棉花、白糖等,以及部分工业品如PTA、甲醇等;大商所以农产品和工业品为主,包括大豆、豆粕、棕榈油、鸡蛋、苹果和焦煤、铁矿石等。具体产品种类可以在各大交易所网站查询。

值得一提的是,自2018年起原油期货、铁矿石期货和PTA期货陆续开启了引进境外投资者的业务,允许境外投资者通过合法途径直接参与这些期货品种的交易,是我国期货市场对外开放的重要举措。未来还将有更多期货品种引进境外投资者交易。

目前,我国的金融期货种类还偏少,仅有沪深300股指期货、上证50股指期货、中证500股指期货、2年期国债期货、5年期国债期货和10年期国债期货共6个品种,全部在中金所交易,但目前成交还需进一步活跃。2015年我国股市异常波动之前,沪深300股指期货的年成交量曾经超3亿手,成交金额逾400万亿元,但由于在异常波动中备受争议,中金所主动采取了一系列交易限制措施,导致成交量陡降至原来的5%,成交金额在2016年也锐减为9万亿元左右。后来虽经多次交易限制的放松,但市场流动性依然没有能够恢复常态,负基差在股指期货合约上仍然存在。

2.5 期　　权

期权合约规定合约的买方拥有在未来某一时期按照预先规定的价格买入（这种期权合约称为"看涨期权""认购期权"或"买权"）或者卖出（这种期权合约称为"看跌期权""认沽期权"或"卖权"）基础资产的权利。

比如一份股票期权合约，行权价格为每股 95 元，到期时间为 1 个月。现在的股票价格为 100 元。在到期日，假设股票的价格上涨为 105 元，那么看涨期权的买方可以要求行使权利，以 95 元的价格买入该股票，由于现在股票的价格为 105 元，所以买方获利为 $105-95=10$ 元。假设在到期日股票的价格没有上涨而是下跌至 90 元，那么看涨期权的买方可以选择不行使权利，因为如果行权，该买方将以 95 元的价格买入现值仅为 90 元的股票。可以看出，当未来股票价格下跌的时候，看涨期权的买方损失被限定为期初的期权权利金。但是当未来股票价格上涨的时候，看涨期权的买方在理论上可以享受无限获利。

从上面这个例子可以看出，与远期合约和期货合约不同的是，期权规定了买方拥有行使的权利，因此期权不是免费的。注意，买方行使权利是有条件的，只有在某个或某些条件触发时买方才会行使权利，因此期权的未来回报具有非线性的特征。另外，期权卖方只有义务没有权利。当买方行使权利买入或者卖出的时候，卖方只能履行自己的义务。

期权的概念在我们日常生活中比比皆是。比如在商场购买电器的质保延期，就给予了买方在未来当电器发生故障时可以要求厂家进行免费修理的权利。再比如常见的保险，客户在未来发生损失时可以向保险公司索赔，这个权利来自于此前客户支付的险金。期权在本质上就是保险，任何有条件的合约都具有期权性质。

期权与期货存在三点重要区别：第一，期货是完全将风险对冲。比如某投资者预期未来一个月内股指将下跌，那么他现在可以卖出股指期货合约，锁定价格，将下跌风险完全对冲掉。但是，如果一个月后股指价格上升的话，该投资者就无法通过股指期货合约享受到这一好处。也就是说，通过股指期货对冲下跌风险必须放弃股市可能上扬带来的利益。期权则不同。该投资者可以通过购买对应的看跌期权来获得未来以固定价格卖出股指的权利。如果一个月后股市上涨，该投资者可以选择不执行期权，损失的只是期初购买期权时付出的价格。因此，这样做不仅能规避下跌风险，而且可以同时保留股市上涨带来的好处，这是不同于期货套期保值的保险功能。

第二，期权的回报结构与期货不一样。期货的回报结构是纯线性的，未来标的物价格上涨或下跌直接对应着这些金融产品回报的上涨或下跌。期权的回报结构是凸形的，即在某些市场状态下期权的回报不随标的物价格的变化而变化。这个特性使期权在金融风险管理和投资策略上大有用武之地。比如某投资者看多股指，但可能不太确定自己的判断或者只是想节约投资成本，那么他可以利用期权构造一份牛市价差策略，这份策略可以控制未来股指下跌的损失；同时，如果股指上涨，又会带来一定的正回报。又比如，某基金经理很担心未来一段时间内股指波动性会加大，因为这样会增加投资收益率的不稳定性，这时他可以通过构造一份跨式期权进行保险。跨式期权的好处在于未来股指无论上涨还是下跌，只要波动性加大就可以给投资者提供正回报。再比如某投资者跟上面的基金经理观点恰恰相反，他觉得未来一段时间内股指会比较稳定，这时他可以构造一份蝶式期权来实现投资目标。因此，由于回报结构呈现凸形，简单的看涨和看跌期权可以通过各种不同的组合形成非常丰富的投资和避险策略，大大拓宽投资人的风险管理工具选择范围，满足各种投资避险需要。

第三，由于基于同一标的物的不同期权对应着不同的执行价格和到期日，期权价格中包含了丰富的有关标的物的信息含量，尤其值得一提的是这些信息含量都是市场投资者对于未来标的物的预期。比如，从一个月到期的期权价格中可以估计出投资者对未来一个月后标的物价格的整个分布函数，这对于了解市场情绪和投资者预期有非常重要的帮助。一个典型的例子是，英国央行就通过每日分析由期权市场倒推出来的利率分布函数来判断市场通胀预期、评估货币政策和发现市场异象。国内外学者们也发现，从期权价格中倒推出来的隐含波动性可以用来预测标的物的未来波动性，而且隐含波动性中包含的信息量超过了基于历史数据的波动性预测指标。鉴于此，不少成熟的国外期权市场开发了被称为"恐慌指数"的 VIX 指标，用以衡量和实时监测市场投资者的情绪，对于把握市场动向和预期起到了积极的作用。

2.5.1 期权定价公式

1973 年发表在 *Journal of Political Economy* 上的文章 The Pricing of Options and Corporate Liabilities 开启了期权交易的新时代。文章中提出的期权定价公式（后人称之为"布莱克-斯科尔斯-莫顿"公式）首次解决了前人研究中关键模型参数不可观测的问题，为期权的公允价格找到了归宿。交易所的期权成交量由此开始了爆发性的增长，如今期权作为金融风险管理的重要工具，在全世界几十个国家和地区进行交易，帮助人们实现风险转移。

此后，随着市场的发展，期权定价理论进一步丰富，先后涌现出了二叉树定价模型、网格定价模型、局部波动模型、随机波动模型、随机波动加跳跃模型、隐含波动性曲面模型等等。关于期权定价理论和模型，读者可以参考有关书籍。

> 布莱克-斯科尔斯-莫顿公式如此重要，以至于华尔街量化分析师的面试里有一道必问题：请用三种不同的方法推导出布莱克-斯科尔斯-莫顿公式。在大学课堂里，讲到期权或者衍生品，这个公式也是必须讲授的内容之一。布莱克-斯科尔斯-莫顿公式如下所示：
>
> $$C(S,t) = SN(d_1) - Ke^{-r(T-t)}N(d_2)$$
>
> 其中，C 为看涨期权的价格，S 为基础资产的价格，K 为合约中规定的行权价格，$N(\ )$ 为标准正态分布的累计概率函数。这里省略了股息率。

> 这个公式的右边相当于融资买股票,融资金额为 $Ke^{-r(T-t)}N(d_2)$,买的股票数量为 $N(d_1)$。这意味着看涨期权在本质上相当于加杠杆买股票,而杠杆比率为:
>
> $$\frac{Ke^{-r(T-t)}N(d_2)}{SN(d_1)}$$
>
> 现在对布莱克-斯科尔斯-莫顿公式做一个变形。等式的右边提取 $e^{-r(T-t)}$ 这一项,这样等式变为:
>
> $$C(S,t) = e^{-r(T-t)}[Se^{r(T-t)}N(d_1) - KN(d_2)]$$
>
> 由期货的持有成本模型,上式可以写成:
>
> $$C(S,t) = e^{-r(T-t)}[FN(d_1) - KN(d_2)]$$
>
> 其中,F 为期货价格。这就是著名的布莱克公式,可以用来给期货期权进行定价。

2.5.2 期权品种

跟期货类似,期权合约按照基础资产可以分为商品期权和金融期权。我国目前有如表2-5所示的商品期权品种(表中未包括近期新推出的铁矿石期权、原油期权等品种)。值得注意的是,这些商品期权的标的资产是对应的商品期货,而不是现货。

表2-5 部分商品期权品种

上市交易所	商品期权品种	合约类型及代码	交易单位	最小变动价位	行权方式
上海期货交易所	铜期权	看涨期权:CU—合约月份—C—行权价格 看跌期权:CU—合约月份—P—行权价格	1手阴极铜期货合约	1元/吨	欧式期权
	天然橡胶期权	看涨期权:RU—合约月份—C—行权价格 看跌期权:RU—合约月份—P—行权价格	1手天然橡胶期货合约	1元/吨	美式期权
大连商品交易所	豆粕期权	看涨期权:M—合约月份—C—行权价格 看跌期权:M—合约月份—P—行权价格	1手豆粕期货合约	0.5元/吨	美式期权
	玉米期权	看涨期权:C—合约月份—C—行权价格 看跌期权:C—合约月份—P—行权价格	1手玉米期货合约	0.5元/吨	美式期权

(续表)

上市交易所	商品期权品种	合约类型及代码	交易单位	最小变动价位	行权方式
郑州商品交易所	白糖期权	看涨期权：SR—合约月份—C—行权价格 看跌期权：SR—合约月份—P—行权价格	1手白糖期货合约	0.5元/吨	美式期权
	棉花期权	看涨期权：CF—合约月份—C—行权价格 看跌期权：CF—合约月份—P—行权价格	1手棉花期货合约	1元/吨	美式期权

资料来源：中信建投证券官网。

金融期权方面，目前我国已有上证所2015年2月9日推出的上证50ETF期权，其标的资产是华夏基金管理的上证50ETF。上证所、深交所和中金所正在进行股票期权、上证180ETF期权和深证100ETF期权、创业板指数期权等产品的仿真交易，截至本书终稿时，沪深300ETF期权和沪深300股指期权也已上市交易。

同一期权品种有多达十几个合约，容易造成单个合约的流动性不足，因此与国际市场惯例一致，我国期权市场上也采取做市商制度。做市商有持续双边报价的义务，积极充当买方的对手方和卖方的对手方。交易所引入做市商制度主要是为了提高合约的流动性，保证市场报价的稳定和连续。交易所通常会对做市商资格申请条件作严格规定，比如净资产不低于人民币5000万元，具有健全的做市业务实施方案、内部风控制度，最近3年无重大违法违规记录，具备稳定、可靠的做市业务技术系统和人员队伍，具有交易所相关期权仿真交易做市的经验等。同时，交易所也会对做市商的权利和义务进行明确规定，对做市商的义务完成情况进行评估，评估内容包括有效持续报价时间比、有效回应询价比、成交及买卖价差等指标，无法满足义务要求的，交易所有权取消其做市商资格。从目前的商品期权市场来看，做市商基本都是券商或者期货公司资产管理子公司，并以后者为主。而上证50ETF期权市场上，做市商则清一色都是排名比较靠前、实力相对雄厚的券商。更多关于做市商的介绍请见第八章和第十五章。

2.6 信用衍生产品

信用衍生产品（credit derivatives）是以贷款或债券的信用作为基础资产的金融衍生工具。交易双方对约定金额的支付取决于贷款或债券支付的信用状况，信用状况一般与违约、破产、信用等级下降等情况相联系。商业银行和非银行金融机构可以利用信用衍生品进行信用风险管理。如果运用合理，还可以缓解银行"惜贷"现象，因为银行可以通过信用衍生品将风险转移。

我国信用类衍生品出现得较晚，目前流通的主要有信用风险稀释工具（credit risk management，CRM）、信用违约互换（credit default swaps，CDS）以及其他相关产品。

CDS指交易双方达成的，约定在未来一定期限内，合约买方按照约定的标准和方式向合约卖方支付信用保护费用,由卖方就约定的一个或多个参考实体向买方提供信用风险保护的金融合约。从本质上讲,信用违约互换就是一个保险合约,只是保险的标的现在是参考实体的信用风险,而不是传统保险意义上的财产或者健康风险等。打个比喻,信用违约互换的卖方就像是在给自己的邻居买财产险,邻居家失窃了自己就会得到赔偿。

> 信用违约互换在20世纪90年代于美国市场兴起,交易规模增长迅猛,但也带来了不少问题,特别体现为场外监管薄弱,导致交易泛滥。在2008年金融危机前,华尔街的CDS交易达到顶峰,不少机构看到丰厚的利润经不住诱惑而成为CDS的卖方。当时全球最大的保险公司AIG就是典型的例子。AIG看到售卖CDS可以赚取"几乎无风险"的利润,于是大肆从事CDS业务,其中不少标的参考实体是雷曼兄弟公司。当金融风暴来袭,雷曼兄弟宣布倒闭的时候,AIG也不可避免地轰然倒地。危机过后,美国监管层进行了反思,加强了CDS场外交易的监管,设立中央对手方清结算制度,有效控制了市场规模和潜在风险。CDS的交易量逐步回升,并超过了金融危机前。

我国于2010年推出的CRM可以视为第一代中国版CDS,最初的CRM包括场外交易的CRMA(信用风险缓释合约)和场内交易的标准化合约CRMW(信用风险缓释凭证),之后还出现了可选择信用增进合约和贷款信用风险稀释合约。

CRM的基本原理与国际上的CDS合约颇为相似,但也有重要差别:CDS是金融机构在自发的柜台交易中实现的,买卖大多在场外市场进行;而CRM在中国是由银行间市场交易商协会主导的,从一开始就具有某种"官办"的色彩。在银行间市场,CRM的参与主体需要经过资格审核,被严格限定在大型商业银行、投资银行、资产管理公司等。此外,CRM主要采用"单一标的债务"模式,而不是国际上标准的CDS合约所采取的"多标的债务"条款。这些差别从一开始就为随后CRM交易的惨淡埋下了伏笔。

自2010年推出以来,CRM产品在我国并没有受到广泛欢迎,不仅流动性不佳,其市场存量与银行间市场相比更是"沧海一粟"。导致该现象产生的主要原因包括:第一,交易商种类较少,同质化严重;第二,政府对基础资产的隐性担保导致标的债券违约事件很难实际发生;第三,CRM合约设计中的"单一标的债务"带来标的债务割裂,打乱了CRM产品期限体系和信用利差期限结构的完整性,并使其受到旧债老化到期和新债发行的干扰。这就妨碍了产品标准化和价格发现,导致市场价格数据零散而缺乏可比性,既不利于CRM间的相互对冲,也不利于系统性风险监控。

2016年,第二代中国版CDS推出,改用"多标的债务"条款,相比第一代实现了升级。但总体来讲,CDS的成交量在我国仍然不大,鲜有金融机构使用。这主要与我国信用衍生品市场的投资结构有关。从国际上看,CDS衍生品市场参与者主体丰富:商业银行是主要信用保护竞买方,通过信用衍生工具转移持有债权和贷款的信用违约风险;保险公司是净卖方,以提供保险获得保险费用;对冲基金和投资银行更多的是从交易和套利的角度参与市场,促进信用衍生品的流动。企业也是信用保护的购买者,主要目的是减少商业往来中产生的应收账款等债务关系带来的信用风险。但我国目前参与主体仍是商业银行,券商、基金和保险公司参与很少。如果信用风险仅在商业银行间转移、流通,高风险套利机构投资者不能进入,那么商业银行自身也没有参与交易的动机。

> 2019年,为缓解民营企业融资难的处境,监管层和交易所通过窗口指导"鼓励"有资格的券商创设CDS,为民企发债提供支持,可以加快获批备案。9月30日,苏州民营上市公司东方盛虹在深交所成功发行10亿元的绿色公司债券。其中,东吴证券和中证金融合计提供2亿元CDS,为全国首单绿色公司债券信用保护工具,创下全国民营企业债券融资创设支持工具单笔规模最大的纪录。
>
> 为民企解决融资问题固然是好事,但通过这样的半行政命令引导券商创设CDS,从根本上讲违背了市场化原则。有资质的券商基本也都是国企背景,具有代理人的问题,可能会为了争取业务而不顾风险。万一债券违约、CDS违约,具有国企背景的券商恐怕很难有实质性追责。

2.7 固定收益及货币衍生品场外交易

我国固定收益及货币(fixed income and currency,FIC)场外衍生品推出已近20年,表2-6罗列了现在主要的一些品种。从中可以看出,我国FIC场外衍生品市场交易品种主要包括远期、互换和期权,但放眼全球,品种流动性和成交量还有很大差距。在监管方面,我国FIC场外衍生品市场的监管部门包括人民银行、银保监会、国家外汇管理局和中国外汇交易中心等多个机构,多头监管的格局和监管过严、缺乏系统性的特征一定程度上也制约了该市场的进一步发展。

表2-6 FIC场外衍生品品种

市场	类别	衍生品
银行间市场(中国外汇交易中心暨全国银行间同业拆借中心)	外汇市场	人民币外汇远期
		人民币外汇掉期
		人民币外汇货币掉期
		人民币外汇期权
	本币市场	债券远期
		远期利率协议
		利率互换

资料来源:中国货币网。

2.7.1 远期利率协议

2007年9月29日,中国人民银行发布了《远期利率协议业务管理规定》,正式推出远期利率协议(forward rate agreement，FRA)业务。远期利率协议是指交易双方约定在未来某一日期，交换协议期间内一定名义本金基础上分别以合同利率和参考利率计算的利息的金融合约。从图 2-10 可以看出，我国 FRA 交易业务和交易总额呈递减趋势，2014 年以后几乎再无交易发生。这一情况跟下面要介绍的债券远期如出一辙。

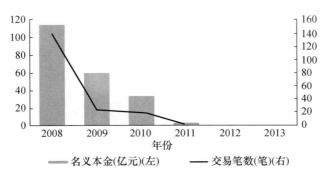

图 2-10　中国 FRA 业务发展情况

资料来源：CSMAR 数据库(2019 年更新)。

2.7.2　债券远期

2005 年 6 月 15 日，人民银行在银行间债券市场正式推出债券远期交易，当日中国工商银行与兴业银行达成了首笔债券远期交易，标志着我国首个场外人民币衍生产品正式诞生。图 2-11 显示了 2008 年 2 月 18 日至 2010 年 4 月 6 日的债券远期交易情况。从图中可以看出，我国债券远期的交易量相对较大，交投比较活跃。但自 2010 年以来，债券远期交易大幅萎缩，2013 年全年仅发生一笔交易，2014 年以后则几乎没有成交，与远期利率协议同病相怜。究其根源，一方面是因为远期合约的设计要求实物交割，且具有较大的信用风险，另一方面跟后来崛起的利率互换交易也不无关系。这充分说明，一个金融产品要在市场上存活，必须要在便利交易、切合投资者交易需求等方面具有竞争力。否则一旦有新的更好的金融品种面世，就有被取代的可能。这一点在国外成熟市场上尤为常见。

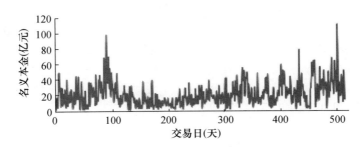

图 2-11　中国债券远期交易情况

资料来源：CSMAR 数据库(2019 年更新)。

2.7.3 利率互换

2006年2月,央行发布《中国人民银行关于开展人民币利率互换交易试点有关事宜的通知》,正式开启了我国的利率互换交易。第一笔交易于2006年2月9日在国开行和光大银行之间完成,协议名义本金50亿元人民币,期限10年,光大银行支付固定利率,国开行支付浮动利率(1年期定存)。利率互换是比较成功的衍生品,近年来的交易笔数和交易金额(见图2-12)都远远超过利率远期和外汇远期。

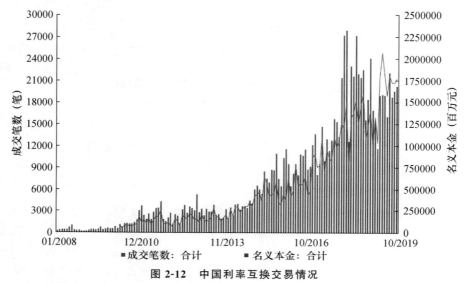

图 2-12　中国利率互换交易情况

资料来源:CEIC 数据库(2019 年更新)。

2.7.4 外汇远期

我国自1997年就开始进行银行远期结售汇的试点,在2005年8月8日,人民银行在银行间外汇市场正式推出外汇远期交易,成为我国外汇市场的第一个衍生交易产品。在试点初期,我国只有外汇指定银行与企业之间所进行的规模不大且交易并不活跃的远期结售业务,真正意义上的远期外汇市场并没有发展起来,银行与银行之间的交易也没有大量开展。近年来,随着外汇市场逐渐松绑,外汇远期的交易才渐渐活跃起来(见图2-13)。

2.7.5 人民币外汇掉期

外汇掉期是指交易双方约定以货币A交换一定数量的货币B,并以约定价格在未来的约定日期用货币B反向交换同样数量的货币A。2005年8月2日,中国人民银行发布了《中国人民银行关于扩大外汇指定银行对客户远期结售汇业务和开办人民币与外币掉期业务的通知》,允许符合条件的外汇指定银行开办不涉及利率互换的人民币与外币掉期业务。

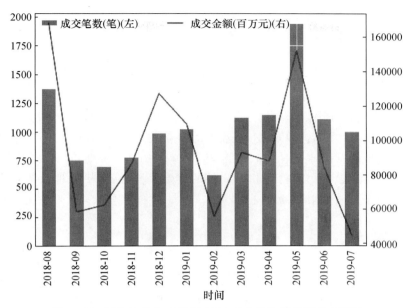

图 2-13　中国 2018 年 8 月至 2019 年 7 月外汇远期成交情况

资料来源：CSMAR 数据库（2019 年更新）。

我国 2018 年 8 月至 2019 年 7 月外汇远期成交情况如图 2-13 所示。2006 年 4 月 24 日，人民币外汇掉期业务正式推出，中国银行和中国进出口银行达成银行间市场首笔人民币外汇掉期交易，由于参与外汇掉期交易能够主动调剂本外币资金余缺，锁定远期汇率风险，该业务一经推出，交易规模迅速攀升，目前已经成为人民币汇率衍生产品市场最为重要的一部分。从图 2-14 来看，我国外汇掉期的交易量十分庞大。

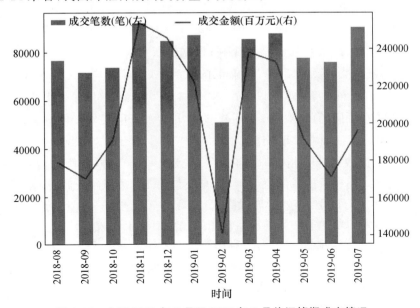

图 2-14　中国 2018 年 8 月至 2019 年 7 月外汇掉期成交情况

资料来源：CSMAR 数据库（2019 年更新）。

2.7.6 外汇货币掉期

2007年7月,央行发布了《中国人民银行关于在银行间外汇市场开办人民币外汇货币掉期业务有关问题的通知》,界定了人民币外汇货币掉期的各项事宜。其中明确,人民币外汇货币掉期是指在约定期限内交换约定数量人民币与外币本金,同时定期交换两种货币利息的交易协议。同年8月17日,人民币外汇货币掉期交易推出,人民币对美元、欧元、日元、港币、英镑5个币种的货币掉期业务正式上线。与单纯的外汇掉期相比,外汇货币掉期引入利率互换机制,使得金融机构获得了相对完整的避险手段,从而更好地发挥各个市场参与者的比较优势,使银行间外汇市场进一步做大。

2.7.7 外汇利率期权

外汇利率期权是指期权买方在规定期限内有权按双方约定的价格从期权卖方购买一定数量的利率交易标的物的业务,是一项关于利率变化的权利。期权买方支付一定金额的期权费后,就可以获得这项权利:在到期日按预先约定的利率,按一定的期限借入或贷出一定金额的货币。与单纯的利率期权相比,外汇利率期权的利率标价基于外币而不是人民币。目前,我国开设外汇利率期权业务的主要是一些国有大银行。

2.7.8 人民币外汇期权

目前,我国的人民币外汇期权主要分为两种——人民币对外汇期权和人民币对外汇期权组合。人民币对外汇期权是一种衍生产品合约,合约买方在未来某一特定日期可以选择是否行使合约约定的人民币对外汇交易权利;根据期权种类的不同,在约定数量和价格的前提下,这种权利或是卖出人民币、买入外汇的权利,或是卖出外汇、买入人民币的权利。2011年2月6日,国家外汇管理局(以下简称"外管局")发布了《国家外汇管理局关于人民币对外汇期权交易有关问题的通知》,随后正式推出了人民币对外汇期权交易,推出当日,工行和中国银行就完成了首批多笔交易。

人民币对外汇期权组合是指客户同时买入和卖出一个币种、期限、合约本金相同的人民币对外汇普通欧式期权所形成的组合,包括看跌和看涨两类风险逆转(risk reversal)期权组合业务。2011年11月11日,外管局发布了《国家外汇管理局关于银行办理人民币对外汇期权组合业务有关问题的通知》,随后启动了人民币对外汇期权组合。

以上各小节介绍了各种金融资产。可以看出,所有金融资产的价值根源来自于企业的总价值。股票可以看作企业总价值的看涨期权,债券可以看作基于企业总价值的看跌期权,而金融期货和期权等又是基于股票、债券和外汇的金融衍生品。因此,金融资产的价值归根结底是跟实体企业和宏观经济紧密相连的。

第一章和第二章分别介绍了市场上参与交易的投资者(包括机构和个人)和可以用于

交易的主要品种。需要指出的是,无论是投资者还是交易品种,都具有鲜明的中国特色。

从投资者的角度看,我国金融市场存在两个显著特点:第一,机构投资者与个人投资者的比例。欧美成熟的金融市场上机构投资者与个人投资者的占比基本是80%和20%,而我国目前的占比刚好倒过来,约为20%和80%。近年来,我国证券市场监管层一直致力于调整金融市场的投资者结构,一方面,推进投资机构化,比如大力发展公募基金,引入保险公司、社保基金和养老基金等大机构资金,不断推进金融市场国际化,创造性地推出了互联互通项目,鼓励境外合格投资者参与我国证券市场等;另一方面,加强投资者教育,帮助个人投资者树立正确的投资理念和风险意识,同时严加监管,不断规范市场行为,对违法违规的投融资行为坚决查处,切实保护投资者的利益。

第二,机构投资者中规模靠前的基金公司、证券公司、保险公司、银行以及交易所等基本上由中央政府部门或者地方政府控股,因此本质上我国的金融市场是严格受到政府管制的。这固然有利于政府维护金融市场的稳定,也有利于金融市场改革开放的推进和统一部署,但在客观上也会造成国有金融机构的代理人问题。一方面,由于市场化程度不高,国有金融机构的管理者很多时候为了追求表面业绩和业内、国际排名,开展业务不计成本,有时甚至亏本做买卖,风险和收益不匹配。另一方面,管理者有动机把精力放在眼前利益上,在市场发展势头好的时候大干快上,因为即便做错了,管理层所受的惩罚也很小,而在市场低迷的时候畏缩不前。尤其是在追责制度不健全或实施不力的情况下,国有金融机构管理层的这种非对称风险现象就更为严重。这是阻碍我国金融市场发展的一大绊脚石,应当通过国企混合所有制改革来解决。

从交易品种上看,经过几十年的发展,我国金融市场已经形成了包括股票、债券、基金、资产证券化产品、衍生产品等在内的丰富的产品线,逐步满足市场上不同交易者的投融资需求,为实体经济的发展提供了有力支持。但如果横向与欧美市场对比,我国目前的资产证券化产品和衍生产品特别是金融衍生品还非常匮乏。有些金融衍生品如CDS、国债期货虽然存在,但由于市场微结构原因远远没有发挥应有的作用。这意味着金融市场作为风险转移的功能还没有得到充分和应有的发挥,今后在进一步丰富金融衍生品品种和活跃衍生品交易方面还有很大的提升空间。

附录:场外衍生品市场

我国场外衍生品市场是一个碎片化的市场(broken markets),既有央行管辖范围内基于NAFMII主协议的银行间场外衍生品市场,也有证监会管辖范围内基于证券业协会SAC主协议的证券期货场外衍生品市场。实际上,除了这两个主协议外,还有第三个基于国际互换与衍生品协会ISDA主协议的外资机构柜台场外衍生品市场。因此,我国的场外衍生品市场其实是"多轨制",各个市场之间的关系错综复杂。[1]

---

[1] 对我国场外衍生品市场发展情况感兴趣的读者可以参阅中证报价系统(InterOTC)的研究报告《中国场外衍生品市场的演变和格局》,或者参考以下网站内容:https://baijiahao.baidu.com/s?id=16729517036653651118&wfr=spider&for=pc。

NAFMII、SAC、ISDA 体系下各有多个子市场,如图 2-15 所示。每个子市场的主导机构、监管机构、结算模式、产品范围等都有不同,且这些子市场之间并没有泾渭分明的业务区隔,同一个品种种类比如大宗商品可以在多个子市场内进行交易,利率类、权益类等衍生品亦是如此。这使得子市场之间的关系变得盘根错节,纷繁复杂。

图 2-15　场外衍生品市场体系结构

资料来源:中证报价系统。

从监管的角度看,基于 NAFMII 体系的子市场均有较为明确的交易、登记和结算系统,比如外汇交易中心、银行间交易商协会有自己的交易或登记托管系统,并且大部分场外衍生品交易在上海清算所进行集中清算;上海黄金交易所也有自己的交易和结算系统。因此,这部分场外衍生品的交易情况比较透明。基于 ISDA 体系的子市场主要是中资金融机构或中资企业与外资金融机构之间的柜台交易,基本在海外结算,国资委近年来也加强了中央企业参与金融衍生品业务的监管。基于 SAC 体系的场外衍生品子市场主要由证券公司柜台、期货风险管理子公司柜台、中证报价系统平台交易以及交易所交易构成(如图 2-16 所示),接受证监会监管。

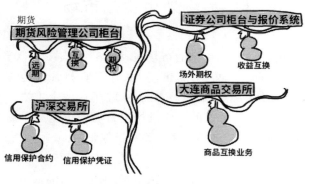

图 2-16　SAC 体系结构

资料来源:"券商中国"微信公众号。

SAC体系中通过交易所和报价系统进行的场外衍生品交易信息相对透明，风险可控度较高。而证券公司和期货风险管理子公司的柜台场外衍生品交易虽然在中证报价系统和期货市场监控中心进行事后备案，纳入场外衍生品交易报告库，但仍然存在较大的风险盲区，备案信息很难做到全面反映这些交易的真实情况，如合约细节、杠杆大小、业务模式、资金来源和去向等。

　　据统计，证券柜台的场外衍生品业务在过去3年连续增长，2019年增长速度更是超过了100%，规模逾1.8万亿元，期货子公司柜台的此类业务也达到了1.2万亿元。因此应当不断加强交易报告库的建设或者直接设立证券期货市场场外衍生品登记结算中心，落实"穿透式"监管，以及时发现和排查风险源，避免造成对其他金融市场的风险外溢。

第三章 报 单

金融市场微结构最关心的问题之一是如何使金融市场更方便交易者进行交易。要达到这个目标,首先就要给交易者提供表达交易意愿的工具和途径。有些交易者,比如大宗交易者,偏好在场外通过中介机构或者直接寻找交易对手方,然后跟对手方表达和沟通交易意愿。还有些交易者,比如散户,并没有时间连续跟踪市场动态,也没有资源寻找场外的交易对手方,不具备讨价还价的能力,因此需要一个在场内能够快速表达自己交易意愿的工具。这些表达交易意愿的工具就是报单(order)。

报单也称指令、委托,是交易者向经纪人或者自动交易系统提交的命令,通常包括交易工具、交易价格、交易数量、交易方向、有效时间、执行时间等要素。报单是交易的最基本单元。信息要通过报单的提交和成交体现到市场价格中去,交易者的交易策略最终也通过报单来实现。市场流动性的根源在报单。流动性是交易者能够迅速以合理价格成交的能力。有些报单抽取流动性,有些报单提供流动性。因此,全面了解我国金融市场已有的报单类型以及不同交易者的报单行为有助于分析投资者的交易特点,加深理解报单管理如何影响市场运行质量。

是否熟悉报单类型及各自特点以及是否能够根据市场预判熟练运用报单准确表达自己的交易意愿是判断交易员交易能力的重要标准之一。运用报单处理交易的优点是可以不用时刻紧盯市场,但缺点是交易者需要对未来市场变化作出相应判断并将其反映在报单上。交易者还需要根据市场变化及时撤销或提交新单。如果速度太慢,很可能之前的报单已经成交,从而给交易者带来损失。因此,程序化交易者在这方面具有技术上的优势。

3.1 报 单 类 型

报单的类型多种多样,且不同的市场或交易所会规定不同的报单类型。国外成熟市场为了满足交易者的不同需求,通常会提供丰富灵活的报单类型供交易者选择使用。相比之下,我国证券期货市场上的报单类型比较有限,这既跟市场成熟度和交易者的复杂程度有关,也跟交易系统的容量和处理速度有紧密的关系。

3.1.1 按交易方向分类

报单的最基本要素包括买卖方向、买卖价格和买卖数量。如果交易者有意愿买入(卖出)某标的资产,那么他所提交的报单为买单(卖单),报单里所含的价格称为申买价(申卖价)。

我国证券期货市场上的行情交易软件里一般会免费提供五档行情,如图3-1所示。上方为五档卖价,下方为五档买价,分别按照报价由高到低的顺序从上而下排列。每个报价的右边列有对应的手数,这是全市场此时此刻在各个报价位上的报单数量加总。比如挂在买三价每股52.06元的数量现在是3手,代表当前市场上愿意以52.06元买入该股票的总有效需求是3手即300股。

卖五	52.24	40.0 手
卖四	52.23	19.0 手
卖三	52.20	1.0 手
卖二	52.10	10.0 手
卖一	52.09	552.0 手
买一	52.08	36.1 手
买二	52.07	19.0 手
买三	52.06	3.0 手
买四	52.05	14.0 手
买五	52.04	17.0 手

图 3-1 行情交易软件提供的行情示例

市场上所有报单中申买价最高的报价称为最优申买价,申卖价最低的报价称为最优申卖价。图3-1中的最优申买价即52.08元,最优申卖价为52.09元。在美国割裂的证券市场上,由于同一个标的资产可能在多个公开交易所或者暗池中交易,所以具有多个最优申买和申卖价(best bid and offer,BBO),而全美跨市场的最优报价称为全国最优申买和申卖价(national best bid and offer,NBBO)。我国证券期货市场是一个全国统一的市场,不存在美国市场这种割裂的状况,因此同一个标的资产最多只有一个最优申买价和一个最优申卖价。

最优申买价和最优申卖价之间的差称为买卖价差。这通常是衡量市场流动性中的市场宽度的指标,它代表了市场交易者所面临的交易成本。买卖价差越小,说明交易成本越低,该标的资产的市场流动性越好。下面举例说明:

假如某交易者A急于以当前的市场价格买卖某标的股票。A以每股52.09元的市价买入,随后又以每股52.07元的市价卖出,那么A在这一买一卖的过程中每股亏了0.02元。这个2分钱是交易者A的交易成本,由于交易包含了买和卖,所以其实A的单向交易成本是1分钱。A之所以会产生损失,原因在于A急于以当前市价成交,而市场为A提供了即时交易的便利,即流动性。市场需要为提供了流动性服务而收取一定的费用,这个费用就是当前买卖价差的一半——每股1分钱。

从另外一个角度看,当前市场上的最优申买价是52.07元,最优申卖价是52.09元,那么对于一个没有任何知情消息的交易者而言,其对资产价格的最优估计就是两者的平均价格 52.08 元。交易者 A 以最优申卖价 52.09 元买入均价为 52.08 元的股票,两者的价差 0.01 元即是 A 为获取流动性所支付的费用。同样,如果 A 以最优申买价 52.07 元的价格卖出均价为 52.08 元的股票,两者的价差同样为 0.01 元,也是 A 为获取流动性所支付的费用。从以上两个角度看,买卖价差都是流动性的一种度量指标。

买卖报单经过经纪公司的风控系统验资验券之后,就会进入交易所的自动交易系统。在连续竞价时段和集合竞价中的某些时段,报单在提交之后未成交以前可以进行撤销或修改。直接修改而不是撤销有利于交易者特别是高频交易者更快地进行报单,这一改单功能在欧美市场上存在,但在我国证券期货市场上,交易所没有提供这样的功能。

3.1.2 按成交即时性分类

按照对成交即时性的不同要求,报单可以分为市价报单、限价报单和条件报单。市价报单是指不限定价格的买卖指令。市价报单以快速成交为首要目的,希望尽快以当前市场最优价格成交,即买单以最优申卖价成交,卖单以最优申买价成交。

限价报单是指限定价格的买卖申报指令。限价报单为买进申报的,只能以其限价或限价以下的价格成交;为卖出申报的,只能以其限价或限价以上的价格成交。在撮合成交时,市价报单只能与限价报单成交,成交价格等于限价报单的限定价格;未成交部分自动撤销,不再在交易所系统中等待成交。

条件报单是指仅当市场价格变动符合某个指定条件后才全部或者部分执行,通常包括止损单、止盈单、触发报单、价格变动敏感报单、授权单等。

3.1.2.1 市价报单

提交市价报单的交易者通常对市场流动性中的成交即时性要求很高,愿意支付买卖价差来获取成交的速度。这样的交易者可能是知情交易者或者以交换为目的的交易者(详见第八章),他们不愿意等待太久。

小规模市价报单一般成交速度较快,对市场价格影响较小或无影响。在存在做市商提供双边报价的市场上,做市商有可能对小规模市价报单进行价格改善,即其提交的市价报单报价可能比当前市场出价更优惠。当出现价格改善的时候,通常意味着流动性成本降低。

举一个例子,美股某股票当前的最优申买价是 60.05 美元,最优申卖价是 60.08 美元。交易者 A 提交了 3 手市价卖单,表示愿意以 60.05 美元或更高的价格卖出 300 股股票。此时,该股票做市商 B 可能出价 60.06 美元与之成交,买入 300 股。这样对于交易者 A 来讲是件好事,本来每股只能卖到 60.05 美元,现在能卖到 60.06 美元,其流动性成本降低了 $0.01 \times 300 = 3$ 美元。而做市商 B 之所以会进行价格改善,是因为根据美国市场上的做市法规,出于公平性和保护投资者利益考虑,如果想与普通散户的小规模市价报单成交,就有义务提高买价或者降低卖价。

对于大规模市价报单来说,成交相对较难。做市商在面临大额市价报单的时候通常会非常谨慎,因为他担心报单的背后是自己没有掌握的信息。因此,做市商会改变当前报价。在上面这个例子里,如果交易者 A 不是买 3 手,而是 3 万手,那么做市商 B 此时面临的是一个大额买单,B 可能会迅速调高报卖价为 60.10 元,以覆盖自己可能由于不知情而遭遇的损失。而交易者 A 由于急于成交,不得不接受这样的新报价以期获得成交的即时性。可以看出,当交易者 A 这样做的时候,根据做市商的反应,其行为已经对当前市场价格产生了影响,结果是买卖价差扩大,交易者需支付高于此前一半价差的价格来购买即时性。在下文中读者还可以看到,在没有做市商的市场里,大规模市价报单同样会影响市场价格。

市价报单的成交速度与市场本身的流动性大小也高度相关。在流动性差的市场,小规模报单的执行也可能伴随较大的市场价格影响,大规模委托可能根本无法执行;而在流动性好的市场,即使是大规模报单的执行也可能只会产生较小的市场价格影响甚至几乎没有影响。

市价报单最大的劣势是成交价格不确定。在交易指令发出之后和成交之前,市场报价可能会发生剧烈变化。这期间可能有旧的报单撤销、新的报单进入,可能有大额报单改变了现有报价,所以最后的成交价具有很大的不确定性。如果交易者想锁定成交价,去除这种不确定性,就需要用限价报单。

不同的交易所提供不同的市价报单类型。我国证券市场上常用的市价报单类型包括:本方最优价格、对方最优价格、即时成交剩余撤销(fill and kill,FAK)、五档即时成交剩余撤销(FAK5)、五档即时成交剩余转限、全额成交或撤销(fill or kill,FOK)。具体而言,上交所提供 FAK5、五档即时成交剩余转限这两种市价报单类型,而深交所提供 FAK、FAK5、FOK、本方最优价格和对方最优价格这五种市价报单类型。

> 在我国股票市场上,这些 FAK 和 FOK 报单全部都是市价指令。而在期货和期权市场上,有的交易所如上期所和中金所要求 FAK 和 FOK 报单必须结合限价指令使用,有的交易所如大商所则市价、限价都可以附加 FAK 和 FOK。交易者在交易前需了解清楚有关交易所的具体报单规则。

本方最优价格报单在本质上是一种限价报单,要求申买(卖)价与当前报单簿队列中的最优申买(卖)价一致,"本方"即相同买卖方向的意思。比如当前市场最优申买价为 42.02 元,最优申卖价为 42.03 元。如果交易者 A 挂出本方最优价格买(卖)单,就等于挂出 42.02(42.03)元的限价买(卖)单,所以并不即时成交。此后,如果市场最优报价发生改变,交易者 A 的报价并不随之改变,仍然保持为 42.02 元申买价(42.03 元申卖价)。本方最优价格报单的优势在于报出的价格自动设为当前市场最优报价,比较省事,不需要盯盘。在我国证券市场上,散户经常使用本方最优价格报单,专业投资者使用较少。

对方最优价格报单要求与当前对方队列中的最优价格成交。假设当前市场最优申买价为 42.02 元,最优申卖价为 42.03 元。交易者 A 挂出对方最优价格买(卖)单,表示交易者 A 有意愿以对方队列中的最优价格 42.03(42.02)元买入(卖出)。显然交易者 A 只想快速买卖,能够以当前最优价格成交就好,适合于对价格不太敏感但追求成交速度的交易者。对方最优价格报单因为主动与其他交易者成交,所以是消耗市场流动性的典型指令类型。

FAK 要求与当前对方申报价格队列(即报单簿中的申报)依次成交,未成交部分自动撤销。FAK5 报单要求与当前对方五档最优价格依次成交,未成交部分自动撤销。

在 FAK 指令下,可以设定最小成交数量。如果设定最小成交数量,若可成交的申报手数高于或等于最小成交数量,该指令下未成交部分将自动被系统撤销;若可成交的申报手数低于最小成交数量,则该指令下所有申报手数全部自动被系统撤销。如果不设定最小成交数量,若该指令下有部分申报手数可成交,则该指令下剩余申报手数自动被系统撤销。这其实是最小成交数量设为零的特殊情形。

五档即时成交剩余转限报单是指要求与当前对方五档最优价格依次成交,剩余未成交部分按本方申报最新成交价转为限价申报,如该申报无成交的,按本方最优报价转为限价申报,如无本方申报的,该申报撤销。

FOK 是指要求报单按照限定价格(限价 FOK)或者对手队列最优价格(市价 FOK)依次全部成交,如果不能全部成交则全部自动撤销。举例说明,假如上期所铜期货合约 Cu1808 的市场一档申卖价为 20 手每吨 50000 元,二档申卖价为 15 手每吨 50010 元,其余档暂无申报。交易者 A 挂出 50 手 FOK 买单,限定报价为 50010 元,那么系统判断由于市场卖量不足(只有 35 手)该报单不能全部成交,此时交易者 A 的 50 手 FOK 报单将全部被系统自动撤销。

如果交易者 A 急于成交,而不在意是否能够全部成交,此时可以选择其他报单类型,比如 FAK 报单。在上面例子里,如果交易者 A 提交的是 FAK 报单,则会以申卖价 50000 元成交 20 手,50010 元成交 15 手,剩余 15 手未成交部分将被系统自动撤销。如果交易者 A 没有最小成交量的要求,可以在 FOK 指令中不设最小成交数量。

FAK 和 FOK 报单的特点是方便灵活,可以帮助交易者降低撤单频率,提高报单执行效率,优化交易策略。但有时它们也会成为操纵市场价格的利器。这是因为 FAK 和 FOK 通常不计算在撤单次数限制之内,交易者尤其是高频交易者可以通过大量使用 FAK 和 FOK 指令来变相达到频繁报撤单的目的。尤其是在流动性较差的市场,它们对市场价格的影响会更大。因此对于 FAK 和 FOK 的使用要谨慎监管。

3.1.2.2 限价报单

限价报单是交易者常用的报价方式。交易者需要在报单中明确指定证券交易的方向、价格和数量。对于买卖有价格涨跌幅限制的证券,在涨跌幅限制以内的限价申报方为有效申报,超过涨跌幅限制的申报为无效申报。交易所会根据一定的规则对当前市场上的有效限价报单进行排序,按照次序撮合成交。已经报出但尚未成交、正处于排队状态的报单一起构成了限价报单簿(limit order book, LOB)。注意,限价报单的未成交部分会继续留在报单簿中等待后续成交,而市价报单的未成交部分会根据不同市价报单类型作相应撤销处理。

限价买单本质上相当于下单者免费卖出了一个美式看跌期权。这是因为市场上的其他交易者看到这个限价买入指令,就拥有了向该交易者以申买价卖出股票的权利。类似地,如果交易者提交了一个限价卖出指令,就相当于卖出了一个美式看涨期权,其他交易者拥有了从该交易者处以申卖价买入股票的权利。

再进一步看,交易者可以在不同的价位挂限价单。假如股票的现价是 40.20 元,那么限价在40.21元、40.22元、40.23元的卖单就类似于卖出了一系列不同行权价格的认购期权,而限价在40.19元、40.18元、40.17元的买单就类似于卖出了一系列不同行权价格的认沽期权。在现价附近的报单就是平值期权,它们适合于不想等待、急于成交的交易者,这些报单最容易被吃掉;而远离现价的报单则是虚值期权,适合于有耐心的交易者。如果有交易者报出处于当前最优申买价和最优申卖价之间的价格,这就成了实值期权,因为这些报单将迅速成交。换言之,这些交易者愿意以免费提供实值期权的高代价换来成交的即时性。

从这个角度看,最小报价单位(tick size)其实就是期权合约行权价格的间距。因此,如何设计最优报价单位的问题类似于期权合约如何设计最优行权价格间距的问题。

那么,限价报单就真的跟股票期权合约一点区别都没有了吗?那也不是。比如,期权合约都有价格,但当交易者挂了一个限价报单的时候并没有收取任何费用。也就是说,市场上其他交易者免费获得了一个与之交易的权利,而交易者免费给市场提供了流动性。当然,市场给交易者的补偿就是可能会如愿以偿得到所期望的价格和数量。

另外,有些情况下限价报单比股票期权更有利。假设交易者想锁定某股票的卖价。他可以申报一个限价卖单,以每股100元的价格卖出500股股票,也可以卖出该股票行权价格为100元的认购期权。哪个方式更好呢?假设该交易者下单之后,股票的价格先涨到102元后跌到95元。这个过程中限价卖单会成交并以每股100元卖出,但是认购期权却不会被行权。[①] 当然,卖出认购期权是有收益的,可以部分弥补这个方式的缺陷。

从刚刚介绍的内容来看,可以确认一点:波动性可以影响流动性。期权定价理论告诉我们,期权的价值随着波动性的增加而增加。如果一个市场的价格波动越大,那么限价报单的期权价值就越大。免费提供盒饭可以,但免费提供五星级酒店的自助餐就没有多少人愿意了。为了降低这个免费给出的期权价值,交易者通常会将限定的价格设在距离当前最优报价较远的价位,即在波动加大的时候偏好卖出虚值期权。这样的行为就会扩大买卖价差,从而降低市场的流动性。因此,价格的波动性加大会提高市场流动性中的买卖价差和交易成本。

进一步地,考虑以下例子:在一个连续竞价市场,全天只有两个报价,一个是限价20元的申买单,一个是限价19元的申卖单。问题来了:第一,这个市场会不会有成交?第二,如果限价买单先到,成交价是多少?第三,如果限价卖单先到,成交价又是多少?

很显然,这两个报单会成交,因为提交买单的交易者愿意以不高于20元的价格购买,而提交卖单的交易者愿意以不低于19元的价格卖出。但有意思的是,如果买单先到,成交价就是20元;如果卖单先到,成交价就是19元。关键是,谁会愿意先报价呢?前者对买家不利,买家付出了愿意支付的最高价,而后者对卖家不利,卖家获得了愿意卖出的最低价。可以想象,在这样的市场中,买家和卖家谁都不愿意第一个挂出报单,以免在交易中吃亏。

通过这个简单而极端的例子读者应该可以体会到,当一个市场透明度不好的时候(比如该例子里的情况,买卖双方对该股票的合理价格没有任何先期信息),买卖双方都不愿意先发出委托,即先提供流动性。其后果通常是市场成交量低迷,导致信息冲击不能及时反映到市场价格中去。

---

① 期权基本知识告诉我们,美式认购期权不应被提前行权。

> 我们去逛古玩市场时的报价行为跟这个例子中描述的情形如出一辙。由于古玩市场的质量信息很不透明，买卖双方对真实价格的判断存在严重不对称，因此都不愿意第一个报价，生怕自己吃亏。这时候谁有耐心谁就有优势。但如果我们是去菜市场买菜，就不会担心这个问题，因为菜的价格相对还是比较透明的，大家出价之前心里多多少少是有数的。

但是市场总要有第一个报价的人，如果大家都不愿意，谁会来报呢？这个问题可以通过连续交易之前的集合竞价机制来解决。[①] 集合竞价市场先让买方和卖方自由提交限价报单，交易所把报单集中之后根据一定的撮合准则确定一个单一价格。这个价格就是开盘价。开盘价确立了一个反映最多数交易者意愿的价格基准，可以有效降低市场的不透明程度，从而引导投资者开始报价，形成连续交易的基础。因此，当今很多国际市场采用集合竞价与连续交易相结合的交易方式。

提交限价报单的交易者为市场上其他交易者提供了是否交易的机会，即为市场提供了流动性。但并不总是如此。比如现在市场最优申卖价为 42.02 元。交易者 A 提交了限价为 42.02 元或 42.03 元的买单，由于限价等于或高于最优申卖价，该限价报单在本质上是消耗市场流动性的。

下面这个例子详细展示了大额限价报单对市场价格可能造成的冲击。假设某股票的市场行情如下表所示。交易者 A 急于成交，提交了价格为 42.03 元共 300 手的限价买单。该单首先与卖 1 全部成交，成交价为 42.01 元，成交手数为 35 手。接着分别以 42.02 元的成交价与卖 2 成交 58 手，以 42.03 元的成交价与卖 3 成交 115 手。此时，市场上的其他交易者看到股价连续上升，认为市场可能出现了新的信息而自己没有掌握，买方对股票的购买需求提高，买 1 档的价格被推高至 42.03 元，而卖方也将卖 1 档的价格相应调高至 42.04 元。交易者 A 以卖 1 价格成交剩余的 92 手。可以看出，这个过程中交易者 A 的大单连续"吃"掉卖 1、卖 2 和卖 3 上的报单，推高了市场价格，影响较大。在这个例子里，如果市场上的申报量（委托数量）较大，即市场深度较深，那么大单对市场价格的影响就比较有限。现实交易中有些交易者会使用限价报单进行扫单操作，比如将价格幅度设在 5% 左右，那么在市场深度不足的情况下只需要两次操作即可将价格打至涨跌停板。

表 3-1　某股票的市场行情

卖五档	报价（元）	报量（手）	买五档	报价（元）	报量（手）
卖 1	42.01	35	买 1	41.99	117
卖 2	42.02	58	买 2	41.98	19
卖 3	42.03	115	买 3	41.97	83
卖 4	42.04	178	买 4	41.96	55
卖 5	42.05	26	买 5	41.95	60

如果该例中交易者 A 提交的是 FAK5 市价报单，则 A 在卖 1、卖 2 和卖 3 分别成交 35

[①] 在美国股票市场上，这个问题也可以通过指定做市商的报价来解决。

手、58手和115手后,剩下未成交的92手将被自动撤销,而不是继续留在报单簿中等待成交。

限价报单的最大缺点是成交具有不确定性和成交时间相对较长。能否成交取决于限定价格与当前市场价格的关系,越主动的限价报单(报价优于当前市场最优价格)越容易成交,但交易者的成本增加;越被动的限价报单(限定价格远离当前市场最优价格)成交速度越慢,但换来的是较低的成本和心仪的价格。

能否成交还取决于报单提交之后市场价格的走势。若市场价格渐渐远离限定价格,交易者可能面临无法成交的风险。比如交易者A本想以42.00元的限定价格买入股票,但报单提交之后等待成交期间市场价格一路上升至42.08元。此时交易者A将十分后悔,觉得刚才以42.01元的价格买入就好了。

有时即使成交了也未必是好事。比如当前市场最优申卖价为42.01元,但交易者A判断股票价格在短期内会下行,于是提交了限定价格为41.98元的买单。假设他判断准确,市场价格果然下跌,买单以41.98元成交。但成交后交易者A发现价格继续一路下跌至41.90元。此时交易者A也会十分后悔,觉得刚才的报价太高了,应该再等一等。

报单也可以按照其主动性(aggressiveness),即对市场流动性的攫取程度,划分为不同类型。如图3-2所示,[①]限价买单1的委托价格高于当前最优申卖价,且委托数量超过了最优申卖价上所挂的数量,因此该报单将沿着当前报单簿上行即扫单(walk up the limit order book),直到所有委托数量全部成交(只要报单簿深度足够厚),因此是主动性最强也是对市场流动性消耗最大的;报单2(一个市价报单或委托价格等于最优申卖价的限价单)的委买数量也超过了当前最优卖量,但超过部分不允许以当前报单簿上的其他卖价成交,而是转化为限价报单等待成交,因此主动性次之;报单3(一个市价报单或委托价格等于最优申卖价的限价单)的委买数量不足当前最优申卖价上挂的量,因此以最优申卖价立刻成交,但不改变最优申卖价,主动性再次之;剩下的几个报单均不能立即成交,因此对市场流动性要求不高。比如报单4的委买价格位于最优申买价和最优申卖价之间,因此不能立即成交,主动性较低;报单5的委买价格刚好等于最优申买价,而报单6的委买价格低于最优申买价,均不能立即成交,主动性最低。可以看出,并不是所有限价报单都是提供流动性的,比如报单1其实是最消耗流动性的指令。

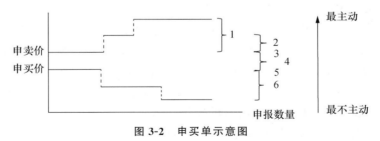

图3-2 申买单示意图

3.1.2.3 条件报单

条件报单是指只有当市场价格符合某个指定条件时才会全部或者部分执行。常见的

[①] 市价卖单的情形与市价买单类似,读者可自行推导。

条件报单包括止损单、止盈单、触价单以及授权单等。我国证券期货交易所不提供这些条件报单，但有些券商或期货公司为便利客户交易会在交易软件中开发和提供特制的条件指令。

止损单是指当市场价格到达设定的止损价时报单被触发并按照市价报单执行，而在市场价格未到达止损价时不予执行。止损单分为止损买单和止损卖单。前者的止损价一般设为高于当前市场价格，当市场价格高于止损价时以市价买入。止损买单可以避免后面不得不以更高的成本购买，所以从这个意义上讲也是"止损"。后者的止损价一般设为低于当前市场价格，当市场价格低于止损价时以市价卖出，可以避免可能产生的更大的交易损失，就是我们平常所说的"及时割肉"。

比如交易者A以每股42.02元市价购买了100手某股票，为防止价格下跌造成较大亏损，A申报了止损卖单并将止损价设为40.00元，这是他能接受的最大亏损程度。如果盘中股票价格果然下降并触及40.00元，则系统自动将其账户中的股票按照当时市价出售。

止盈单的定义跟止损单基本类似。止盈单也分为止盈买单和止盈卖单。前者的止盈价一般设为高于当前市场价格，当市场价格高于止盈价时以市价买入。这样做的好处是可以降低购买成本。后者的止盈价一般设为低于当前市场价格，当市场价格触及止盈价时以市价卖出，可以避免盈利的减少，就是我们日常所说的"见好就收"。比如交易者A数天前以每股42.02元市价购买了100手某股票。此后，价格一路上扬至每股44.95元。A觉得这个价位可能有点虚高，会有所回调，于是申报了止盈价为44.90元的卖单。当市场价格下跌并触及44.90元的时候，系统自动以市价售出账户中的股票，锁住此前盈利。如果市场价格没有下跌而是继续上涨到每股45.20元，交易者A可以跟着上调止盈位至45.10元。以此类推，继续涨就继续逐级抬高止盈位，可以及时锁住利润，避免暴跌导致大的亏损。

市场上的报单一般以止损卖单和止盈卖单居多。止损卖单和止盈卖单的主要区别在于交易者的目的不一样。止损卖单的申报者通常比较担心市场价格进一步下跌会造成更大损失，而止盈卖单的申报者担心的是市场价格的进一步下跌会降低当前的盈利。

注意，止损单（止盈单同理）的成交价不一定刚好等于止损价，因为一旦触及止损价后报单按照市价报单来执行，在触及止损价后到执行之前这段时间市场价格可能会发生变化，所以最终的成交价可能高于也可能低于止损价。当市场发生剧烈趋势性变化的时候，成交价可能远远低于设置的止损价。

这也是止损单与限价报单的主要区别。止损单的本质类似于购买了一个股票认沽期权，区别在于止损单的最终售出价格不一定且极有可能低于止损价，止损单需要交易者自己承担价格变动的风险，而认沽期权可以保证想要的售出价格。正因为此，股票认沽期权不免费，而止损单是免费的。

止损单和止盈单也可以与限价报单相结合，当市场价格触及止损价或止盈价后报单变为限价报单。因此，止损（止盈）限价报单需要同时指定两个价格——止损（止盈）价和限价。止损（止盈）限价报单可以进一步降低价格变动的风险。

除了以上基本的止盈单和止损单之外，有的证券公司还会给客户提供更丰富、更智能的止盈单和止损单类型，比如触发条件不是设立止盈价或止损价，而是追踪一段时间内的市场价格表现，如果累计涨跌幅达到一定程度，就自动触发下单。这些都有利于交易者更方便灵活地进行交易。

止损单和止盈单的成交速度取决于其止损价或止盈价与市场价格的关系,止损(止盈)限价单的成交速度还取决于限定价格与市场价格的关系。

无论是止损还是止盈,都会加大市场的价格变化趋势,形成对流动性的"一边倒"需求,放大市场价格波动。比如提交止损卖单的交易者希望降低自己可能的损失水平,从而在市场价格下降的时候转为市价卖单,增加了市场卖压;而提交止损买单的交易者担心自己的购买成本增加,于是在市场价格上升的时候转为市价买单,增加了市场买压。止盈单具有类似的道理,提交止盈买单的交易者希望降低购买成本,在市场价格上涨触及止盈点的时候转为市价买单,增加了市场买压,而提交止盈卖单的交易者急于锁定利润,在市场价格下跌的时候自动转为市价卖单,增加了市场卖压。因此,止损单和止盈单都会增加市场的动量(momentum)。

3.1.2.4 套利报单

套利报单(或称"套利指令",spread order)是指在买入一种资产的同时卖出另一种价格相关性较强的资产,在期货和期权市场上较为常见。套利报单有两种成交形式,若与市价报单相关联,则最终以这两种资产的市场价差成交;若与限价报单相关联,则最终以这两种资产的限价价差成交。目前,我国期货市场上只有大商所和郑商所提供套利报单,可以针对同品种不同到期月份的资产(在进行期货合约展期时非常方便),也可以针对跨品种同到期月份的资产。

在我国期货和期权市场上,各大期货交易所中提供的报单类型分布如表 3-2 所示。[①]

表 3-2 各大期货交易所报单类型

交易所	报单类型
上交所	限价委托、全额即时限价;市价剩余转限价;市价剩余撤销、全额即时市价
深交所	限价申报,可以附加全额成交或撤销;市价申报包括对手方最优价格市价申报、本方最优价格市价申报、最优五档即时成交剩余撤销市价申报、即时成交剩余撤销市价申报、全额成交或撤销市价申报
中金所	限价指令,可以附加全部成交否则撤单、即时成交剩余撤销;市价指令包括最优一档即时成交剩余撤销、最优一档即时成交剩余转限价、最优五档即时成交剩余撤销、最优五档即时成交剩余转限价
大商所	限价指令、限价止损(盈)、限价即时全部成交否则撤单、限价即时成交剩余撤单(注:大商所不提供期权市价指令)
郑商所	市价指令;限价指令;套利指令。其中,套利指令可以附加立即成交剩余指令自动撤销、套利立即全部成交否则自动撤销等属性(集合竞价期间,交易所不接受套利指令)
上期所	限价指令,可以附加即时全部成交否则撤单、限价即时成交剩余撤单;取消指令(注:上期所不提供期权市价指令)

下面介绍的报单类型在国际证券期货市场上也经常使用,但在我国市场上还没有提供,读者可以酌情了解。

---

① 由于交易所有时会根据市场状况增加或取消某些报单类型,所以具体情况请及时关注交易所公告。

3.1.2.5 触价报单

触价报单(market-if-touched，MIT)是指当市场价格到达触价时自动转为市价委托。具体地，触价买单是当市场价格下降到触价时转为市价买入，而触价卖单是当市场价格升高到触价时转为市价卖出。对于触价买单，通常设定的触价低于当前市场价格，而触价卖单的触价通常高于当前市场价格。

跟止损单一样，由于触价报单在触发后转为市价报单，所以其最终成交价格不确定。但是跟止损单不一样的是，触价报单与现行市场价格趋势反向为之，当市场价格上行时，触价报单倾向于卖出，而当市场价格下行时，触价报单倾向于买入。因此，触价报单有平抑趋势、稳定市场的作用。

总体来讲，触价报单在转为市价报单的时候追求成交的即时性，因而是消耗市场流动性，但是在条件触发后报单与现行市场价格反向交易，抵消了其他交易者所造成的价格冲击，增加了市场的弹性，所以又提供了市场流动性。关于流动性的维度在第五章中详述。

3.1.2.6 价格变动敏感报单

最小价格变动单位(tick size；minimum price variation，MPV)也称"最小报价单位"，是时间上相邻两个价格的最小价差，即一个 tick。最小报价单位跟诸多因素有关，比如交易品种合约的大小、报价货币种类、历史价格、市场流动性状况以及传统习惯等。目前，我国 A 股交易的申报价格最小变动单位为 0.01 元；债券交易和债券买断式回购交易在上交所的申报价格最小变动单位为 0.01 元，深交所为 0.001 元；B 股在上交所为 0.001 美元、深交所为 0.01 港元；债券质押式回购交易在上交所为 0.005 元，深交所为 0.001 元；基金申报最小变动单位为 0.001 元；上证 50ETF 期权为 0.0001 元；白糖期权和豆粕期权的最小变动单位为 0.5 元；铜期权为 1 元，等等。

一般来说，最小价格变动单位越大，买卖价差越大，市场流动性就越低；但如果最小报价单位太小，随着买卖价差的减小，市场深度(即成交量)也可能会下降。这一点在美国 2000 年开始的十进制改革(将最小报价单位从 6.25 美分降至 1 美分)中得到了验证。

在我国股票市场上，名义价格较小的股票和名义价格较大的股票的最小价格变动单位都是 0.01 元人民币。这一点跟欧美市场上的"阶梯形"设置有所区别。欧美市场上，名义价格较小(大)的股票，其所对应的最小价格变动单位也会较小(大)，这样各个股票的名义价格虽然有大有小，但最小价格变动单位与名义价格的相对比例基本保持一致。这样做的好处在于各个股票的流动性能够均匀分布。

举个例子说明。铜陵有色(000630)的名义价格在 2 元附近，最小价格变动单位为 0.01 元，那么买卖价差就达到了 0.5%。也就是说，如果一个报单推动市场价格变动 1—2 个 tick，价格就会影响 0.5%—1%。这就人为造成了低价股票的流动性在市场冲击维度上的偏差。

> 在价格变动方面,我国证券期货交易还设有日内涨跌幅限制。交易所对股票、基金交易实行的涨跌幅比例10%,其中ST特别处理的股票价格涨跌幅比例为5%。股票、封闭式基金、增发上市的股票、暂停上市后恢复上市的股票和退市后重新上市的股票等在上市首日不受涨跌幅限制。实行PT等待退市的股票涨幅不得超过5%,跌幅不受限制。涨跌幅价格等于前交易日的收盘价乘以(1±涨跌幅比例)。科创板和创业板股票上市交易首5日无涨跌幅限制,其后涨跌幅比例为20%。期货和期权合约的涨跌幅要看合约中的具体规定,品种之间差别很大。

价格变动敏感报单(tick-sensitive order)的触发条件取决于之前最近的价格变化,一般分为下行买入报单(buy downtick)和上行卖出报单(sell uptick)。下行买入报单的限定价格在成交后必须等于或者低于最近的不同成交价;上行卖出报单的限定价格在成交后必须等于或者高于最近的不同成交价。

> 当最近成交价低于上次成交价,称为downtick;当最近成交价高于上次成交价,称为uptick;当两者相等,称为zerotick。进一步地,在zerotick中又可以细分为zero downtick(最近成交价低于往前推的第一个不同价格)和zero uptick(最近成交价高于往前推的第一个不同价格)两种情况。比如某股票最近成交价为42.02元,上次成交价也是42.02元,因此是zerotick。假如再上次成交价是42.03(42.01)元,那么这是zero downtick(zero uptick)。

举例说明:交易者A想买入某股票,并提交了下行买入单。该股票的最近一次成交价为42.02元,再上次的成交价仍为42.02元,最近一次不同的成交价为42.01元。那么下行买入单如果要成交,其成交价必须等于或者低于42.01元。假如市场价格上涨至42.03元,那么最近一次不同的成交价变为42.02元,交易者A的最高购买成本也升至42.02元。如果此时有其他市价报单进入系统,则A的下行买入单可与之成交。成交价格肯定不高于但不一定刚好等于42.02元,因此成交价具有一定的不确定性。

价格变动敏感报单本质上是一种动态调整限定价格的限价报单,其限定价格为不低于(上行卖出报单)或者不高于(下行买入报单)最近一次不同成交价的价格。随着市场价格的不断变化,限定价格也随趋势而调整。因此,相比不断地撤销和重新申报限价报单,使用价格变动敏感报单可以帮助交易者更方便快捷地成交,且往往价格更优。

价格变动敏感报单跟踪市场价格走势,但成交价与趋势相反,所以对价格没有助推作用。在上述例子中,当市场价格上涨至42.03元时,交易者A必须等待其他交易者进场与之以不高于42.02元的价格成交。从这个意义上讲,交易者A申报的价格变动敏感报单为其他交易者提供了市场流动性。交易者A所申报的价格变动敏感报单,虽然放弃了对流动性的需求,转为提供流动性,但买入价格却下降了一个最小报价单位。因此,通常市场上的最小报价单位越大,价格变动敏感报单就越具有吸引力。

3.1.2.7 授权单

授权单（market-not-held order）是一种经纪人不用立即执行的报单，交易者给予经纪人自由裁定权去成交。交易者不能追究经纪人未能有效执行的责任，只能更换经纪人。授权单通常在提交大额报单时常用，以降低大额报单暴露于市场可能带来的价格冲击。

3.1.3 按有效期分类

按照报单有效期的长短，可以把报单分为表3-3中的几类。

表3-3 按有效期分类的报单

术语	解释	术语	解释
day order	提交当日有效	good-after	只在指定日期后可以被执行
good-till-cancel（GTC）	取消前有效	market on open	只在交易时段开始时执行
good-until	直至指定日期前有效	market on close	只在交易时段结束时执行
good-this-week（GTW）	本周有效	good-this-month（GTM）	本月有效

目前，在我国证券期货市场上限价报单只在当日有效即都是day order。期货夜盘中提交的报单在次日白天的结算期内也有效。

3.1.4 按委托数量分类

交易者在报单中除了指定价格之外，也可以指定成交数量。最常见的包括一次全部成交否则撤销报单（all-or-none order，AON）、最少成交否则撤销报单（minimum-or-none order，MON）。对于最少成交否则撤销报单，成交量不能低于指定的最少数量，否则全部撤销。

3.1.5 其他报单类型

3.1.5.1 隐藏报单

有时候交易者特别是大宗交易者由于担心与知情交易者成为对手方，因而并不愿意市场上其他交易者能够看到自己尚未成交的限价报单。此时他们可以选择使用隐藏报单（undisclosed order）。隐藏报单可以指定只对外披露部分报单（hidden order，也称"冰山报单"，iceberg order）。

3.1.5.2 替代报单

交易者可以提交替代报单（substitution order），委托经纪人对一些证券进行增资或撤资。交易者在发出的报单中指定投资金额和撤资金额,但不指定具体的证券,经纪人有自由裁定权,并需以最优价格成交。

3.1.5.3　特殊交割报单

如果交易者想以非标准化结算方式结算,可以申报特殊交割报单(special settlement instruction)。美国市场上实行的结算方式是 T+2,即交易结束两天后进行券款结算。如果交易者需要提前结算,比如当天结算,可以进行申报,但不保证成交。另外,安排这样的结算非常烦琐,所以经纪人的收费也会很高。

3.2　最小交易单位

我国股票市场上规定交易者在买入的时候每手以 100 股为单位,卖出的时候每手也以 100 股为单位,但如果出现零散股(不足 100 股,可能是由于前期部分成交造成,也可能由分红配股造成)也可以一次全部卖出。股票回购以 1000 元为一手。

债券以人民币 1000 元面额为一手。债券和债券回购以一手或其整数倍进行申报,其中上交所债券回购以 100 手或其整数倍进行申报。

期货和期权合约另有规定,具体要看合约说明。一般来说,最小交易单位设置得大,意味着交易门槛高,中小投资者无法进入市场,从而使交易者数量减少,降低活跃度。

股票(基金)单笔申报最大数量应当低于 100 万股(份),债券单笔申报最大数量应当低于 1 万手(含 1 万手)。交易所可以根据需要调整不同种类或流通量的单笔申报最大数量。

期货和期权合约的单笔申报数量根据不同品种、不同交易所以及不同时期另有规定。比如目前中金所的交易规则规定,市价报单每次最大下单数量为 50 手,限价报单每次最大下单数量为 200 手。

3.3　市场执行系统

所有的市场本质上都是在匹配买卖双方,证券期货市场也不例外。金融市场的匹配机制(也称"执行系统")一般来讲分为三种,即指令驱动市场(order-driven market)、报价驱动市场(quote-driven market)和经纪驱动市场(brokered market)。同一个金融市场可以有两种甚至三种执行系统并存。

3.3.1　经纪驱动市场

经纪驱动市场通常适合于那些交易量大且流动性较差的证券,比如债券、股票的大宗交易。由于流动性差而委托量又很大,报单对市场价格的冲击就比较明显,所以这种情况下交易者不愿意主动披露自己的成交意愿,需要经纪商扮演中介的角色,匹配买卖双方。

目前,我国的证券大宗交易、外汇交易和银行间债券市场都采用了经纪驱动模式。

> 经纪商(broker)的作用是"拉郎配",把买卖双方撮合到一起交易,赚取中介费。如果拿实体市场给金融市场做一个类比,那么淘宝就是一个巨大的经纪商,网络婚介公司如百合网、珍爱网也是经纪商。明星的经纪人之所以叫"经纪人",正是因为其主要职能是替明星拉拢广告代言、商业表演、影视剧拍摄等业务。注意,经纪商本身并不从事跟买方或者卖方的直接交易,就像百合网员工不是自己跑去跟用户谈恋爱一样。
>
> 交易商(dealer)就不同了,他们是可以单独跟买卖双方进行交易的。比如二手车车行,左手从卖方购得旧车,右手出售给买方,中间赚得差价。但是人人车网和瓜子网这种C2C模式的二手车交易网站就不是交易商而是经纪商了。
>
> 国外金融市场上还有经纪商—交易商(broker-dealer),比如知名银行高盛既做经纪业务,也从事做市业务。还有一种interdealer-broker,是专门从事撮合交易商业务的经纪商。

经纪商与交易商的主要区别体现在:第一,两者盈利模式不一样。经纪商赚的是佣金,而交易商赚的是价差。第二,两者的市场行为不一样。经纪商撮合买方和卖方,自身不报价,没有库存(inventory),而交易商特别是做市商(market maker)直接参与交易,因此向市场提供报价,也有库存。房地产交易就是一个典型的经纪驱动市场。房地产的流动性很差,成交金额又很大,经纪商并不希望持有库存,而只是提供中介服务。第三,两者责任不一样。经纪商不承担任何提供流动性的义务,在市场缺乏流动性的时候大可置之不理。但交易商在享受丰厚价差的权利的同时,要承担支持市场流动性的义务。

3.3.2 报价驱动市场

报价驱动市场中交易商扮演核心角色。与经纪商不同的是,交易商通过积极进行有效的双边报价,随时充当卖方的买方和买方的卖方,为市场提供流动性。在大多数报价驱动市场,客户或者其经纪商跟交易商之间是双向选择的。你可以选择声誉好、服务质量高的交易商,交易商也可以挑选他们喜欢的优质客户。有的交易商偏好跟小散户交易,有的喜欢跟大机构交易,但基本都尽量避免跟有知情信息的客户进行交易。总体而言,这是一个靠关系维持的市场。交易商之间、交易商跟自己的客户之间,形成了一个个关系网。

美国纳斯达克市场就是一个典型的报价驱动市场,它的交易商包括300个左右的做市商。纽约证券交易所(简称"纽交所",NYSE)也有类似的交易商,过去叫作专家(specialist),现在改称指定做市商(designated market maker,DMM)。这些DMM通常需要庞大的资金来维持报单簿的平衡和做市标的股票价格的稳定。比如当市场出现异常大的卖单的时候,DMM需要很大的资金占用来接住这些卖单,从而避免股票价格的暴跌。此外,DMM也有权利在特殊情况下暂停交易。比如当市场出现异常大的买单而彼时市场上确实没有股票相关新信息的时候，DMM 有权停止该股票交易并及时联系相关买方了解情况，从而减轻甚至避免由于错误申报导致的大单对市场价格的冲击。总之，DMM 负责其做市标的股票价格的稳定和保持适当的流动性。更多关于美国股票市场微结构的介绍请见第十五章。

> 在全球市场上，报价驱动机制有两种存在形式：一种是特许交易商制（也称"垄断型做市商制"），另一种是多元做市商制（也称"竞争型做市商制"）。
>
> 特许交易商制是纽约证券交易所的主要做市商制度，由交易所指定一个做市商来负责某一只股票的交易。特许交易商是为每只股票提供双边报价并享受相应权利的交易商，一般具有很强的信息综合处理和分析能力，能对市场走向作出准确的预测，因其垄断性通常也可以获得高额利润。特许交易商制的优点在于责任明确，便于交易所监督考核，缺点是价格的竞争性较差。
>
> 多元做市商制是伦敦股票交易所和美国纳斯达克市场的主要做市商制度，每一只股票同时由多个做市商负责双边报价。多元做市商制的优点是通过做市商之间的竞争，减少买卖价差，降低交易成本，也使价格定位更准确。但由于每只证券有几十个做市商，因此各个做市商拥有的信息量相对分散，降低了市场预测的准确度，减少了交易利润，同时也降低了做市商承受风险的能力。

交易所都会对做市商行为作一定的规定和限制。比如纳斯达克 OMX 市场明确要求做市商每天至少 85% 的交易时间内要提供有效双边报价，买卖价差要控制在合理范围内，如不能超过买价的 4%，以及每笔买卖报价的量不低于 4000 欧元等。当然，交易所也会对做市商为市场提供流动性和稳定性作相应的补偿，比如交易佣金的返还等。我国银行间债券市场、新三板市场以及期权市场均设有做市商制度。

3.3.3 指令驱动市场

指令驱动市场无须依赖交易商，而是由买方和卖方各自提交申报指令，然后按照事前既定的匹配规则将申报指令进行撮合交易。这些匹配规则一般包括申报指令的排序规则和成交规则，前者规定了交易者的申报指令在报单簿中如何排序，从而决定谁跟谁成交，而成交规则则决定了成交价格。

跟报价驱动市场不同的是，交易商虽然也可以在指令驱动市场上进行交易，但无法挑选自己的对手方。他们只是像其他任何普通的交易者一样，按照既定的匹配规则进行交易。

从流动性、稳定性、透明度和交易成本四个方面看，指令驱动机制和报价驱动机制各有优劣。对于成交量不活跃、流动性不足的品种，若采取指令驱动模式，会造成波动巨大、稳定性低的问题。但报价驱动市场有透明度低的缺点，如果监管不力，交易商很可能利用自身信息优势，通过人为拉高或压低价格、加大买卖价差、合谋限制竞争等方式侵害投资者利益。从国外市场的情况看,公募基金和养老基金等机构投资者也时常会对做市商不及时报告成交情况表示不满。

当今的金融市场大部分采取指令驱动形式,但不同的指令驱动市场有不同的建设目标,有的希望能够增加流动性,有的希望能够减少高频交易者的参与,有的希望能够更好地服务大宗交易者,因而会采取不同的匹配规则。关于指令驱动市场,我们将在下一章详细介绍,因为我国就是一个标准的指令驱动市场。

需要指出的是,虽然按照交易执行系统可以将金融市场区分为经纪驱动市场、报价驱动市场和指令驱动市场这三种类型,但在现实中其实很多金融市场是这三种类型的混合体。比如纽交所虽然是一个指令驱动市场,但它也设置了 DMM、补充流动性提供者(supplementary liquidity provider,SLP)等做市商,共同为市场提供流动性和稳定性,因而具备报价驱动市场的一些特征。而纳斯达克虽然是一个报价驱动市场,以交易商为主,但从 1997 年起,电子交易系统(ECNs)进入纳斯达克的交易和报价系统,对报价作出了一些新的规定,引入投资者报价机制,允许客户通过电子交易系统发布的交易指令不经过做市商直接成交,以提高证券市场的公正性,因此纳斯达克也具有"报价驱动"市场和"指令驱动"市场的混合特征。再如我国的银行间市场主要是一个经纪驱动市场,但也有做市商参与其中,因此同时具有报价驱动市场的特征。

第四章　指令驱动市场

我国股票市场采取的主要是指令驱动模式,即交易者通过委托下单到券商会员,券商将报单传送到交易所交易主机,由后者按照一定的原则进行撮合成交。

指令驱动模式分为集合竞价和连续竞价两种。无论是集合竞价还是连续竞价,都需要依照一定的"报单优先规则"和"成交价确定规则"来进行报单的撮合。

4.1　报单优先规则

我国采用价格优先、时间优先的原则对进入交易所主机的报单进行排序。即在撮合过程中成交顺序为:较高买进委托优先于较低买进委托;较低卖出委托优先于较高卖出委托;同价位委托,按委托先后顺序排队等候成交。

集合竞价机制中,在价格优先、时间优先的规则下,如果交易者很想买入(卖出)一只股票,可以直接挂涨停价买入(跌停价卖出),这样在通常情况下基本都可以买到或抛出。但是如果以涨停板或跌停板开盘,交易者就不一定能够抢到,因为此时大概率有很多报单的报价都在涨停板或跌停板价位,而且很多是在当日9点15分就已报入。这样的话价格和时间都一样,此时交易所就要依据数量优先原则,即申报数量较大的排在前面。由于主力挂单的数量一般比中小散户多,故先成交主力,而散户就较难成交。

4.2　成交价确定规则

集合竞价机制下的成交价确定规则与连续竞价机制下的成交价确定规则有所不同。在集合竞价机制下,所有最终成交的报单均以同一个价格进行成交,而在连续竞价机制下,进入交易所主机的报单与报单簿中对方对列的报单进行动态成交,各个报单的成交价格并不相同。因此,这两种机制下交易者的福利是完全不一样的。

4.3　集合竞价机制

集合竞价是指在规定时间内接受的买卖申报一次性集中撮合的竞价方式。集合竞价机制对于指令驱动市场有几方面意义。第一，集合竞价机制下形成的开盘价对于证券期货的价格发现功能有着重要意义，这一点在上一章关于限价指令的期权性质的举例中已经有所介绍。第二，除了能够给连续竞价交易提供参考价格以外，有些证券市场本身就是以集合竞价为主的，比如财政部发行国债的拍卖机制。股票市场在熔断机制或者市调机制实施之后也要借助于集合竞价重新恢复交易。第三，我国的集合竞价机制在很多方面跟欧美市场的集合竞价机制有着重要差别。深入了解我国证券期货市场上的集合竞价机制对于各种市场人群都有实际意义：监管者可以更好地明白市场的运行机制；散户需要知道自己是怎么亏钱和赚钱的；专业交易者可以更好地设计开盘和收盘交易策略。

关于集合竞价机制首先要明确的是：在我国证券期货市场上，集合竞价期间只接受限价报单，不接受市价报单。市价报单仅限于有涨跌幅限制的证券在连续竞价阶段使用。这一点与欧美市场形成差别，欧美市场上的集合竞价阶段是可以接受市价报单的。

对于有涨跌幅限制的证券，无论是集合竞价还是连续竞价阶段，只有在价格涨跌幅限制以内的申报才是有效报单。对于买卖无价格涨跌幅限制的证券[1]，集合竞价阶段的有效申报价格应符合下列规定：股票交易申报价格不高于前收盘价格的200%，并且不低于前收盘价格的50%；基金、债券交易申报价格最高不高于前收盘价格的150%，并且不低于前收盘价格的70%。集合竞价阶段的债券回购交易申报无价格限制。[2]

4.3.1 集合竞价的成交规则

集合竞价要遵循特定的"集合竞价规则"并根据此规则来确定最终统一的成交价：第一，最终成交价必须是可实现最大成交量的价格。第二，高于该价格的买入报单与低于该价格的卖出报单全部成交。第三，与该价格相同的买方或卖方至少有一方全部成交。两个以上申报价格符合上述条件的，使未成交量最小的申报价格为成交价格。第四，集合竞价的所有交易均以该统一价格成交（如果能够成交）。

确定最终成交价的具体过程如下：先按照报单优先规则将所有集合竞价期间申报的有效报单进行排序，然后依次将买卖队列中的报单匹配。如果申买价格等于或者高于申卖价格，则这两个报单可以匹配。申买或者申卖数量较少的一方应全部得以匹配。数量较多的报单剩下的部分继续与对方对列中的下一个报单进行匹配。这个过程一直进行到申买价格低于申卖价格，此时无法继续进行匹配。上一个匹配的价格即为所要寻找的最终成交价。

举一个例子说明。假如当日集合竞价期间挂10元买单的有120手，卖单的有100手；挂9.9元买单的有110手，卖单的有100手。那么根据排队规则，当前集合竞价的队列如表4-1所示。

---

[1] 无价格涨跌幅限制的证券包括股票、封闭式基金、增发上市的股票、暂停上市后恢复上市的股票和退市后重新上市的股票等在上市首日不受10%的涨跌幅限制。科创板和创业板股票则在上市首5日不受20%的涨跌幅限制。实行PT等待退市的股票涨幅不得超过5%，跌幅不受限制。

[2] 这些是上交所的规则，科创板和深交所另有规定，读者可以参阅科创板相关交易规则以及《深圳证券交易所交易规则》(深证会(2016)138号文)。

表 4-1　集合竞价队列

申报序号	申买价格(元)	申买数量(手)	申报序号	申卖价格(元)	申卖数量(手)
买 1	10	120	卖 1	9.9	100
买 2	9.9	110	卖 2	10	100

根据上述交易定价规则,先将同样排在第一位的 10 元申买单与 9.9 元申卖单进行匹配,共 100 手。此时,10 元申买单还剩下 20 手,报单簿表 4-2 所示。

表 4-2　报单簿

申报序号	申买价格(元)	申买数量(手)	申报序号	申卖价格(元)	申卖数量(手)
买 1	10	20	—	—	—
买 2	9.9	110	卖 1	10	100

接下来,该 10 元 20 手申买单与现在排在第一位的 10 元 100 手申卖单匹配 20 手,匹配价格为 10 元。此时,报单簿表 4-3 所示。

表 4-3　报单簿

申报序号	申买价格(元)	申买数量(手)	申报序号	申卖价格(元)	申卖数量(手)
—	—	—	—	—	—
买 1	9.9	110	卖 1	10	80

由于 9.9 元申买价格低于 10 元申卖价格,所以匹配停止。在上一次匹配价格 10 元上,成交量达到最大,为 120 手,申买价为 10 元的交易申报(序号为买 1)全部得以成交,因此根据成交价确定规则,10 元即为集合竞价最终成交价。所有得以匹配的申买单和申卖单均以 10 元价格成交。这个 10 元市场出清价格是所有此前匹配的买卖方都能接受的价格,因为序号为 卖 1 的 9.9 元申卖方获得了 0.1 元的价格优惠,而序号为 买 1 的 10 元申买方和序号为 卖 2 的申卖方不受任何影响。此时,如果接着进入连续竞价交易时段,则开盘后的最优申买价为 9.9 元,最优申卖价为 10 元,买卖价差为 0.1 元。

这里有几种特殊情况需要考虑。第一种是出现了两个以上申报价格符合上述条件时如何处理。上交所和深交所对此有不同的办法。上交所采取其中间价为最终成交价。深交所采取在该价格以上的并使买入申报累计数量与在该价格以下的卖出申报累计数量之差(这个差是衡量报单簿非平衡性的一个指标)最小的价格为成交价;买卖申报累计数量之差仍相等的情况下,开盘集合竞价取最接近前收盘价的价格为成交价,而盘中和尾盘集合竞价则取最接近最近成交价的价格为成交价。

举例说明。假如当日开盘集合竞价期间挂 10 元买单的有 100 手,卖单的有 110 手;挂 9.9 元买单的有 90 手,卖单的有 100 手。那么根据排队规则,当前集合竞价的队列如表 4-4 所示。

表 4-4 集合竞价队列

申报序号	申买价格(元)	申买数量(手)	申报序号	申卖价格(元)	申卖数量(手)
买1	10	100	卖1	9.9	100
买2	9.9	90	卖2	10	110

根据上述成交价确定规则，先将同样排在第一位的 10 元申买单与 9.9 元申卖单进行匹配，共匹配 100 手。此时报单簿如表 4-5 所示。

表 4-5 报单簿

申报序号	申买价格(元)	申买数量(手)	申报序号	申卖价格(元)	申卖数量(手)
—	—	—	—	—	—
买1	9.9	90	卖1	10	110

由于 9.9 元申买价格低于 10 元申卖价格，因此匹配过程终止。但是上一次匹配的价格既可为 9.9 元，也可为 10 元。10 元价格上可实现最大交易量 100 手，跟 9.9 元可实现的最大交易量一样，且价格相同的买方或卖方均有一方全部成交，这样就出现了两个符合条件的申报价格。

此时，按照上交所的规则，开盘价即为 9.9 元与 10 元的中间价格 9.95 元。所有成功匹配的申报均以 9.95 元价格成交。而按照深交所的规则，在 10 元以上的买入申报累计数量与 10 元以下的卖出申报累计数量之差为 100 手，在 9.9 元以上的买入申报累计数量与 9.9 元以下的卖出申报累计数量之差也为 100 手，因此开盘价应设为 9.9 元和 10 元中最接近前收盘价的那个。

第二种特殊情况是集合竞价期间未能产生开盘价或者收盘价。虽然发生的概率较小，但开盘集合竞价时如果出现这个情况，上交所和深交所都将连续竞价后产生的第一笔价格作为开盘价。收盘集合竞价时如果不能产生成交价，上交所和深交所都将当日该证券最后一笔交易前一分钟所有交易的成交量加权平均价格(VWAP)作为该证券的收盘价。

第三种特殊情况是当日证券没有成交时，上交所和深交所均取前收盘价为当日收盘价。

按以上成交原则达成的价格不在最小价格变动单位范围内的，按照四舍五入原则取至相应的最小价格变动单位。

4.3.2 中国证券市场的集合竞价时间

目前，我国证券市场上的集合竞价时段分别为：上午开盘集合竞价时段为 9:15—9:30，下午尾盘集合竞价时段为 2:57—3:00。[①] 其中 9:15—9:20 这 5 分钟内可以申报并可以撤销，因此交易者看到的匹配成交量可能是虚假的。9:20—9:25 这 5 分钟内可以申报但不能

---

① 自 2018 年 8 月 20 日起，上交所将原先的收盘价规则修改为尾盘三分钟集合竞价机制，与深交所相统一。此前，上交所以连续竞价方式结束收盘阶段，每日收盘价由最后一笔交易前一分钟的成交量平均加权决定，在该机制下收盘价易受尾盘大额订单集中申报影响，可能大幅偏离当日正常价格水平，使收盘价失去基准计量价格作用。

撤销,此期间的申报一般认为反映了真实买卖意愿。9:25 根据上一节介绍的成交价确定原则产生开盘价。9:25—9:30 这 5 分钟是交易所进行撮合处理的时间,虽然可接收申报,也可撤销,但这些申报和撤销委托都暂时储存在券商电脑里,统一在 9:30 开盘时分发给交易所系统。收盘集合竞价期间可以申报,但不可撤销。

我国期货和期权市场上的集合竞价时段如表 4-6 所示。

表 4-6　中国期货和期权市场集合竞价时段

期货品种	集合竞价时段
股指期货 股指期权	2016 年 1 月 1 日以前,9:10—9:14 是报单申报时间,9:14—9:15 是报单撮合时间;从 2016 年 1 月 1 日起,中金所将股指期货开盘集合竞价时间调整为每个交易日的 9:25—9:30,其中 9:25—9:29 为报单申报时间,9:29—9:30 为报单撮合时间。9:30 分产生开盘价
ETF 期权	9:15—9:25 为开盘集合竞价时间,14:57—15:00 为收盘集合竞价时间
国债期货	集合竞价时间为每个交易日 9:10—9:15,其中 9:10—9:14 为报单申报时间,9:14—9:15 为报单撮合时间
商品期货 商品期权	白天盘品种集合竞价时间为每个交易日 8:55—9:00,其中 8:55—8:59 为报单申报时间,8:59—9:00 为报单撮合时间
	夜盘品种集合竞价时间为每个交易日 20:55—21:00,其中 20:55—20:59 为报单申报时间,20:59—21:00 为报单撮合时间。夜盘品种白天不再进行集合竞价

4.3.3　集合竞价期间的行情显示

集合竞价期间在最终成交价未揭示之前,交易所会每隔三秒揭示一次当前的撮合情况,包括虚拟开盘参考价格、虚拟收盘参考价格、虚拟匹配量、虚拟未匹配量和前收盘价等。虚拟参考价格是指特定时点的所有有效申报按照集合竞价规则虚拟成交并予以即时揭示的价格。虚拟匹配量指特定时点按照虚拟参考价格虚拟成交并予以即时揭示的申报数量。虚拟未匹配量指特定时点不能按照虚拟参考价格虚拟成交并予以即时揭示的买方或卖方剩余申报数量。

有几点需要注意:第一,上交所和深交所的叫法不一样,深交所称之为集合竞价参考价格、集合竞价参考匹配量和集合竞价参考未匹配量,但含义与上交所的虚拟参考价格和虚拟匹配量等相同。

第二,股票停牌后复牌、指数熔断期间和熔断结束后的集合竞价期间不揭示虚拟参考价格、虚拟匹配量、虚拟未匹配量。

第三,虚拟参考价格和虚拟匹配量等显示的是在虚拟参考价格下的最大虚拟匹配量,而不是真实的最终成交量。图 4-1 展示了 2018 年 9 月 5 日 A 股某股票收盘时的虚拟匹配量情况。

		volume
2018-09-05	14:50:00	326200.0
2018-09-05	14:51:00	425200.0
2018-09-05	14:52:00	867400.0
2018-09-05	14:53:00	527500.0
2018-09-05	14:54:00	1076100.0
2018-09-05	14:55:00	516600.0
2018-09-05	14:56:00	537700.0
2018-09-05	14:57:00	489700.0
2018-09-05	14:58:00	137400.0
2018-09-05	14:59:00	0.0
2018-09-05	15:00:00	1547400.0

图 4-1　2018 年 9 月 5 日 A 股某股票收盘时的虚拟匹配量

可以看出，14:58 揭示了一个虚拟收盘匹配量为 137400 手。系统每隔一段时间就会进行一次撮合，如果这段时间内有新的买卖单进入队列或者之前的单子被撤销，那么虚拟收盘参考价格和虚拟匹配量可能会发生改变。如果在新的参考价格下虚拟匹配量比前一次更大，则在下一次即时行情中予以揭示，否则显示为零，如图 4-1 中 14:59 的 0.0 手。这个 0.0 手并不代表没有匹配量，而只是代表跟上一次揭示时相比没有达成更大的匹配量。总之，只有开盘的 9:30 和收盘的 15:00 揭示的成交才是集合竞价期间真正的成交，此时会显示真实的成交笔数，比如图 4-1 中的 1547400 手。

我国股票市场收盘时成交量占全天总交易量的比例比较小。图 4-2 为 2018 年 6 月 22 日当天 A 股股票的平均日内成交量分布。可以看出，在上午与下午的交易时间段内，成交量均呈现比较明显的"U"形，开盘时成交量较大，然后逐渐减小，10:30 之后和 14:00 之后成交量再次放大，但临近上午盘结束和下午收盘时成交量又出现下滑。

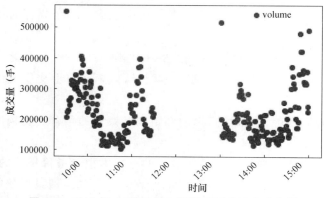

图 4-2　2018 年 6 月 22 日 A 股股票平均日内成交量

图 4-3 为 2018 年 8 月份沪深 300 指数成分股的平均收盘成交量占比。可以看出,大部分成分股股票的收盘成交量占比都在 2% 以下,均值大概为 1.4%,远远低于欧洲市场上的 10%。

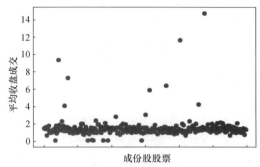

图 4-3　2018 年 8 月沪深 300 指数成分股平均收盘成交量占比

我国股票市场上收盘成交量偏小的这个特征会给一些收盘交易策略带来很大的限制,因为通常这些交易策略非常看重市场流动性特别是价格冲击的幅度大小。

集合竞价机制对于市场价格和市场质量有重要的影响,最主要的影响渠道是集合竞价过程中的信息透明度,比如虚拟成交价格和未成交量的披露、集合竞价的持续时间、行情披露的档位等。更多关于信息透明度的内容可参见第七章。

现实中有很多例子表明,如果开盘或集合竞价阶段出现问题,那么可能会对整个市场的后续交易造成阻碍,有时与其他因素叠加在一起甚至会造成股灾。1987 年 10 月 19 日,美国发生了历史上最严重的股灾,道琼斯指数一天内暴跌 22% 以上,美股市值萎缩了 5000 亿美元,近当时美国国民生产总值的 1/8。其起因即是开盘时大量卖单造成纽约证券交易所系统堵塞,撮合机制失灵,从而形成股票与股指期货市场之间的非同步交易和巨幅负基差,套利者蜂拥而入,形成恶性循环,价格持续下跌。

2018 年 2 月 6 日,我国台湾发生了一起引发全市场关注的闪崩事件,造成当日台指重挫数百点,市场损失数十亿新台币。该事件缘起 6 日前夕美股大跌,台指与美股相关性很高,而我国台湾股票市场采取的是集合竞价制度下交易者可以自由申报和撤销,做市商不切实履行责任,导致台指最大权重股——台积电股票的盘前撮合价格过低,直接跌停,触及程序化交易止损,由此引发集中卖压。同时在台湾期货交易所刚推出不久的动态稳定机制的作用下,程序化交易组合中的期权委托单被系统退回 8 万余笔,造成套利策略失效,认购期权和认沽期权均飙升涨停,期权卖方被期货公司强行平仓,造成巨额损失。

证券市场的集合竞价也会影响对应衍生品市场的表现。举一个例子。一般来讲,在证券市场收盘后,相应股指期货的波动性和成交量均会大幅下降。2002 年 7 月 1 日,我国台湾股票交易所将股票收盘集合竞价时间从30秒拉长到5分钟。Lee,Chien 和 Huang(2007)[1]研究了这一制度变化对股指期货市场的影响,发现当收盘集合竞价时间拉长后,由于信息得到充分揭示,信息不对称大幅降低,因此股票收盘后股指期货的波动性和成交量不但没有下降,相反还显著上升,并且股票收盘前5分钟的收益率对收盘后股指期货收益率的正向影响有所提高。Lee,Chien 和 Liao(2009)[2]研究了这一制度变化对股指期货定价效率以及对冲表现的影响,发现当股票收盘集合竞价时间拉长后,由于股票价格波动下降以及操纵股票价格的行为减少,股指期货的定价效率以及对冲表现都显著提高。

4.3.4 集合竞价虚假申报

集合竞价虚假申报是证券异常交易行为中的典型手段。所谓集合竞价虚假申报,是指不以成交为目的、具有幌骗性质的申报,主要包括大量频繁申报并撤销申报的行为,以及在成交可能性很小的情况下,继续大量申报的行为。常见做法是在9时15分至9时20分之间,以明显偏离前收盘价的价格连续大量申报,导致该证券虚拟开盘参考价大幅变动,以此吸引其他投资者跟风。此后,会在9时20分之前撤销全部或大部分申报,并按照被影响后的价格进行反向申报,实现其高价出货或者低价买入的真实交易目的。

参考以下案例:9时16分4秒,某股票虚拟开盘参考价涨停。经查,系某投资者在9时15分22秒至9时16分4秒,以涨停价24.17元申报买入3笔合计27.43万股,占该股集合竞价阶段高于前收盘价(21.97元)5%的全部买入申报量的81.03%。9时19分51秒,该投资者撤销全部买入申报,后在9时24分20秒至43秒改以23.1元(高于前收盘价5.14%)的价格申报卖出2.98万股并全部成交。该股当日开盘价为23.1元。开盘后该账户继续申报卖出,全天以22.6元至23.1元的价格合计卖出11.04万股。

实践中,交易所会根据投资者的申报价格是否明显偏离股票前收盘价、申报数量或金额是否较大、累计申报数量占相关股票同期全市场同方向申报总量的比例是否较高等,综合判断投资者的行为是否对股票虚拟开盘参考价格产生了重要影响。

> 2018年12月,证监会依法处罚了刘某操纵"西部黄金"等16只股票一案,没收非法所得共计61万元并处以61万元罚款。刘某的主要操纵手段即是使用本人账户对"西部黄金"等16只股票进行开盘集合竞价阶段的虚假申报。

类似的"虚假申报"不但发生在集合竞价过程中,在盘中连续交易过程中也有发生;不但发生在股票市场,在期货市场也频繁发生。虚假申报得以成功的关键因素在于申报量巨大,足以影响虚拟成交价或者盘中价格。因此,对虚假申报的监管重点在于明确控制交易者的申报量,辅之以目前交易所的定性综合判断。

---

[1] Lee, Chien and Huang, The Stock Closing Call and Futures Price Behavior Evidence from the Taiwan Futures Market, *Journal of Futures Markets*, 2007, 27(10), pp. 1003-1019.

[2] Lee, Chien and Liao, Determination of Stock Closing Prices and Hedging Performance with Stock Indices Futures, *Accounting and Finance*, 2009, 49, pp. 827-847.

4.4 连续竞价机制

连续竞价是指对交易者报单进行连续撮合。通常，交易所会将进入主机的有效限价报单按照买单和卖单分成两列，每列按照价格优先和时间优先的顺序进行排序。这样形成的买卖队列称为限价报单簿。报单簿集中了当前市场交易者所有的有效申报，反映了市场的供给和需求，因此是对市场当前状况的最全面的综合。随着队列中的报单被不断执行以及新的报单不断加入，报单簿也会不断进行动态更新。

连续竞价时，成交价格的确定原则为：最高买入申报价格与最低卖出申报价格相同，以该价格为成交价格；买入申报价格高于即时揭示的最低卖出申报价格的，以即时揭示的最低卖出申报价格为成交价格；卖出申报价格低于即时揭示的最高买入申报价格的，以即时揭示的最高买入申报价格为成交价格。简而言之，如果能够成交，成交价取先排在报单簿中的申报价格。

市价报单总是优先成交，因为提交市价报单的交易者表示愿意以当前的市场最优价格成交，所追求的是迅速成交的即时性。比如市价买单（卖单）表示愿意按照与当前最低卖出（最高买入）申报价格成交。如果市价报单委托量很大，最优价格对应的报单不能满足需求，此时，该市价报单将继续与对方对列中的次优价格成交，一直到全部成交或者对方对列中没有报单了为止。因此，市价报单将降低报单簿的厚度，是消耗市场流动性的。交易所应当对市价报单的委托量进行限制。

对于不能马上成交的限价报单，交易所主机按照价格优先和时间优先的顺序将之添加到当前的报单簿中等待下次成交，因此增加了报单簿的厚度，提供了市场流动性。如果交易者在不能马上成交的状态下不愿意将自己的报单留在报单簿中，可以选择使用 FOK 或者 FAK 指令。

举一个例子说明。假设交易者 A 申报了第一个限价报单，每股 10 元买 5 手。交易所将该报单放到报单簿中。此时，市场只有一个申买价 10 元 5 手，没有申卖价。很快，交易者 B 进入市场，申报了每股 10.2 元卖 3 手的限价卖单。因为交易者 B 希望以不低于 10.2 元的价格卖出，而当前报单簿中的最优申买价是 10 元，所以不能马上成交。交易所将 B 的报单添加到报单簿中。此时，市场出现了最优申买价 10 元 5 手和最优申卖价 10.2 元 3 手，买卖价差为 0.2 元。

紧接着，交易者 C 申报了每股 10 元买 2 手的限价报单，仍然无法马上成交。因为 C 的报价与 A 相同，但 A 时间上更早，所以交易所将 C 的报单排在 A 的报单之后。此时，市场最优申买价是 10 元，最优申卖价是 10.2 元，买卖价差仍为 0.2 元。

接着，交易者 D 申报了每股 10.1 元卖 1 手的限价报单。因为 D 的申卖价优于 B 的申卖价，所以按照价格优先的原则，交易所将 D 的报单排在卖方序列的最前面。此时，市场最优申买价仍为 10 元，最优申卖价更新为 10.1 元，买卖价差缩小为 0.1 元。当前报单簿中的情况如表 4-7 所示。

表 4-7 报单簿

申报人	申买价格(元)	申买数量(手)	申报人	申卖价格(元)	申卖数量(手)
A	10	5	D	10.1	1
C	10	2	B	10.2	3

此时,交易者 E 进入市场,提交了 2 手的市价买单。由于是市价单,它与对方队列中的最优价格即 D 的 10.1 元成交 1 手。剩下 1 手买单与 B 所申报的 10.2 元成交。交易者 E 的平均买入价格为 10.15 元。此时市场最优申买价仍为 10 元,最优申卖价为 10.2 元,最新成交价为 10.2 元,买卖价差扩大至 0.2 元。报单簿情况更新如表 4-8 所示。

表 4-8 报单簿

申报人	申买价格(元)	申买数量(手)	申报人	申卖价格(元)	申卖数量(手)
A	10	5	—	—	—
C	10	2	B	10.2	2

假如这时交易者 F 提交了每股 10.3 元 3 手的限价卖单。由于申卖价 10.3 元次于当前 B 提交的 10.2 元报价,所以 F 的报单排在 B 的后面。当前最优申买价和最优申卖价不变。报单簿情况更新如表 4-9 所示。

表 4-9 报单簿

申报人	申买价格(元)	申买数量(手)	申报人	申卖价格(元)	申卖数量(手)
A	10	5	B	10.2	2
C	10	2	F	10.3	3

接着,交易者 G 提交了每股 10.1 元 1 手的限价买单,虽然仍无成交,但 G 的报价优于当前 A 跟 C 的最优报价,因此排在报单簿申买队列中的最前面,此时最优申买价更新为 10.1 元,最优申卖价为 10.2 元,买卖价差缩小为 0.1 元。从交易者 F 和 G 的报单情况可以看出,限价报单如果不能马上成交,要么增加了报单厚度(交易者 F 的报单),要么缩小了买卖价差(交易者 G 的报单),总之提高了市场流动性。报单簿情况更新如表 4-10 所示。

表 4-10

申报人	申买价格(元)	申买数量(手)	申报人	申卖价格(元)	申卖数量(手)
G	10.1	1	B	10.2	2
A	10	5	F	10.3	3
C	10	2			

随后,交易者 H 提交了每股 10 元 7 手的限价卖单。根据成交原则,由于卖出申报价格 10 元低于即时揭示的最高买入申报价格 10.1 元,因此,市场以 10.1 元为成交价格成交 1 手。H 所申报的剩下 6 手分别与 A 以每股 10 元价格成交 5 手,与 C 以 10 元成交 1 手。H 的简单算术平均卖出价格为 10.05 元。市场最终的最优申买价为 10 元,最优申卖价为 10.2 元,买卖价差为 0.2 元。报单簿情况更新如表 4-11 所示。

表 4-11 报单簿

申报人	申买价格(元)	申买数量(手)	申报人	申卖价格(元)	申卖数量(手)
C	10	1	B	10.2	2
—	—	—	F	10.3	3

可见，由于交易者 H 的限价报单马上跟报单簿中现有的报单成交了，结果是报单簿的厚度降低，同时买卖价差也有所扩大，市场流动性变差了。因此，不能简单地认为只要是限价报单就一定增加流动性，而是要进一步看该限价报单是不是即时成交。

4.5　集合竞价与连续竞价的对比

首先，集合竞价机制采取的是单一定价规则（uniform pricing rule），所有成功匹配的报单均以同一个价格成交，而连续竞价机制采取的是歧视性定价规则（discriminatory pricing rule），即在竞价阶段会形成多个价格。这两种定价规则在不同的市场设计中均有应用，比如国际上的国债发行市场，不同的国家在招标过程中会选取这两种定价规则中的一种。

其次，集合竞价将大量报单集中在一起形成一个统一价格，可以大幅降低交易成本。尤其是在市场成交需求偏大、信息不对称程度严重或者价格波动剧烈的时候，采取集合竞价形式要比连续竞价更有利于价格形成。但如果报单流不足以及报单不平衡度较高，采取集合竞价可能会导致最终形成的单一价格不能反映真正的价值，交易成本反而更高。

2019 年 10 月 24 日的尾盘集合竞价阶段，此前微跌 0.45% 的海汽集团被 2349 手、合计仅 140 万元的卖单砸至跌停，让市场大跌眼镜。据了解，海汽集团在集合竞价阶段出现了 250 万元左右的卖单，随后以跌停价成交了 140 万元，最后仍有 113 万元挂在卖盘上。究其原因，就是当时海汽集团的报单簿出现了严重的不平衡，买单大大少于卖单，且卖单直接挂出跌停价，最终导致该股票当日以跌停收盘（见图 4-4）。

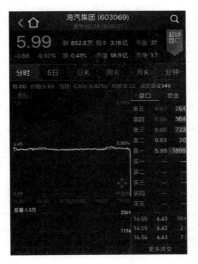

图 4-4　2019 年 10 月 24 日海汽集团股票行情

最后，从纯粹经济学的角度来看，集合竞价机制下交易者保有一定的剩余价值（surplus

value),而同等条件下连续竞价机制中交易者的剩余价值更少甚至可能为零。比如前面举过的例子:假如当日开盘集合竞价期间挂 10 元买单的有 120 手,卖单的有 100 手;挂 9.9 元买单的有 110 手,卖单的有 100 手。那么根据排队规则,当前集合竞价的队列如表 4-12 所示。

表 4-12 集合竞价队例

申报序号	申买价格(元)	申买数量(手)	申报序号	申卖价格(元)	申卖数量(手)
1	10	120	1	9.9	100
2	9.9	110	2	10	100

根据前面分析的结果,我们知道集合开盘价为 10 元,所有符合成交标准的报单均以 10 元价格成交。对于申买价为 10 元和申卖价为 10 元的交易者而言,剩余价值为零;但是对于申卖价格为 9.9 元的交易者而言,他原本愿意以不低于 9.9 元的价格成交,最终按照集合竞价的规则以 10 元卖出 100 手,那么他就获得了每股 0.1 元共 1000 元(每手对应 100 股)的剩余价值。而申买价格为 9.9 元的交易者不能与任何其他交易者成交。综上,集合竞价机制下各个交易者的剩余价值分布如表 4-13 所示。

表 4-13 交易者的剩余价值

申报序号	申买价格(元)	申买数量(手)	成交数量(手)	剩余价值(元)
1	10	120	100	0
2	9.9	110	0	0

申报序号	申卖价格(元)	申卖数量(手)	成交数量(手)	剩余价值(元)
3	9.9	100	100	1000
4	10	100	20	0

现在假设这个例子是连续竞价,报单的整体分布跟集合竞价一致,但报单进入市场的先后顺序如下:交易者 A 首先进入市场,提交了申卖价格为 9.9 元 100 手的报单。随后,交易者 B 提交了申买价为 9.9 元 110 手的报单,于是与 A 以 9.9 元成交 100 手。接着,交易者 C 提交了价格为 10 元 120 手的申买单,按照价格优先的原则排在交易者 B 的报单之前。最后交易者 D 进入市场,提交了价格为 10 元 100 手的申卖单,并与交易者 C 的买单成交,共 100 手,成交价为 10 元。在该连续竞价机制下,各个交易者的剩余价值分布如表 4-14 所示。

表 4-14 交易者的剩余价值

申报序号	申报价格(元)	申报数量(手)	成交数量(手)	剩余价值(元)
A	9.9	100	100	0
B	9.9	110	100	0
C	10	120	100	0
D	10	100	100	0

在这个例子中，对于同样的报单价格和手数，在集合竞价机制下可以成交 120 手，交易者剩余价值为 1000 元，而在连续竞价机制下可以成交 200 手，但交易者没有剩余价值。这两个剩余价值上的区别主要是因为在集合竞价机制下，申报序号 3（对应连续竞价机制中的交易者 A）得以 10 元的价格卖出 100 手，而在连续竞价机制下只能以 9.9 元的价位卖出 100 手。

当然，如果在连续竞价机制下交易者 A、B、C、D 进入市场的顺序发生变化，那么成交情况和剩余价值的大小也会发生相应的变化。但连续竞价机制下的剩余价值总是低于至多等于集合竞价机制下的剩余价值。

可以看出，成交量的大小跟交易者剩余价值的大小两者之间并没有必然的联系。连续竞价机制下，交易者可以在不同的价格机会下获得成交，所以成交量偏大一些，但是交易者剩余价值降低甚至为零。这意味着一个市场如果一味追求成交量，其实不一定能够增加交易者的福利。

当然，仅仅强调交易者剩余价值也是不合理的。在上面这个连续竞价的例子中，交易者 A 如果再等一等申报，也许后面会有其他交易者入场，愿意以每股 10 元甚至更高的价格买入 100 手，那么 A 可以提高剩余价值。但是这样做的话 A 就失去了迅速与 B 成交的机会，面临更大的成交风险。因此，监管者在估量市场的运行质量时，除了看交易者剩余价值，还要把成交的即时性考虑进去。

读者可以试做下面这道练习题，看看自己对本章内容的掌握程度。假如市场上当前的报单簿如表 4-15 所示，那么在集合竞价和连续竞价机制下，成交情况和交易者剩余价值分别会是怎样的呢？

表 4-15 报单簿

时间	交易者	申报方向	申报数量(手)	申报价格(元)
9:31	A	买	3	20
9:35	B	卖	2	20.1
9:38	C	买	2	20
9:39	D	卖	1	19.8
9:40	E	卖	5	20.2
9:45	F	买	4	市价
9:48	G	买	2	20.1
9:50	H	卖	6	20
9:59	I	买	7	19.8

注意：表 4-14 中的时间仅仅代表先后顺序，不代表集合竞价的真实时间。另外再次提醒，在我国集合竞价机制下，市价报单是不能进入撮合的。

第五章　市场流动性

金融市场交易本质上是一种双边搜寻的过程。买卖双方彼此搜寻合适对手方以求在一定价格和数量上的成交。交易所、经纪商、交易商等金融机构的存在就是为了帮助交易者降低搜寻成本,尽快地找到对手方并达成交易。这个搜寻过程的难易程度就是市场流动性,流动性即指市场交易者以合理价格迅速成交一定数量资产的能力。在流动性差的市场,交易者搜寻对手方耗时较长、成交价格不理想或者只能部分成交甚至完全不能成交。

> 人的一生中,很多重要的选择是依赖搜寻的,比如找学校、找工作、找男朋友或女朋友、找生意合作伙伴等。回想一下,这些搜寻过程通常都是困难而复杂的,体现在:第一,供需双方之间信息不对称。想象一下,当你到了一个陌生城市的时候,发觉肚子饿,想去一家餐馆吃饭。面临那么多家餐馆,到底选择哪家呢?大众点评、美团上面的用户评价可以部分帮你解决这个问题。第二,摩擦成本通常较高。时间成本、交通成本、信息搜集成本,这些都会影响最后的选择。在找餐馆的例子中,筋疲力尽的你是要继续把全城所有的餐馆都逛一遍,还是在中间某个时刻觉得差不多了就走进去呢?第三,这些搜寻大多数是双边搜寻。不同于单边搜寻的是,你在搜寻另一方的时候,另一方同时也在搜寻,比如在你找工作的同时,公司也会面试很多其他候选人。双边搜寻的成功概率比单边搜寻更低,成本也会更高。因此,猎头公司、经纪商、超市导购员、图书馆信息管理员、百合网、淘宝网、瓜子网、链家等,其实都是在不同的市场提供流动性服务。

市场流动性是建设和维护有效金融市场的重要考量指标之一。美国证监会的会旨非常强调流动性的重要性:"第二个需要优先考虑的是如何构建我们的市场,以最大化从高流动性市场中获得的公众利益。一个有深度、高效、高流动性的资本市场是驱动美国经济成长的引擎";"第三个需要优先考虑的是如何保护经纪商、做市商等市场参与者的利益,因为这些参与者是一个有效且高流动性的市场所不可或缺的一部分"。由此可见,美国金融市场的建设紧紧围绕流动性展开,保障高流动性是投资者利益保护和金融市场实现资源配置功能的前提条件。

除了监管者,市场交易者也十分重视流动性。流动性好的市场通常是波动比较小、交易成本比较低的市场,交易者可以在相对较短的时间内以合理的价格完成一定数量的交易。不同类型的交易者对市场流动性的要求有不同的侧重:大宗交易者总是希望能够以较低的成本进行大笔金额的成交;价值投资者和投机者希望能够在市场价格达到心目中的预设范围时迅速成交;做市商则希望买卖价差能够保持在合理范围之内。因此,流动性是一个具有多重维度的概念。

5.1 流动性的维度

市场流动性具有四个不同维度,概括起来就是:深度、广度、速度、弹性。深度是指报单簿中可供交易的数量或金额,也即报单簿的厚度。深度越厚,流动性越好。广度(也称"宽度"或"紧度")是指流动性提供者公布的最优买卖报价的价差,价差越小,流动性越好。速度是指买卖报价成交的时间,越快意味着流动性越好。弹性是指报单成交后对市场价格的冲击,价格恢复得越快,流动性越好。很显然,大宗交易者更关注市场深度,缺乏耐心的交易者更关心成交的速度,监管者关心的是市场的弹性,价格下跌之后是否能够迅速恢复,做市商关心的则是市场广度即买卖价差。具体而言,这四个流动性维度的度量如下:

市场广度一般用买卖价差与中间价格的比例来衡量,以便于跨资产之间的比较。买卖价差分为三种:报价价差(quoted spread)、有效价差(effective spread))和罗氏价差(roll's spread)。其计算分别如下:

$$\text{Quoted Spread} = \frac{P_{\text{ask}} - P_{\text{bid}}}{P_{\text{mid}}} \times 100\%$$

$$\text{Effective Spread} = \frac{P - P_{\text{mid}}}{P_{\text{mid}}} \times 2 \times D \times 100\%$$

$$\text{Roll's Spread} = 2\sqrt{-\text{cov}(r_t, r_{t+1})}$$

其中,$P_{\text{ask}}(P_{\text{bid}})$为当前报单簿中的最优申卖(申买)价格,$P$为最近成交价格,$P_{\text{mid}}$为最优申买价和最优申卖价的均值,$D$为指示变量,当交易方向为买入时取1,交易方向为卖出时取-1,r_t为资产在$[t-1,t]$期的回报率。罗氏价差的优势在于可以直接从成交价格中推断买卖价差,但缺陷在于在实证中有时回报率呈序列正相关导致协方差为正无法计算。

举个例子。某市场当前的最优申买价为每股9.9元,最优申卖价为每股10.1元,则报价价差为$(10.1-9.9)/10=2\%$。若交易者A刚刚以10.1元的价格买入成交一笔交易,则有效价差为$(10.1-10)/10 \times 2=2\%$;若A的成交价高于10.1元,则有效价差大于报价价差。

深度用报单簿的五档(或者一档,视不同市场的行情信息披露水平而定)平均申报金额来衡量,计算公式如下:

$$\text{Depth} = \frac{\sum_{i=1}^{5}(S_i \times SV_i + B_i \times BV_i)}{5}$$

其中,$S_i(SV_i)$为对应i档位的申卖价格(申卖数量),$B_i(BV_i)$为对应i档位的申买价格(申买数量)。市场深度的分布和大小会直接影响市场价格的波动性。比如当前限价报单簿的情况如表5-1所示。

表 5-1　限价报单簿

申买价格(元)	申买数量(手)	申卖价格(元)	申卖数量(手)
22.2	5	22.3	2
22.1	40	22.4	—
—	—	22.5	—
—	—	22.6	—
—	—	22.7	8
—	—	22.8	10

如果现在有一个数量为 4 手的市价买单报入,则该单首先以 22.3 元的价格成交 2 手,剩下的 2 手将以 22.7 元价格成交。紧接着又有一个数量为 2 手的市价卖单报入,该单将以 22.2 元的价格成交。可以看出,市场价格将从最初的 22.3 元涨到 22.7 元,再跌回 22.2 元,波动比较大。原因就在于申卖这一边的报单深度不够,分布不均。如果有交易者在 22.4 元、22.5 元等档位提供流动性,那么价格变动就不会如此剧烈。

另一个与深度相关的流动性概念是 Amihud 非流动性指标,其计算公式如下:

$$\text{Amihud} = \frac{1}{n}\sum_{i=1}^{n}\frac{|r_i|}{\text{Volume}_i}$$

其中,r_i 代表时间间隔 i 内的收益率,Volume_i 代表该间隔内的成交量。因此,Amihud 指标反映的是单位成交量对价格的冲击程度。注意,Amihud 指标值越大,说明价格冲击越大,流动性越差。

流动性的第三个维度即成交速度,可以采用每分钟成交价的"非连续性"来衡量。如果某品种在一段时间内不成交,则成交价不会发生变化,会呈现出"心电图"状。反之,如果是成交活跃的品种,其价格走势会更像一个连续平滑的"布朗运动"。在计算上可以采用相邻两笔成交的时间间隔(duration)来衡量"非连续性",时间间隔越长,说明流动性越差;或者反过来,采用单位时间间隔内发生的成交次数来衡量,次数越多,说明流动性越好。

第四个维度即弹性,可以理解为当出现流动性冲击时,买卖价差在下一次成交发生之前恢复到此前水平的概率。如果以改变当前价格的市价报单作为流动性冲击代理变量的话,那么在某时间间隔 i 内的市场弹性指标可以计算如下:

$$\text{Resiliency}_i = \frac{1}{J_i}\sum_{j=1}^{J_i} I_{i,j}(S_{\text{update},i,j} - S_{\text{shock},i,j} \leqslant 0)$$

其中,J_i 为时间间隔 i 内发生的流动性冲击次数,$S_{\text{shock},i,j}$ 为在该时间间隔内发生第 j 次流动性冲击前市场的买卖价差,$S_{\text{update},i,j}$ 为在该时间间隔内发生第 j 次流动性冲击后但在下一次成交前市场的买卖价差。如果 $S_{\text{update},i,j} - S_{\text{shock},i,j} \leqslant 0$,则 $I_{i,j}$ 取值为 1,否则为 0。该指标值越大,说明市场弹性越好。

以上这些流动性度量指标都只是刻画了流动性的某一方面,而且相互之间有时并不一致,比如买卖价差小的市场深度不一定很大。这就给度量一个市场的整体流动性带来了麻烦。学者为此提出了一些度量市场整体流动性的指标,比如 Liu(2006)[①]提出以非连续交易作为流动性的度量,并通过实证比较发现这个整体指标与诸多单个指标之间有很好的相关性。具体地,Liu(2006)[②]提出:

$$LM\chi = \left[\text{此前}\chi\text{个月中日成交量为零的天数} + \frac{1/\text{前}\chi\text{个月的换手率}}{\text{平减指数}}\right] \times \frac{21 \times \chi}{\text{前}\chi\text{个月的总交易天数}}$$

其中,平减指数(deflator)是使所有资产均满足以下条件的整数值:

$$0 < \frac{1/\text{前}\chi\text{个月的换手率}}{\text{平减指数}} < 1$$

值得注意的是,这些流动性指标是学者根据国外金融市场的特性设计出来的,在运用到我国市场中时,要注意结合我国市场微结构的实际。比如在我国股票交易存在涨跌停板限制的情况下,原封不动地采用上述指标会面临计算上的问题,有时可能导致严重的误差。比如买卖价差的计算,需要用到双边报价,但是如果某段时间流动性不好,或者触及涨跌停板,那么就只有一个买价或者卖价,无法计算价差。再如计算 Amihud 非流动性指标时,其分母是某段时间的成交总量,而分子是该段时间的回报率。如果价格触及跌停,此时分子为零,弹性指标也即为零。按照理论,这意味着流动性最佳,但其实价格在跌停位,并没有任何流动性。计算深度时也是如此,当触及跌停时,深度只是单边的封单数量或金额,数值越大,其实代表流动性越差,而不是越好。这些问题在实际应用中可以通过剔除涨跌停和停牌的交易日等方式来处理。但是如果不注意到这些,计算出来的流动性指标就会有很多误差。

> 因为流动性有这么多的维度,所以当我们在媒体中看到大家谈市场的流动性如何时,其实还要搞清楚是指深度、广度还是其他。更容易混淆的是,宏观经济观察者也经常谈流动性,比如央行采取了逆回购,补充了流动性等。要注意,这是指资金流动性,说白了就是市场上资金量的多少,跟市场微结构学所说的市场流动性并不是同一个概念。
>
> 但是这两个概念并不是没有任何联系。恰恰相反,在股灾期间,通常会观察到两者在交互作用,使市场价格螺旋式下降;而在泡沫期间,这两者的互动又会使价格螺旋式上升。比如2007年美国的金融危机和2015年下半年我国的股市异常波动,基本原因都是由于去杠杆(美国是市场被动去杠杆,我国是监管主动去杠杆),造成金融资产价格快速下跌,引发抵押物价值缩水,机构出现资金流动性问题,争相出售资产,造成市场流动性匮乏,导致资产价格进一步下跌,从而形成恶性循环。

[①] See Weimin Liu, A Liquidity-augmented Capral Asset Pricing Model, Journal of Financial Economics,2006,82(3).

[②] Ibid.

5.2 流动性的决定因素

影响流动性的因素有很多,除了第八章中重点介绍的交易者类型外,主要因素还包括以下几个方面:

第一,交易对手。一般而言,人们都偏好信息相对匮乏的交易对手,而不是消息灵通的交易对手。这导致那些被认为信息匮乏的交易者通常会面临更好的流动性,而掌握信息的交易者会尽量避免让市场上其他人知道自己掌握别人没有的信息。因此,市场上的交易者们总是想法让别人相信自己是"非知情者",无论自己实际上是否掌握信息。

第二,交易资产。有大量交易者参与的资产比那些只有少数人问津的资产有更好的流动性。交易的对象、时间不同,找到流动性的难度大不相同。当交易双方同时在寻找流动性时,流动性最容易找到,因此那些普遍持有的交易工具或者出现在新闻里引起市场参与者广泛关注的交易工具,总是具有高度的流动性。当然,一旦人们注意力转移,流动性就会出现萎缩。

第三,交易资产基本价值的透明度。如果只有少数人掌握对交易资产基本价值判断的能力,那么这个资产通常是缺乏流动性的,因为流动性提供者不愿与对基本价值有了解的交易者进行交易。

第四,交易时点。闭市时市场流动性肯定是比较差的,交易者无法安排相关交易,哪怕此时有信息冲击发生。另外,当交易者怀疑部分交易者已经掌握定价的关键信息并判断这些信息还没有反映到当前市价时,市场流动性通常都会更差。

第五,市场趋势。当所有交易者对市场走势都形成一致的预判时,通常流动性都会比较差。而当市场趋势不明显时,交易者之间意见不统一,存在激烈分歧,此时交易量会放大,流动性会更好。

第六,交易者本身的能力。一个优秀的交易者知道如何在适当时机展示或者掩藏自己的交易意愿,找谁交易,如何促成交易,通常这样的交易者所面临的流动性会比普通交易者更好。

第七,报单簿不平衡性(order imbalance)。报单簿不平衡性是指报单簿两边买卖的量或者金额存在显著差异。市场深度是把报单簿两边的买卖报单加总所得,而不平衡性是取两边买卖报单之差。当一边的报单明显大于另一边时,两边的流动性肯定大不相同。一个极端的例子是价格触及涨跌停板时,仅有一边有报单,而另一边报单为零。交易者只能在一边进行交易,而另一边彻底没有流动性。

5.3 流动性提供者

所谓提供流动性,是指当市场上有交易者需要有人报价的时候能够满足这些需求。流动性提供者不一定要事先公开自己的报价,但会在其他交易方想要交易的时候成为潜在交易对手。比如商业银行的债券交易员,当看到报价系统里有其他机构的交易员想要买卖某个债券时,如果主动报价来回应这样的需求,就是流动性提供者。当然,流动性提供者如做市商完全可以事先挂出限价报单,等待需求者与之成交。流动性提供者希望通过高价卖出或者低价买入来获利。当然,这是有风险的,当流动性提供者申报之后,市场价格可能发生变化,又或者申报根本未能成交。

本节详细介绍五种主要的流动性提供者,所涉及的交易者类型将在第八章中详细介绍,这里着重于他们在提供流动性方面所发挥的作用。对市场上有哪些类型的交易者不太熟悉的读者可先阅读第八章内容后再回看本节内容。

5.3.1 做市商

做市商的存在使缺乏耐心的交易者能够马上达成他们的交易,而不必去搜寻交易对手。做市商的优势来自于他们相对于其他交易者对买卖双方报单信息的了解。做市商相当于中间人,以较小的价差来平衡买卖双方的报单。做市商的交易非常频繁,买入的标的会马上卖出,反之亦然,并且他们不会接受大的仓位,以避免积累太大的库存。因为一旦价格往不利的方向变动,做市商的损失就会很大。因此,做市商提供的是"速度",一般不提供"深度",如果非要这么做不可,他们一般会扩大买卖报价的价差以弥补自己可能遭到的损失。部分由于以上原因,加上期权合约数目众多,我国期权市场上的做市商一般都是程序化交易者。

通常情况下,做市商只愿意在自己感到舒适的程度上被动地提供流动性,等待需求者主动与之交易。做市商试图避免与消息灵通的知情交易者交易,但通常很难分辨。如果在某一时刻库存累积过多,风险超过了做市商所能承受的范围,做市商也会改变策略,成为流动性的需求者。因此,做市商是风险规避者,而且并不总是流动性提供者。

做市商需要资金来支持他们的生意,资金很大程度上决定了他们提供流动性的能力。因此,我国证券期货市场要求做市商达到一定程度的资质和资金规模来提供市场流动性。比如在ETF期权和股指期权市场上,做市商通常都是实力靠前的证券公司。在商品期货期权市场上,做市商也都是经过交易所严格筛选之后的具有较丰富做市经验的期货资产管理子公司和证券公司。

5.3.2 大宗交易者

大宗交易的买方包括证券投资基金、证券公司、商业银行、保险公司以及风险投资公司,各自的交易目的迥异。私募基金受让大宗证券一般是为了短期投资获得筹码,特别是在其承接的股份数量较少的情况下。风投公司等产业资本一般承接股份的数量很大,并且还会要求进入公司董事会参与公司运营决策。证券公司则可能在承接股份之后再在二级市场卖出,获得套利。

大宗交易的卖方通常包括风险投资公司、私募股权基金等外部投资方和企业内部股东。风投和私募股权在前期投资过程中可能积累了大量企业原始股,在企业上市后寻求退出,释放资本以投资新的项目。企业股东尤其是原始大股东也可能在创业初期或发展过程中掌握了大量的股票,在一定的时候需要有退出的渠道。此外,企业定向增发的股票随着逐渐解禁,也会催生大量的卖方需求。

从流动性供给的角度看,不管是买方还是卖方,大宗交易者都是在为同样具有大规模交易需求的交易对手提供"市场深度",因为大宗交易的规模很大。为了尽量减少大笔交易对市场价格的冲击,交易所大宗交易一般都以盘后固定价格交易或协议交易方式进行。

盘后固定价格交易是指证券交易收盘后按照时间优先的原则,以证券当日收盘价或证券当日成交量加权平均价格对大宗交易买卖申报逐笔连续撮合的交易方式。协议交易是指大宗交易双方互为指定交易对手方,协商确定交易价格及数量的交易方式。大宗交易不纳入交易所即时行情和指数的计算,但成交量在大宗交易结束后计入该证券成交总量。深交所接受盘后定价交易申报的时间为每个交易日15:05—15:30。协议交易的申报时间为每个交易日9:15—11:30以及13:00—15:30。

上交所的大宗交易申报分为意向申报、成交申报和固定价格申报,其中意向申报和成交申报类似于深交所的协议交易,而固定价格申报类似于深交所的盘后定价交易(注意:上交所科创板引入的盘后定价交易不属于大宗交易),但申报接受时间与深交所有所不同。

大宗交易者在场外或者在交易系统内协商好后,需要在交易时间内到各自证券营业部填写大宗交易委托单,再由营业部大宗交易经办人员进入大宗交易系统,并按照委托单内容进行操作。交易系统核实该大宗交易符合相关条件后确认交易,划拨证券和资金到交易对方账户。这整个过程使得大宗交易由开始到结束非常缓慢,大宗交易者无法提供流动性中的"即时性"。

因此,大宗交易者与做市商在提供流动性上有明显的不同,前者提供"深度",后者提供"即时性";前者主要服务大笔交易需求者,后者主要服务小额交易需求者;前者交易缓慢,后者交易频繁而迅速。

但与做市商一样,大宗交易者也极度担心与知情交易者交易。通常,市场认为大笔股权或者债券转让的交易都包含了外人没有掌握的内部信息,所以大宗交易的成交公布受到市场的普遍关注。大宗交易者在交易前一定会调查清楚交易对手,确保对方不会损害自己的利益。正因为这个原因,无论是股票还是债券的大宗交易者都是在同行业的熟人中进行。与长期打交道、彼此之间熟悉和信任的对手交易可以大大降低交易风险。

5.3.3 价值投资者

价值投资者的主要精力放在搜集与标的资产基本面价值相关的信息上,在价格严重偏离基本面价值时他们参与交易并向市场提供流动性。市场价格往往与基本面价值不一致,这里面有两种情况:一是基本面价值改变了,但价格没有反映出这种变化。比如比其他交易者更早知道医药公司研发成功的消息,这样的价值投资者又叫作"新闻交易者"。二是基本面价值没有变,但市场价格由于种种原因发生了改变。这种价格改变通常是不知情交易者的报单所引起的。

因此,价值投资者是流动性的终极提供者,当市场上其他交易者都不提供流动性的时候,价值投资者仍然会提供必要的流动性。他们会耐心地等待合适的价位出现,其耐心源自于对自己之前认真研究企业基本面的高度自信。他们的报单也因此往往增强了市场的弹性,当价格大幅偏离基本面的时候,这些人的报价会推动价格回归。他们也会增加市场的深度,因为他们的单子通常都会比做市商更大。

由于价值投资者对信息的掌握,他们并不像做市商和大宗交易者那样在乎交易对手是谁,因为他们认为自己已经掌握了其他人没能掌握的信息。价值投资者的买入与卖出一般会有巨大的价差,这是为了弥补他们相对较大的前期研究费用,以及他们相对比较长的持有时间成本。

价值投资者总体上是慢性子的交易者,但在价值投资者内部出现竞争时,反应最快的往往获利最大。只要有足够耐心,价值投资者只会输给比他们信息更充分的交易者。

> 2019年10月21日,证监会召开社保基金和部分保险机构负责人座谈会,提出引导更多中长期资金入市是促进资本市场持续稳定健康发展的重要内容,是全面深化资本市场改革的重要任务。会议还提出要以优化基础性制度为根基,提升交易便利性和效率,降低交易成本,着力构建中长期资金"愿意来、留得住"的市场环境。
>
> 读者可以看到,会议里提到的"引导更多中长期资金入市"正是希望鼓励社保基金和保险机构等专业机构成为价值投资者。而"提升交易便利和效率,降低交易成本"正是围绕着提高市场流动性而言。

5.3.4 预设交易者

预设交易者是指包括投机者、套保者和纯粹赌博者在内的交易者,他们本就打算进行交易,但是希望以比现有市场价格更好的价位进行交易,因此他们通常会采取限价报单的形式。只有他们的价格被接受,他们才算达到交易目的,但如果市场的价位往反方向偏离,他们就只能接受比原先更差的价位或者干脆不能成交。为了降低这种风险,他们的限价报单通常离市场最新报价很近。因此,如果一个市场中有大量的预设交易者,那么这个市场的买卖价差通常会很小。

相对而言,预设交易者是"最具攻击性"的流动性提供者。因为急于成交,他们的限价报单往往略优于市场上已有的报单,结果很可能将其他交易者竞争下去。当预设交易者的报单很长时间内不能成交的时候,他们会迅速转换为流动性的需求者以达到交易目的。总体而言,预设交易者在追求较低利润的同时为市场提供"即时性"。

5.3.5 套利交易者

套利者利用两个市场的价差获利,客观上连接了两个市场的流动性。他们不是流动性的生产者而是搬运工,往往在一个市场上是流动性的提供者,在另一个市场上则是流动性的需求者。由于套利是低风险的,因此套利者的流动性搬运能力非常巨大。做市商连接的是同一市场不同时期的交易者,套利者连接的是不同市场同一时期的交易者。

以上介绍了不同类型的交易者在提供流动性方面的侧重和差异。市场上挂出的一个买单,可能是做市商为交易量小的匿名交易者提供的"即时性"即成交速度;可能是大宗交易者为市场上信息匮乏者提供的"深度"即报单厚度;可能是价值投资者为所有其他人提供的"深度"和"弹性";可能是投机者、套保者等预设交易者追求较窄价差即"广度"和"即时性",为的是以更好的价格完成他们本就打算完成的交易;也可能是套利者在跨市场间传输"深度"。

尽管不同类型的交易者在流动性提供上有这些差别,但事实上他们也有共性,即在市场上都偏被动地报单。在实务中,一方可能同时扮演多种角色。他们之间也存在各种博弈和竞争。表5-2总结了市场上不同类型交易者提供流动性的不同方式以及他们各自对流动性的影响。

表5-2 交易者提供流动性的方式及对流动性的影响

角色	策略	提供流动性的方式	对流动性的影响	信息优势	竞争者
做市商	迅速完成买入卖出的回转,不需考虑长期投资风险	公开报价,等待匿名投资者索取流动性	为小型投资者提供"即时性"	可以看见买卖报单情况,有选择地进行交易	超前交易者和套利者
大宗交易者	为大规模交易提供便利	只对清楚其底细的交易对手提供报价	提供深度	对交易对手了解	做市商和价值投资者
价值投资者	买入或卖出错误定价的标的,需考虑长期投资风险	当价格与基本价值不符时使用限价或市价指令	提供深度,使市场具有弹性	对基本价值了解	其他价值投资者
预设交易者	为本就打算进行的交易谋求更好的价格	使用限价指令	为小规模交易者提供即时性	无	做市商
套利者	在两个价格不同的市场间进行套利	限价或市价指令	提供深度	对相对价值了解	做市商

资料来源:Larry Harris,*Trading and Exchanges:Market Microstructure for Practitioners*,Oxford University Press,2002。

> 交易者类型与流动性之间的关系可以用舞会中寻找舞伴来比喻。如果仔细观察的话,舞会中有多种找寻潜在舞伴的方式。那些自己很想跳舞的人会非常主动地上前邀请别人,跳了一曲又一曲。这些人的搜寻策略很简单,看准一个差不多的潜在舞伴就抓紧时间邀请,追求的是流动性中的速度维度。由于他们通常是邀请的发起方,这些人就是流动性的需求者。
>
> 另外一类极端的人属于消极等待型。他们会默默站在一个角落,眼睛也不完全盯在场内,自顾自喝着鸡尾酒,看起来对跳舞不太感兴趣。做市商和价值投资者通常都属于这种不太主动的。他们在市场中报价,大部分时候是在等待那些主动交易的人找上门来。做市商等的是双边报价成交后的价差,而价值投资者等的是心中预期的价格。

> 处于积极主动型和消极被动型之间的另外一群人,他们会站在离舞池不远的地方,脚尖随着音乐的节奏打着节拍,眼睛扫描着场内的人群。如果有人主动上来邀请,他们会视来人的相貌、仪态决定是拒绝还是接受,掌握主动权。他们本来就想跳舞,如果等了一段时间没有合适的人主动上来邀请,他们也会接受不那么满意的舞伴的邀请。这些人可能是投机者、套保者或者纯粹赌博的小散户。
>
> 最后还有一群人,可能在这个舞会跳跳,转身又溜到隔壁一个舞会跳跳,还会把两个舞场的人相互介绍来介绍去。这种就是跨市场的套利者。他们起到的作用其实就是把一个市场的流动性搬到另外一个市场。

5.4 一个虚构的例子

假设有一个信息不充分的交易者 A 急于在市场大量出售 XYZ 股票,显然 A 需要大量流动性,并且其行为可能会对 XYZ 的股价带来较大影响。虽然我们假设 A 是信息不充分的,但其本人可能并不知晓,并相信自己的判断,认为价格会按照其预期大幅下跌,否则 A 不会这么着急低价处理手头的大量股票。

当 A 进入市场时,XYZ 的股票报价是 40 元买入,40.05 元卖出,这时的委托量都是小规模的,无法满足 A 的大额需求。

于是,A 找做市商寻求流动性,做市商带着 A 的需求找到了对 XYZ 股票感兴趣的投资者(通常是一些价值投资者),把部分股票以每股 37 元的价格向这些投资者出售。做市商自己则以 37 元价格买入了剩下所有股票。这些价值投资者、做市商直接向 A 提供流动性,A 以很快的速度出售了大量 XYZ 股票。

此时,做市商手中持有大量的 XYZ 股票,他以 37.30 元的价格在市场上出售这些股票。很快,这个价格就吸引来了套利者,套利者同时通过期权市场的反向操作稳定获利。一段时间后,价值投资者也以 38.25 元的价格从做市商手中买入股票,套利者和价值投资者通过做市商间接地为 A 提供了市场"深度"。

最终,XYZ 股票的价格又回到了 40 元,价值投资者再次为市场提供了"弹性"。从最终交易结果看,只有 A 亏钱了,不过这是 A 获得流动性的成本,而流动性的提供者们都因为提供了流动性而获得收益。

5.5 流动性管理

由于流动性对于任何金融市场都十分重要,世界各主要交易所为了进行流动性主动管理,普遍采用一种叫作 Maker-Taker 的流动性费用模型。采取该模型的交易所向市场流动性需求者或获取者(taker)收取一定的进入费用(access fee),而对流动性提供者(maker)提供一定的补偿(liquidity rebate,流动性回扣),两者之间的费用差就作为交易所的服务性收入。

自2000年以来,该模型已经成为欧美证券期货市场的标准费用模型。据估计,美国市场上每年流动性获取者支付给流动性提供者的费用高达20亿美金。欧美证券期货市场实务界、学界和监管层也围绕该模型的利弊进行了长期的辩论。因此,如果要熟悉流动性管理,学习和了解 Maker-Taker 模型是必须要绕过去的门槛。

5.5.1 Maker-Taker 费用模型的历史

最早实施该费用模型的是著名的电子通信网络"岛屿"。1997年,为了与传统交易所如纽交所和纳斯达克竞争,吸引更多的报单到自己的平台交易,岛屿首次采用对流动性提供者进行补偿的方法来激励经纪商或自营商在岛屿的交易平台上挂单。在美国,同一个上市公司的股票可以在不同的交易场所进行交易,经纪商可以对客户的报单进行转发,具体转发到哪个交易场所要看经纪商在哪里有利可图,跟哪里关系最好。《华尔街数据大盗》一书讲的就是经纪商到处倒卖客户报单的事情。岛屿推出流动性补偿措施后,经纪商纷至沓来,把更多的提供流动性的报单优先转发到岛屿,而把获取流动性的报单优先转发到传统交易所,因为后者对获取流动性的报单并不征收进入费用。

这一策略迅速收到了明显的效果:岛屿的市场份额从1997年的不到3%猛增到1999年的13%,对其他交易所造成了强烈的冲击。此后为了竞争,其他电子通信网络平台和传统交易所纷纷加入 Maker-Taker 费用模型的行列,使之一跃成为市场流行的费用标准。

可想而知,由于竞争日益激烈,各交易平台有充足的欲望不断提高流动性回扣来吸引客户报单,进入费用也水涨船高。1998年,一个电子通信网络 Attain 收取每股1.5美分的高额进入费用,终于引起了监管层的极度不满。美国证监会交易与市场部出台政策,强制要求进入费用上限不得超过每股0.3美分。随后,在2005年出台的对美股市场交易意义深远的《国家市场系统管理规则》(Reg NMS)中,监管层正式将进入费用的上限定为每股0.3美分,才使这场锦标赛画上了句号。

一味鼓励提高流动性的报单而惩罚获取流动性的报单,一个可能的后果就是交易平台的流动性过度,大量的限价单无法成交,这对交易平台的收入也是不利的。所以,有些交易平台也会在流动性过度的时候采取反向 Maker-Taker 费用模型,即对获取流动性的报单进行补偿,而对提供流动性的报单进行惩罚。比如2010年,交易平台 BATS-Y 就对获取流动性的报单提供每股0.02美分的补偿。

5.5.2 Maker-Taker 费用模型的现状

5.5.2.1 分层、分类收费

虽然原理很简单,但经过约20年的发展,Maker-Taker 费用模型在实际应用中已经变得十分复杂。美国有十多个证券交易所和几十个另类交易系统(alternative trading system，ATS）平台，它们具体的费用标准都有一些不同。大部分交易场所根据客户的成交量大小提供相对应的补偿和惩罚，即分层收费和奖励。而对在不同交易场所交易的股票（按照交易场所的不同将股票分为 Tape A、Tape B、Tape C 三种类型）也有不同的费用标准。图 5-1 为纽交所（NYSE）针对 Tape A 类型股票的费用标准（图中只显示了一小部分），读者可以感受一下其复杂程度。需要指出的是，纽交所集团不止 NYSE 一个交易所，它的旗下还有 NYSE American、NYSE Arca、NYSE National 三个交易所，每个交易所收费标准都有所不同。美国各大交易所的费用结构及其术语在第十五章有更详细的介绍。

LIQUIDITY INDICATOR	DESCRIPTION	TAPE A	
1	Taking Liquidity	$ 0.00275	$ 0.0030 if Adding ADV＜250,000
1	Floor Take	$ 0.0024	
1	SLP Take	$ 0.00275	
1	DMM Take	$ 0.00275	
2	Providing	$(0.00120)	$(0.0000) If Non-Displayed
2	Providing Tier 4	$(0.00150)	MPL Adding ADV＞4 million shares and MocLoc＞0.10% $(0.0000) if Non-Displayed
2	Providing Tier 3	$(0.00180)	Adding ADV＞0.35% Tape A CADV and MocLoc＞0.05% $(0.0000) if Non-Displayed
2	Providing Tier 2	$(0.0020)	Adding ADV＞0.75% Tape A CADV and MocLoc＞0.10% $(0.0000) if Non-Displayed
2	Providing Tier 1	$(0.0020)	Adding ADV＞1.10% Tape A CADV and MocLoc＞0.12% $(0.0000) if Non-Displayed
2	Floor Provide	$(0.00190)	$(0.0022) if Floor provide＞0.07% Tape A CADV，$(0.0022) if member is at providing Tier 1，$(0.0020) if Tier 2
2	SLP Provide	$(0.0014/23)	Adding ADV＞0.20% Tape A CADV，otherwise (0.0000/0.0006) If Non-Displayed
2	SLP Tier 2	$(0.0026)	Adding ADV＞0.45% Tape A CADV $(0.0009) if Non-Displayed

图 5-1　NYSE 针对 Tape A 类型股票的费用标准

　　过去，股票交易信息主要通过电报来传送，这些信息储存在长长的纸带（tape）上。20 世纪 70 年代后，计算机网络开始普及并逐步取代电报，成为股票信息的主要传播方式。但是"tape"这个词却一直沿袭下来。Tape A 记录在纽交所上市公司股票的各种交易信息，Tape B 记录在美交所上市公司股票的交易信息。Tape A 和 Tape B 两者合起来叫作合并纸带（consolidated tape），因为它们都由 Consolidated Tape Association 的数据储存系统进行记录。Tape C 记录在 NASDAQ 上市公司的股票交易信息，并受 OTC/UTP Operating Committee 的监管。

5.5.2.2 期权市场上也大量使用

尽管由于大量的标准化期权合约必须在交易所内进行,以及场外暗池相对股票市场比较少的缘故,期权市场上交易场所对报单的竞争没有股票市场那么激烈,但是现在的美国期权市场除了 CBOE 以外其他期权交易场所也都采用了跟股票市场类似的 Maker-Taker 费用模式。图 5-2 为 NYSE American Options 交易平台的分类收费标准(节选),同样十分复杂。

Tier	Market Maker Electronic ADV as a % of TCADV	Rate per Contract for Non-Take Volume[1]	Rate per Contract for Take Volume[1]	Prepayment Program Participant Rates	
				Rate per Contract for Non-Take Volume[1]	Rate per Contract for Take Volume[1]
1	0.00% to 0.20%	$0.25	$0.25	$0.22	$0.24
2	>0.20% to 0.65%	$0.22	$0.24	$0.17	$0.20
3	>0.65% to 1.40%	$0.12	$0.17	$0.08	$0.11
4	>1.40% to 2.00%	$0.09	$0.14	$0.05	$0.08
5	>2.00%	$0.06	$0.09	$0.03	$0.06

For the purposes of the Silding Scale transaction charges, all eligible volume that does not remove liquidity will be considered "take volume."

图 5-2 NYSE American Options 交易平台的收费标准(节选)

值得一提的是,美国期货市场上没有采用这种费用模式。这主要是因为期货市场的流动性通常都很高,不太需要进行主动积极的流动性管理。而期权品种由于行权价格和到期日的不同一般会有很多个合约,容易分散流动性,造成某具体合约的流动性不足,因此需要采取流动性管理模式。

5.5.3 关于其影响的争论

Maker-Taker 模式自诞生之日起就饱受市场争议,赞成者和反对者各执一词,不相上下,就连收取进入费用的交易所对这一模式的评价也是褒贬不一。本小节分别对赞成和反对两种观点进行总结。

赞成 Maker-Taker 模式的人认为,这一模式是美国公开交易所(lit exchanges)的重要武器。如果没有该模式,公开交易所将无法与暗池或者由经纪商—交易商组织的内部撮合中心相抗衡,在争夺市场报单的竞争中居于下风。而一旦公开交易所失去了主要的市场份额,一个直接后果就是公开交易所揭示的成交价格将不具备全市场代表性,丧失价格发现的功能。这对美国证券市场发挥价格信号功能是致命的。

赞成的另一个原因是 Maker-Taker 模式可能降低买卖价差。这是因为挂单的交易者由于提供了流动性而得到补偿,所以愿意降低卖价或者提高买价。这种买卖价差的降低会直接影响暗池或者场外做市商的报价和成交,因为按照美国 Reg NMS 中的 611 规则,后者必须以等于或者优于全国最优报价的价格进行交易。如果没有 Maker-Taker 模式,那么一些证券的买卖价差就会变大,从而降低交易者的福利。

反对者当然也有很多理由。首当其冲的第一个理由就是经纪商与客户之间会存在利益冲突。原本经纪商作为金融中介服务机构,根据自律原则是有义务为自己的客户以最优价格成交的。但是有了 Maker-Taker 费用模式以后,经纪商有动机不加思考地将客户的报单直接发送到补偿最高或者进入费用最低的场所,而这个场所不一定是价格最优或者最可能成交的场所。

比如,经纪商把客户的限价报单转发到补偿最高的地方等候成交,但补偿最高的地方通常也是进入费用最高的地方。这种地方获取流动性的报单相对比较少,这就意味着客户的限价报单不能马上成交的概率更大。同样地,如果经纪商把客户的市价报单发到进入费用最低的地方等候成交,由于进入费用最低的地方通常也是补偿最低的地方,因此可能没有那么多的报单与之成交。一些经验老到的交易者也有可能等候在这些进入费用最低的场所,因为这里最有可能成为机构投资者大额报单的首选地。这样对大宗交易也极为不利。

反对者的第二个理由是 Maker-Taker 模式让美国的证券市场变得越来越复杂。一方面,已有交易场所出于竞争原因采取越来越繁杂的计费方案,将流动性分层收费分得越来越细;另一方面,不断有新的交易场所出现,向市场提供更好的收费计划,争夺客户,加剧美国市场的碎片化程度。比如前面所举的 NYSE 例子,纽交所集团的交易所包括 NYSE、NYSE Arca、NYSE American、NYSE National,每一个都采取不同的收费计划。让事情变得更复杂的是,交易平台为了吸引客户交易,针对收费计划设计开发了一系列新的交易指令,就是为了使交易者在合规的前提下能够获得更多的流动性补偿。

反对者还认为,Maker-Taker 模式不利于价格的透明性。由于各个交易场所的费用迥异,导致哪怕是相同的报价,其实净价格也并不一样。比如一个每股 10 美元的限价买单,在一个提供 0.3 美分流动性补偿的交易所,其真实成本为 9.997 美元,而相同的报单在一个采取反向 Maker-Taker 模式的交易所,真实成本为 10.003 美元。某些交易者可能会通过一些电子化手段把各个交易场所的费用结构纳入交易系统中,但是对于绝大部分交易者而言,根本无法从公开报价中解读出真正的市场价格。

公说公有理,婆说婆有理。为了搞清楚 Maker-Taker 模式在真实市场中的利弊,2015 年,美国证监会听取市场建议,在 NASDAQ 做了一个实验,将 14 个高流动性股票的流动性补偿和进入费用降低。然而,实验的结果是,NASDAQ 在这些股票上的市场交易份额大大降低,而股票的交易质量却没有得到明显改善。针对这个结果,一些学者和市场人士指出可能是因为这 14 个股票本来流动性就很高,降低进入费用对它们来讲不会产生明显的影响。这说明虽然 Maker-Taker 模式从理论上看有一些问题,但从实践上看如何正确评估这个模式还需要更多的谨慎对待。对不同流动性的证券采取不同的费用标准可能更有效率。

5.5.4 Maker-Taker 费用模型在中国市场中的运用情况

目前我国的证券期货市场中，所有股票交易都没有采用 Maker-Taker 模式，跟美国形成显著区别。但是在郑商所、大商所的商品期货和上交所的 50ETF 期权交易中都采用了该模式，其目的当然是提高市场的流动性。另外，一些币圈交易所比如比特币中国、OKEX、火币和币安都采取了 Maker-Taker 费用模式以提高交易量和流动性。

对比中美两国市场的微结构，Maker-Taker 模式在美国市场上存在的一些弊端在我国市场上并没有存在的土壤。比如经纪商与客户之间的代理人问题在我国不可能存在，因为我国证券期货市场中没有暗池或者 ATS，经纪商只能将客户的报单导向交易所。再如复杂性问题，由于我国证券期货交易所不是私营企业，相互间也不存在恶性竞争，所以也就不存在交易所增加交易指令类型等问题。如此，在我国证券期货市场实行 Maker-Taker 模式应是利大于弊。

我国其他期货品种如股指期货，可以考虑采用 Maker-Taker 费用模式以提高市场流动性。我国股指期货的现行交易机制并不区分流动性获取者和提供者，对增加流动性的交易不提供补偿，对获取流动性的交易也不施加惩罚，这就使得市场上很多交易实际上在大量免费获取流动性。

> 韩国对垃圾分类要求很严，凡是可循环使用的垃圾如纸张、玻璃瓶、罐、塑料等都必须分门别类、专门处置，厨余垃圾要放在指定的黄色垃圾袋，其他垃圾必须放至指定的白色垃圾袋。这些垃圾袋需要用户自己到超市里购买，而且价格不菲。20 个 5 升的白色垃圾袋售价为 8000 韩币（约 48 元人民币）。袋子上会标明仅限于某区某街道某角落使用，便于追责和监督。未使用完的垃圾袋可以现金返还。
>
> 对垃圾袋收费不啻为垃圾分类管理的好办法，因为用户只有花钱了才会真正关心这件事，也才会尽量减少生活垃圾的制造。金融市场的流动性管理也是如此，只有对那些获取流动性的交易者收取费用，才会让他们有所节制。

5.6 流动性与定价效率之间的关系

本章论述流动性这个概念，流动性的提供者不但包括价值投资者和套利者，也包括套期保值者、现货交易者等这些非知情交易者。但金融交易是一个零和游戏，平均而言，非知情交易者会亏给知情交易者，这是市场对后者收集信息、分析信息的回报。因此，如果一项政策对知情交易者有利，那么可能在提高了市场定价效率的同时损害了非知情交易者的利益，从而降低了一部分流动性；类似地，如果一项政策对非知情交易者有利，那么可能在增加了市场流动性的同时降低了市场定价效率。这样问题就来了：在面临具体决策的时候，监管层应该如何在流动性与定价效率之间取舍呢？

一般来讲，市场的整体定价效率比短期流动性更重要。定价效率决定了资金的最优配置问题，对实体经济发展有指挥棒的作用。如果这方面出了问题，价格不合理、不准确，那么经济体中的所有参与者都将受到伤害。所以，流动性在很多时候可以让位于定价效率。

但有些情况下，定价效率的考量要让位于流动性。比如上市公司在重组信息公告前按照现有监管规定需要暂停交易即向交易所申请临时停牌。当发生停牌的时候股票价格停留在停牌前的价位，不能反映正在进行中的重组信息，因此这个停牌制度虽然可以有效保护非知情交易者，但也会妨碍信息融入价格的过程，即降低定价效率。这种情况下对非知情交易者的保护就相对更为重要，事实上停牌制度在全球很多金融市场都得到采用。再如内幕交易显然可以促进提高市场的定价效率，但这会严重损害其他市场交易者的利益，破坏市场秩序和流动性，因此必须严厉打击惩处。

有一些政策措施可以既提高市场流动性，又加强价格效率，比如严格公共信息披露制度。公共信息披露的透明性、及时性和准确性可以降低知情交易者的优势，保护非知情交易者的利益，同时促进价格效率的提高。因此，完善信息披露机制应该成为我国金融市场制度改革的重点之一。

第六章 波 动 性

金融市场为实体经济发展服务的一个重要体现是市场上交易的资产价格能够正确反映金融资产的基本面价值。如果基本面因素发生了变化,那么在有效的市场中资产价格就会随之发生变化,即产生波动性(volatility,也称"波动率",本章中对这两个名词不加区分)。这样的波动来自于基本面的变化,因此称为"基本面波动性"。然而,资产价格的变化并非仅仅来自于基本面,还可能来自于市场上非知情交易者的交易。这部分波动通常不会持久,转瞬即逝,因此称为"瞬时波动性"。

对于证券期货交易所和监管层而言,基本面波动性完全取决于上市公司的业绩、并购重组、企业治理等,通常无法直接施加影响;但交易所和监管层可以通过市场微结构管理直接提高或者降低瞬时波动性。对于投资者而言,了解哪些波动来自于基本面变化,哪些波动来自于投资者的噪音交易,有助于预测未来波动性并作出正确的投资决策。波动性作为对风险最直观的刻画也会影响投资者的收益。

6.1 波动性的计算

波动性其实很难有一个明确的定义。简单地说,波动性衡量的是资产价格变化的程度。但如何衡量"程度"?是哪一段时间的变化程度?是什么价格(收盘价、开盘价还是结算价?)的变化程度?本节先介绍波动性的一般计算方法,下一节重点讨论这些概念性问题。

相较企业财务信息和宏观经济信息,金融资产的价格信息比较容易获得且频率较高,因此其波动性计算使用的数据频率一般是日内和日度频率,其他周、月、季度、年度波动性可以根据相应公式进行转化,比如:

$$年化波动性 = 特定天数的波动性 \times \sqrt{一年中的天数 / 特定天数}$$

日度和日内波动性有时可能会很不一样。当拥有不同信息的市场参与者充分博弈时,日内波动性可能很高,但当信息得到充分释放并吸收到资产价格中去以后,基于收盘价或者结算价的日度波动性可能反而不那么高。反之,有时没有新的信息冲击市场,表现平静,当日日内波动性较低,但闭市后出现了重大信息,影响到次日一天的走势和收盘价,那么日度波动性就会提高。

6.1.1 日度历史波动性——标准误差

首先将数据样本期 $(0,t)$ 分成 N 天，计算每天的收益率，然后统计这些收益率的样本方差，最后将其年化。具体计算公式如下：

$$\sigma_{\text{STD}}^2(t) = \frac{252}{N} \sum_{i=0}^{N-1} (r_{t-i} - \bar{r})^2$$

其中，$\bar{r} = \frac{1}{N} \sum_{i=0}^{N-1} r_{t-i}$，$r_{t-i}$ 为第 $t-i$ 天的收益率，252 天为全年的交易天数。如果样本期为一年，则 $N=252$，以上公式可以简化。注意，公式给出的结果是方差，波动性应该等于方差的算术平方根。（下同）

6.1.2 日度历史波动性——指数加权移动平均（MA）

这种计算方法与上一种类似，区别在于给每天的收益率赋予了不同的权重。其核心思想是认为发生于各个时点的历史数据对于波动性测算的影响应当是不同的，越是最近发生的收益率，其对波动性的测算影响应该越大。换言之，历史收益率对波动性的影响应该随时间呈现渐弱趋势。

$$\sigma_{\text{MA}}^2(t) = \frac{252}{N} \sum_{i=0}^{\infty} (1-\delta) \delta^i (r_{t-i} - \bar{r})^2$$

其中，$\bar{r} = \frac{1}{N} \sum_{i=0}^{N-1} (1-\delta) \delta^i r_{t-i}$，且 $\sum_{i=0}^{\infty} (1-\delta) \delta^i = 1$。$r_{t-i}$ 为第 $t-i$ 天的收益率。参数 δ 用来控制历史收益率的权重，该值越接近 1，则最近发生的数据权重越高，而历史数据的权重越低。

6.1.3 日内波动性——Parkinson estimator

日度波动性的测算大部分采用收盘价或者结算价，只涉及一种价格。但在测算日内波动性的时候，需要考虑开盘价、日内最高价和日内最低价等多个价格。Parkinson 估计的计算公式如下：

$$\sigma_{PK}^2(t) = 252 \times \frac{1}{4\log 2} [h_t - l_t]^2$$

其中，$h_t = \log(\text{high}(t))$，$l_t = \log(\text{low}(t))$，$\text{high}(t)$、$\text{low}(t)$ 分别是第 t 天的最高价、最低价。

6.1.4 日内波动性——Garman and Klass estimator

Garman and Klass 估计的计算公式如下：

$$\sigma_{GK}^2(t) = 252 \times \{0.5[h_t - l_t]^2 - (2\log2 - 1)c_t^2\}$$

其中，$h_t = \log(\text{high}(t)) - \log(\text{open}(t))$，$l_t = \log(\text{low}(t)) - \log(\text{open}(t))$，$c_t = \log(\text{close}(t)) - \log(\text{open}(t))$。high($t$)、low($t$)、open($t$)、close($t$)分别是第 t 天的最高价、最低价、开盘价和收盘价。

6.1.5　日内波动性——Rogers and Satchell estimator

Rogers and Satchell 估计的计算公式如下：

$$\sigma_{RS}^2(t) = 252 \times [h_t(h_t - c_t) + l_t(l_t - c_t)]$$

其中，$h_t = \log(\text{high}(t)) - \log(\text{open}(t))$，$l_t = \log(\text{low}(t)) - \log(\text{open}(t))$，$c_t = \log(\text{close}(t)) - \log(\text{open}(t))$。high($t$)、low($t$)、open($t$)、close($t$)分别是第 t 天的最高价、最低价、开盘价和收盘价。

6.1.6　已实现波动性——realized volatility

除了日内最高价、最低价和开盘价、收盘价，也可以使用日内高频率间隔内的收益率来计算日内波动性：

$$\sigma_{RV}^2(t) = 252 \times \sum_{j}^{N(t)} r_j^2$$

其中，r_j 是分钟 K 线价格计算的对数收益率，$N(t)$ 是第 t 天交易的总分钟数。

6.1.7　基于委托报价的波动性

以上波动性的计算都是基于成交价格，还有一类波动性指标是基于委托买价和委托卖价来计算的。即便在投资者对未来资产价格预期没有变动的时候，资产价格由于在委托卖（买）价成交，随后在委托买（卖）价成交，仍然会产生"波动"。但这种波动纯粹是由买卖价差造成的，跟基本面信息无关。因此，基于成交价的波动性指标相对于基于委托买价或卖价的波动性指标会系统性高估真实的波动性。为纠正这种偏差，可以用委托买价或者委托卖价取代以上波动性计算公式中的成交价格。

6.2　正确认识波动性

波动性是市场微结构中的重要概念，也是交易者和监管者普遍关心的话题，但也是一个容易被误解的概念。不妨看表 6-1 所示的例子。[1]

---

[1] 参见〔美〕杰姆斯·B. 比德曼：《专业期权交易》，中国金融期货交易所译，中国金融出版社 2013 年版。

表 6-1 两只股票的收盘价

天数	股票 1 收盘价	股票 2 收盘价
0	100	100
1	101.8	99.1
2	99.8	97.9
3	98.1	96.4
4	100.9	94.3
5	102.1	93.5
6	99.5	95.3
7	97.9	96.3
8	99.7	97.85
9	102.6	100.2
10	99.1	103
11	98.4	103.6
12	97.6	104.1
13	99.1	105.3
14	101.3	106.9
15	102.7	107.8
16	100.2	109.5
17	99.3	109.1
18	96.7	108.8
19	99.7	110.8
20	102.8	109.2
21	98.3	108.1
22	98.9	108
23	101.5	107.4
24	99.1	105.9
25	100.6	106.5
26	99.1	105.4
27	96.9	103.8
28	99.9	101.9
29	102.8	100.85
30	100	100

这两只股票,起始和结束价格均为 100 元,但中间的价格运动轨迹不太一样,如图 6-1 所示。问题是:哪只股票的波动性更大呢?

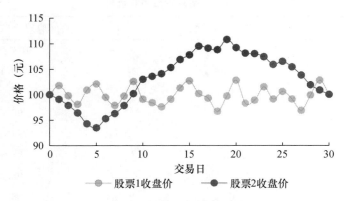

图 6-1 两只股票的价格运动轨迹

很多人看到这张图后认为股票 2 的波动性更大,但如果画出这两只股票的每日收益率情况(见图 6-2),那么我们会发现其实每一天股票 1 的收益率(价格变化百分比)的绝对值都高于股票 2 的收益率。

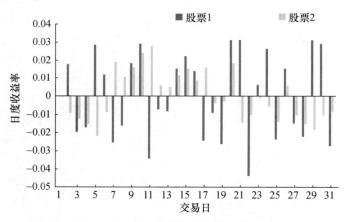

图 6-2 两只股票的每日收益率情况

事实上,这两种关于波动性的判断方法都是错的。计算后会发现,股票 1 的波动性为 37.55%,股票 2 的波动性则只有 22.11%。所以股票 1 的波动性更大,但原因并不是上面所说的收益率绝对值高。真正的原因在于,波动性衡量的是资产"收益率"的"分布"情况,或者说是某时段内收益率偏离其均值的程度。图 6-3 展示了两只股票的收益率时间序列。可以看出,股票 1 与股票 2 相比,其收益率的观测值偏离均值的程度更大,这就说明股票 1 的波动性更高。读者可以自行画出这两只股票收益率的直方图,这样就能够看到股票 1 的收益率分布明显更宽更广,同样说明股票 1 的波动性更高。因此准确地说,波动性衡量的不是价格本身,而是价格变化百分比偏离其均值的程度。

在日常应用波动性概念的时候,人们通常习惯假设资产回报率服从正态分布。正态分布有一个很易记的规律,即约 2/3(68%)的概率未来观测值会落在均值的正负一个标准差(即波动性)以内;约 19/20(95%)的概率未来观测值会落在均值的两个标准差以内;约 369/

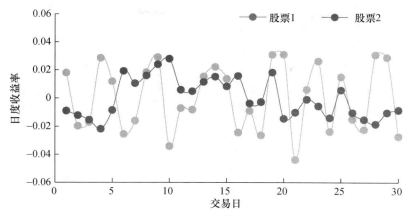

图 6-3　两只股票的收益率时间序列

370(99%)的概率未来观测值会落在均值的三个标准差以内。举个例子,如果一种资产现在的价格为 100 元,年化波动性为 30%,这代表在未来一年内大约有 68% 的概率该资产的价格会落在区间[70,130],95% 的概率落在区间[40,160],以及 99% 的概率落在区间[10,190]。①

关于波动性,还有一个较有争议的话题,即用什么价格计算日度波动性的问题。股票一般用收盘价,但是期货既有收盘价也有结算价。到底用哪一个呢?基于这两种价格计算出来的波动性有多大区别呢?

以我国沪深 300 和中证 500 股指期货为例。图 6-4 显示了基于收盘价计算的日度波动性,与现货指数相比,很容易得出股指期货的波动性高于现货波动性的结论。

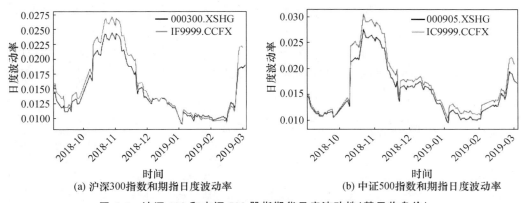

(a) 沪深300指数和期指日度波动率　　(b) 中证500指数和期指日度波动率

图 6-4　沪深 300 和中证 500 股指期货日度波动性(基于收盘价)

但是如果基于股指期货的结算价来计算收益率波动性(如图 6-5 所示),可以看到其实股指期货与现货指数之间并没有太大区别(中证 500 股指期货的波动性略大于现货指数)。

---

① 这里,我们假设该资产的年回报率均值较低,比如 3%,相对于 30% 的年波动性可以忽略不计。如果回报率均值较高,比如 10%,那么准确地讲,一个标准差的范围应当是[−20%,40%],对应的价格区间应当为[80,140],而不是[70,130]。

一般来讲，股指期货用结算价计算日度波动性更为合理，因为结算价，而不是收盘价，才是影响交易者利润的重要参考价格。

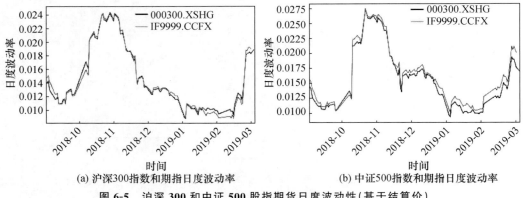

(a) 沪深300指数和期指日度波动率　　(b) 中证500指数和期指日度波动率

图 6-5　沪深 300 和中证 500 股指期货日度波动性（基于结算价）

> 股指期货结算价格有两种情况：一是正常交易日的结算价，一般以期货盘面交易最后一小时的成交价格按照成交量加权计算平均价，计算结果保留至小数点后一位。最后一小时因系统故障等原因导致交易中断的，扣除中断时间后向前取满一小时视为最后一小时。合约当日最后一笔成交距开盘时间不足一小时的，则取全天成交量的加权平均价作为当日结算价。采用上述方法仍无法确定当日结算价或者计算出的结算价明显不合理的，交易所有权决定当日结算价。二是交割日的结算价。此种情况下股指期货的交割结算价为现货盘面指数最后两小时的算术平均价，计算结果保留至小数点后两位。交易所有权根据市场情况对股指期货的交割结算价进行调整。

但是不少交易者还是觉得期货的波动性更大，这是因为交易者感知的是盘中的日内波动性。现将股指和对应期货的日内波动性进行对比，如图 6-6 所示（此处采用分钟频率的数据）。

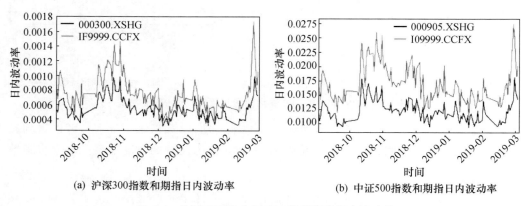

(a) 沪深300指数和期指日内波动率　　(b) 中证500指数和期指日内波动率

图 6-6　沪深 300 和中证 500 股指期货日内波动性

可以看出,确实期货的日内波动性要高于现货指数。其主要原因在于计算样本期内股指期货市场的流动性尚有待提高,市场体量也远不及现货股票市场,同样的外部信息冲击自然会对股指期货市场造成更大的价格影响。

6.3 波动性的影响因素

显然,不同资产的波动性的影响因素不太一样。债券的波动性受市场利率、发行者信用等影响较大;股票的波动性受企业运营状况、管理水平、研发进度、所处行业等因素影响;货币的波动性则跟国际贸易、宏观经济货币政策甚至地缘政治等密切相关。本节主要介绍股票市场波动性的影响因素。

影响股票市场波动性的因素可以分为长期因素和短期因素,其中长期因素主要是宏观经济因素如经济周期和企业盈利能力等。学者研究美国的股票市场发现,股票波动性在经济衰退时期会更大,杠杆越大,波动性也会越大;而诸如财政赤字和贸易赤字、汇率、钢铁价格、原油价格等宏观经济变量和股票市场波动性没有显著相关性。总的来说,学者倾向于认为美国的大多数宏观经济指标对股票市场波动性没有显著影响,但反之,股票市场波动性对宏观经济指标如工业生产、基础货币增长等的波动性却有显著预测作用。这说明美国的股票市场确实起到了实体经济晴雨表的作用。

影响股票波动性的短期因素主要与交易行为有关,包括股票的交易量、期货期权交易和程序化交易等。其中,股票交易量和波动性显著正相关,反映了多空双方的分歧和博弈。期货和期权交易对股票波动性的影响体现在期货和期权到期日的股票波动性相比正常交易日更高,尤其在到期日股票交易的最后一小时。但是总体来说,期货和期权交易对股票波动性的影响较短暂且影响幅度不大。大量学术研究发现,股票股指期货和期权交易的推出会降低股票波动性。程序化交易在平均水平上没有提高股票波动性。

也有学者研究了调整融资交易保证金和熔断机制对股票波动性的影响。研究结果显示,没有充分证据表明提高保证金水平可以降低波动性,保证金政策对保证金借贷水平没有显著影响,也没有证据表明熔断机制导致的暂停交易对股票波动性有显著影响,只有当熔断机制导致金融系统发生危机时才会引起波动性上升。

影响市场波动性的因素不仅包括本国或本地区的特有因素,还包括世界共同因子,比如 30 天离岸美元利率的变化、基于债券评级的信用利差等。一般而言,新兴股票市场的波动性较大,平均在 30% 左右,而成熟市场的波动性普遍不高于 20%。有研究表明,资本市场对外开放有助于全球资本市场一体化,从而降低新兴市场的波动性。

6.4 波动性的分解

一般而言,可将波动性分解为基本面波动性和瞬时波动性两个组成部分。在一个有效市场里,既有信息已经完全反映到市场价格中。交易者根据既有信息形成对价格的未来预期,因此这些预期也已经反映在价格里。只有那些预料之外的冲击才会对价格造成影响,这就是基本面因素变化引起的波动性。基本面波动性是相对"永久"的,因为这种价格变化通常不会在短期内反转。基本面波动性也是不可预测的,因为根据定义,它就是预期之外的冲击,因此金融学家通常用随机游走模型来描述这种基本面引起的价格变化。

不同类型资产的基本面波动性大相径庭。有的资产如科技类股票受研发进度影响很大,一个生物制药公司的临床试验是否成功会极大地影响其股价;有的资产受地缘政治或者国家产业政策影响很大,如军工企业的股票;还有的资产本身杠杆率很高,更容易受到来自基本面因素的冲击。

相比之下,瞬时波动性主要是由非知情交易者的交易需求引起的,当价格由于这些交易需求被过度推高或压低并严重偏离基本面价值的时候,知情交易者和套利者会入场进行反向交易,从而导致价格反转。因此,瞬时波动性对价格的影响不是永久而是短暂的。

瞬时波动性的一个重要来源是买卖价差[①]。当交易者以申卖价买入、申买价卖出时,资产价格即在申买价和申卖价之间波动,这种波动显然与基本面因素无关。一个流动性好的市场,通常买卖价差较窄,市场深度较厚,因此瞬时波动性也会较低。学者常用罗氏模型(roll's model)[②]来估计一个市场中的瞬时波动性。根据罗氏模型,资产价格变化的方差可以被分解为以下两部分:

$$\text{var}(r_t) = \sigma^2 + \frac{1}{2}S^2$$

$$S = 2\sqrt{-\text{cov}(r_t, r_{t-1})}$$

$\sqrt{\text{var}(r_t)}$是资产的总波动性,σ是基本面波动性,S代表的是瞬时波动性。罗氏模型的主要局限在于它要求本期与下期的价格变化为负相关,否则无法计算。如果资产价格反转需要两期或更久,那么罗氏模型无法捕捉这样的波动性,因此总体来讲罗氏模型会低估资产价格的瞬时波动性。

为了克服这样的局限,学者发展出了更复杂的统计模型,将资产价格回报率拆解为一个随机游走部分和一个均值回归部分。由于这些模型过于复杂,这里不展开介绍,感兴趣的读者可以参考 Hasbrouck(1996)[③] 及 Pascual and Veredas(2010)[④]。

[①] 第十一章将详细介绍买卖价差。瞬时波动性显然跟买卖价差高度相关。
[②] 关于罗氏模型在第十一章中有更详细介绍。
[③] Hasbrouck, Modeling Market Microstructure Time Series, in G. S. Maddala and C. R. Rao(eds.), *Handbook of Statistics*, 1996, 14.
[④] Pascual and Veredas, Does the Open Limit Order Book Matter in Explaining Informational Volatility? *Journal of Financial Econometrics*, 2010, 8(1), pp. 57-87.

第七章 信 息

　　金融市场交易的过程既是买卖双方搜寻的过程,也是信息流通并被定价的过程。信息流通的快慢、信息质量的高低以及信息融入价格的效率,正是金融市场发挥价格发现功能的核心,关系到金融市场是否能够发挥正确价格信号和资本资源最优配置的作用。国外实证研究表明,如果按每小时数据估算的话,股票交易期间的收益率方差至少是非交易期间收益率方差的 20 倍。这表明交易期间一个重要的特点就是,大量的信息通过买卖报单进行交换、传播并最终反映到证券价格中去。这个过程就是价格发现过程。

　　交易所和监管者经常出台各种监管政策和法规,这些本身就是信息。发布信息、保证信息质量和一定的信息透明度是交易所的重要工作和监管者密切关注的焦点。政策制定者需要预测市场参与者如何反应和市场运行质量会受到何种影响。获取信息、分析信息、利用信息是交易者每天要做的事情,那些能够及时捕捉信息并且分析能力较强的交易者往往比对信息反应迟钝的交易者更容易在市场竞争中生存。第六章讲过,证券期货价格的波动也在很大程度上来源于信息的冲击,因此,信息不仅是价格形成也是价格波动的重要驱动因素。无论是政策制定者还是交易者,都十分关注信息与市场的互动。总之,信息无疑是金融市场微结构的一个重要话题。

> 　　来看一个虚构的例子:
> 　　顾客:老板,这个多少钱?
> 　　老板:50 元一个。
> 　　顾客:那给我拿 10 个吧!
> 　　老板:你要 10 个啊? 那 52 元一个。
> 　　顾客:你刚刚不是说 50 元一个?
> 　　老板:我刚才不知道你要买 10 个啊!
> 　　顾客:……好吧,就 52 元一个吧,给我拿 10 个。
> 　　老板:你真买啊! 那 53 元一个吧!
> 　　顾客:@&*#%*@……
> 　　在这个例子中,顾客之所以被老板牵着鼻子走,是因为他主动披露了自己的真实意图,从而给老板提供了选择的机会,使老板在议价过程中占据上风。在金融交易过程中,买卖双方都密切关注着市场上的报单和成交变化,希冀从中获得有关其他交易者的信息,同时尽量掩藏自己的信息。

按照来源,信息可以分为公开信息和私有信息;按照披露时间,可以分为交易前信息和交易后信息,其中,交易前信息包括行情和报单流(如买卖报价、报单簿深度等),交易后信息包括成交的时间和价量等;按照传播质量,可以分为信息传播的速度、广度和透明度,其中速度是指信息传播是实时还是延迟,这是影响市场交易效率的重要指标。广度是指受众的范围,即哪些群体会接收到什么程度的信息。透明度是指在交易过程中市场参与者所能观察到信息的程度,比如是否允许隐藏报单、交易对手信息的披露程度、交易意图的披露、大宗交易报告制度、是否允许场外交易等。信息传播的速度主要跟技术有关,比如行情更新频率、交易系统的延迟时间等;信息的广度主要取决于社会大众的触媒程度,在电子传媒非常发达的现代社会基本不成问题;我们重点介绍信息的透明度,因为这跟市场制度设计有很大关系。

7.1 交易信息透明度

交易信息透明度对市场运行的质量特别是流动性和价格效率有重要的影响。一般而言,非知情(噪音)交易者比较喜欢透明度较高的市场,而知情交易者偏好透明度较低的市场,知情交易者会根据信息透明度的高低在交易过程中有策略地调整报单行为,以尽量减少价格中所含信息的暴露。合理的交易信息透明度应当在非知情交易者和知情交易者之间寻找一个平衡。

较好的信息透明度有利于降低交易者寻找对手方的搜寻成本,从而降低报单的买卖价差。此外,由于较高的透明度能够降低非知情交易者的逆向选择风险,交易者会更加积极地提交委托,增加市场深度。但如后面将会看到的那样,有时候如果透明度过高,也会对市场质量造成不良后果。因此,交易信息透明度与市场质量之间一般呈现倒"U"形关系。

> 由于信息不对称而小心翼翼报价、试图隐藏自己真实交易意图的现象无时无刻不在发生。举个逛古玩市场的例子。你来到一个小摊前,看中了一个工艺品。有经验的买家不会直接开口问这个多少钱,而是先假装对旁边的工艺品感兴趣,然后在不经意间问一下相中的工艺品的价格。但是精明的卖家也不会直接报一个真实价格,而是要么提高报价,要么反问买家:"你觉得多少合适?"此后买卖双方会经过多回合互相试探,企图得到对方更多的信息,包括交易意愿、交易数量、交易价格。之所以这么做,主要原因就是双方信息不对称。这样的市场流动性一定不会太好,交易成本也高。反观之,在透明度较高的普通菜市场买菜,一般都是直截了当地问:"这个多少钱一斤?"卖家通常会毫不犹豫地告诉你价格。

7.1.1 交易前透明度

世界各大交易所在交易前透明度上有较大差别。比如伦敦股票交易所(LSE)、新加坡交易所(SGX)、澳大利亚交易所(ASX)等披露全部的报单簿信息(包括每笔委托价格和委托数量),透明度最高;多伦多股票交易所(TSE)、中国香港交易所(HKEX)披露五档委托价格以及各个价格上的加总委托数量,透明度中等;而瑞士交易所(SWX)仅仅披露最优委托价格,透明度最低。近20年来,各大交易所逐渐形成一种趋势,即交易前透明度越来越高。

考察交易前信息透明度对市场交易的影响,最好的观察窗口是集合竞价阶段。Biais, Hillion and Spatt(1999)[①]研究了巴黎证券交易所在1991年10月至11月期间开盘集合竞价阶段的价格发现过程。研究结果证实了交易者在开盘集合竞价阶段存在逐步学习的过程,虚拟成交价并不是纯粹的噪音,而是包含有效价格的信息。有意思的是,从8:30至9:30时间动态来看,交易者提交的报单看起来基本都是噪音,但随着开盘的临近,虚拟成交价的信息效率越来越高,说明交易者在从9:30开始的最后半小时内提交真实的委托,得到成交的比例越来越高,委托撤销的比例则越来越低。这个研究发现说明,集合竞价阶段的信息透明度有助于证券市场发挥价格发现的功能。

2006年7月1日,上海证券交易所推出开盘集合竞价制度,在竞价阶段实时披露虚拟成交价、虚拟成交量以及虚拟未成交量等价量信息(但报单信息不对外披露,因此交易前信息是半透明的)。从这项制度推出的实际效果看,开盘集合竞价阶段信息透明度的增加有效缩小了连续竞价阶段第一个小时(9:30—10:30)内的买卖价差,波动性也有所降低。更重要的是,买卖价差中的逆向选择成分大幅降低。连续竞价阶段的市场深度有所下降,因为现在更多的委托单在集合竞价阶段得以成交。成交量由于同样的原因也出现了下降,但在一小时之后反弹,因此日内总成交量并没有受到影响。[②]

收盘集合竞价阶段的信息透明度同样也会影响市场行为和市场质量。1996年5月,巴黎证券交易所从市场人士中了解到,只需要一些小单就足以影响股票收盘价,而收盘价往往是对应股票衍生品清结算的基础,因此当时市场呼吁交易制度改革。为此,巴黎证券交易所首先针对流动性相对较差的B类股票,两年后又为成交较活跃的A类股票,推出了收盘集合竞价制度,旨在提高股票收盘时的价格发现效率。Pagano and Schwartz(2003)[③]考察了这两次调整的实际效果,发现由于交易者现在有了收盘集合竞价的"备选方案",连续竞价阶段最后15分钟的成交量有部分转移到了收盘集合竞价阶段,使得收盘价更为合理,提高了股票的价格发现功能。而买卖价差、波动性以及整体成交量没有因为这次制度改革发生显著变化。有意思的是,作者还发现开盘集合竞价阶段的成交量出现了小幅上升,作者认为这是收盘集合竞价所带来的传导效应。

Aitken, Comerton-Forde and Frino(2005)[④]研究了澳大利亚股票交易所于1997年2月实施的收盘集合竞价制度,该市场在下午4:00进入集合竞价阶段,交易者可以申报、修改

---

① Biais, Hillion and Spatt, Price Discovery and Learning during the Preopening Period in the Paris Bourse, *Journal of Political Economy*, 1999, 107(6), pp. 1218-1248.
② Gerace, Liu, Tian and Zheng, Call Auction Transparency and Market Liquidity: Evidence from China, *International Review of Finance*, 2015, 15(2).
③ Pagano and Schwartz, A Closing Call's Impact on Market Quality at Euronext Paris, *Journal of Financial Economics*, 2003, 68(3).
④ Aitken, Comerton-Forde and Frino, Closing Call Auctions and Liquidity, *Accounting and Finance*, 2005, 45: 501-518.

和撤销委托,于 4:15 集中撮合,并根据最后匹配成功的两个委托价格计算一个委托量加权平均价格即收盘价。这期间,交易所并不揭示虚拟成交价,但会公开披露交易者报单簿信息(超过 20 万澳币的报单可以不披露,成为隐藏报单,因此交易者即便通过公开的报单簿信息也不能推算准确的虚拟成交价)。作者通过比较前后半年的数据发现,因为有了收盘集合竞价制度,交易者将原本在连续竞价阶段最后一到两个小时的交易量转移到集合竞价阶段。这是因为有部分被动交易者希望能在集合竞价交易中减少交易成本,降低逆向选择风险,并能够以收盘价成交。作者还发现,引入收盘集合竞价制度对于日内的买卖价差并没有显著影响。

2002 年 3 月 18 日,澳大利亚股票交易所进行了又一轮集合竞价制度改革。首先,前文提到,隐藏报单的存在导致交易者无法掌握准确的价格信息,因此交易所在新的改革中披露了虚拟成交价和虚拟未成交量信息。其次,根据最后匹配成功的两个委托价格计算开(收)盘价的做法此前也受到了质疑,市场人士认为这样计算出来的开(收)盘价并不能真正代表真实价格且容易被操纵。举个例子,假如现在集合竞价阶段报单簿中的情况如表 7-1 所示。

表 7-1 集合竞价阶段报单簿

买方	申买数量(股)	申买价(元)	申卖价(元)	申卖数量(股)	卖方
1	500	6.40	6.10	1000	6
2	500	6.39	6.40	500	7
3	500	6.39	6.41	520	8
4	1000	6.34	6.42	550	9
5	500	6.33	6.43	519	10

开(收)盘价基于最后匹配成功的两个报单按照委托量加权计算而形成,具体计算公式为:

$$[(申买量 \times 申买价) + (申卖量 \times 申卖价)]/(申买量 + 申卖量)$$

在这个例子中,最后两个匹配成功的报单分别为买方 2 报价为 6.39 元的 500 股和卖方 6 报价为 6.10 元的 500 股,因此根据计算公式,开(收)盘价为:$(500 \times 6.39 + 500 \times 6.10)/(500+500) = 6.245$ 元。在这个价格下,买方 1 和买方 2 分别与卖方 6 成交 500 股。可以看出,尽管大部分交易者的成交意愿在 6.39—6.40 元附近,但集合竞价最终形成的价格 6.245 元偏低,并不能正确反映市场上的供需情况,且容易受到极端报价(本例中为 6.10 元的报价)的影响。

2002 年的改革中,澳大利亚股票交易所针对以上问题对算法作出了调整,并实时披露虚拟成交价和虚拟未成交量,增加了交易前信息透明度。Comerton-Forde and Rydge (2006)[①]研究了这一制度改革对市场效率的影响,发现在集合竞价(特别是开盘集合竞价)过程中虚拟成交价越来越接近真实价格,证实了虚拟成交价可以提高价格发现效率。收盘

---

① Comerton-Forde and Rydge, The Influence of Call Auction Algorithm Rules on Market Efficiency, *Journal of Financial Markets*, 2006, 9(2).

集合竞价阶段,制度调整虽然对价格发现效率没有显著影响,但明显吸引了更多的噪音交易者进入集合竞价阶段并以新的收盘价进行成交。

交易所主动降低交易前透明度的措施并不多见,2007年纽交所通过的第48条规则(Rule 48)算是一个。彼时,美国股票市场处于金融危机爆发前夕,全球金融市场动荡不安,纽交所担心个股过高的波动性会占用交易大厅管理资源,导致部分股票无法及时开盘。为此,纽交所出台了第48条规则,允许交易所高级管理人员在研判一系列市场状况后宣布市场进入极端波动状态。一旦宣布之后,交易规则中的第123条D(1)款、第79条A30款以及第15条将即刻失效,这些条款要求做市商在预计开盘价格严重偏离此前交易时段价格时,必须为其所负责的股票至少报出一次揭示价。现在在第48条规则下,做市商无须为股票报出揭示价,且无须向交易所管理人员汇报情况,那么将有更多时间用于手动开盘(组织集合竞价或者直接报价)。换句话说,纽交所牺牲了交易前透明度,换取了股票开盘的及时性。自从2007年制定该规则以来,该规则已被实施77次,其中38次是在2008年全球金融危机期间。

Chung, Chuwonganant and Kim(2019)[1]研究了第48条规则对市场质量的影响,发现该规则的实施确实加快了股票开盘,但当交易前透明度下降后,由于缺乏明确的价格标准即揭示价,交易者不愿意提交委托,从而降低了开盘后前30分钟的市场流动性。随着交易的进行,成交价提供了越来越多的信息,因此30分钟后市场流动性没有显著改变。2016年9月11日以后,纽交所基本放弃了该规则,转为要求在市场波动加剧期间加强配备做市商人手。作者发现,揭示价加上更多的做市商人手在保证市场流动性方面比第48条规则更优。

以上学术研究说明了增加交易前信息透明度有利于提高价格效率和市场流动性,但如果透明度太高,特别是在连续竞价阶段,也可能会损害市场质量。如第三章所述,限价委托者实际上给市场其他参与者提供了免费的期权。如果交易前透明度太高,市价委托者可以优化报单的时点和价位,但以牺牲限价委托者的利益为代价。因此限价委托者在交易前透明度过高的情况下就不太愿意主动提供流动性,从而造成买卖价差扩大和价格波动性加大。比如在极端情况下,如果交易所将每个交易者的委托成交信息都披露出来,那么可能使交易者担心个人信息被他人利用并造成损失,因此交易者特别是限价委托者会向市场委托者收取更高的溢价,从而扩大买卖价差。市场深度也会降低,因为交易者(尤其是知情交易者)会变得更为谨慎。

多伦多股票交易所在1990年4月12日开始对所有交易者公开披露部分股票的实时五档行情。这些股票包括在自动化交易平台CATS上交易的不太活跃的部分股票,这部分股票的行情此前只对交易所会员披露,还包括在多伦多股票交易所的交易大厅人工交易的股票,此前这些股票的行情只是由一些交易大厅的出市代表(即做市商)进行选择性的披露,只有出市代表才能看到实时的全部报单情况。Madhavan, Porter and Weaver(2005)[2]研究

---

[1] Chung, Chuwonganant and Kim, Pre-opening Price Indications and Market Quality: Evidence from NYSE Rule 48, SSRN, 2019, (3378155).

[2] Madhavan, Porter and Weaver, Should Securities Markets Be More Transparent?, *Journal of Financial Markets*, 2005, 8(3).

了这一制度改变对股票交易的影响,发现买卖价差显著扩大,价差中的逆向选择成分明显提高,股价波动性也出现了显著提高。同时,这一改变对在交易大厅交易的股票的影响大于在 CATS 上交易的股票,因为后者原来就有比较透明的行情披露。

2001 年 1 月,悉尼期货交易所(SFX)将原先报单簿的最优一档委托披露调整为最优三档委托披露,提高了交易前信息透明度。Bortoli,Frino,Jarnecic and Johnstone(2006)[1]研究了这一制度调整对市场交易者行为以及市场流动性的影响,发现当透明度增加后,由于市价委托者面临的不确定性降低,一方面,市价委托者提交了更多超出最优一档委托数量范围的报单;另一方面,限价委托者通过降低最优一档委托上的报单深度,而不是通过扩大买卖价差,来向市价委托者收取确定性溢价。

7.1.2 交易后透明度

关于交易后透明度对市场质量的影响,这方面研究相对交易前透明度降低。海外学者的实证研究没有发现交易后透明度的下降对市场质量有显著影响。但在我国至少有一个案例可以说明交易后透明度的提高对市场确实可能会产生影响。2007 年,上海证券交易所推出了赢富(Topview)数据,该数据每日披露所有股票买卖的前十大机构席位,大大提高了交易后透明度。然而,此举引起了很多机构的强烈反对,因为其他交易者可以利用这些披露的机构交易信息并从中获利。在这些机构的一致反对下,上海证券交易所最终于 2008 年年底取消了赢富数据的服务。

7.2 单一市场价格发现

市场通过交易将信息及时有效地融入价格中去的过程就是价格发现过程。这一过程可以分为开盘、盘中以及收盘三个子过程。开盘是一天交易的开始,隔夜信息在此汇聚并交换,因此其形成的虚拟成交价以及开盘价往往预示着整个一天的市场走势,对于发现资产价值具有极其重要的指导意义。盘中是一天交易中时间最长的一段,信息经过了充分的交换和表达,价格逐步达到均衡。收盘是一天交易的结束,需要结合当日新信息对全天的市场走势做一个总结,因此,收盘过程中的虚拟成交价和收盘价也是价格发现过程的重要一环。

价格发现是金融市场的重要功能。通常,我们无法直接观察金融资产的价值本身,但金融市场给买家和卖家提供了交换信息的场所,因此,资产的市场价格成为发现价值的重要渠道。但是衡量一个市场的价格发现功能却是比较困难的,因为无法避免地,我们仍然需要一个价值的度量作为基准。一些学者认为,可以用交易过程中某个时点最优买卖报价

---

[1] Bortoli, Frino, Jarnecic and Johnstone, Limit Order Book Transparency, Execution Risk, and Market Liquidity: Evidence from the Sydney Futures Exchange, *Journal of Futures Markets*, 2006, 26, pp.1147-1167.

的中间值作为资产真实价值的代理变量。

为测度开盘过程和收盘过程中的价格发现功能,一般可以考虑以下回归方程:

$$v_{i,t} - P_{\text{close},i,t} = \alpha_i + \beta_i(\text{IAP}_{i,t} - P_{\text{close},i,t}) + \varepsilon_{i,t}$$

其中,$v_{i,t}$ 为 t 日某时点的最优买卖报价中间值,是资产价值的代理变量。如果考察的是开(收)盘过程的价格发现功能,则采用当(次)日某时点的最优买卖报价中间值。$P_{\text{close},i,t}$ 为资产 i 的昨日收盘价,作为已有信息的代理变量。$\text{IAP}_{i,t}$ 为开盘或收盘过程中披露的虚拟成交价。在这样的设定下,β_i 系数的估计值可用来衡量价格发现的功能强弱。该系数值越接近1,说明虚拟成交价越趋向于真实价值,价格发现功能越强。

在实证过程中,一般将开(收)盘阶段按照撮合频率切割成若干时间段,然后把每个交易日的同一时间段组成子样本进行回归分析,如此得到一个开(收)盘子时间段的 β_i 序列。通过观察该序列本身或者因为某微结构规则改变带来的变化,可以得到关于金融市场价格发现功能的一些推断。

7.3 跨市场价格发现

跨市场价格发现是指当相同或高度相关的资产在两个或两个以上的市场进行交易时信息如何融入各个市场中的价格。相同的资产如同一家公司在中国内地和香港发行的股票,高度相关的资产如同一家上市公司的股票现货与股票期权,或者某个市场的指数现货与对应的股指期货或股指期权。由于我国金融市场上同一家公司在多个交易所上市的样本较少,以及股票个股期权尚未推出,因此我们重点介绍股指期货与现货指数之间的跨市场价格发现。

7.3.1 跨市场价格发现的度量指标

7.3.1.1 期货的价格效率

一般来讲,期货价格与现货价格的相关性很高,但不同的市场或者同一市场不同状态下这种相关性程度会有区别。价格效率(price efficiency)可以度量这种相关程度的大小。具体地,对现货收益率与期货收益率进行以下回归:

$$R_{\text{futures},i,t} = \alpha_i + \beta_i R_{\text{spot},i,t} + \varepsilon_{i,t}$$

价格效率即用 $\varepsilon_{i,t}^2$ 来衡量,该值越小说明价格效率越高。

7.3.1.2 期货的套保有效性

期货市场的一大功能是套期保值。衡量期货套期保值的效率主要是看套保组合相对于不套保降低了多少风险,因此学术上一般用以下指标进行衡量:

$$\text{HedgeEffectiveness}_t = [\text{var}(R_t) - \text{var}(R_t - h_{t-1} \times F_t)]/\text{var}(R_t)$$

其中,R_t 为现货价格的收益率,F_t 为期货价格的收益率。h_{t-1} 为套保比例,其计算公式为:

$$h_t = \mathrm{cov}(S_t, F_t)/\mathrm{var}(F_t)$$

7.3.1.3 期货的信息份额

期货的价格发现功能一般通过其所占的信息份额来衡量。在两时间序列情形时可以通过估计向量误差纠正模型(VECM)来计算 IS、CS 以及 ILS 信息份额指标。具体步骤如下：

第一步，构造期货和现货价格序列。一般选取期货的主力合约(即当天交易量最大的合约)价格作为期货价格的代表，将期货和指数构成的价格序列向量记为 $(P_{1,t}, P_{2,t}F_t, S_t)$，其对数记为 $(p_{1,t}, p_{2,t}F_t, S_t)$。

第二步，进行协整检验。可采用 Engle and Granger (1987)[①]两阶段协整检验方法。首先检验 $p_{1,t}, p_{2,t}$ 序列是否均为一阶单整，然后计算误差修正项 $\mathrm{ect}_t = p_{1,t} - p_{2,t}$ 并检验其平稳性，从而验证协整关系的存在(可使用 Phillips-Perron 检验和 KPSS 检验等单位根检验)。建立以下 VECM 模型：

$$\begin{bmatrix}\Delta p_{1,t}\\ \Delta p_{2,t}\end{bmatrix} = \begin{bmatrix}a_1\\ a_2\end{bmatrix} + \begin{bmatrix}\gamma_1\\ \gamma_2\end{bmatrix}\mathrm{ect}_{t-1} + \sum_{i=1}^{p}\begin{bmatrix}a_{11}^{(i)} & a_{12}^{(i)}\\ a_{21}^{(i)} & a_{22}^{(i)}\end{bmatrix}\begin{bmatrix}\Delta p_{1,t-i}\\ \Delta p_{2,t-i}\end{bmatrix} + e_t$$

其中，p 为滞后阶数，一般由 BIC 准则确定，误差项 e_t 的协方差矩阵记为：

$$\Omega = \begin{bmatrix}\sigma_1^2 & \rho\sigma_1\sigma_2\\ \rho\sigma_1\sigma_2 & \sigma_2^2\end{bmatrix}$$

第三步，根据估计的 VECM 系数分别计算 IS、CS 以及 ILS 指标。由于 e_t 通常存在同期相关性，考虑 Ω 的 Cholesky 分解，记为 $\Omega = MM^\mathrm{T}$，这里，

$$M = \begin{bmatrix}m_{11} & m_{12}\\ m_{21} & m_{22}\end{bmatrix} = \begin{bmatrix}\sigma_1 & 0\\ \rho\sigma_2 & \sigma_2\sqrt{1-\rho^2}\end{bmatrix}$$

根据 Hasbrouck(1995)[②]，两个市场的 IS 指标可分别由下式计算得到：

$$\mathrm{IS}_1 = \frac{(\gamma_1 m_{11} + \gamma_2 m_{21})^2}{(\gamma_1 m_{11} + \gamma_2 m_{21})^2 + (\gamma_2 m_{22})^2}$$

$$\mathrm{IS}_2 = \frac{(\gamma_2 m_{22})^2}{(\gamma_1 m_{11} + \gamma_2 m_{21})^2 + (\gamma_2 m_{22})^2}$$

其中，IS_1 是第一个市场信息份额上界，IS_2 是第二个市场信息份额下界。调换价格序列顺序可计算出第二个市场信息份额上界和第一个市场信息份额下界。根据 Baillie et al. (2002)[③]，可取同一市场上界和下界的平均值作为该市场最终的 IS 指标。当数据频率较高时，上下界的差异会较小。

根据 Gonzalo and Granger(1995)[④]，两个市场的 CS 指标可分别由下式计算得到：

[①] Engle, R. F. and C. W. J. Granger, Co-integration and Error Correction: Representation, Estimation, and Testing, *Econometrica*, 1987, 55(2), pp. 251-276.

[②] Hasbrouck, J., One Security, Many Markets: Determining the Contributions to Price Discovery, *The Journal of Finance*, 1995, 50(4), pp. 1175-1199.

[③] Baillie, R. T., Booth, G. G., Tse, Y., Zabotina, T., Price Discovery and Common Factor Models, *Journal of Financial Markets*, 2002, 5(3), pp. 309-321.

[④] Gonzalo, J. and C. Granger, Estimation of Common Long-Memory Components in Cointegrated Systems, *Journal of Business & Economic Statistics*, 1995, 13(1), pp. 27-35.

$$\text{CS}_1 = \frac{\gamma_2}{\gamma_2 - \gamma_1}, \quad \text{CS}_2 = \frac{-\gamma_1}{\gamma_2 - \gamma_1}$$

根据 Putniņš(2013)[①]，ILS 指标的计算方式如下：首先，分别计算两个市场的信息领先度量 IL(information leading measure)，计算公式为：

$$\text{IL}_1 = \left| \frac{\frac{\text{IS}_1}{\text{IS}_2}}{\frac{\text{CS}_1}{\text{CS}_2}} \right|, \quad \text{IL}_2 = \left| \frac{\frac{\text{IS}_2}{\text{IS}_1}}{\frac{\text{CS}_2}{\text{CS}_1}} \right|$$

然后，两个市场的 ILS 指标可分别由下式计算得到：

$$\text{ILS}_1 = \frac{\text{IL}_1}{\text{IL}_1 + \text{IL}_2}, \quad \text{ILS}_2 = \frac{\text{IL}_2}{\text{IL}_1 + \text{IL}_2}$$

7.3.2 中国期货市场的价格发现功能

商品期货和金融期货的价格发现功能有所不同。由于大多数大宗商品很难有全国统一的现货价格，所以有时现货商在签订合同的时候会采取期货价格加升贴水的方式给合同中的商品现货议定价格。因此，市场上认同商品期货价格决定了现货价格。但是金融期货如股指期货的标的资产是股票指数，而股票无疑是具有全国统一市场和统一价格的。换言之，股票的价格不是基于股指期货的价格确定的。即便没有股指期货，股票自身也具有发现企业价值的功能。股指期货的价格发现功能仅在于，当有新的信息冲击来临的时候，由于股指期货市场具有高流动性、低成本以及高杠杆的优势，知情交易者会首先选择股指期货市场进行交易，从而导致大多数情况下新信息会首先并大部分反映在股指期货价格上。但这跟期货价格"决定"了股票现货价格不是一个概念。

图 7-1 为 2019 年 1 月至 8 月我国沪深 300 股指期货市场的 IS、CS 和 ILS 价格发现指标。可以看出，总体上股指期货市场发挥了较好的价格发现功能。

但是期货的价格发现指标并不是一个固定值，从图 7-1 也可以看出，这些信息份额随时间变化而变化，且在大多数时段变化还很剧烈。股指期货能否发挥以及发挥多大的价格发现功能在客观上取决于很多因素，比如期货市场的相对流动性、跨市场套利的便捷性、市场牛熊状态、投资者情绪等。在特定的市场状态下，现货的价格发现功能甚至可能强于期货。

早在 2006 年 9 月，新加坡交易所（以下简称"新交所"）就率先推出了针对中国 A 股市场的 A50 股指期货，但相当长一段时间内成交量可以忽略不计。新加坡的 A50 股指期货的基础资产是新华富时 A50 指数，与我国沪深 300 指数具有很高的相关性，一定程度上与沪深 300 股指期货具有竞争关系。2010 年 4 月，中金所的沪深 300 股指期货重磅推出，新交所立刻有所反应，于 2010 年 9 月采取了一系列企图激活交易量的措施，包括将合约面值改小、取消中午休息时间、增加夜盘交易等，促使 A50 股指期货交投开始活跃，但各方面仍然远远不如沪深 300 股指期货。研究显示，沪深 300 股指期货的信息份额占据了绝对的主导地位，为 76.7%，而 A50 股指期货只有 23.3%。这意味着沪深 300 股指期货市场更快、

[①] Putniņš, T. J., What Do Price Discovery Metrics really Measure?, *Journal of Empirical Finance*, 2013, 23, pp. 68-83.

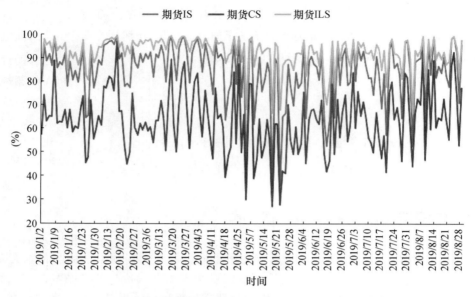

图 7-1　中国沪深 300 股指期货市场 IS、CS 和 ILS 价格发现指标

更多地反映了新的信息冲击。但在 2015 年境内股指期货交易受限后一段时间内，A50 与沪深 300 股指期货的交易量此消彼长，变为大致相当，而信息份额也变为各占 50% 左右，这说明交易限制措施大大弱化了境内股指期货的价格发现功能。

在我国，股指期货的价格发现功能还有一个独特之处——不对称性。这种价格发现上的不对称性来自于期现套利的不对称性。一般地，当期货价格高于现货指数时，套利者买入指数成分股，同时卖空股指期货，随着到期日的临近，基差逐渐缩小为零，套利者可以赚取价差，这叫"正向套利"。反之，当期货价格低于现货指数时，套利者买入股指期货，同时卖空指数成分股，随着到期日的临近，基差逐渐趋向于零，套利者也可以赚取价差，这叫"反向套利"。但是，由于目前我国股票市场上融券困难（具体原因见第九章和第十一章），成本很高甚至不可行，因此反向套利机制受阻。如果套利机制是影响期货价格发现功能的重要因素，那么有理由相信，当市场出现负基差的时候，股指期货的价格发现功能会受到阻碍。

> 基差一般定义为期货价格与现货价格之差。当期货价格高于（低于）现货价格时，基差为正（负）。基差是期货交易中的重要概念，它不仅直接关系到交易者的收益，也是衡量交易者套期保值成本的重要指标。当市场出现深度负基差时，套保者就会面临较大的对冲成本。如果这种成本高到一定程度，套保者可能会放弃使用股指期货进行风险管理。2015 年，我国股指期货市场上就出现了持续的深度负基差，套保者的年化对冲成本一度达到了惊人的 36% 以上，导致股指期货的风险管理功能名存实亡。

股指期货在我国出现的时间毕竟不长，因此市场对于股指期货的价格发现功能存在一些误解,比如在 2015 年股市异常波动期间,指责的焦点就是"期货带着现货指数走"和"期货决定或导致了现货指数的下跌"。这些指责显然曲解了价格发现的本义,但在市场上不明就里的投资者中间有一定的影响力。

需要注意的是,这些指责并不是完全没有客观基础,它们来自于市场参与者的经验和观察。由于交易所技术的原因,目前,我国股票指数的行情更新频率为 5 秒,而股指期货市场的行情更新频率为 0.5 秒,比指数快了 10 倍。这种行情频率上的显著差距足以让敏感的投资者产生股指期货领先现货指数,且指数的下跌总是紧随股指期货下跌的强烈感觉。国内外学术文献确实普遍发现,期货通常比现货更快地反映基本面信息的变化。但是在我国,这个问题由于技术原因变得更复杂了,即正常计算的价格发现指标中可能包含两部分,一部分来自于期货本身比现货反映更迅速、更灵敏,另一部分则来自于期货的行情更新速度比指数更快。显然,如果不小心区分,当研究者使用较高频率数据估算期货价格发现指标的时候,就会出现高估的情况。

韩乾和赵诚志(2019)[①]通过沪深 300 指数成分股的逐笔数据构建实时指数行情,估计出期货的信息份额和领先时间,并将之与指数发布频率为 5 秒的真实情形(即每 5 秒更新一次,5 秒内的价格均设为最近一次价格)进行对比,以估算行情更新频率对期货价格发现的影响程度。结果显示,在绝大多数交易日沪深 300 股指期货领先于指数期货的 IS 平均值为 85.09%,CS 平均值为 63.72%,ILS 平均值为 92.88%;股指期货平均领先指数 9.64 秒(IS)、5.44 秒(CS)、15.4 秒(ILS)。但是,由于期现市场行情更新频率的不同步,股指期货的价格发现指标平均被高估达 6.69%(IS)、1.01%(CS)、4.%(ILS),最大时被高估 48.34%(IS)、17.28%(CS)、26.72%(ILS);股指期货的平均领先时间被高估 2.92 秒(IS)、−0.08 秒(CS)、5.93 秒(ILS),最大时被高估 10 秒(IS)、4 秒(CS)和 12 秒(ILS)。关于中证 500 股指期货的研究也得到了类似的结论。

现货指数行情的更新频率是一个纯技术问题。在现有期现行情更新频率不同步的情况下,以上研究结果表明,期货领先指数的时间被技术因素延长了 3 秒左右,这不仅为市场少部分获取行情速度较快的参与者提供了跨市场套利的机会,也延缓了市场价格发现的过程,降低了市场信息效率。因此,建议有关部门尽快提高股票和期货行情的更新频率,使我国证券期货市场的基础设施水平与国际接轨。

7.4 信息披露、信息质量和信息传递

要使金融市场成为资本资源配置的指挥棒,就要让信息快速融入市场价格中去,让市场发出正确的信号。但要保证这个过程顺畅,并不是一件容易的事,首先需要一个重大前提,即信息本身是充分的、真实的、完整的、透明的。不言而喻,虚假的信息会损害投资者的利益,但如果信息披露不充分,不完全的信息对投资者同样具有极大的伤害力。这种现象在一些信息不对称较严重的行业比较容易出现。比如一家生物科技公司主动披露其研制

[①] 韩乾、赵诚志:《行情更新频率和股指期货价格发现》,厦门大学王亚南经济研究院 2019 年工作论文。

的新药已经进入量产阶段,但刻意隐瞒了量产其实只是监管审批中的一个标准流程,并不必然意味着药品将获批上市。但不明就里的投资人会误以为这是利好消息,一番热炒之后当恍然大悟时可能已经蒙受损失。所以,投资人不仅要看公司披露了什么,还要看公司没有披露或者刻意隐瞒了什么。但是,这往往超过了普通投资者的能力范围。因此,保障信息质量的第一个重要条件是市场上要有一批成熟的机构投资者和专业的研究团队。

专业投资者识别出信息的真实性和充分性后还要有必要的交易手段,才能真正把信息的内容传递到价格中去。比如专业投资者经过分析判断后认为某公司发布的信息是虚假的或者是不完全的,那么该投资者应当有做空该股票的手段才能及时惩罚该公司。从这个意义上讲,做空手段也可以倒逼企业不敢在信息公布上弄虚作假,保障信息质量。如果缺乏做空手段,投资者即便发现公司信息不实,也只能束手无策,最多不参与或者离开市场。所有留在市场上的人的投资方向只有做多,久而久之,一个以唱多为主的市场畸形生态就形成了。资产价格容易催生泡沫,严重偏离企业的基本面价值,且容易发生单边快速涨跌。因此,完善做空机制既是保障信息质量的第二个重要条件,也是保障市场发挥价格发现功能的重要环节。

完善信息披露机制的第三个重要条件是加强监管。有意思的是,回顾历史,世界各国对内幕信息和内幕交易的监管只是近几十年来的事情。虽然有些股票市场的历史很古老,比如德国股票市场开始于 1585 年,但关于内幕交易的正式监管法规最早只能追溯到美国的 1934 年,大部分市场直到 20 世纪八九十年代才制定出台相关法规。更令人诧异的是,对内幕交易的首次查处更晚,美国到 1961 年才有了第一例内幕交易的案子。图 7-2 为 20 世纪全球股票市场的法规及执行情况。

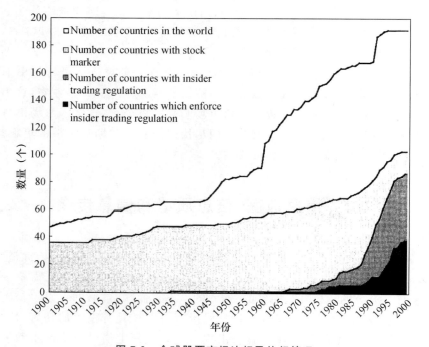

图 7-2　全球股票市场法规及执行情况

资料来源:Bhattacharya, U. and Daouk, H., The World Price of Insider Trading, *Journal of Finance*, 2002, 57, pp. 75-108。

图 7-2 中上方第一条曲线是 20 世纪逐年的国家数量,第二条是有股票市场的国家数量,第三条是出台了关于内幕交易法规的国家数量,最下方是执行过内幕交易法规的国家数量。可以看出,出台相关法规的国家占比较小,从 20 世纪 70 年代以后才逐渐增加,90 年代出现了快速增长,而执行过法规的国家占比更小,到了 2000 年一共只有 30 多个市场曾经真正查处过内幕交易。发达国家中有约 82% 执行过内幕交易法规,这一比重在发展中国家只有 25%。

Bhattacharya and Daouk(2002)[①]研究了内幕交易法规的出台和执行与市场流动性和上市公司权益成本之间的关系,发现内幕交易法规的出台和执行与换手率的提高显著相关,但只有法规的执行,而不是法规的出台,与上市公司权益成本的下降显著相关。这说明,一国股票市场内幕交易的法规固然重要,但更重要的是执行。

Bhattacharya and Daouk(2009)[②]从博弈论的角度提出了一个重要观点:有时一个市场制定了好的法律但不严格执行,那么还不如当初不制定法律。Bhattacharya 和 Daouk 认为,这个观点适用于一类情形,即一部分不遵守法律的人会对其他人造成较大的负面影响,且在有法律但没有严格执行的时候,市场中还是有一部分人会自觉遵守法律。大部分证券期货市场法规都属于此种情形。

Bhattacharaya 和 Daouk 打了一个比喻,如果没有禁枪法,那么所有人都会持枪,这就跟野蛮西部一样;如果有禁枪法但没有严格执行,那么守法之人不会持枪,而不法之徒会持枪,此时前者就无法保护自己,比没有禁枪法时更糟糕。具体到内幕交易,如果一个市场虽然有惩处内幕交易的法规但没有严格执行,那么就有一些人会知法犯法,损害其他守法人的利益。

Bhattacharaya 和 Daouk 的实证研究结果与这种观点一致:对于发展中国家市场,如果有相关法规但没有执行,上市公司的权益成本就会显著上升,而发达市场却没有这样的现象。作者认为,这归因于在很多发展中国家市场,更多的内幕交易没有得到应有的法律惩罚。

Bhattacharya,Daouk 和 Welker(2003)[③]从盈余主动性、损失厌恶和盈余平滑三个角度构造了 34 个国家从 1985 年至 1998 年的盈余不透明程度,然后测试了盈余不透明程度与上市公司权益成本之间的关系。结果发现,一国市场上盈余不透明程度的提高与该市场的权益成本的上升和成交量的下降显著相关。这说明,上市公司信息披露管理制度对于市场流动性和企业的融资成本都有十分重要的影响。

从上述文献来看,只有交易所和监管层切实提高信息披露的违法违规成本,加大执法和惩罚力度,才能把信息披露机制落到实处,减少市场参与者之间的信息不对称,促进市场流动性,降低实体企业的融资成本。同样重要的是,如前所述,基于市场的做空惩罚机制也是必不可少的。

---

① Bhattacharya, U., Daouk, H., The World Price of Insider Trading, *The Journal of Finance*, 2002, pp.75-108.
② Bhattacharya, U., Daouk, H., When No Law is Better than a Good Law, *Review of Finance*, 2009, 13.
③ Bhattacharya, Daouk and Welker, The World Price of Earnings Opacity, *The Accounting Review*, 2003, 78(3).

第八章 交易者类型

不同的金融市场具有不同的交易者结构。有的市场以机构投资者为主,有的市场则以零售投资者为主;有的市场偏重基本面投资和长期投资,有的市场则短期投机氛围较重。即便是同一个国家或地区的金融市场,其交易者结构也会随着时间和市场的发展而改变。学术界和金融业界对交易者结构作了大量的实证研究,普遍发现交易者结构会对市场的流动性、波动性以及信息效率产生根本性的影响。

8.1 机构投资者和零售投资者

对交易者类型的一个比较粗糙的划分是将之简单地分为机构投资者和零售投资者(retail investors),前者也称"特殊法人投资者",通常相对零售投资者具有专业知识、资金、信息和交易技术优势;后者也称"自然人投资者"或"个人投资者",通常称为"散户"。第一章对机构投资者和个人投资者进行了介绍。本小节着重描述两者之间的结构比例和行为特征。

目前,我国 A 股市场是一个以零售投资者为主的市场。从账户数量上看,截至 2016 年 5 月 13 日,全国约 1 亿个股票账户中自然人账户数量为 10506.1 万个,占比 99.72%;非自然人账户数量仅有 29.83 万个。零售投资者数量为非零售投资者数量的 352 倍,数量上占绝对优势。

从持股市值上看,零售投资者和机构投资者的持股市值大概各占 50%,如果对零售投资者再进行细分,截至 2016 年 4 月底,持有 1—10 万元市值的散户数量最多,达 2441 万个,占比超 48%;持有 1 万元市值以下的散户达 1303 万个,占比近 26%。也就是说,持有 10 万元市值以下的散户占散户全部数量的 74%,是散户军团的"中坚力量"。因此,中小散户是零售投资者中非常重要的一部分。

另据海通证券统计,截至 2015 年年底,A 股市场投资者自由流通市值中,零售投资者占 50.4%,一般法人占 18.9%,公募基金占 8.6%,保险和社保占 6.4%,阳光私募占 4.2%,券商占 1.6%,QFII 和 RQFII 合计占 1.7%,国家队占 6.1%。而在 A 股市场投资者流通市值中,零售投资者占 32.2%,一般法人占 48.5%,公募基金占 5.4%,保险和社保占 4%,阳光私募占 2.6%,券商占 1%,QFII 和 RQFII 合计占 1%,国家队占 3.8%。

> 流通市值指在某特定时期内当时可在交易所进行场内交易的流通股股数乘当时股价得出的流通股票总价值。而自由流通市值是在流通市值中剔除持有股份数超过5%的大股东及其一致行动人持有的市值。因此自由流通市值是流通市值的一部分。

从交易量来说，零售投资者占80%多，是市场交易最主要的参与者。A股市场中小散户持股的集中度较高，根据2017年中证中小投资者服务中心联合上交所所作的市场调查，持股三只以下（包含三只）股票的投资者占比超过70%。从这个数据看，大多数中小散户没有用股指类衍生品对冲股票组合风险的真实需求。

从持股偏好来看，零售投资者更喜欢持有低价、高市盈率、前期涨幅较大的股票，以及ST股票和中小创股票，即"类彩票型"股票。

从交易行为特征来看，零售投资者交易频率很高。深交所调研报告显示，零售投资者每个月平均交易5.4次，分板块看，创业板市场上零售投资者的交易频率最高，达到每个月6.3次，明显高于非创业板投资者。此外，零售投资者资金周转率大概900%多，从全球范围看这也是一个非常高的数字。机构投资者的资金周转率大概是140%，相比之下零售投资者是机构投资者资金周转率的6倍多。

如果统计投资者持有某一只股票的持股期限，零售投资者平均大概是1个月，机构投资者有3个多月。零售投资者持股期限非常短，反映了零售投资者换手率较高，交易的频繁会增加投资者的交易成本。

基于以上统计，无论是从账户数量、持有市值还是交易量上看，目前的A股市场都是一个以零售投资者为主的市场。零售投资者相对于机构投资者在交易频率、资金周转率和持股期限以及持股特征等交易行为上的表现，无疑会对我国A股市场的流动性、波动性和信息效率等微结构方面产生重大的影响。

8.2 按照交易目的划分

将市场交易者分为机构和零售两大类只是一个粗略的分类，事实上，市场交易者的类型复杂多样，有的交易者还身兼多重角色。但归根到底入市交易总是带有目的的，因此可以根据交易者的目的将交易者进一步细分。

理解"交易者为什么会交易"这个问题对于市场交易者和监管者都非常重要。交易者可以通过分析其他交易者的交易目的而采取相应的交易策略以获取利润或者达到自己的目的；监管者在推行一个新的政策之前，也应当充分评估该项政策可能会对不同类型的交易者带来什么样的影响。通过分析交易目的，我们也可以更好地理解市场流动性对于交易者的重要性。

当然，所有交易者都有一个共同的目的：盈利。但是有些交易者只是为了盈利而交易，也有些交易者不仅仅是为了盈利，还会出于其他目的而参与交易。有些交易者能够成功盈利,有些交易者在平均意义上则是亏损的。本节参考 Harris(2002)[①],按照交易者对"盈利"的偏重程度,将交易者细分为实用交易者、逐利交易者和无效交易者。

8.2.1 实用交易者(utilitarian traders)

在哲学意义上,实用主义是指行为目标以最大化幸福感为准绳。对应到交易领域,实用者参与交易除了盈利目的以外还有其他目的:投资者和借贷者有投资和融资的需求,因此通过金融市场来实现资金跨时间的配置;现货交易者有购买和售出商品或者外汇现货的需求,可以通过市场实现手中现有资产与商品、外汇跨空间跨品种的交换;风险管理者顾名思义有管理风险的需求,通过市场上的金融工具特别是衍生品管理面临的风险敞口;赌博者则从市场交易本身当中就可获得乐趣。

8.2.1.1 投资者和借贷者

这里的投资者是指纯粹的投资者,是那些手中有闲置资金,希望通过资产配置实现资产保值增值的交易者。他们参与交易在本质上是为了把现在的资金投向未来。类似地,借贷者通过债券市场、回购市场进行交易也是为了将资金在现在和未来之间进行转移,比如企业发行债券融资,就是现在借入资金而在未来偿还,金融机构现在融出资金而希望在未来收回本金和利息。投资者和借贷者没有本质上的区别。

投资者和借贷者不仅仅限于民间个人、企业、金融机构,政府也有对现金流进行时间转移的需求。中央政府发行国债进行融资,用于各项开支,地方政府为了当地项目建设和经济发展也需要通过发行地方债或者地方融资平台从市场获得资金支持。这些投资者和借贷者在需要将资金从未来挪到现在的时候售出资产,在需要将资金从现在挪到未来的时候购入资产。

投资者和借贷者在决定选择何种资产进行交易的时候,通常会考虑资产的预期收益率、风险以及交易成本。风险与收益之间的关系在资产定价这样的金融学分支中大量讨论,在金融市场微结构领域我们关心的主要是交易成本问题。交易成本越低,则投资和借贷行为越活跃,交易者越容易实现资金的跨时间转移。在什么样的市场交易成本低? 流动性高的市场。因此,投资者和借贷者都喜欢高流动性的市场。

由于投资者和借贷者并没有额外的信息优势,他们对预期的回报率并没有太多的奢望。对他们而言,预期回报率等于无风险利率加风险溢价,即由于承担必要的风险而得到的市场回报。因此,尽管他们与所有其他交易者一样,希望得到的回报越高越好,但如果没有实现超额回报,他们也会毫无怨言。

8.2.1.2 现货交易者

全球最大的现货市场是商品市场和外汇市场。很多交易者的交易目的是获得某种商

---

① Larry Harris, *Trading and Exchanges: Market Microstructure for Practitioners*, Oxford University Press, 2002.

品或者某种货币。比如中石化是以原油为原材料的石油加工企业，它需要在现货市场采购原油以满足生产的需要。华为是一家业务遍布全球的跨国公司，日常经营活动中需要用到大量各种货币，因此在外汇市场进行交易以满足需求。

现货交易者同样希望在一个高流动性的市场中交易，因为这样他们才能够以低成本将现金或者其他资产以合理的价格换成所需要的商品或外汇。

8.2.1.3 风险管理者

政府、企业、个人、金融机构经常在生产、经营、投融资活动中面临各种各样的金融风险，包括价格波动风险、信用违约风险、法律法规风险、操作风险等。一个成熟的金融市场会提供多种风险管理工具，帮助投资者在市场上实现风险转移。

金融市场实现风险转移的功能一般通过三种方式：套期保值、保险和分散，本质上都是为了将未来的不确定性转化为确定性。这三种方式之间有重要区别，交易者可以根据不同的风险敞口和自身需要选择不同的工具。

套期保值是指交易者在现货市场上买进或卖出一定量的现货的同时，在期货市场卖出或买进与现货品种相同、数量相当，但方向相反的期货合约，以一个市场的盈利弥补另一个市场的亏损，以达到规避价格波动风险的目的。

用教科书里面的经典例子——种麦农民来说明。农民的风险敞口是未来小麦收割时的价格下跌。操作上，农民可以卖空小麦期货，比如 6 个月到期及期货价格为 100 元的合约。6 个月后小麦现货价格降到 90 元，农民以 100 元卖出。但如果 6 个月后小麦价格上升到 110 元，农民仍然必须以 100 元卖出，放弃了获得价格上升可能带来的收益。这就是卖出套期保值（sell-to-hedge）。

除了卖出套期保值，也可以做多期货或远期合约进行买入套期保值（buy-to-hedge）。比如中石化进口原油进行生产加工，面临的是未来原油价格上升的风险。为了规避风险，中石化可以买入原油期货进行套期保值。未来如果原油进口价格上升，中石化的期货多头头寸有盈利，可以抵消现货端成本增加的损失，达到锁定进口成本的目的。同样的道理，未来如果原油进口价格下降，中石化的期货多头端有损失，可以抵消现货端成本下降的收益，也达到了锁定进口成本的目的。

> 要弄清楚一个交易者是不是在套期保值，一般分三步进行：第一步，界定交易者的风险敞口在哪里；第二步，弄清交易者有没有通过交易降低风险敞口？第三步，弄清交易者在降低风险敞口的同时，有没有放弃可能的收益？第三步尤其关键，因为它是区别交易者是在进行套期保值还是进行保险的重要标准。套期保值的应有之义就是交易者为了达到锁定价格的目的而选择主动放弃未来价格变动可能带来的好处。比如上述种麦农民的例子，如果未来小麦价格上升了，农民本来可以获得更多的利润，但由于卖出期货提前锁定了价格，农民放弃了这部分利润。

金融期货的套期保值跟商品期货套期保值有所不同。生产厂商用对应的商品期货对冲了风险，锁定了价格，其盈利主要依靠经营利润。但是在金融市场上，投资者没有实体经营收入，如果用股指期货对冲了指数成分股一篮子股票中的系统性风险，那么他的收益就只剩下无风险利率。因此，在实际金融市场投资中，投资者一般用股指期货来对冲一篮子股票，注意不是一篮子成分股股票，这个对冲组合在对冲掉市场系统性风险之后仍然会保留一部分风险敞口，这部分风险敞口所带来的收益就是阿尔法超额收益。阿尔法策略投资者是股票的多头持有者，而且持有周期较长，如果有股指期货帮助管理价格下行风险，他们会是增强市场稳定的重要力量。

对于商品期货而言，套期保值锁定了未来的价格，在套期保值的过程中可能会出现浮盈和浮亏，但只要持有到期，价格是固定的。因此，这里并没有盈和亏的绝对概念。股指期货也类似，股指期货的套期保值主要是为了对冲系统性风险，这里同样没有盈和亏的概念。但是，无论商品期货还是股指期货，套期保值都是有成本的。这个成本是市场其他交易者向套期保值者提供风险管理服务所收取的费用，即市场风险溢价。但不能把成本看作亏损。

阿尔法策略投资除了套期保值部分，还有超额收益部分，如果超额收益不能覆盖套期保值的成本，那么整个策略组合就是亏的，因此阿尔法策略是有盈亏概念的。但这并不意味着套期保值的失败。

在第二章中我们讲过，保险跟套期保值的不同之处在于，交易者支付保险费之后可以保留未来价格变动带来的好处。最重要的金融保险工具就是期权。

分散也是有效的风险管理手段，但真正能够善用其原理的不多。假如某投资者有100万元资金，正在考虑是否投入一个研发项目，研发成功可以赚100万元，失败的话亏100万元，各有50%的概率。这意味着如果成功，总资金为200万元（100万元本金加100万元赚到的钱），如果失败，总资金为0，所以平均收益为100万元，标准差即风险也为100万元。但是，如果该投资者把100万元资金均分成两笔，分别投入两个独立的项目。假设这两个独立的项目也都是各有50%的概率成功，即如果成功可以赚50万元，如果失败则一无所有。那么可以计算出，此时有25%的概率总资金为200万元，50%的概率总资金为100万元，剩下25%的概率总资金为0，这样平均收益仍然为100万元，但是总资金的标准差即风险却降低为70.7万元即原先的约71%！这就是分散带来的风险管理优势。

类似地，在金融市场中投资交易也可以借助于分散来管理风险。举个例子，某投资者有100万元资金可以用于投资股票A和股票B。假如股票A和B的预期回报率和风险都一样，但两者价格走势呈现出零相关性甚至是负相关性，那么该投资者应当将资金分散投资在这两只股票上而不是将资金集中于其中某一只股票，因为从统计学上可以证明这样能够在不影响投资组合预期回报率的情况下有效降低投资组合的风险。

高频交易者其实就是遵循这样的道理，将资金拆解进行多次投资，这样虽然每次获利不多，但大大降低了风险，只要策略模型没问题，最终都可以从概率上跑赢市场。有时即便赢的概率不大，只要策略得当同样可以通过分散获得稳定盈利。比如策略的平均盈亏比是3，每次盈利能赚3元，亏损亏1元，那么即便策略只有40%的胜算，最终仍然会实现盈利。关键在于每次用不多的资金交易，然后交易多次，这就是分散的含义。

无论是套期保值、保险还是分散，交易者都希望风险管理的成本越低越好，障碍越少越好。因此,风险管理者也喜爱在流动性好的市场中交易。

8.2.1.4 赌博者

赌博者交易是为了娱乐,从交易中获得心理快感。日常常见的(类)赌博行为包括赛马、赌球、扑克牌、彩票等。金融市场上类似赌博的行为也不少,比如韩国期权市场上不少中老年人喜爱购买深度虚值看涨期权。这些期权由于行权概率较低,所以价格便宜,投资者购买它们是在赌未来合约期内标的资产价格会出现暴涨。再如市场上一些市值小、波动大、名义价格低的股票,也被一些投资者当作赌博的工具。这些股票投入资金少,但高波动、高风险,可能会给投资者带来高回报。

赌博者与接下来要讲的投机者有着根本区别。不管信息的来源是哪里,投机者总是依赖获得的信息对后市进行判断并交易,而赌博者并不是知情交易者,他们没有信息或者有信息但未对信息进行分析处理。市场上不少赌博者同时也是投资者、借贷者、风险管理者或者其他类型的交易者,但往往在操作中不知不觉地成为赌博者。

> 一个常见的赌博策略是双倍博弈,即每次输了以后就以前次双倍资金下注。假如某赌徒输了 1 块钱,那么下次就赌 2 块钱;如果再输了,就继续下注 4 块钱,依此类推。这样的策略下,只要有一次赌对,就可以把之前亏掉的本钱全部捞回来并有微利。然而,这样的策略应用到金融市场上却是十分危险的,因为金融交易往往是信用交易,当保证金不足或抵押资产价值不断缩水时,极有可能出现中途就被证券期货公司强行平仓的情况。

8.2.2 逐利交易者

与实用者不同,逐利者交易主要是为了盈利,通过买低卖高获取利润回报。逐利者包括投机者和交易商。

8.2.2.1 投机者(speculators)

说起投机,市场上很多人误解为这是一个贬义词,经常跟"破坏市场秩序""赚取昧心钱"这些相联系。其实在英文中,speculate 的本意是"思考,推测,预测",是指在掌握一定信息的基础上形成判断,是一个中性词。投机者就是指那些拥有信息并根据信息对未来价格走势作出判断的交易者。更多关于投机这个概念的讨论,请参见本章附录。

根据其所掌握信息的来源渠道,我们可以把投机者进一步细分为知情交易者、报单预期者和幌骗者。其中,后两种交易者所从事的都属于市场违规行为,进行这些交易的投资者也被称为"寄生交易者",因为他们违规获取市场上其他交易者的报单信息或者制造虚假信息诱导其他交易者报单,并从中获利。这种寄生性交易行为才是日常生活中所说的"投机"行为,应当予以明确禁止和惩处。

（1）知情交易者（informed traders）

知情交易者搜集和分析与标的资产相关的基本面信息并据此进行交易。当他们认为当前市场价格高于基本面价值的时候就卖出标的资产，当认为市场价格低于基本面价值的时候就买入标的资产。由于知情交易者是根据基本面信息进行交易的，因此他们的交易行为一般有利于市场价格趋于基本面，而其他交易者只是增加了市场价格中的噪音，金融学家将之称为非知情交易者或者噪音交易者（noise traders）。

知情交易者有时也会亏损，比如他对基本面价值的判断不准确，买入了自认为低估但实际上是高估的资产，或者卖出了自认为高估但实际上是低估的资产。即使他对基本面价值的判断是正确的，还是有可能亏损，比如市场价格并没有像预期那样趋向而是远离基本面价值。历史上很多著名的流氓交易员亏损案例都是这样发生的。通常情况下，这种价格与基本面价值的背离是短暂的，最终价格还是会回到基本面价值附近，但关键是如果这个过程足够长，那么交易者很可能因为交不起保证金或者其他原因而不得不强行平仓导致亏损。

通过合规渠道获得正确信息的知情交易者对保证市场质量很重要。当市场价格与基本面价值偏离过大的时候，这部分知情交易者就买入低估的资产或者卖出高估的资产，因此，他们的交易会驱使市场价格接近基本面价值，引导资金进行正确配置。但知情交易者的交易并不是为了提高市场有效性，而是获利。因此，知情交易者也偏好在流动性好的市场中进行交易，低成本以及便捷的交易可以帮助知情交易者快速建立仓位。这个过程越快越好，因为价格随时都有可能向基本面价值回归，所以，流动性好的市场对知情交易者有利。

如果掌握信息的知情交易者数量众多，那么他们之间的竞争就比较激烈。当价格偏离基本面价值一定程度后，谁建仓最快，谁最有可能获得利润。这时，知情交易者就采取比较积极的交易方式，比如采取市价申报，或者将限价申报中的限价设得更加主动。反之，如果掌握信息的知情交易者不多，那么交易者就可以从容等待最合适的机会，只要在其他交易者没有反应过来之前悄悄完成建仓就可以了。金融学家把这种交易策略叫作"隐秘交易"（stealth trading）。

根据基本面信息的获得渠道以及根据基本面信息进行交易的行为模式，知情交易者又可以进一步细分为价值交易者、新闻交易者、技术交易者和套利交易者。他们之间的主要区别是：价值交易者搜集和分析跟标的资产基本面相关的所有信息，并据此进行交易；新闻交易者主要根据新闻和新信息进行交易，追求速度；技术交易者依赖对标的资产价量关系的模式识别进行交易；而套利交易者比较两个或更多个资产之间的价格关系并进行跨市场或跨品种交易。

① 价值交易者（value traders）

价值交易者是我们日常所说的"真正的投资者"。他们会努力搜集一切跟基本面价值相关的信息，包括企业层面的，比如管理层构成、财务报表、账面现金流、营销成本、分销渠道、产品优势；国家和地方政府政策层面的，比如政府是否可能出台有关政策（如环境保护政策、战略性新兴产业政策）；国际层面的，比如国际贸易环境、地缘政治、美联储是否加息、美元升值还是贬值、美国总统大选；其他金融机构的研究分析报告，甚至市场上的一些谣言也是他们密切关注的对象。

为此,价值交易者会雇用一批专业人员如分析师、研究人员、经济学家、统计学家、计算机工程师、会计师、律师以及其他专业领域的专家。他们会亲自参与调研,去企业实地考察,与董事长、总经理、董秘、员工谈话了解情况,私访消费者、分销商等相关方,从而尽量掌握实际一手信息。在掌握了全面信息之后,价值交易者会借助于金融、统计、计量知识形成对资产基本面价值的判断。

价值投资并不是一件容易的事。如果分析师或者研究助手遗漏了一个重要的信息,那么他就很有可能高估或者低估资产的基本面价值。假如价值交易者不清楚这一点,投资亏损就不足为奇了。在成熟的市场中,获取信息方面的竞争十分激烈,各种高科技手段往往被率先运用到金融交易领域。比如美国有一家投资咨询公司,采用携带红外线热感摄像机的无人机去航拍原油仓库,通过空中热感扫描获取地面上原油库存的真实信息。在我国股票市场上也广泛流传着这样一个投资故事(未经证实):一家基金公司花钱雇用贵州茅台酒厂门口的看门师傅,请他每天记录下进出酒厂大门的卡车运载状况,据此判断茅台酒的真实销量。如果交易者拥有这样独一无二的信息,就可以迅速在市场上获利。也正是这样的竞争,使得股票市场能够迅速对新的信息冲击作出反应,提高了市场的价格有效性。

相比个人,金融机构具有更强的研究实力和更广的信息渠道,具有较明显的信息优势。但机构在股市、债市投资中也不乏"踩雷"的例子。2017年最大的"雷"是乐视网,在多次下调估值后,最低估值每股只剩3.9元,较乐视网停牌前的股价15.33元跌去了74.56%,相当于连续13个跌停板,较历史峰值则狂跌了91.28%。从公募基金当年三季报来看,在重仓股前10名中含有乐视网的就有21家基金管理公司,及各基金公司旗下的多只基金。可见,价值投资同样具有很大的风险。

价值交易者需要有很好的耐心和坚持。有时虽然当前的市场价格低于基本面价值,但由于其他种种原因价格迟迟不回归,市场上其他交易者的舆论和观点可能也与价值交易者的判断相左。如果没有足够的耐心和强大的自信,价值交易者很可能在价格最终回归之前就忍不住把资产出售了,从而失去了一次获利机会。

② 新闻交易者(news traders)

新闻交易者搜集新闻(新的信息)以形成对资产未来价格走势的判断,并据此进行交易。与价值交易者不同的是,新闻交易者并不试图对资产的基本面价值而只是对未来价格变化作出判断。他们也不会像价值交易者那样去搜集所有相关信息,因为他们认为这些信息都已经反映到当前的价格里了。他们关心和要搜寻的是"新"的信息。

也正由于新闻交易者不专注于分析资产的基本面价值,因此,他们对于新信息会在多大程度上造成价格变动并不十分清楚。除非新信息的来源非常独特,或者交易者对自己的分析能力特别自信,否则新闻交易者对新信息是否已经反映到当前价格里其实不是很确定。因此,新闻交易者相比价值投资者而言,会作出更多的误判。

此外,新闻交易者对未来价格变动的幅度也没有明确的判断,所以可能会在错误的时点入场买卖,导致交易少赚多赔。当市场价格变动尚未完全充分反映新信息时,新闻交易者就结束了交易,获利就没有本该获得的多。而价值交易者在这方面具有优势,他们清楚价格还会继续沿着同方向变化,所以能够充分利用信息带来的好处。反过来,当市场价格变动已经对新信息产生过度反应的时候，如果新闻交易者还没有了结仓位，那么就会回吐部分甚至全部利润。而价值交易者看到这种情况发生后，会转为反向交易，从而进一步扩大盈利。

由于新闻交易者依赖的是新的信息，因此，他们之间的竞争也很激烈，获取新信息的速度和交易速度（即是否能够快速买进卖出）成为盈利的关键要素。专业的新闻交易者一般都设有获取信息流的机器设备和技术人才。一些信息提供商也针对新闻交易者对速度的需求推出优化服务，比如美国市场上已经出现了一类新型信息传输和读取方法，将财经政治新闻直接以机器语言形式输入，交易者用电脑读取并用文本分析方式进行解读，由机器直接转化为交易信号。整个过程中不需要人的介入，大大提高了反应速度。随着这些新兴信息技术的逐渐普及，市场价格的有效性和信息效率将显著提高。这是金融科技对市场带来的积极影响。

有一类特殊的新闻交易者从企业管理人那里获得内部消息并据此进行交易，这种叫作"内幕交易"（inside trading），在绝大多数国家包括我国是明确禁止的。近年来，我国证券期货监管层加大了对内幕交易的查处力度，仅2016年就查处了55例，平均个案处罚金额达到700万元人民币。对此类违法违规交易行为保持高压态势是切实维护投资者利益的重要举措。

从监管的角度看，在实际操作中，内幕交易的认定存在一些技术细节和难度。比如，如何认定内幕消息形成的时间点及确定性？一个内幕消息通常伴随着交易的发生慢慢形成。如果消息仅仅在形成的初期发生，此时内幕交易者据此进行交易，而后期该消息又发生了变化甚至失效，那么交易者的获利来自于更新后的信息而不是原来的信息，这部分获利是否仍然属于"内幕"交易带来的不法收入呢？

再如，如何认定内幕信息的未公开性？举个例子，一个内幕信息是利好的，在该敏感信息尚未公开之前交易者就买入相关资产，但是后续该交易者在信息未公开前就卖出了相关资产，此时内幕信息对股价的影响尚未发生。这个又该如何判定呢？可以预见，未来内幕交易仍然是证券市场监管的难点之一。

③ 技术交易者（technical traders）

技术交易者分析资产历史走势的价量关系，试图识别出一定的模式并据此推测未来价格走势。这些模式大部分源自对其他交易者的系统性错误或者可预测行为方式的统计推断。市场上流行这样一个夸张的关于技术交易者的故事：每天开盘后直到收盘，技术交易者将自己锁在一个屋子里，没有电视、没有报纸、没有电脑，跟外界除了一张价格图表外别无其他任何联系，所有交易决策都取决于桌上的那张表。

如果价值交易者和新闻交易者总是有效地搜集、分析信息并据此进行交易，那么信息会充分、准确、快速地融入价格中，市场价格也就没有可预测性或者持续的模式。但是，如果价值交易者和新闻交易者在处理信息过程中犯了系统性的错误，或者由于心理因素产生了可识别的固定模式，那么价格就变成可预测的。此时，技术交易者就利用这些错误和心理偏差（对他们来讲这是信息）进行获利。由此可见，随着市场结构的逐渐完善和交易者的不断学习，这些错误只会越来越少。鉴于此，技术交易者的盈利不具有持续性，需要不断寻找新的统计模式，并更新交易策略，才能在市场竞争中生存。

④ 套利交易者（arbitrageurs）

套利交易者一般是利用跨市场、跨品种的相对价格之差进行交易。他们通过收集和分析历史资产价格之间的相关性，在这种相关性出现较大幅度偏差并且明显背离了资产基本面价值之间关联的时候，买入相对价格较低的资产，同时卖空相对价格较高的资产。当随后发现市场价格错误并进行调整，重新回归原有趋势的时候，套利交易者就可以从中获利。因此，这些交易者所利用的信息是相对价格和相对基本面价值信息，而上述价值交易者擅长的是利用绝对信息。

正如价值交易者，套利交易者的存在对市场正确定价有积极的作用。当资产价格之间出现较大偏离的时候，套利交易者进入市场，过低的资产价格由于套利者的买入而升高，过高的资产价格由于套利者的卖空而下降，这样他们的交易会促使市场价格向正常合理区间趋近。因此，套利交易者可以修复市场上不同资产价格的短期相对偏离，保持定价的相对合理性，扮演一个市场警察的角色。

反之，如果由于某些制度原因，当市场价格明显出现偏差的时候套利交易者不能参与市场，那么就会导致部分市场功能不能正常发挥。比如2015年股市异常波动期间，股指期货出现了巨大的贴水即负基差（期货价格低于现货指数）。因为套期保值交易者需要买入股票的同时卖空股指期货，因此负基差在当时意味着年化30%以上的套期保值成本。正常情况下，当出现较大负基差时，套利交易者就会买入期货，同时卖空股票，及时纠正负基差，从而降低套期保值成本。但当时融券业务受到一定阻碍，反向套利交易无法进行，因此负基差变成长期存在，期货套期保值的功能也未能充分发挥。

绝大多数套利交易不是无风险套利。无风险套利是指交易者在获取利润的过程中没有任何风险敞口。这种机会在市场中偶尔存在但极少，即便存在也会在极短的时间内被攫取而迅速消失。更多的套利其实是基于统计规律的交易，也称为统计套利。统计套利意味着交易者也面临一定的风险，比如价差没有回归而是继续扩大，但可以通过止损和对冲等风险管理手段进行控制。历史上有名的统计套利失败的例子包括美国的长期资本管理公司（LTCM），该公司的核心管理人员和交易人员都是业界、政界和学界知名人士，备受市场推崇和瞩目。LTCM在初期取得了骄人的业绩，但在后期全球市场上的套利交易中遇到"黑天鹅"事件，价差不但没有回归反而扩大，加上风险管理措施缺位，最终导致公司巨亏，最后由美联储出面请华尔街十几家金融机构进行收购。

套利交易者喜欢在交易成本低、流动性好、无交易阻碍的市场中进行交易。市场价格的偏差稍纵即逝，套利交易的利润空间较小，要求套利交易者在全市场范围内搜寻各种套利机会。有人形象地将套利交易比喻为"吸尘器"。套利交易的成功要诀与高频交易有些类似，都在于博概率，交易者并不能保证每笔套利都是赚钱的，而是希望在多次交易后平均利润为正。这就意味着套利交易者的交易频率通常比较高。因此，套利交易者希望市场的交易成本如买卖价差比较低，而且流动性要高。在高流动性的市场，比如较好的市场深度，套利者的报单不会对当前市场价格造成明显冲击和影响，否则将会大大降低策略的有效性，缩小盈利空间，甚至不赚反亏。套利交易者也不喜欢有交易阻碍的市场，比如严格限制卖空、没有风险管理工具的市场。为提高资金使用效率，套利交易者一般不会提前建立大的仓位，而是在买入某资产的同时卖空另一个资产。如果不能够卖空或者卖空成本很高，他们就不得不建仓,占用资金,降低资金使用效率和利润率,也加大了仓位的市场风险。如果市场中再没有提供风险管理的工具,那么套利交易的成本和收益就很难有保障了。

(2) 报单预期者(order anticipators)

报单预期者也是投机者中的一种,其一致特点表现为抢在市场其他交易者之前进行成交,主要包括:领先者(front runner)、情绪指标技术交易者(sentiment-oriented technical trader)以及囤积居奇者(squeezer)。

① 领先者

领先者试图获得其他交易者的报单信息,并在他们成交之前抢先成交。在过去实行人工叫喊模式的交易大厅里,领先者可以通过观察其他交易员的神色来判断报单的方向和大小,如今,随着证券期货交易的电子化普及,在境外市场如美国,领先者可以利用与交易所直连以及交易系统的速度优势窥视和推测其他交易者的报单并从中获利。在我国证券期货市场上,与世界上大多数市场一样,领先交易是非法的。

领先者还可以借助于以市价报单为主的主动型交易者或者大单交易者所创造的市场短期趋势来获利。市价报单通常会助涨助跌,形成短期市场趋势,领先者便可利用这一点在市价报单成交前交易,获得后续价格上涨或下跌带来的利润。大单交易者对市场价格的冲击通常也较大,会形成一段时间的价格趋势,因此也是领先者比较喜欢的操作对象。即便大单交易者将一个大单切成许多小单进行申报,领先者仍然可以先吃掉前面的小单,然后以更差的价格反报给大单交易者,从而降低大单交易者的经济福利。

还有一些领先者专门针对以限价报单为主的被动型交易者。领先者会抢先在被动型交易者之前以更优的价格成交,如果成交后市场价格往有利的方向移动,则有盈利,如果成交后市场价格没有往有利方向移动,则领先者反过来与被动型交易者的限价报单成交(如果该限价报单还没有撤销或者尚未与其他人成交的话),损失有限。比如交易者 A 刚刚提交了一笔限价为每股 20.01 元的买单,领先者抢先看到该报单后随即提交了一笔限价为 20.02 元的买单,并与进场的市价卖单成交。如果其后价格上涨至 20.04 元,则领先者可以每股获利 0.02 元;如果其后价格下跌,领先者则报出市价卖单以 20.01 元的价格与交易者 A 成交,每股亏损 0.01 元。该策略的要点在于,只要能与交易者 A 成交,领先者的亏损最多为每股 0.01 元,但其可能的盈利却是超过 0.01 元的。因此,领先者的未来收益呈现出一个类似认购期权的非线性结构。交易者 A 为领先者提供了一个免费的认购期权。如果没有领先者,交易者 A 本会与进场的市价卖单成交并获得其后由于价格上涨所带来的利润。

领先者不利于市场的信息效率以及流动性。如上所述,领先者的存在,会侵蚀市场上其他交易者的利润,长期内会将他们赶出市场。领先者也会抢先吃掉市场上的限价报单,但不提供新的报单,因此降低了市场流动性。

② 情绪指标技术交易者

情绪指标技术交易者试图预先判断其他交易者(通常是非知情交易者)将如何报单并据此提前进行交易。与领先者不同的是,情绪指标技术交易者是在其他交易者尚未发出报单指令之前进行交易。

从事情绪指标技术交易的交易者可以从很多渠道分析市场其他交易者的报单意图。比如通过分析散户对于重大政策的反应，预期到某项政策公布后散户会跟风买入，于是提前悄悄买进相关受益股票；掌握重大节点的市场规律如全国"两会"召开前后的历史市场走势；收集和分析各大网络论坛中发表的言论和股票搜索频率，结合近期市场价量关系，对市场情绪形成判断并据此进行交易；游资还可以通过强拉几个涨停板的手法吸引散户注意力并跟风买入，等价格涨到高位再抛出等。情绪指标技术交易者一般会选取那些备受非知情交易者关注的波动性大的、名义价格低的小盘股作为操作对象。

情绪指标技术交易者的竞争对手是价值投资者。价值投资者通常会在非知情交易者将价格推离基本面价值的时候进行反向操作，以使价格复归基本面。因为情绪指标技术交易者是在非知情交易者前面交易的，所以一旦价格由于价值投资者的介入而出现逆转，则情绪指标技术交易者将遭遇损失。所以一般而言，情绪指标技术交易者希望能够避开价值投资者，并选择那些基本面价值不清晰或者难以确定的资产进行交易。从另一个角度看，在一个缺乏价值投资理念的市场，情绪指标技术交易通常会比较盛行，因为里面没有它们的天敌。

情绪指标技术交易者抢先埋伏在非知情交易者的前进道路上，因此他们的交易会放大非知情交易对价格形成的冲击，使价格进一步偏离基本面价值，从而降低市场价格效率，同时也会增加非知情交易者的交易成本，降低他们所面临的市场流动性。

③ 囤积居奇者

囤积居奇者采用手段迫使其他市场参与者不得不进行买卖交易，从而达到盈利的目的。在我国解放初期，一些大城市如上海的旧社会资本家利用资金优势，悄悄大量买入棉花、面粉等紧缺物资，恶意抬高市价，然后以高价抛出赚取丰厚利润，即是囤积居奇者在商品市场中的典型例子。

在金融市场中道理类似，囤积居奇者通过控制多数股票或期货，掌握价格话语权，迫使对方放弃现有头寸，造成极大损失，也称为"逼多"或者"逼空"。19世纪60年代在美国华尔街发生的范德比尔特和古尔德围绕哈林铁路等发生的多次多空大战，以及港剧《大时代》中方进新与陈万贤对赌北极星公司股票都是这方面的经典案例。在全世界几乎所有市场，囤积居奇行为都是被明令禁止的，因为它们在本质上就是市场操纵，完全控制了市场价格的走向，对市场的秩序破坏极大，有损投资者利益。

> 囤积居奇有点类似于扑克游戏"拖拉机"中的"甩牌"手法。如果某玩家A能将某一个花色的剩余卡牌全部集齐，该玩家就可以将之全部甩出并得分；但如果在收集卡牌的过程中，该动机被其他玩家发现，其他玩家就会采取相应策略进行阻止，因此玩家A有可能功亏一篑，握着一堆卡牌却毫无用处。在金融市场上，囤积居奇者试图利用资金优势，尽量收集更多的筹码，以对交易的对手方形成压力，并最终迫使对手方放弃原先的头寸进行反向交易，造成亏损。比如《大时代》中的北极星之战中，方进新伙同其他同事秘密购入大量的北极星股票，迫使作为空方的陈万贤不得不以高价从方进新手中买入股票履行还券责任，最终破产。

囤积居奇者还有一种操作手法，就是故意吃掉止损单或止盈单，然后利用形成的价格趋势进行交易获利。比如现在市场上某只股票最新成交价为每股20元。某囤积居奇者A发现在19.50元附近有止损卖单，那么A可以通过融券卖出股票连续打压股价使其触发止损，价格在短期内会进一步下跌，此时A在较低新价买入还券并获利。又如某囤积居奇者B发现在20.30元附近有大量止盈买单，则B可以连续推高股价并触发止盈单，使价格进一步上扬，此时B可以卖出股票获利。可以看到，这也是一种市场操纵手法，属于非法行为。但是在实际查处中，要判定市场操纵非常困难。在上述两个例子中，交易者A和B完全可以声称自己仅仅根据市场行情判断买卖时点，对止损止盈单毫不知情。

（3）幌骗者（bluffers）

很多人玩过一个叫作"吹牛"或者"大话骰"（bluff dice）的游戏。这个游戏起源于我国港澳台地区，由于规则简单易懂，能够参与的玩家又多，所以非常流行。游戏规则是这样的：开始游戏时，各参加者需要摇骰，然后自己看骰盅里面的骰子，不让其他人看到。一位参加者喊出"X个Y"。下一位顺时针参加者喊出新的骰子数目和点数，其中：一是X必须大于或等于上一次叫喊的；二是如果X与上一位相同的话，Y的点数必须大于上一位；三是如果X大于上一位，Y的点数无须大于上一位。每一位玩家叫喊新的骰子数目和点数，直至有玩家表示"不信任"上一位叫骰者（名谓"开杀"），此时开盅清点所有玩家手中上一位玩家叫喊过的"Y点"的骰子（包括可作通用的"一点"）总数。如果Y点骰子的数目等于或大于上一位玩家叫喊过的X，即开杀玩家输，反之则赢。

从这个规则说明上看，游戏的关键在于每个玩家都试图通过公开叫喊，极力诱导别的玩家作出错误的判断，提高其被叫杀的可能性。这也是这个游戏叫作"吹牛"的原因。巧妙的是，如果自己乱喊太离谱了，也可能会弄巧成拙，反而使自己成为被叫杀的对象。

在金融交易领域，也有类似的玩家，叫作幌骗者，他们采取的策略叫作幌骗（bluffing）。这些交易者在市场上故意编造和散布谣言，比如在各大投资论坛张贴关于某个股票的所谓"深度消息"，诱导其他投资者跟风，而他们自己却偷偷提前建仓。有时候这些"消息"也是真实消息，但幌骗者会采用特别的表述方式来引导读者误解。由于建多头仓位的成本通常比卖空的成本更低，所以幌骗者一般采取多头建仓的策略。

幌骗者的策略对市场上的动量交易者最有迷惑性。动量交易者在资产价格上涨的时候买入，下跌的时候卖出。当幌骗者看到大量投资者跟风进入的时候，他们就明白自己的策略开始奏效了。

> 历史上比较有名的幌骗者包括罗斯切尔德家族的内森。彼时，滑铁卢战役刚刚结束，拿破仑战败的消息尚未传到伦敦金融市场。内森通过当时的金融科技——鸽子和舟船，从前线抢先获得了消息。当第二天开市内森来到交易所的时候，所有人的目光都紧紧盯住内森，看他是买还是卖。狡猾的内森十分清楚别人在关注他的一举一动，因此不动声色地卖出了英国的公债。其他人一看，立马跟着疯狂卖出，债券价格疯狂下跌。内森同时着人悄悄买入这些债券。随后，当滑铁卢战役的结果终于传到了交易所的时候，公债的价格开始扶摇直上，内森因而大赚了一笔。

跟游戏一样，牛皮吹太大了就可能有玩家叫杀。金融市场上，与幌骗者形成天然对手的就是价值投资者。价值投资者在详尽研究的基础上对标的资产价格形成了自己的判断，并以此作为投资的逻辑基础。如果幌骗者故意夸大或者贬低某个资产，价值投资者就会高度关注，并再次检查自己的逻辑是否合理。假如在检查之后，价值投资者仍然坚信自己是正确的，那么他们就基本判断出来有人在故意诱导市场。这时，价值投资者可以反向操作，对幌骗者叫杀，形成对垒。最终谁胜谁负取决于谁手中的资金更多。

幌骗者意识到自己可能遇到的风险，因此在选取标的资产的时候倍加小心。通常，他们会选取那些价值投资者不太可能关注的股票。比如流动性不好的股票，价值投资者可能会觉得成本太高而不去投资；又如公司基本面信息比较不透明或者难以获得的股票，价值投资者也不会去触碰；再如融券比较困难的股票。价值投资者要想与幌骗者对抗，得要有卖空的工具。如果股票难以获得融券的券源，那么价值投资者手里也就没有了武器。

从这个角度来看，一个成熟的金融市场应该有完备的卖空机制，这样才能有利于价值投资者的生存，通过价值投资者可以制衡散布谣言的恶意炒家，从而促使资产价格回归基本面。

除了编造谎言以外，还有一些幌骗者通过直接操纵市场价格如频繁报撤单（spoofing）来达到左右投资者判断的目的。当然，这个成本更高。在绝大多数金融市场中，幌骗都是违法的。对于编造和散布谎言一旦掌握证据基本能够坐实，但是价格操纵则往往是很隐蔽的，是市场监管的重点和难点之一。我国目前期货交易所对每日撤单次数设有限制，但交易者可以通过多账户的形式避开限制，此外，违法成本仍然偏低，不利于对幌骗行为的遏制。

> 2019年11月7日，美国司法部和商品期货交易委员会发布通告称，高频交易公司 Tower Research Capital 同意支付6749万美元，以了结关于其三名前交易员从事 spoofing 的指控，这是迄今为止美国监管机构对此类行为开出的最大罚单。这三名交易员曾数千次下单买卖期货合约，并在成交前取消这些订单，目的是通过挂单的方式影响价格，诱导其他投资者跟风买入（卖出）并伺机从中获利。

> 2019年11月22日，我国证监会发布了《关于〈期货交易管理条例〉第七十条第五项"其他操纵期货交易价格行为"的规定》，明确禁止虚假申报、蛊惑、"抢帽子"和挤仓四种操纵期货交易价格的行为。这里的虚假申报主要方式就是频繁报撤单，蛊惑和"抢帽子"就是幌骗，而挤仓就是囤积居奇。

8.2.2.2 交易商（dealers）

交易商包括做市商和大宗交易商（block trader）两种类型。其中，做市商主要通过买低卖高获取利润，但做市商通常是报出买入价和卖出价，等待其他交易者与之进行交易，因此是典型的被动交易者。大宗交易商主要是帮助具有大量买卖需求的客户安排交易，是典型的中间商角色。

(1) 做市商

做市商在不同的市场上可能有不同的名称，比如在美国期货市场上，做市商也被称作 day trader、scalper、locals 等，而在美国股票市场上，做市商被称作 specialist、dealer 等。在我国内地，无论是银行间债券市场、商品期货市场还是金融期权市场，都统一称作"做市商"，而在香港地区称为"庄家"，台湾地区称为"造市者"。

做市商的盈利来自于两方面：一方面，做市商通过连续双边报价赚取买卖价差，但这不是没有风险的。在市场买卖报单流较平衡的情况下，价差收入比较安稳；但当出现单边市场行情、报单流不平衡的时候，做市商往往不得不动用自有资金和库存进行买卖，此时往往面临着库存和资金的压力且风险加大。另外，做市商的对手方也经常可能是知情交易者，如果做市商不及时调整买卖报价，很有可能发生亏损。因此，做市商面临的风险主要是存货的价格波动和知情交易者带来的逆向选择风险。

假如某股票做市商 A 当前的申买价为 20.60 元，申卖价为 21.30 元。此时，交易者 B 进入市场与之成交，以 20.60 元卖给 A 共 5000 股，那么 A 接下来要将这 5000 股股票卖出，以使存货恢复平衡。如果此时市场传出关于该股票的不利消息，A 必须立刻下调申买价比如至 20.20 元，因为下一个卖家可能是知情交易者。同时 A 继续希望能够迅速卖出这些股票，所以下调申卖价至 20.90 元。此时交易者 C 进入市场与之成交，以 20.90 元买入 5000 股。那么，做市商 A 实现了价差利润 $0.30 \times 5000 = 1500$ 元。一般来讲，做市商赚取的价差要小于公开所报的价差。这个例子中，做市商 A 赚取的价差为 $20.90 - 20.60 = 0.30$ 元，而其报价的价差在两次交易中均为 0.70 元。

另一方面，做市商的盈利来源于交易所的佣金返还。为了鼓励做市商提供市场流动性，交易所有动机为做市商减免部分或全部佣金，甚至还有奖励。这样做市商可能以 6.01 元买入 1 万股，转手以 6.00 元卖出，每股亏损 0.01 元，但如果交易所有佣金返还，那么还是有利可图的。

做市商之间存在激烈的竞争，且这种竞争随着互联网等信息科技的发展而日益加剧。在类似美国等做市商扮演主要流动性提供者角色的证券期货市场上，买卖价差的收入由于竞争日益激烈而越来越少，做市商也逐渐被数家大机构如高盛、Citadel、Virtu 等垄断。

做市商为市场参与者提供交易的"即时性"，即通过双边报价（国外有些做市商可以单边报价）提供流动性。报价价差就是做市商提供流动性服务的回报。但当市场出现单边行情，做市商的存货大量累积时，做市商也可能会成为流动性的需求者，在市场发生剧烈波动的时候尤其如此。但是做市商此时与普通交易者一样，以申卖价买入，申买价卖出，赚取的价差为负。

更多的情形下，做市商通过主动调整报价来管理存货风险。当存货增多超过目标水平或者交易对手方为净卖出时，做市商可以调低报买价和报卖价。较低的报卖价可以更容易出货，而较低的报买价可以让对手方降低卖出成交的意愿，从而降低存货进一步增加的可能性。做市商还可以提高报卖量和降低报买量，从而减少存货。较高的报卖量可以鼓励对手方与之买入成交，较低的报买量则不鼓励对手方与之卖出成交。当存货减少低于目标水平或者交易对手方为净买入时，做市商可以提高报买价和报卖价。较高的报买价可以吸引更多交易者卖出手中的资产给做市商，而较高的报卖价可以让对手方降低买入成交的意愿。做市商还可以降低报卖量和提高报买量，从而增加存货。较高的报买量可以鼓励对手方与之成交，较低的报卖量则不鼓励对手方与之成交。当存货在目标水平附近时，做市商希望通过双边报价能够维持存货平衡，这意味着在当前的双边报价下买卖双方的成交意愿大致相当。如何确定这个双边报价对做市商就显得很重要，而这个确定价格的过程就是做市商的价格发现过程。

做市商也可以通过多资产来分散一部分存货风险。当存货中的资产类别足够多样的时候，未来资产价格的变动不一定会对存货整体头寸带来损失。一部分资产上的损失可能会被另一部分资产的盈利所抵消，因此这部分存货风险可以分散掉。而不能够通过多资产分散的存货风险主要来自于做市商的对手方——知情交易者。

假设某做市商 A 当前的报价为申买 30.50 元，申卖 30.85 元。知情交易者 B 预测未来资产价格会下降，将手中资产以 30.50 元卖给做市商 A。此后，资产价格果然下降，这意味着 A 的新入存货价值下降。同样，如果知情交易者 B 预测未来资产价格会上升，提前从做市商 A 手中以 30.85 元买入资产。此后，资产价格果然上升，这意味着 A 以后要付出更高的价格买入资产以平衡存货。因此，做市商与知情交易者进行交易平均而言是亏损的。这就是逆向选择风险。

做市商如何管理逆向选择风险？唯一的答案就是尽量识别出知情交易者并避免与其进行交易。但是如何识别对手方是一个难题。如果做市商的报价在资产的基本面价值附近，那么被吸引入场的大多数交易者应该是流动性提供者，即噪音交易者，而不是知情交易者。知情交易者只有在目前价格严重偏离基本面价值的时候才会发现交易机会。因此，做市商控制逆向选择风险的关键是尽量保持报价在基本面价值附近。做市商一般用申买价和申卖价覆盖住他所认定的基本面价值，这样知情交易者既没有动机买入，因为他不会以高于基本面价值的价格买入，也没有动机卖出，因为他不会以低于基本面价值的价格卖出。

不过，从当前交易中准确判断出资产的基本面价值为几何是一件十分困难的事情。聪明的做市商有时可以从报单的大小、成交价格以及委托的情况，结合新闻来推测基本面价值。比如一个大笔交易通常被认为是包含价格信息的，因此，如果市场上有人大笔申买或者买入成交，大概率说明这是知情信息，未来资产价格可能会上升。此时，做市商应该提高申买价和申卖价。提高申买价可以鼓励其他交易者将资产卖给做市商，而提高申卖价可以阻止知情交易者从做市商处买入更多资产。反之，如果市场上有人大笔申卖或者卖出成交，这很有可能是知情信息，未来资产价格可能会下降。此时，做市商应该降低申买价和申卖价。降低申卖价可以鼓励其他交易者从做市商处买入更多资产，而降低申买价可以阻止知情交易者卖出更多资产给做市商。

我国交易所对期货和期权做市商的权利和义务作了明确的规定，读者可以在各大交易所的官方网站找到具体的管理办法。这些管理办法之间差异不大，因此此处简要列举目前我国证券期货市场做市商的权利和义务，如表 8-1 所示。

表 8-1 做市商权利和义务

做市商权利	做市商义务	做市商义务豁免
1. 交易手续费减收 2. 可以根据履行做市义务需要，申请增加持仓额度 3. 做市商因做市交易产生的频繁报撤单行为不构成异常交易行为	1. 为投资者提供双边持续报价(上交所：主做市商必须提供双边持续报价，一般做市商可以不提供) 2. 应投资者询价提供双边回应报价(上交所：主做市商和一般做市商都必须提供双边回应报价)	1. 期货做市商：当市场出现单边市和在期货市场开盘集合竞价期间，可以申请免除报价义务 2. 期权做市商：期权合约开盘集合竞价期间，自动免除报价义务；标的期货合约价格出现单边市时，做市商可以不对当日相应月份所有期权合约报价；期权合约价格出现单边市时，做市商可以不对当日该期权合约报价；期权合约的价格低于协议约定标准时，做市商可以不对该期权合约报价；交易所规定的其他情形 此外，上交所和郑商所对期权做市商还有额外规定： 1. 上交所：当合约标的为股票的期权合约的交易价格小于 0.005 元，或者合约标的为交易所交易型开放式指数基金的期权合约的交易价格小于 0.001 元时，做市商可以暂停对该合约提供买入报价 2. 郑商所：虚值期权合约价格低于约定标准，自动免除做市义务

以上交易所关于做市商权利和义务的规定只是具有共性的一般条例，实践中很多时候做市商需要跟交易所单独签约，商定具体的权利和义务。交易所也定期对做市商是否完成指标进行严格考核，因此做市商之间的竞争比较激烈。除了上述权利外，一般而言，做市商与普通投资者相比还有以下两方面的不同：

第一，普通投资者有总持仓限额，但做市商的持仓限额是跟交易所单独签订协议的，且不受成交持仓比的限制，因此比普通投资者要灵活，也更宽松。这主要是因为做市商需要持有比普通投资者更多数量的仓位，以满足做市需要；

第二，由于做市商要承担多个合约的双边报价义务，业务上需要频繁报撤单，因此一般没有报撤单限制，而普通投资者有此限制。比如上交所和深交所的期权交易规则中规定 3 万笔报单以内不计撤单次数，超过 3 万笔的部分则按照 90% 比例进行控制，比如 4 万笔报单可以撤单 39000 笔。中金所的股指期权监管要求是普通投资者单日撤单不得超过 500 次。

(2) 大宗交易商

我们在第二章介绍过证券的大宗交易。大宗交易市场的规模呈现爆发式增长从 2008 年证监会发布《上市公司解除限售存量股份转让指导意见》开始，该意见规定："持有解除限售存量股份的股东预计未来一个月内公开出售解除限售存量股份的数量超过该公司股份总数 1% 的，应当通过证券交易所大宗交易系统转让所持股份。"这个政策使得持有大量股份的股东只能通过大宗交易来减持股份。尽管该文件在 2014 年后不再执行，但经 2015 年的股市异常波动后，证监会于 2016 年年初发布了《上市公司大股东、董监高减持股份的若干规定》，要求股东在 3 个月内通过集中竞价减持的总数不得超过总股本 1%，但未对大宗交易减持作出限定。因此，大宗交易仍然是股东减持的主要渠道。本节主要分析大宗交易商的作用以及我国金融市场上跟大宗交易相关的一些问题和现象。

由于大宗交易涉及的证券数量巨大，通过正常的二级市场交易不容易满足交易需求，且往往对市场价格冲击太大，导致交易成本太高。直接在二级市场交易大量股票也容易被其他市场参与者发现和利用，扩大交易损失。此外，从接盘方来讲，他们也担心信息不对称的问题，比如企业股东知道经营不善，业绩下滑，在正式公告出来之前会先卖出股份；反过来，如果预知业绩提升，股东会预先买入股份。

由于这些原因，大多数大宗交易发起方一般会寻求市场专业机构——大宗交易商（主要是证券公司等金融机构）的帮助，后者正是提供了这样的交易服务。好的大宗交易商会及时掌握企业股东的现状和需求，有时股东自身也不一定完全清楚要不要转让以及何时转让，此时交易商如果能够从旁给予提醒和建议，将激发出这种内在需求。有的大宗交易商是纯粹的经纪商，只是在买卖双方之间进行撮合；有的不但是中介，还可以做大宗交易的接盘方（即流动性提供方），实际上是经纪商与交易商的双重身份。

大宗交易商需要熟悉供需双方，并维护好与流动性需求方如企业股东和潜在接盘方的关系。信誉是大宗交易市场的核心。如果交易商做损害客户利益的事情，那么市场终会发现并予以惩罚。比如有客户询问能否帮助找到股票大宗的卖方，获知该信息后交易商判断该客户是业绩不错的私募基金，此时要买入这么多股票一定是掌握了重要利好信息，于是自己抢先买入该股票，导致价格上涨，客户的买入成本提高甚至客户放弃了买入计划。有时交易商自己不参与交易，但把信息泄露给市场第三方，这同样也是毁誉行为。类似地，如果交易商没有履行好职责，不熟悉客户，不掌握客户的信誉度，总是把具有信息优势或者不诚实的客户介绍给其他客户，导致其他客户利益受损，这样的交易商同样不会在市场上存活太久。因此，大宗交易商基本都跟大金融机构之间保持长期联系，并且业务合作不仅限于大宗交易业务，还包括其他业务如研究报告、投资顾问等，通过业务的交叉培养信誉度和信任感。

大宗交易信息披露的时点及内容对市场运行非常重要。交易所在每个交易日结束后通过官网公布成交申报信息，包括证券代码、证券简称、成交量、成交价格以及买卖双方所在会员证券营业部的名称。[①] 因此，从大宗交易成交信息中只能看到买卖双方的营业部地址，没有公开渠道可以查询到其真正身份。

按照交易所规定，大宗交易的成交价格除了盘后定价交易必须是当日收盘价或者全天交易量加权平均价格以外，通过协议交易的成交申报价格只需要在一定范围内即可。对于有价格涨跌幅限制的证券，成交申报价格只要在当日价格涨跌幅范围之内即可；对于无价格涨跌幅限制的证券，成交申报价格应在前收盘价的上下 30% 或当日已成交最高价和最低价之间。因

---

① 在美国证券市场上，为了避免大宗交易对二级市场的冲击，一些大宗交易在二级市场外通过协议方式进行。但也有一些大宗交易申报是在二级市场上进行的，此时，大宗交易商必须披露这些申报，以确保所有申报包括大宗交易申报信息都公之于众。此外，为了在大宗交易商以及其他交易者之间取得平衡，照顾到双方的利益，美国交易所一般设有数量优先原则，即如果单笔申报超过 25000 股，就可以打破时间优先原则，插队排到其他同价格的报单队列前。

此,大宗交易的成交价格可能高于或者低于前日收盘价,这个差异用折价率来衡量。折价率即大宗交易当日成交价格与该证券前日收盘价之差的比重。比如某证券前日收盘价为100元,今日某笔大宗交易成交价为90元,则折价率为10%。

一般来讲,大宗交易以折价成交居多,约占大宗交易总成交额的60%—90%。这一方面是因为通常很难找到受让方,因此,受让方有更多的议价空间;另一方面是因为受让方如果还需在二级市场上买卖证券套利,将面临市场价格风险和流动性风险,出让方需要提供更多的折扣来吸引其接盘。此外,市场参与者还可以用高折价的方式来避税。大宗交易折价越高,避税越多,再由接盘方将避税所得部分现金返还给减持的股东。举例来说,[①]假设某上市公司股东要解禁1000万股股票,其持股成本为5元,T日收盘价为10元,该股东通过大宗交易平台以9.7元的价格转让给某机构,需缴纳个人所得税$(9.7-5) \times 1000 \times 20\%$ =940万元。但如果该股东以9折的价格转让,则缴纳税额只有$(9-5) \times 1000 \times 20\% = 800$万元,实现避税140万元。另外,折扣后的价格由9.7元降为9元,机构少支付了成本700万元,如何分配这700万元由双方协商,机构可以用现金方式支付给减持股东。

但是,溢价的情况也会出现。一个可能的原因是买方掌握了股票的利好消息,担心夜长梦多,且由于计划买入量较大,来不及搜集足够多的筹码,故而不惜以溢价方式通过大宗交易成交;另一个可能的原因是希望获得上市公司的控制权,需通过大宗的方式尽快增持;还有可能是大股东因为股权质押需要补充质押股数,因而不惜以溢价购买股票;也有可能是大股东通过大宗交易溢价卖出股票,同时私下签订保底回购合约,这就使大宗交易变成了一种融资手段,溢价就是大股东支付的利息。

> 少数市场参与者利用大宗交易先低价吸筹,然后再违规拉高股价出售获利。以徐翔案为例。2014年9月23日,美邦服饰控股股东上海华服投资公告称,将在未来6个月内,通过大宗交易减持部分股票。3天后,美邦服饰发生4笔大宗交易,光大证券宁波解放南路营业部等4家"徐翔概念"营业部,通过大宗交易承接了5055万股美邦服饰股票,成交价为每股9.72元,而当天美邦服饰收盘价为10.83元/股,折价约10%。事后得知买入方为徐翔旗下的泽熙1期、泽熙2期。
>
> 随后,美邦服饰公告称,将参与筹建上海华瑞银行,并持有华瑞银行15%的股权。受徐翔大笔买入和筹建华瑞银行的利好影响,周一(9月29日)开盘后,美邦服饰股价涨幅超8%。泽熙两只基金立即以每股10.72元和11.26元的价格全部抛出,获利5700万元。
>
> 当天收盘后,美邦服饰再现5055万股的大宗减持,泽熙6期故伎重演,以9.82元的价格承接减持股票,相比当天11.53元/股的收盘价,折价接近15%。6个月后,泽熙6期以每股17.66元的均价在集中竞价阶段清仓所有美邦服饰股票,账面获利预估高达3.96亿元。

---

① 本例及后面的徐翔案例来自于《证券市场周刊·红周刊》2016年刊发的《揭秘大宗交易平台中的"坐庄"内幕》一文。

(3) 大宗交易与股东减持

我国大宗交易的出让方主体是上市公司的原始股东或通过定增渠道持股的股东,因而,大宗交易与股东减持之间有着紧密联系。股东减持分为集中竞价、大宗交易和协议转让三种方式。大宗交易与协议转让是有区别的:首先,协议转让需要证券交易所有关部门审批,而大宗交易无须审批;其次,协议转让价格更加灵活,可以是收盘价,也可以是前几个交易日平均价;最后,大宗交易持股时间一般较短,以获取短期价差为主,而协议转让可能是以长期持股居多,看好公司未来发展,或准备对公司进行适当管理整合。自证监会 2017 年发布减持新规以来,大部分减持通过大宗交易方式完成,其余少量在二级市场通过集合竞价完成,极少有协议转让形式。

> 2019 年 8 月 14 日,上市公司药明康德 7 名发起人股东公布减持不超过 10.74% 的股份,拟套现市值高达 123.64 亿元。此前在 5 月份药明康德首发股份解禁时这 7 位股东已经减持套现约 66 亿元,当时股价下跌 8.68%。发起人股东频繁减持,市场容易将其解读为股东不看好公司未来业绩,从而导致股价承压。

股东减持在我国一直是一个颇具争议的话题,投资者对"上市即减""解禁即减""高位套现""割韭菜"等现象十分敏感。2017 年 5 月 27 日,证监会出台了减持新规(简称"527 新规"),进一步修改和完善了减持规定。该规定扩大了适用范围,将除大股东以外的其他股东减持公司 IPO 前股份、上市公司非公开发行股份均纳入监管,明确了减持上市公司非公开发行股份的,在解禁后 12 个月内不得超过其持股量的 50%;通过大宗交易减持股份,在任意连续 90 个自然日内,数量不得超过公司股份总数的 2%(这意味着一年内最多可以减持 8%),且受让方须遵守 6 个月禁止转让限制;通过协议转让方式减持股份导致丧失大股东身份的,出让方和受让方应当在 6 个月内继续遵守减持比例和信息披露要求,等等。新规还进一步加强了事前、事中和事后的信息披露要求,提高了对违规减持行为的处罚力度。

527 新规在很大程度上改变了大宗交易者的行为。由于在 6 个月内不能进行转售,受让方面临较大的市场价格风险,如果跌破大宗接盘价就会出现浮亏被套。为了弥补承担这部分风险带来的损失,受让方会要求减持方给更大的折扣。也有大宗交易商开始试水"买入转售"模式,先将减持资金中的一部分打给减持方,剩下的资金等 6 个月后将过了锁定期的股票卖出之后,连同价差盈利(也可能是亏损)一起划拨给减持方,多退少补,相当于实现了风险共担。

527 新规在市场低迷时期对于降低减持对市场价格的冲击和提振投资者信心起到了积极的作用。但减持本身是中性的,在合规的前提下,股东的确有减持的权利。尤其是产业资本(风投、私募股权等)在项目结束后需要及时退出,否则就拉长了投资周期,增加了投资风险,不利于资金入市和资本形成。此外,从市场整体和长期表现客观来看,股东减持与股价之间并不存在实质性影响,更多的是投资者心理因素导致的短期冲击。从风险的角度看,股东不能变现也可能会加剧股票质押风险等。因此,监管者需要在投资者利益保护和股东合规行使减持权利两方面保持一定的平衡,结合市场环境的变化收紧或放宽股东减持规定,关键在于要切实加强信息披露和大幅提高违规减持的成本及处罚力度。

8.2.3 无效交易者(futile traders)

无效交易者缺乏必要的专业知识和技能,对市场了解不足,也没有充分的信息渠道,因此平均而言是亏损的。典型的无效交易者以为自己掌握了别人没有的信息,并据此进行交易,但其实这些信息是过时的无用信息,要么早已经反映在价格里面了,要么对价格不会产生影响。还有些无效交易者对市场走势没有自己的判断,容易听信别人的建议,但别人并不需要为此担负责任,因此这些建议往往不可靠。当前,我国证券期货市场上有大量的个人投资者,相当一部分属于无效交易者,在与更具投资经验、资源更丰富、能力更强的交易者角力过程中往往会遭遇亏损。

8.3 按照是否拥有有用信息划分

除了以上分类方法,还可以根据交易者是否拥有有用信息将交易者笼统地区分为知情交易者和非知情交易者。何谓"有用"信息? 就是那些没有反映到当前市场价格中的信息。有些交易者看起来获取了一些"新"信息,但其实都是已经市场消化吸收过的"旧"信息,那么这些交易者仍然是非知情交易者。在上面的分类中,相当一部分逐利者(价值交易者、新闻交易者、技术交易者、套利交易者)属于知情交易者,而其他逐利者(报单预期者、幌骗者)、风险管理者、现货交易者、赌博者和无效交易者都属于非知情交易者。

韩乾和洪永淼(2015)[①]利用上海证券交易所提供的部分零售和全部机构的交易数据,发现相当一部分零售交易者缺乏对新闻的敏感性,对国家推出战略性新兴产业的前期新闻报道充耳不闻,或者看到了也没有转化为股市上的实际操作,而机构交易者凭借敏锐的嗅觉和专业的分析能力,在早期就逐渐建仓。在国务院正式宣布的当日,零售交易者方才注意到这则"过时新闻",开始大量买入相关标的股票,而机构交易者趁机抛售并获利离场。在这个案例中,相当一部分机构交易者是知情交易者,而零售交易者虽然看到了新闻和信息,但没有足够的敏感性和分析能力,所以是非知情交易者。

8.4 按照交易频率划分

按照交易者的交易频率,可以将交易者分为头寸交易者(postion trader)、摇摆交易者(swing trader)、日交易者(day trader)和微利交易者(scalp trader)四种。

头寸交易者一般每年交易不超过三次,持仓时间较长,从几个月到一年不等。这些交易者通常结合了价值投资和技术分析,根据周度、月度历史价格信息判断买卖时机,不太关

[①] 韩乾、洪永淼:《国家产业政策、资产价格与投资者行为》,载《经济研究》2014 年第 12 期。

心短期内价格的波动,每周只需要投入几个小时确定和建立仓位。

摇摆交易者每年交易在 25 次以上甚至数百次,持仓时间为几天,一般不超过一周,主要获取价格短期内波动带来的利润。这些交易者每天需要投入 2 个小时以上进行技术分析,并决定是否需要调仓。与头寸交易者不同的是,摇摆交易者较少关注标的资产的基本面价值,更多关心短期内价格的波动。

日交易者每年交易数百次甚至数千次以上,持仓时间较短,头寸一般都在当日闭市前平仓了结,不持仓过夜。他们的交易频率高,通过技术分析寻找日内价格波动的机会,所以使用的数据都是高频的,比如分钟、秒甚至逐笔委托。日度交易是一个费心费神的工作,所以需要全职盯盘。

微利交易者顾名思义每次交易只赚取很少一笔钱,因此其每日交易频率很高以保持利润水平。微利交易者一般每日交易几十次甚至几百次,持仓时间也很短,在几秒钟到几分钟之间。因此,微利交易者需要每天都集中精力,聚焦于交易,以达到一定的速度和频率,保障盈利。当然在现代市场中,很多交易都已经借助于计算机程序来自动实现,交易频率达到毫秒、微秒甚至更高级别。程序化交易和高频交易将在第十三章专门介绍。

附录:何谓"投机"?

"投机"这个词既熟悉又陌生,我们经常用它但却又无法给它下一个确切的定义。证券期货方面的投资法律法规包括《证券法》中均难觅"投机"一词的踪影。然而,日常交谈与新闻报道中经常看到这个词,并且人们在使用它的时候一般都带有贬义。比如茅盾在《子夜》中这样写道:"华商证券交易所投机的人们就是谣言的轻信者,同时也是谣言的制造者和传播者。"周而复在《上海的早晨》中写道:"朱延年老是做投机买卖,又没有本事,最后蚀光拉倒。"

根据《现代汉语词典》,"投机"一词有布置机关(见《吴子·料敌》《复安南碑》)、两相契合(即话语投机之义)和切中时机(见《新唐书·屈突通传》、宋洪迈《容斋三笔·片言解祸》)等多种解释。"投机"对应的英文单词是"speculate",根据牛津词典,speculate 最初的意思是:推测,思考,猜测,推断。事实上,"spec-"这个词根的含义就是"看、观察",比如 spectacles(眼镜),inspect(调查)。

可见,无论中外,"投机"一词最初都是中性的,只是随着经济金融市场的发展以及金融产品的出现和经济活动范围的扩大,才渐渐与市场买卖相挂钩。然而,即便将范围缩小到交易层面,这个词的定义仍然是五花八门,莫衷一是。比如,《简明西方经济学辞典》中这样定义"投机":

> (投机是)在商业或者金融交易中,甘冒风险企图获取特殊利润的行为。通常用于期望从价格变化中获利的证券、商品和外汇买卖活动中。

凯恩斯认为:

> 凡是基于市场心理活动作出估计的经济活动都是投机。

经济学泰斗萨缪尔森则说:

> 投机者从盈利目的出发先买进或卖出某商品,然后再将其卖出或买入……这些投机者对使用这些商品或用它们制造什么东西并不关心,他们只是想买低卖高。

投资大师格雷汉姆在《聪明的投资者》一书中将"投机"与"投资"相比较,认为:

> 投资是指根据详尽的分析,本金安全和满意回报有保证的操作。不符合这一标准的操作就是投机。

由上可见,尽管"投机"行为看起来有一些共同的关键词如"风险""获利""预期价格变动"等,判断一个经济或金融交易行为是否为"投机"其实并没有一个统一的标准。虽然暂时还无法找到普遍认可的标准,但是我们至少比较有把握排除掉一些可能的备选项。这些备选项很多在有意无意间被市井百姓、专业人士甚至监管部门使用,但我们可以依据其是否具有实际可操作性以及是否符合人们的普遍经验加以排除。

(一) 不能以交易次数来判断

萨缪尔森的定义中隐含地认为频繁买卖就是投机。部分学者也经常使用换手率作为投机的衡量指标,将我国股票市场上的高换手率解释为投机气氛过浓。然而,这个标准的硬伤在于:多频繁才算是投机?日交易次数超过3次、5次,还是50次?如今,美国股票市场上约60%以上的交易量都是高频交易贡献的,但似乎没有人认为美股是一个投机市场。反之,交易次数少也不一定就不是投机。我国股票市场中有一些游资,每天交易次数并不多,但它们对市场秩序的破坏、对其他交易者造成的利益损失却有目共睹。再如,股票被套牢又舍不得抛出,一直捂着两年,等待反弹的机会,这样的行为是不是投机呢?

(二) 不能以交易标的来判断

早期的国外市场和现在的我国市场都认为交易债券、基金就是投资,而交易股票和衍生品如期货、期权就是投机。对此,格雷汉姆早就一针见血地指出:

> 如果认为所有债券都具有内在的,可作为投资工具的优势的话,那将是非常危险的。一张安全性低下的债券不仅是彻头彻尾的投机工具,而且还是毫无吸引力可言的投机工具。从另一个角度来看,如果仅仅因为一支安全性很高的普通股具有获取利润的可能,就把它归入投机一类,在逻辑上也是讲不通的。即使是公众舆论也承认这样一个事实,某些特别优秀的普通股是理想的投资工具,而购买此类股票的人士也属于投资者的范畴。
>
> 价格自始至终都是基本的影响因素,所以一只股票(甚至是张债券)在某一价位上可以说是投资工具,而在另一个价位上又变成了投机工具。

相较股票,国内外对于期货、期权等衍生品是投机工具的指责更是不绝于耳。尽管关于"投机"的争论早于衍生品的出现很多年,但因为衍生品具有杠杆性质,很多人又习惯将投机与高风险联系起来,所以衍生品一经问世便被贴上了"投机"的标签。

然而,衍生品交易看起来并没有让市场变得不稳定。相反,不管是国内还是国外的学术研究,基本都一致认为,衍生品交易有利于促进市场的稳定,降低波动,提高流动性和信息效率等。衍生品具有套期保值的风险对冲功能,可以帮助交易者管理市场价格风险。套保者的主要交易目的不是"预期未来价格变动,通过买低卖高获取利润",而是锁定资产未来价格,去掉不必要承担的风险。这些都说明衍生品交易与"投机"之间的关系并没有那么绝对和清晰,说衍生品交易就是投机显然过于武断了。

从历史上看,股票其实也经历了类似的阶段。英国"南海泡沫"的破灭让很多英国人指责股票就是投机工具,这个指责让英国的股票发行停滞了约100年。然而今天,全世界绝大部分市场都已经坦然接受了股票作为投资工具这一理念。衍生品所面临的指责与股票所经历过的如出一辙,那么也有理由相信,在不远的将来,随着人们对金融衍生品工具的认识越来越深入,这样的误解也会烟消云散。

(三) 不能以是否加杠杆来判断

加杠杆并不总是意味着高风险,有时候则是反过来,不加杠杆才是高风险。一个交易行为是不是高风险,关键在于这个行为策略本身的风险特质,而不是有没有加杠杆。当然,杠杆可以放大收益和损失,从这个角度看确实是提高了风险。然而,如果这个策略本身风险就很低甚至几乎没有风险呢?举一个例子,如果你有1000元钱,然后把这全部1000元都拿来买了某只股票或者某种其他资产,那么一旦市场价格大幅下跌,你的亏损可能就很大。但是,如果你再借入1000元钱(加杠杆),将这2000元钱分成40份,买了一篮子股票,这个组合的整体风险就大大降低。那么,这两种策略,哪个风险更大呢?

格雷汉姆表达过类似的观点:

> 足额购买股票本身并不足以使该笔交易成为一项投资活动。事实上,大多数最具投机性的股票正是要足额购买的,因为没有人肯把钱借出去用于这种目的。相反,在战时,美国大众被鼓励去借钱购买战时公债,这些购买者的投资者身份也从来没有受到过怀疑。如果在金融市场的实践中遵循某种严格的逻辑这是一个几乎不可能的假设,那么通常的做法将被倒转过来:安全的证券(投资)才更适合使用保证金交易,而高风险的证券(投机)应该足额缴款购买。

换个角度来看,企业发展要融资,融资既包括债务融资,也包括股权融资。债务融资与股权融资的比例就是企业的杠杆。这样股债兼备的资本结构在全世界企业中比比皆是,但似乎谁也没有说办实业就是投机的经济行为。那么,为什么股票融资交易就一定是投机呢?因此,不能简单地将杠杆与投机等同起来。

(四) 不能以交易者类别来判断

有一种流行的观点认为,个人投资者主要以投机为主,机构投资者以投资为主。这个观点之所以深入人心,是因为看上去散户的交易频率更高,也存在一些较明显的行为心理偏差,比如跟风和损失厌恶等。而机构看上去具有较强的研究分析能力,金融素养较高,因此主观上给人一种以投资为主的印象。这确实有一定道理。

然而,这种观点太绝对。事实上,从比例来看,证券期货市场中机构投资者由于交易行为违规受到处罚的比例并不低,反而是散户违规操作的比例极低。从对市场的影响来看,虽然散户的总体交易量占到一半左右,但其市场影响力远远不及机构。此外,也有很多学术研究表明,机构投资者的行为一样存在羊群效应、追涨杀跌等现象。最后,同一个人可以在某个时点某个价位上是投资,而在另一个时点另一个价位上是投机。并不能说散户永远都是投机,机构永远都是投资。

(五) 不能以做多做空来判断

做空机制是一个成熟市场必须具备的关键前提。在一个只能做多而不能做空的市场,不可能真正做到市场有效,这不利于市场稳定,容易造成暴涨暴跌。做空包括融券和衍生品等工具,它是双边交易机制的一部分,与做多是一枚硬币的两面,应当同等对待。

做多或做空并不能成为判断投资还是投机的标准,因为做多可能是投机,而做空也有可能是对冲。如果交易者有现货多头头寸,需要对冲市场价格下跌的风险,那么他就会融券或者通过期货期权产品来做空,以锁定未来价格,去除不必要的风险。这样的行为显然不是投机。

(六) 不能以套保/套利/投机的三分法来判断

还有一些市场操作以套保/套利/投机的三分法来对投机行为进行判断:如果一个交易行为既不是套保,也不是套利,那么它就只能是投机。从理论上讲,这有一定的道理。套保是指交易者降低组合的风险敞口的行为,而投机是指交易者主动增加组合的风险敞口的行为。套保与投机之间的差异看起来一清二楚。

然而在实际操作中应用这个标准是十分困难的,如果不是完全不可行的话。这是因为判断交易者的资产组合风险敞口是增加了还是降低了往往很难,也很主观,而且在任何时候,市场参与者都可能既参与投机,也参与套保活动;还有可能参与者开始做套保,后面又变成了投机。更不用说在实际市场上,有些交易者利用制度漏洞申请套保套利额度,但从事的是投机交易。

(七) 不能以实体还是金融二分法来判断

凯恩斯主义对金融市场与实体经济作出了泾渭分明的划分。金融从属于实体,也服务于实体。但是,实体的生产投资决定也会伴以择时——是现在投资还是等待时机——因此,即便是看起来一清二白的生产活动,也要在一定程度上揣测市场时机,判断市场趋势,进而从中获利。这跟金融市场上的所谓"投机"行为区别何在?

第九章 什么是好的市场?

每个人都不会否认金融市场包括股票市场要对实体经济的发展起积极作用。但是这个作用到底是什么,仅仅是提供资金吗?这些作用通过什么渠道或途径来实现?到底什么样的金融市场算是好的市场?对于这些问题的回答恐怕就不是每个人都清楚了。本章先从一些具有代表性的认识误区开始,讨论以上问题,然后介绍市场有效性的定义和度量方法,最后对如何建设好的资本市场提出一些建议。因此,本章内容更适合监管者以及高校和研究机构的市场观察者、研究者使用。上市公司管理者和股东也可以从中加深对二级市场运行质量与企业治理之间关系的理解。

9.1 典型认识误区

9.1.1 股票市场的首要功能是融资?

这个恐怕是大众对股票市场与实体经济之间关系最深的认识误区。的确,美国股票的诞生与修建铁路需要大量资金支持密切相关,"中华民国"初期北洋政府开办的证券交易所是为了给政府解决财政赤字问题,中华人民共和国成立后股市的最初考量也是为了给国有企业融措资金,因此不少人认为股票市场的发展就是为了给实体企业融资。但是这个观点混淆了"股票发行"与"股票上市"的概念。在没有股票"市场"的时候,政府或者企业也可以通过股票融资。"中华民国"时期云南腾冲当地村民通过股份集资修建道路,但是当时并没有股权转让的市场。同样,现代企业发行股票即完成了融资。

那么,为什么需要股票"市场"?市场起什么作用?事实上,股票市场跟其他市场一样,其核心功能就像淘宝所起到的作用一样,提供一个集中交易的场所,把买方和卖方集中起来进行交易,通过制定交易规则包括报价系统、风控系统、清结算系统、用户反馈系统等,提高交易效率,降低买卖双方的搜寻成本和交易成本。建立一个股票"市场"的首要目的并不是融资,而是让股票在不同的投资者之间流通起来。只有流通顺畅了,股权才能在不同的投资人之间自由流转,没有退不出的担忧,投资人才愿意提供资金;反之,如果流通不顺畅,股东投资不能自由及时地退出,实现利润,那么从一开始股东就不会愿意进行投资活动。从发行股票看,如果没有一个定价合理、流动性良好的二级市场,企业也没有办法顺利地发行上市和增发股票。所以,企业融资应当是市场发展水到渠成的结果,而不是出发点。

> 我国 20 世纪 80 年代发行的国库券是说明二级市场重要性的一个很好的例子。刚开始,国库券没有一个二级市场,买的人无法在需要资金的时候转让出去,因此,老百姓购买国库券的积极性普遍不高,很多单位需要以行政命令摊派给职工。尽管如此,大家还是不情愿购买国库券,以至于产生了黑市。黑市里国库券的价格大打折扣,因为大家都想把国库券脱手换取现金。这种现象直到后来建立了国库券的二级市场才逐渐消失。

市场的第二个主要功能是发挥价格信号的资源最优配置功能。一个好的股票市场应当是一个高效的交易市场,能够很快体现企业基本面信息并充分准确地反映到股票价格,从而引导资本流向,将资本配置到最能利用好这些资本的企业,并通过价格信号指引企业的未来投资方向。

但是资本资源的最优配置与企业融资仍然不是一个概念,有时甚至还有冲突。资本的最优配置要求资本能够根据市场价格的指引自动流向能够实现资本收益最大化的企业,而不是所有的企业、错配的企业。如果因为股票价格信号错误导致资本流向错误的行业和企业,那么,这样的企业融资只会使实体经济发展走入歧途。这是市场经济的核心要义。[①] 而企业融资的目标是为企业融得更多的资金,并不关心资产价格与基本面价值之间的关系。只有认清这两者之间的区别,才能真正建设好股票市场。

9.1.2 实体企业发展跟市场流动性无关?

有人可能会问市场流动性要不要那么好?一个股票的价格是在 2 秒内反映新信息,还是在 20 分钟内反映出来,对于实体经济有多大影响?企业在依据价格信号作长期投资决策的时候,并不需要像一个交易员那样频繁地关注市场价格每分钟的涨落,既然这样,提高市场流动性意义何在?

对于这样的认识误区,首先,要理解一点,交易速度的快慢从根本上取决于市场发展的自然进程。随着市场竞争日益激烈和信息技术的进步,交易者对交易速度的需求也自然而然地水涨船高。当众多交易者同时发现获利机会时,谁抢先一秒谁就拿到了利润,而剩下的交易者能获得的盈利所剩无几或者一无所获。市场上的机会总是稍纵即逝,日益增长的交易速度需求迫使交易者、金融中介和交易所更新交易系统,提高系统处理报单的容量和速度,信息反映到市场价格中去的速度自然而然就提高了。

其次,企业作投资决策的基本根据之一是企业的权益成本(cost of equity,或者从投资者的角度称为收益率要求,required rate of return)。而投资者的收益率要求是跟市场流动性息息相关的。假设现在有 A 和 B 两种资产,其他方面都一模一样,唯一的区别在于 A 资产比 B 资产更容易买卖,那么这两个资产的价格会一样吗?哪个资产的收益率更高?显然,流动性差的 B 资产相对而言不会受到交易者的青睐,价格会更低,因此必须提供更高的

---

① 强调市场经济或资本收益最大化并不排斥政府在经济发展和资本资源配置中也会发挥作用。

收益率才能补偿交易者损失,吸引投资者买卖。投资者对资产的收益率要求变高了,从企业的角度看就是权益成本高了。权益成本高了,企业对潜在项目的估值就低了,就可能会放弃很多好项目,失去很多机会,不利于实体经济的发展;反之,在流动性好的市场中,权益成本低了,企业对项目的估值高了,就可能决定投资更多的项目,从而促进实体经济的发展。[①]

再次,已有大量学术研究发现,流动性的好坏不但会影响企业的权益成本、新股发行价格、新股发行数量和发行方式等,还会影响企业的杠杆率和资本结构。更重要的是,流动性还跟金融危机密切相关,近年来发生的全球金融危机本质上是流动性危机。

当然,不只是股票市场,债券市场和外汇市场同样存在流动性的问题。都说市场是看不见的手,但从实际来看,这只看不见的手最多是一只戴着手铐的手,这个手铐就是市场流动性风险。是否能够管理好金融市场流动性关乎资本资源的最优配置,关乎宏观经济发展,关乎企业生存和劳动就业。

复次,流动性不好的市场中,通常股票收益率的波动性也较大,导致企业资本成本变化不定。这就给企业作投资决策带来了很大的不确定性,使其更容易放弃本来可以上马的好项目。

最后,流动性的另外一个价值在于,投资者仅仅知道一个市场的流动性好与不好,而并不一定要通过交易,就已经会影响其行为。企业家如果知道市场流动性好,估值合理,就会积极创业,谋求上市;风投机构和私募股权基金如果知道市场流动性好,容易退出,就愿意给企业提供扶持资金。反之亦然。

因此,市场流动性的好坏与实体经济的发展不是没有关系,而是密切相关。在"市场流动性"一章中,我们提到价值投资者在流动性好的市场中会勤奋地搜集和分析信息,通过他们的交易使信息及时反映到市场价格中去,从而提高资本资源的配置效率。那么接下来的一个误区就是:我国股票市场目前以散户为主,价值投资理念尚未形成,那么还需要提高流动性吗?

9.1.3 提高流动性对中国股票市场有意义吗?

在美国股票市场,个人投资者大多委托经纪人或者基金经理交易,后者有时进一步委托做市商进行交易,金融中介非常发达。另外有养老金、退休金等入市,这些资金也是委托机构进行投资管理,因此,整个投资者结构以机构投资者为主体,投资理念相对成熟。而在我国股票市场,散户是主体,并且采取的是报单驱动模式,散户可以直接下单交易,不需要借助中介。即使散户现在可以买基金,交给投资经理来下单,但是不少投资经理本身的行为也像一个散户,整体上跟价值投资还有不小的距离。那么,在我国这样的实际情况下,提高市场流动性、使市场价格发挥信号功能,是不是没有多大意义呢?

如第八章所述,市场上的交易者除了以盈利为目的的价值投资者和知情交易者以外,

---

① 参见 Lin, Singh and Yu, Stock Splits, Trading Continuity, and the Cost of Equity Capital, *Journal of Financial Economics*, 2009, 93, pp. 474-489. 该文通过股票分拆事件测算得出,通过提高股票的流动性可以降低美国上市公司的权益成本达 17.3%。

还有其他类型的投资者。每一笔交易都是一个零和游戏。价值投资者和知情交易者在整体上会因为信息优势赚钱,他们赚的是其他投资者的钱。如果没有其他类型交易者的存在,价值投资者也不可能存在。其他类型交易者之所以会接受平均意义上的损失,是因为市场给他们提供了流动性,满足了他们的交易需求。如果流动性差,那么这部分交易者的缺席,会导致价值投资者也失去存在的空间。此外,流动性差的市场通常波动性也高,容易暴涨暴跌,同样不利于形成培育价值投资者的土壤。

因此,一个流动性好的市场,交易成本低,波动性小,有利于所有交易者,特别是有利于培育价值投资者。价值投资者群体的壮大,不是空喊就会实现的,一定要有良好的市场微结构土壤。

9.1.4 卖空机制对市场有害无益?

卖空机制不完善是目前我国股票市场的一大缺陷,也是今后市场制度改革必不可少的一环。经过近30年的发展,我国股票市值已经位于全球前列,但投资者依然缺乏足够丰富的风险管理工具,卖空机制仍然不为大众理解和接受,甚至有人指责卖空机制是金融危机的罪魁祸首,认为我国股票市场不应该建立和发展卖空机制。应该如何看待这样的问题?

首先,卖空机制古已有之。在清代前期,商人通过预付货款收购农民的农产品和手工业品,即所谓的预买,是当时商人采购农村商品的重要形式。据史学家研究,当时预买的规模很大,几乎涵盖了所有重要的商品如茶叶、荔枝、粮食、烟叶、甘蔗、蚕丝、树蜡、蓝靛、棉布、竹纸等,极大地促进了清初的经济发展。从农民的角度看,这种预买制度允许农民在生产或种植之前就收到货款,待丰收或生产完毕后再行交货,那么在本质上这就是现在的卖空概念。卖空机制在这里是有积极意义的。

其次,卖空是一个健康金融市场必备的风险管理工具。假设某交易者有一篮子股票的多头头寸,担心价格下跌。如果没有风险管理工具,该交易者只能希冀股票价格天天上涨。市场上所有交易者都抱着同样的想法和希望,那么可想而知,各方参与者包括企业、机构和个人都会绞尽脑汁用尽一切办法让价格上涨,很容易在短期内造成资产价格泡沫,而一旦泡沫破裂又会暴跌,一蹶不振。这也是为什么在单向交易的市场上大家谈"卖空"色变的主要心理原因。每个人手中都持有资产的多头,自然不希望看到有人"做空"资产,更不乐意看到还有人从"做空"中赚到了钱,而自己亏了钱。但是,只要卖空机制没有建立和完善起来,暴涨暴跌的现象就难以杜绝和根治,最终其实每个人的利益都会受到损害。

反之,如果交易者有风险管理工具,可以卖空,那么资产价格泡沫就不会那么容易形成,因为价值投资者可以利用卖空工具在泡沫形成初期就及时刺破泡沫,价格趋于合理,趋于企业的基本面。如此,金融市场的价格信号功能就可以更好地发挥,资本资源就能得到更优的配置。此外,有了卖空机制,交易者的策略更为多样化,避免了同质性,可以大大降低金融市场的系统性风险。

再次,卖空是市场化监管的重要手段。监管层要努力建立一套科学的价格制衡机制,善于依靠市场自身的力量对市场进行监督管理,在有限的监管资源下提高监管效率。否则作为"市场保姆"的监管事必躬亲一定会忙得团团转,而且收效甚微。比如完善信息披露机制的重要措施是提高违法违规成本。全市场几千家上市公司，每家公司每年披露各种各样的信息，监管若要一一核查，难免会有疏漏，且会占据极大的监管资源。但是，如果建立了卖空机制，受经济利益的驱动，市场上自然会有专业机构认真监督上市公司的信息披露状况，并且在发现虚假信息后会迅速通过交易对这些公司实施惩罚。如此，不但监管会省时省力，而且市场环境也会因此得到净化，生态更为健康。

最后，卖空机制是谣言的天敌。纵观A股市场，谣言屡出不鲜，而且往往能够左右投资者情绪，影响股市走势，俨然成为A股常态。比如有人造谣说明天股市要涨，这时候有部分投资者信，也有一部分理智清醒的投资者不信。如果不信谣的投资者手里有做空工具，那么当谣言造成股市不合理上涨的时候，他们能够卖空，这样就起到了制衡的作用。后续当市场价格回归理性下跌的时候，这部分投资者能够获益。反之，如果没有相应的制衡机制，投资者即便不信谣，也只能束手无策，眼睁睁看着股市非理性上涨。这样的情况多了，"智者"也有可能加入信谣的队伍。久而久之，市场上容易滋生一种有谣就信的不良氛围和错误的投资理念。

卖空机制包括多种，比如股票期货、股票期权、ETF期权和个股融券业务等。这些工具相互之间既有紧密联系，比如期权交易需要用对应的期货进行对冲，融券业务需要期货来管理风险，而期货的升贴水需要融券业务的完善才能及时修复等，又有各自的独特优势和针对性，比如股指期货与指数相匹配，而融券与个股相匹配等。因此，卖空机制的完善需要整体设计和通盘考虑。

在短期内我国缺乏个股期货和个股期权等风险对冲工具的情况下，个股的融券业务就成了市场唯一的惩罚个体劣质企业的工具。但是我国的融券业务长期规模较小，与融资相比甚至可以忽略不计。究其原因，主要是因为券商的券源不足、不稳定，而且券商使用股指期货进行对冲的成本太高，所以券商没有动机养券，造成投资者在明知某些上市企业很差的情况下也无法对其进行惩罚。附录Ⅰ详细介绍了目前融券和转融通存在的问题及解决办法。

裸卖空及监管

裸卖空作为一种特殊的卖空手段，长期以来被众多市场投资者所诟病。裸卖空机制允许交易者在没有借入股票的情况下直接卖空。由于不需要借入股票，理论上可以用于卖空的股票数量并无上限，由此导致的可能后果一是卖空比例很高，甚至超过总流通股数；二是到期交割失败（failure-to-delivery，FTD）的占比很高，甚至超过0.5%的监管红线。

2008年金融危机之后世界各国监管层对裸卖空的限制越来越严。美国证监会出台了一系列法规严格限制裸卖空，以确保卖空的股票均有真实出处。这套法规统称为Reg SHO。（我国股票市场是不允许裸卖空的）

Reg SHO 包括 200、201、203(b)以及 204 条款。其中 Rule 200 要求交易商对所有申卖单进行标注：long、short 以及 short exempt。如果卖方已经拥有该股票并经交易商确认，或者暂时没有但交易商认为有足够理由相信在结算周期前能够获得该股票，那么交易商将此单标注为 long；反之，如果卖方不拥有股票或者交易商预期其在结算周期前不能获得该股票，则标注为 short；对享有卖空豁免的报单标注为 short exempt。

Rule 201 适用于在某一交易日触发熔断机制的股票，当股价下跌超过 10% 触发熔断后，交易商在接下来的两个交易日（含熔断当天）对该股票的报价进行控制，在控制期内申卖价必须比当前最优申买价至少高 1 美分。

Rule 203(b)的前两项细则要求交易商在卖空行为发生 3 天之前合理落实好日后回购股票的来源和数量。203(c)则要求对于那些 FTD 占比较高且持续 13 个交易日交割失败的"临界股票"（threshold securities），交易商需立即买入股票进行平仓。所谓"临界股票"指的是那些连续 5 个结算日发生 FTD、累计达到 10000 股或更多、FTD 占总股数比重超 0.5% 的股票。

Rule 204 要求在发生 FTD 之后，交易商在结算周期后一个交易日（即 T+3）买入或者借入相似数量的相似股票，以用于平仓完成交割。如果涉及股票做市商，则时间可以拓宽至 T+5。如确因人为不可控因素导致 FTD，可以进一步拓宽至 T+35。未能满足以上要求的交易商在平仓之前不得从事融券业务，也不可享受做市商豁免。

除了以上条款，美国证监会还出台了 10b-21 裸卖空反欺诈条款，规定凡是故意隐瞒目的或交割能力并试图打压股价和市场操纵的交易商均构成欺诈行为。

但美国股票做市商可以依规进行裸卖空。这是因为做市商需要在市场流动性不好的情况下保持双边报价并随时准备成交，如果现在市场上有投资者想买股票，而做市商库存里恰好没有股票，那么做市商可能来不及借入股票，此时只能进行裸卖空，以保持交易的连续性。这种情况在市场发生"轧空"时尤为突出。

总之，通过对这四个典型理解误区的澄清，我们可以看到，一个好的金融市场应当首先是具有较高流动性的市场，只有流动性好了，股权投资者才没有后顾之忧，愿意提供资本给初创企业，企业的资本成本才会降低，促进对更多优质项目的投资，价值投资者才有生存的理由和土壤。其次，好的金融市场应当是信息效率高的市场。企业的基本面信息应当能够充分地、完全地、正确地反映到市场价格中去，定价合理了，市场才能发挥资源配置的作用，引导和支持实体经济发展。最后，好的金融市场应当是卖空机制完善的市场。卖空机制可以让企业的负面信息也及时反映到价格中去，抑制资产价格泡沫，促进定价趋于合理，并提供市场化的监管机制惩罚劣质企业，破除谣言。满足了这些要素，企业从金融市场上融资是水到渠成的事。

必须指出的是，这三个要素并不是孤立，而是相互紧密联系的。完善卖空机制可以将信息更及时全面地反映到市场价格中，促进定价合理，提高信息效率。良好的流动性有利于所有类型的交易者，有助于维护健康的市场生态，提高市场有效性。反之，市场效率的提高也会吸引更多交易者参与,促进流动性的增加。卖空机制是交易者进行金融风险管理的重要手段,完善卖空机制有利于增加市场深度,缩小买卖价差,提高市场流动性。反过来,流动性的提高有利于开发新的金融衍生品,降低风险管理成本,促进卖空机制功能的发挥。

9.2 市场效率

如上所述,评判市场好坏的一个重要标准是市场效率(market efficiency,也称"市场有效性")。另一个标准——流动性指标在第六章中已经介绍过。市场效率分为三种:弱式有效、半强式有效和强式有效。弱式有效是指交易者不能通过历史价格信息预测未来的市场价格;半强式有效是指所有公共信息都已经反映到当前市场价格中;强式有效是指不但公共信息,就连私有信息也都已经反映到了当前的市场价格中。可以看出,市场有效的程度取决于当前价格中所包含的信息量。在强式有效市场中,资产价格是不可预测的,因为当前的价格已经包含了所有的信息,而在半强式和弱式市场中,资产价格在一定程度上是可以预测的,因为还有一些信息暂时没有在价格中反映出来,交易者可以凭借信息优势买低卖高,在这些信息逐渐反映到价格中去的过程中实现利润。

"波动性"一章讲到资产的价格波动由两部分组成,一个是标的资产的基本面价值变化,另一个是市场交易产生的噪音。基本面价值是不可预测的,因为根据定义,基本面价值已经反映了所有信息。在一个强式有效的市场中,资产价格应当与基本面价值非常接近,噪音可以忽略不计。在学术文献中,学者们通常用"随机游走"测试来检验一个市场是否属于强式有效。强式有效的定义过严,要求太高,从实证结果看,几乎没有哪个金融市场完全符合强式有效。

检验一个市场是否是弱式有效同样十分重要。如果市场非弱式有效,那么讨论其他市场效率问题将毫无意义。研究表明,一小部分成熟市场符合半强式有效,绝大多数市场符合弱式有效。

检验市场效率的方法很多,大致分为两大类型:(1) 基于统计或经济计量的方法;(2) 结合资产定价模型如单指数模型的方法。

9.2.1 基于统计方法的市场效率检验指标

由于理论上服从随机游走过程的随机变量的分布应当符合正态分布,因此第一种统计检验指标是 Kolmogorov-Smirnov 拟合优度检验,该统计量适用于判定资产收益率的分布是否符合正态分布,公式如下:

$$\text{KS} = \underset{1 \leqslant i \leqslant N}{\text{MAX}} \left[F(Y_i) - \frac{i-1}{N}, \frac{i}{N} - F(Y_i) \right]$$

其中,$F(Y_i)$ 为资产收益率的累计分布理论值,N 代表将收益率切分为 N 个间隔,计算得到的 KS 值与 KS 检验表中的临界值对比,如果高于临界值即可拒绝数据符合正态分布的原假设。其他类似的检验统计量还有 Anderson-Darling 统计量和 Ryan-Joiner 统计量等。

也可以通过统计资产价格连续上升和下降的次数即游程分析（run test），判定资产价格是否符合随机游走模式。如果游程个数符合正态分布，那么其检验统计量如下式所示：

$$Z = \frac{x - \mu}{\sigma}$$

其中，x 为观测到的游程个数，μ 和 σ 分别为均值和标准差：

$$\mu = \frac{2n_1 n_2}{n_1 + n_2} + 1$$

$$\sigma = \sqrt{\frac{2n_1 n_2 (2n_1 n_2 - n_1 - n_2)}{(n_1 + n_2)^2 (n_1 + n_2 - 1)}}$$

其中，$n_1(n_2)$ 为价格连续上升（下降）的次数，一般需要超过 20 次。如果 Z 值大于或者等于 1.96，则资产收益率服从随机游走的原假设将在 5% 的显著性水平上被拒绝。

其他非参数统计检验还有收益率的时间序列自相关检验（ACF）、Ljung-Box 检验和 Dickey-Fuller 单位根检验等。这些都是标准的统计方法，可以在任何一本统计学或经济计量学的教科书上找到，不再赘述。

还有一类市场效率系数（market efficiency coefficient，MEC）是基于方差模型的，计算公式如下：

$$\text{MEC}_i = \frac{\text{var}(R_{2,i})}{2\text{var}(R_{1,i})}$$

其中，$R_{2,i}$ 为资产 i 在连续两个交易日的收益率，$R_{1,i}$ 为资产 i 在 1 个交易日的收益率。MEC 如果大于 1，代表资产价格收益率之间存在正相关关系，可能的驱动因素包括动量交易、信息逐渐扩散或者价格发现低估；如果小于 1，代表资产价格收益率之间存在负相关关系，可能的驱动因素包括买卖价差、价格冲击或者价格发现高估。在考察某项微结构制度对市场质量的影响时，可以采用 MEC 指标的范围即 $\sum_{i=1}^{n}(\text{MEC}_{i,\max} - \text{MEC}_{i,\min})$ 来衡量该影响的程度。

9.2.2 基于资产定价模型的市场效率检验指标

影响市场效率的因素很多，包括市场流动性、波动性以及交易成本等。在前面几章中，我们已经分别介绍了流动性指标和波动性指标，这里主要从交易成本的角度来衡量。

如果市场摩擦程度较大，交易成本较高，那么资产价格随信息调整的过程会更加同步化，与整个市场的关联也会更紧密。基于这样的思路，可以用以下指标来衡量市场效率。首先建立资本资产定价模型（CAPM）并进行回归分析：

$$R_{i,t} = \alpha_i + \beta_i (R_{m,t} - r_{f,t}) + \varepsilon_{i,t}$$

其中，$R_{i,t}$ 为资产 i 在第 t 期的收益率；$R_{m,t}$ 为市场第 t 期的收益率，收益率的计算周期可以是短期如 1 天、2 天、3 天、5 天，也可以是长期如 10 天、15 天、20 天；$r_{f,t}$ 为市场无风险利率，一般取对应期限的质押式回购利率或国债利率。回归结果会产生两个重要统计量，一个是贝塔系数，描述的是个体资产 i 的系统性风险即资产 i 与市场收益率之间的相关性，另一个是调整后的 R 平方，描述的是个体资产价格变化被市场价格变化所解释的程度。

理论上,部分股票的价格调整会滞后于整个市场,其短期收益率的贝塔系数会出现低估,因此随着收益率计算周期的拉长,贝塔系数和调整后的 R 平方都应当逐渐增大。这种观测期与贝塔和 R 平方之间的相关性可以分别从以下两个回归中估计:

$$\beta_{i,L} = a_i + \varphi_i \left(\ln\left(1 + \frac{1}{L}\right) \right) + \vartheta_{i,L} \tag{1}$$

其中,$\beta_{i,L}$ 为上述资本资产定价模型回归中以 L 为观测期估计出来的贝塔系数,L 为持有资产的时间长度,从 1 天到 10 天、15 天和 20 天。根据理论,系数 φ_i 应该为负值,且当市场质量越高、摩擦越小时,部分股票价格调整滞后的程度越轻,因此该系数绝对值应当越小。

$$\text{AR}_{i,L}^2 = b_i + \gamma_i \left(\ln\left(1 + \frac{1}{L}\right) \right) + \eta_{i,L} \tag{2}$$

其中,$\text{AR}_{i,L}$ 为上述资本资产定价模型回归中以 L 为观测期估计出来的调整后 R 平方。根据同样的理论,由于部分股票的价格调整滞后于市场,基于短计算周期(从 1 天到 5 天)的 R 平方会被低估。因此,系数 γ_i 应该为负值,且当市场质量越高、摩擦越小时,股票价格调整的同步性越高,模型解释程度越高,该系数的绝对值也应该越高。

除了以上指标外,还有一个常用的市场效率指标,即相对收益率分布(relative return dispersion,RRD),计算公式如下:

$$\text{RRD}_t = \sum_{i=1}^{n} \varepsilon_{i,t}^2 / n$$

其中,n 为样本中资产的个数,$\varepsilon_{i,t}$ 为资本资产定价模型回归中的残差项。如果一个市场的交易成本越低,则其表现应当越符合经典的资本资产定价模型,模型估计中的残差项平方越低。因此,较低的 RRD 表明市场效率较高。

迟滞(delay)系数用来测度个股对市场波动的反映,计算公式如下:

$$\text{Delay}_{i,t} = \frac{1}{1 + e^{-x}}, \quad x = \frac{\sum_{k=1}^{5} \beta_{i,t-k}}{\beta_{i,t}}$$

其中,$\beta_{i,t-k}$ 为用滞后 k 期的市场收益率估计出来的贝塔系数。如果市场无摩擦,个股对市场波动反应迅速,那么 x 应当为 0,迟滞系数为 0.5。但是,如果反映有迟滞,那么该系数可能显著偏离 0.5。

基于资本资产定价模型的统计指标描述的是个股相对于全市场的有效性,因此可以看作检验市场弱式有效的指标。

最后,可以采用事件研究法检验市场半强式有效假说。这类方法的思路是基于发生的特定事件来考察资产价格是否反映了公开的可得信息。如果资产价格中反映了一个公开信息,那么资产收益率会出现超常收益(abnormal return)。超常收益为实际观察的收益率减去基于基准模型的预期收益率。基准模型通常采用标准的资本资产定价模型或者多因子定价模型。累积超常收益(cumulative abnormal return,CAR)是围绕某事件发生前(后)一段时间内的累积收益。通过比较事件发生前后 CAR 的变化是否具有统计显著性,可以判定信息是否反映到了资产价格中。

9.3 市场监管

监管是建设好的金融市场的重要保障。金融市场的发展宗旨是保护投资者利益和为实体经济服务。这在全世界金融市场都一样,但具体实施方式迥异。没有任何一种监管方式是放之四海而皆准的,都需要根据市场实际情况甚至政治、经济、社会的实际情况制定监管措施。但有一点毫无疑问,监管往往会对市场微结构产生重大影响,甚至改变整个市场的交易生态。

> 2017—2018 年,我国监管层根据"金融市场去杠杆"的要求,实施了一系列资产管理新规定,彻底清查银行理财资金层层嵌套等潜在问题。这项举措在排除了金融市场系统性风险的同时,也在微结构层面极大地改变了原有市场参与主体的构成,迫使银行资金较大面积地退出股市,对市场流动性和市场质量造成了很大的影响,不少私募基金清盘退出,公募基金在 2018 年的业绩也十分惨淡。

微结构的改变往往牵涉众多市场参与主体的利益,在政策制定过程中一定要科学客观地分析和权衡。根据美国证监会的公开报告,其取舍的标准如下:首先要照顾好投资者和发行者的利益。这里的投资者是指第八章中介绍的实用交易者,这些人参与市场交易的主要目的是满足经济需要,而不是通过连续交易实现盈利。其次,要保证市场具有充沛的流动性和良好的定价效率。好的流动性和有效性可以让所有参与者受益,也是资本市场服务经济发展的前提条件。最后,支持为市场交易提供服务的参与者,其中包括为市场提供流动性的做市商。但对这些参与者的支持必须建立在他们切实推进了前两条的前提之上。换言之,如果做市商在市场需要的时候没有提供流动性,那么他们不但不应该得到监管支持,而且应当受到惩罚。最后,监管层应该严惩那些通过不公平手段从他人交易中获利的交易者。

我国证券期货市场监管思路与上述框架基本一致,近年来在保护投资者利益、加强信息披露质量、严惩违法违规行为、坚持金融服务实体经济初心等方面取得了明显效果。但相比美国等成熟市场而言,监管在改善市场微结构、提升交易基础设施等方面仍然有不小的提升空间。

以熔断机制为例。2015 年 12 月 4 日,上交所、深交所、中金所正式发布指数熔断相关规定,熔断基准指数为沪深 300 指数,采用 5% 和 7% 两档阈值,并于 2016 年 1 月 1 日起正式实施。1 月 4 日新年伊始的第一个交易日,市场便触及两档熔断阈值,全天交易 140 分钟,接着在 1 月 7 日,市场又是 2 次熔断,全天仅交易 15 分钟。7 日当晚,证监会正式发布通知,决定暂停实施 A 股指数熔断制度。我国指数熔断机制的"夭折"固然跟很多因素如当时的下跌行情和恐慌情绪有关,但也跟微结构设计不当大有干系。两档阈值过于接近容易引发"磁铁效应",本就是惊弓之鸟的投资者很容易在触及一档阈值的时候夺门而出,从而形成踩踏,触发第二档阈值。

部分市场"熔断机制"介绍①

美国

1988年10月19日,即在"黑色星期一"一周年后,美国商品期货交易委员会与证监会批准了纽交所和芝商所的熔断机制。以S&P 500指数为例,当S&P 500指数较前一天收盘点位下跌7%、13%时,全美证券市场交易将暂停15分钟;当S&P 500指数较前一天收盘点位下跌20%时,当天交易停止。

除上述针对大盘的熔断机制,2010年6月,在美股闪电崩盘后,证监会推出了个股熔断机制,以防止股票急遽滑坡而可能耗尽市场流动性。2012年5月,证监会又批准以涨跌幅限制替代之前实施的个股熔断机制,以降低暴涨暴跌所带来的市场波动以及波动所引起的后续影响。具体地,如在15秒内价格涨跌幅度超过5%,将暂停这只股票交易5分钟。开盘价与收盘价以及价格不超过3美元的个股价格波动空间可放宽至10%。

法国

法国根据股票交易形态不同,制定不同的涨跌幅与暂停交易时间。全日每只股票最大涨幅为前日收盘价的21.25%,最大跌幅为18.75%。如果价格波动超过前日的10%,暂停交易15分钟。

日本

在日本,当期货价格超过标准价格的特定范围和公平价格的特定范围时,期货交易将暂停15分钟。当东京股票价格指数(TOPIX)超过特定价格区间时,禁止买卖涉及套利交易的股票,直到价格恢复到特定价格区间。2013年5月23日,日经225指数大跌,日经225指数期货就曾触发"熔断机制"而暂停交易。

韩国

若韩国股票综合指数(KOSPI)较前一天收盘价下跌10%或以上,并且这种下跌持续了一分钟,股票交易暂停10分钟。如果交易量最大的期货合约价格偏离前一天收盘价5%及以上,同时期货价格偏离其公允价格3%及以上且持续一分钟,期货合约停止交易5分钟。熔断机制每天只实施一次,在下午2:20以后不再实施。如果股票市场出现暂停交易的情况,期货合约停止交易20分钟。

新加坡

在新加坡,当潜在交易价格高于参考价格(该交易至少5分钟之前的最后成交价)的10%时,即触发5分钟的"冷静期"。在该期间内,证券仅允许在±10%范围内交易,5分钟后交易恢复正常,并重新计算新的参考价格。该规定适用于约占新交所80%交易量的证券,包括部分指数。

---

① 资料来源:http://topic.eastmoney.com/rdjz2015。

成熟的股票市场离不开一流的监管。应继续加强实施穿透式监管模式,充分利用数据和信息资源优势,实行精细化、差别化监管,不搞一刀切,提高监管决策的科学性,做到事前有监管,结论有论证。

监管不应做"市场的保姆",应尽量减少行政指令,实现市场化监管,市场的问题交给市场解决。加强证券期货监管部门与其他部门如税务部门、银保监管部门的沟通与协调,避免出现法律法规上的矛盾和冲突。建立监管机制,将监守自盗的问题防患于未然。

总的来讲,监管应当做到"既严又松"。对于侵害投资者利益、破坏市场正常秩序、有损市场公平公正的违法违规行为应当坚决打击和惩罚,提高违法违规成本,制定明确的有客观认定标准的政策法律法规,减少主观判断成分,做到有法可依,违法必究。但同时也要在保证市场效率和不发生系统性金融风险的前提下,鼓励交易所和金融机构之间开展良性竞争,鼓励市场主体拥抱科技,积极创新。

9.4　股票实行 T+0 交易的可行性分析

世界上大多数股票市场实行 T+0 交易制度。我国股票市场实行 T+1 交易制度,即当日买入的股票次日方可卖出。目前,市场上有不少呼声希望我国也能推出 T+0 交易制度,但同时也有很多反对的声音。支持者认为 T+0 交易制度可以让市场多方充分博弈,提高市场的信息效率;反对者认为 T+1 交易制度可以降低市场波动性,是对投资者利益的保护,而 T+0 交易制度可能会给违规交易者提供更多的便利。那么,我国目前阶段到底适不适合开展股票 T+0 交易呢?

9.4.1　学界研究

张艳磊、秦芳、吴昱和张睿(2014)[1]研究了 2001 年 12 月 1 日我国 B 股交易规则由 T+0 改为 T+1 对股票流动性、波动性和定价效率的影响。一般来讲,要甄别政策带来的因果关系在实证上比较困难,张艳磊等人选取了同一个上市公司发行的 A 股和 B 股,计算它们在流动性、波动性和定价效率等方面的差异于 B 股交易规则调整前后发生的变化,通过这些差异的变化(学术上称为"倍差法")来考察规则调整带来的影响。结果发现,改为 T+1 规则后交易量减少,价格有效性下降。

边江泽和宿铁(2010)[2]通过比较股票与基于股票的权证价格之间的关系,推断 T+1 交易制度的影响。由于当时股票实行的是 T+1,而所对应的权证是 T+0,因此边江泽等人从权证价格中倒推出隐含的股票价格,然后将此价格与真实的股票价格进行对比,这个价格差异反映的就是 T+0 和 T+1 交易制度的不同影响。文章发现,实行 T+1 的股票市场深度更低,流动性更差,因此价格上具有流动性折价。

---

[1]　张艳磊、秦芳、吴昱和张睿:《股票市场需要恢复 T+0 交易吗?——基于 A+B 股的实证研究》,载《投资研究》2014 年第 8 期。

[2]　边江泽、宿铁:《"T+1"交易制度和中国权证市场溢价》,载《金融研究》2010 年第 6 期。

Guo, Li and Tu(2012)①发现 T+1 交易制度降低了股票交易量，抑制了波动性，在投资者明显追逐趋势的市场状态下会提高趋势交易者的福利，即助长游资炒作。

以上实证研究结果整体表明：由 T+1 改为 T+0 交易制度后，市场交易活跃度将有所提高，交易量增加，市场定价效率会得到一定提升，但日内波动性可能会提高。需要指出的是，虽然 T+1 交易制度看起来可能会降低日内的波动，但实际上它只是将价格的波动拖延到了第二天甚至第三天，并没有及时释放和反映信息，真正降低价格的波动。

9.4.2 境外经验

成熟市场中，以美国为例，日内回转交易量在 2010 年以前大约占日总成交量的 15% 左右，但近年来随着美国程序化交易和高频交易的普及（在股票市场上的成交量占比超过60%），可以预期目前美国日内回转交易量的占比会远远高于 15%。有美国学者研究发现，日内回转交易是日内波动的重要来源。那么，美国市场中的波动性到底有多大呢？

据统计，美国市场的日内波动性较大，每一周内至少有一天的上下振幅超过 1%，每一个月内至少有一天的上下振幅超过 2%。但是美国市场的日度波动性却并不高，年化大约16% 左右，我国股票市场的日度波动性大概是 34%，是美国市场波动的两倍。因此，从这些统计数字来看，实行 T+0 交易制度可能会导致日内波动增加，因为买方现在有了当日卖出的权利，信息能够相对充分地反映在价格中，所以价格上下振动幅度加大。但是在信息得到充分博弈和释放之后，日度波动性却很有可能保持在不高的水平，如同美国市场的例子一样。

此外，我国股票市场设有涨跌停幅度限制，可以部分抵消 T+0 交易可能带来的波动性增加。更重要的是，假如推行 T+0 交易的话，可以借鉴欧美国家、日本和我国台湾地区等市场的做法，采取逐步试点的谨慎策略，比如在一开始只允许当天卖出一次，等条件允许后再测试当天卖出两次、三次，所以风险可控，无须特别担心实行 T+0 交易制度会带来日内波动增加的问题。

9.4.3 对投资者的影响

首先是对机构投资者的影响。我国股票市场上相当一部分私募基金采用阿尔法策略，收益率可以达到 20% 以上，相比之下美国的对冲基金阿尔法策略收益要低得多。其中一个重要原因正是我国市场采取 T+1 的交易规则。由于投资者当日买入的股票必须持仓至少等到次日才能卖出，所以风格因子的时滞性比较强，行业轮动和板块轮动的切换频率比较慢，这就给机构赚取阿尔法超额收益带来了很大的机会和空间。可以预期，如果改成 T+0 交易规则，将提高风格切换的频率，加快消除因子的时滞，不利于从事阿尔法投资策略的私募基金，整个行业的收益率将大受影响。

---

① Guo, Ming, Li, Zhan and Tu, Zhiyong, A Unique "T+1 Trading Rule" in China: Theory and Evidence, *Journal of Banking & Finance*, 2012, 36(2), pp. 575-583.

市场上还有一部分机构投资者是知情交易者。由于知情交易者通过努力、花费时间所形成的信息优势，总体上它们必须是净盈利的，否则知情交易者就会退出市场。但是每一笔具体交易总是零和的，知情交易者的盈利就是噪音交易者的亏损。因此，鼓励噪音交易者参与市场交易，就是鼓励知情交易者参与交易，两者是共生关系。如果改为T+0交易，如前所述，市场流动性将有所提高，交易的活跃度也会得到提升，噪音交易者这个群体的增加和活跃，将有利于培育价值投资者生存的土壤，从而促进市场定价效率的提高。

其次是对个人投资者的影响。个人投资者的天敌是制造虚假行情的游资。我国股票市场上的游资炒作之所以猖獗并且屡禁不止的一个重要原因是股票的T+1交易制度。如第八章所述，游资炒作的惯用手段是制造虚假信息或者通过具有迷惑性的报单手段来吸引散户跟风买入。由于现行交易制度下，散户买入之后不能当天卖出，所以散户买入的股票就成了游资手中的筹码。当筹码累积到一定程度，结合涨停板制度，游资就可以连拉涨停，对市场秩序和定价效率造成极大的破坏。

如果股票交易改成T+0，散户跟风买入之后有当日随时卖出的权利，那么游资操纵拉涨停的成本将大大提高。这一点从游资通常偏好操纵小市值股票可以得到验证。散户在小市值股票上一般没有持仓，所以一旦被游资忽悠买入之后就只能被动持有，成为游资操纵价格的"胁从犯"。但是对于大市值股票，散户一般都有预先的仓位，当游资试图炒作大市值股票的时候，散户可以随时卖出手中的股票，从而有效降低游资操纵成功的概率。

另外，实行T+0规则对个人投资者是一种保护。设想一下，如果投资者在当日涨停板买入，随后价格下行到跌停板，而投资者在这个过程中无法及时卖出手中股票，那么他将面临一天内损失20%的风险，科创板上面临损失40%的风险。如果我国投资者有风险对冲的工具如个股期权或者容易融券，那么这样的风险尚属可控。但现实情况是，要么这些工具还没有问世，要么绝大部分个人投资者从市场上融不到券。所以，在T+1的交易环境下，投资者面临的市场价格风险非常大。

9.4.4 实行T+0有无风险？

交易规则的改变势必涉及有关交易系统的调整。从券商的角度看，从T+1改为T+0并没有技术障碍。券商的现有柜台系统中，已经有T+1和日内回转两个选项，届时只需在参数间进行适当配置即可。从基金的角度看，系统方面的最大困难来自于既有市场柜台系统的垄断地位以及监管对于公募基金在日内回转交易方面的一些限制。不过垄断并不是一日形成的，并不能因为垄断而中止市场改革和试点。同样也不能因为公募基金受T+0影响小就不考虑T+0，而应该综合全市场所有参与主体的利益得失作出权衡。

从结算的角度看，改为T+0也没有大的障碍，因为我国目前股票的清结算已经是T+0了（资金清结算是T+1），所以股票交易改为T+0具备一定的技术基础。

从交易过程的角度看，我国监管技术的日趋成熟和独具特色的"穿透式"监管方式，已经具备对市场操纵和幌骗等行为的监控和查处能力。这些监管方面的发展无疑为实行T+0交易制度提供了坚实的安全保障。

附录Ⅰ：融券为什么这么难？

融券即指先从券商那里借股票卖出，然后买入股票还给券商。监管层在前期试点的基础上于2010年3月31日正式推出两融业务，希望能为中国的股票市场引入卖空机制，抑制投机，平滑波动。可是令人失望的是，跟融资业务相比，融券业务一直萎靡不振。虽然号称两融余额突破万亿，但是基本上都是融资余额所贡献的，融券余额几乎可以忽略不计。

在2015年异常波动之前，股市处于快速上升期，融券余额（当日融出的券量减去当日返还的券量）达到90亿元左右，而目前的融券余额大概只有37亿元左右。相比之下，融资余额大概是其160倍。作为对比，境外市场融资与融券余额的比例大概为10：1。更重要的是，市面上经常融不到券，可谓"一票难求"。是什么原因导致我国的融券业务始终发展不起来呢？这得从根本上去找原因。

券商的券源有两个渠道：一是自营，二是转融券。前者就是券商自营业务中自己持有的股票；后者则是券商经由证金公司借来的，附录Ⅱ详细介绍转融通业务。

从转融券出借人来看，目前只有机构投资者才能参与。个人投资者只能通过资管计划间接成为转融通的出借人。在机构投资者中，国有企业参与转融券业务时，适用的是国有股权转让那套规定，意味着需要国资委审批，在操作过程中，难度比较大，程序比较复杂。而如果是民营机构，出借股票拿到的年化利息比较低，只有2%左右，同时没有风险对冲工具，也不愿意出借。2015年出台的融券新规，允许证券出借人跟借入人自主协商转融券的费率（即可超出2%利息费用），但是收效甚微。因此从转融通业务上看，机构缺乏出借证券的动机和激励。

从自营券来看，原因来自于制度设计方面。我们看看美国的融券机制是怎样进行的。美国融券交易的最大特征就是市场化，在监管层制定的规则制度下，融券活动完全交由市场参与者自发完成。凡是证券拥有者都可以参与融券。证券公司之间也可以互相融券。证券公司与客户之间，只要双方谈得拢就可以进行融券交易，比如出借证券、使用客户保证金等。美国市场上的券源也很广泛，由于大量的保险基金、社保基金、养老基金、高校投资基金等长期投资者的存在，券源一直丰富而稳定。这种模式下，证券公司是主体，可以根据自身需要从各种渠道借入借出证券，配置给需要的投资者，因而效率高、成本低。

然而，将美国的市场模式拿到现阶段的中国来是绝对不行的。券商挪用客户保证金和证券的事情在我国市场上屡有发生。如2005年华夏证券挪用客户保证金16亿元加上自营巨亏，重组后更名为中信建投；其他还有16家券商包括南方证券、大鹏证券挪用保证金和债券，也在当年一并被查处并关闭，对证券业产生了极大的震动。此后，监管层要求券商的客户保证金必须采用第三方存管制度，即"券商管证券、银行管资金"，实现券商自有资金和客户保证金隔离。但是，仍然有部分券商铤而走险，为了获得更高的资金利率，与存管银行协议定期存款或超额存放保证金。

为了杜绝券商肆意挪用客户保证金等现象，监管层还采取了具有我国特色的会员制，投资者所有的资金和证券登记结算都在中证登发生，这意味着上亿股民的所有交易都由中证登记录。这对提高监管的透明度确实必要，但是对融券业务的开展却大为不利，主要体现为遏制了市场化行为的发生。如果券商的自营券不够用，需要向市场上其他机构去借，那么需要经过中证登过户，这个时间就会拖得很长，以致延误交易时机。

此外，券商的商业模式也影响了融券的发展。之前，市场上即便有融券的需求，这些券也都被量化对冲交易者和高频交易者所垄断。他们是机构投资者，交易量大，议价能力强，通常一借就是一篮子股票，因此券商比较青睐这些客户。为了吸引专业投资者成为他们的客户，券商对这些客户推出的服务是融资融券T＋0免息规则，为他们免费提供券源。这自然导致市场上其他交易者很难融到券。融券T＋0规则在2015年股市异常波动之后被禁止(详见上交所和深交所的《融资融券交易实施细则》2015年修订版)。

除此之外，券商没有动机积攒券源。股指期货在数次放松交易限制之后，中证500股指期货仍然有不小的负基差，套保成本年化将近10%，而融券的息率也才刚到10%左右，那么这个业务就没有人愿意去做。在牛市里，融券带来的10%息率不够覆盖机会成本，而在熊市里，这个收益又不够补偿风险(尤其在对冲成本较高的情况下)。更何况券商由于互相之间的竞争，融券利息基本做不到10%。至于佣金方面更是持续下降，不少券商已经将佣金降到了零。因此，无论在疯狂的牛市还是低迷的熊市，券商其实都不太愿意养券。那么，该如何解决融券难的问题？

第一，比较适合现阶段我国市场的融券模式是日本的集中授信模式。日本的融券业务以专业化的证金公司为核心，证券公司在开展融资融券业务时如果出现自身资金或者证券不足，可向证金公司提交担保申请转融通。这种模式在我国要行得通，必须解决好证金公司的券源问题。

一是大力鼓励长期投资者包括社保基金、养老基金、保险基金等机构入市，因为它们的券源比较稳定。证监会2019年6月14日公布了《公开募集证券投资基金参与转融通证券出借业务指引(试行)》，处于封闭期的股票型基金和偏股混合型基金、开放式股票指数基金及相关联接基金、战略配售基金以及证监会认可的其他基金产品均可参与该业务，扩大了券源范围。

二是扩大转融通业务。目前，转融通业务规模远远低于市场的实际需求，主要原因除了券源渠道狭窄外，还有费用过高。券商从证金公司借券，费用在4%左右，而融券利息收入在8%—10%，所以券商在融券方面的净收入只有4%—6%，相当或略高于同期理财产品的收益，大大抑制了券商借券的动机。因此建议证金公司大幅降低转融出费用，改善券商激励机制，这样才能促进转融通业务的发展。

第二，进一步恢复股指期货交易的常态化。目前，券商融券业务主要还是靠自营部门的股票。本来他们借出去一篮子股票，最好的对冲就是对应的覆盖面广的股指期货品种。在目前股指期货交易受限和较大负基差的情况下，券商没有动机养券。

第三，适时推进个股期权业务。个股期权是针对单个股票设计的保险品种，可以做多，也可以做空，因此能够弥补股指期货只能覆盖整个指数的缺陷，更灵活地保护券池里的股票，提高券商提供融券的意愿。

附录 Ⅱ：转融通业务

转融通业务，是指证金公司将自有或者依法筹集的资金和证券出借给证券公司，以供其办理融资融券业务的经营活动。转融通包括转融资业务和转融券业务。其中，转融资业务是指证券金融公司将自有资金或者通过发行债券等方式筹集的资金融出给证券公司，由证券公司提供给客户，供其买入上市证券；而转融券业务是指证券金融公司向上市公司股东等出借人借入流通证券，再融出给证券公司，由证券公司提供给客户供其卖出（如图 9-1 所示）。与转融资相比，转融券业务的制度安排和实施方案的设计更为复杂。

图 9-1　转融券业务流程

转融通是融资融券业务的一个重要环节，其目的主要是解决证券公司在开展信用交易业务时自有资券不足的问题。对市场而言，转融通增加资金与证券供给，进一步完善双向交易机制，使得市场越发有效。对证券公司而言，转融通新增了证券和资金的供给渠道，推动融资融券业务发展。对出借人而言，转融通出借期间有较高的权益保障，并且提高了股权使用效率。对借入人而言，资金和证券的供给增加，可以放大交易杠杆或获得做空的机会。图 9-2 和图 9-3 分别为 2012 年至 2018 年我国转融通交易额和转融通余额的统计情况。

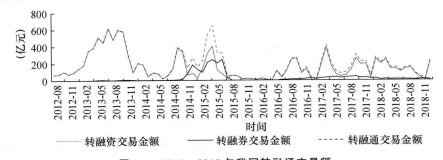

图 9-2　2012—2018 年我国转融通交易额

注：转融通交易金额＝转融资交易金额＋转融券交易金额＝转融资新合约融出金额＋转融资展期融出合约金额＋转融券新合约融出金额＋转融券展期融出合约金额。

（一）转融通的期限费率

转融通费率是证金公司综合考虑人民银行同期金融机构贷款基准利率和转融通标的证券的供求情况、公司运营成本及风险控制需要等因素拟定的，可以根据实际情况进行调整。转融资费率原则上不低于中国人民银行公布的同期金融机构贷款基准利率。

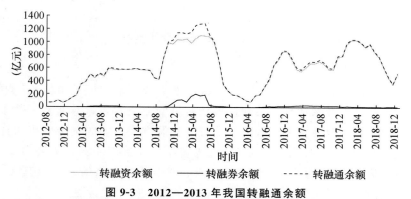

图 9-3　2012—2013 年我国转融通余额

注:1. 转融资和转融券余额为月底数;2. 本月转融资余额＝上月转融资余额＋本月转融资新合约融出金额－本月归还金额。

2012 年 8 月 30 日,转融资业务正式启动,现已扩充为 3 天、7 天、14 天、28 天和 182 天五个档次,期限越长,费率越低,以鼓励长期融资。比如 2019 年 2 月 1 日转融资的费率如表 9-1 所示。

表 9-1　2019 年 2 月 1 日转融资费率

期限	7 天	14 天	28 天	91 天	182 天
转融出年利率	0.0480	0.0480	0.0470	0.0460	0.0430

2013 年 2 月 28 日正式启动转融券业务,具体分为转融券融出费率和转融券融入费率(融出融入是相对证金公司而言)。转融券可供选择的期限为 3 天、7 天、14 天、28 天和 182 天五个档次。比如 2019 年 2 月 1 日转融券的费率如表 9-2 所示。

表 9-2　2019 年 2 月 1 日转融券费率

期限	3 天	7 天	14 天	28 天	182 天
转融入年利率	0.0150	0.0160	0.0170	0.0180	0.0200
转融出年利率	0.0400	0.0390	0.0380	0.0370	0.0350

2019 年科创板推出后,9 家头部券商先行实施市场化费率和市场化期限。科创板市场化后的费率达到 8%—10%,远超表 9-2 中的 1.5%—2%,扩大了券源,带动了科创板股票的融券业务的发展。

> 转融券分为非约定申报和约定申报。约定申报是客户已经找到愿意出借证券的对手方,通过证金公司通道完成的转融通交易。而非约定申报的转融通交易需由证金公司撮合完成。在实际操作中,非约定申报是转融券中更为常见的交易方式。2015 年,证金公司取消了约定申报方式下固定期限的模式,实施灵活期限模式,最长期限为 182 天,并允许客户提前了结和灵活展期。同时,还取消了转融券约定申报方

式下固定费率的模式,由出借人、借入人自行协商具体费率,出借人出借费率最低为1%,借入人借入费率为"出借费率+1%",申报费率上限暂不封顶。科创板正是采取了约定申报和市场化费率的转融券模式。

(二)转融通的业务模式

全世界各金融市场的转融通业务模式主要分为三种:第一种是以美国和我国香港市场为代表的分散授信模式。这种模式下没有制度化的集中授信机构,投资者的融资融券由大量的、分散的金融机构(如证券公司)办理;资金不足时,可通过向商业银行等金融机构以拆借方式筹措;证券不足时,可向其他投资者借入。具体业务方式见图9-4所示。

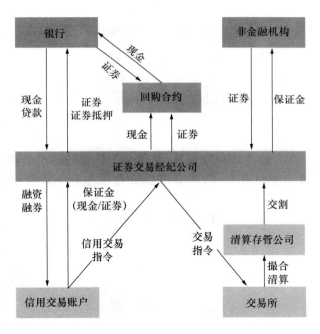

图9-4 分散授信模式

第二种是以日本为代表的单轨集中授信模式。该模式下证券金融公司居于排他的垄断地位,严格控制着资金和证券通过信用交易的倍增效应;证券公司向投资者融资融券后,若信用交易交割清算时自有资金或股票不足,可以向证券金融公司融通;证券金融公司可通过短期资金市场、日本银行和一般商业银行来筹措资金或股票。具体业务方式见图9-5所示。

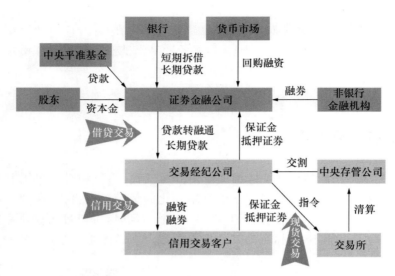

图 9-5　单轨集中授信模式

第三种是以我国台湾市场为代表的双轨制集中授信模式。该模式下证券金融公司具有既垄断又竞争的特点；客户信用交易并非必然集中于证券公司，客户可以选择是从证券公司直接获得融资和融券，还是直接向证券金融公司申请融资融券。具体业务方式如图9-6所示。

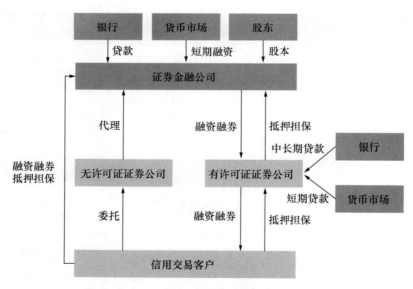

图 9-6　双轨制集中授信模式

表 9-3 总结和对比了部分市场所采取的转融通模式。

表 9-3 转融通模式比较

国家	信用交易模式	证金公司	业务开展情况
美国	分散授信模式	无	市场化程度高;交易主体广泛;渠道多样化;联系货币、回购市场
日本	单轨制集中授信模式	3	证金公司专营垄断但地位下降;层级分明;融资余额大于融券余额
韩国	单轨制集中授信模式	1	融资融券规模较小
中国	单轨制集中授信模式	1	融券规模小;资券比例不均衡
中国台湾	双轨制集中授信模式	4	证金公司垄断竞争;客户可直接向证金公司融资融券;券商被动、收入有限

附录Ⅲ:如何看待杠杆交易?

市场上不断有人提出"杠杆交易不是善类"这样的观点,并举出历史上发生的案例,从巴林银行到长期资本管理公司(LTCM),从 2008 年金融危机到 2010 年欧债危机等,然后声称:杠杆交易包括融资融券交易和"同样具有杠杆放大作用并有跨市场风险的金融衍生品交易"都与重大金融风险密切相关,还会造成金融危机,因此要高度警惕和抵制。

然而,这样的论调只看到了事物的表象,并未触及本质。巴林银行倒闭是因为流氓交易员李森以及公司内部财会审计松懈;LTCM 的失败是因为交易团队忽视了市场的尾部风险;2008 年全球金融危机的根源是美国自 20 世纪 80 年代以来长期实施低利率政策、政府默许支持下的房市泡沫以及银行对次贷风险的无视;希腊债务危机则说明,如果一个国家没有金融衍生品专业人才,那么在残酷的国际金融竞争中就会被动挨打。

事实上,认为只要交易中带有杠杆就有重大金融风险是犯了简单化、绝对化和片面化的错误。

(一) 杠杆是金融的本质,没有杠杆就没有现代金融

很难想象一个没有金融杠杆交易的商业社会将会是什么样的。首先,银行的自有资金加上客户存款是放贷的来源,因此天然就是带杠杆的。没有银行,老百姓买房买车等消费自然不可能,企业数量和活动也会大大萎缩,造成的后果就是经济增长停滞。在没有杠杆的社会里,股份制也不会存在。股权投资者投入资金,分享的却是整个企业价值,企业价值包括债务和股权,那么股权投资其实也是杠杆交易。这样一个近乎回到农业社会的民族国家,不太可能在当今世界复杂的国际形势和斗争下生存。缺乏现代金融工具是晚清政府在甲午战争中惨败给日本的重要内因之一,如今西方国家已经进化到以金融衍生品为核心的资本主义高级阶段,我们决不能因循守旧、不思进取,退化到一个没有银行、没有股市、没有

衍生品的"乌托邦"社会。

(二) 杠杆交易往往是替罪羊

古往今来，历次金融危机背后的本质均离不开人性的贪婪和监管的缺失。但人是不容易承认自己错误的动物，找替罪羊是心理的自然反应。对于1987年美国股灾，社会大众甚至监管部门都首先认为是程序化交易和股指期货导致了股灾，直到后来经过更深入细致的研究才认清了真相，为这两者正名。但社会误解从此埋下了根。2008年美国次贷危机和引发的全球金融危机，矛头也指向了CDS、CDO等金融衍生品。没错，这些场外金融衍生品的泛滥是危机爆发的引火线，但是谁在创造和滥用这些工具呢？还是人，缺乏监管的人。

衍生品市场投资者大多是专业金融机构，他们是对信息冲击最敏感的群体，信息交换最为充分，反应最为迅速。因此，金融危机往往首先在衍生品市场爆发，但这不代表衍生品"导致"了危机。

历史上有几次重大的金融危机跟金融衍生品一点关系也没有。比如18世纪的南海泡沫破灭，根本上还是因为公司股价被狂热的投资者推高回落，结果造成股票在英国被叫停达百年之久。1792年，时任美国财政部长助理杜尔下场疯狂买卖股票，造成后人所称的"杜尔恐慌"，无数人因此破产，甚至牵连到了汉密尔顿。1907年3月和8月，美国分别爆发了两次金融恐慌，100多家州立银行、30多家国家银行破产倒闭，最终靠J. P. Morgan一人力挽狂澜。1929年爆发了美国历史上最严重的股灾之一，本质上还是经济危机引发了银行业危机，大量商业银行破产倒闭，就连美联储也关门大吉。

因此，类似"传统股票现货市场风险有限，重大金融风险往往与杠杆交易和衍生品交易密切相关"这样的说法是经不住细察的。合理准确的说法应当是，重大金融风险往往跟缺乏有效监管的人性密切相关。杠杆和金融衍生品都只是工具，危机是使用工具的人造成的，不能有问题了就怪罪工具。

(三) 杠杆有多种，需要区别对待

杠杆可以分为场内杠杆和场外杠杆。券商的融资融券业务属于场内杠杆，民间借贷配资、场外金融衍生品属于场外杠杆。场内杠杆规则透明、风险可控，因此不太可能酿成大的金融危机。场外杠杆相对而言离监管更远，潜在风险会更大一些。

比如，2015年我国股市异常波动的真正诱因之一是场外非法配资泛滥成灾，而不是场内的融资融券交易。2008年全球金融危机，出现问题的也是场外交易的金融衍生品，场内交易的期货和期权并没有出现异常。危机后，各国监管层吸取教训，加强了场外衍生品交易的透明度，并设立了集中清算中心，将场外交易进一步"场内化"。

杠杆也可以按照有无抵押分为有抵押杠杆和信用杠杆。银行发放房贷，需要房产作为抵押；回购市场需要债券作为抵押；质押融资需要股票作为抵押。这些有抵押的杠杆风险总体而言是可控的、透明的。

真正危险的是无抵押的信用杠杆,杠杆率无穷大。一旦在交易中亏损,对手方将不得不承担全部损失。更严重的是,信用杠杆更容易在场外出现。美国次贷危机前夕,银行通过证券化将房贷打包转移给华尔街投资者,本质上正是将原本需要抵押的杠杆转化为无抵押的信用杠杆。因此,相比正常场内有抵押的杠杆交易(比如融资融券和金融衍生品交易),更需要重点防范的是信用杠杆交易所带来的金融风险。

第十章 交易系统

即便在最简陋的菜市场,每个菜农也都要进行口头报价或者展示价格牌,每天买卖情况要有记录,钱货交收要有固定方式等。金融市场也类似,行情、下单、风控、结算这些要素加在一起构成了交易系统。现代金融市场里有成千上万个资产品种和数以亿万计的参与者,要保障每日每时每刻无数笔交易的顺利进行,离不开快速、高效、稳定的交易系统。

我国金融市场交易系统根据使用者的不同可以分为三大类,一是交易所使用的交易系统(以下称"交易所系统"),由撮合成交、行情收集发布、风险控制和清结算等部分组成。交易所系统中有一些是基于国外引进的系统二次开发的。比如郑商所、大商所(由金仕达开发后自己加以维护)和上交所(在购买的德国交易所系统的基础上进行二次开发)。我国自主开发的有深交所、上期所和中金所(沿用上期所的版本)的交易所系统。二是经纪商(券商和期货公司)使用的交易系统(也称"柜台系统"),通常包括行情接收、交易通道、(事前事后)风险控制以及交易后的清结算环节等。[①] 柜台系统一般由经纪商自行采购或开发。三是交易者自己开发的交易系统。普通交易者不需要也没有能力开发系统,一般直接采用开户经纪商提供的系统。程序化交易者和高频交易者对速度有特别的要求,因此有些会自己开发系统或者从市场上的系统供应商处购买。

> 2019年11月20日,四家期货交易所发布落实穿透式监管的通知,要求期货公司采集客户交易终端信息,以更好地利用大数据技术识别关联账户和市场操纵行为,形成监测网络,更快速高效地发现期货交易中的异常及违规情形。此前有大户利用资金优势进行分仓操作,躲避交易所对品种的持仓限仓规定。穿透式监管可以通过客户交易系统信息和大数据算法,把同时进出市场、不同账户之间互倒、洗钱等违法行为挖掘出来。

按照交易要素,交易系统可以分为信息系统、风控系统和结算系统。其中,信息系统包括行情搜集系统、行情发布系统、行情显示系统、报单生成和执行系统、报单显示系统等。

---

① 注意:第一,在实际市场操作中,有些柜台系统的功能模块如行情接收、清结算可能由交易者自己挑选并使用第三方公司提供的软件系统;第二,券商和期货公司固然会提供柜台系统供客户使用,但在我国期货市场上,也有相当一部分柜台系统是由交易所技术子公司开发并直接提供的。

10.1 信息系统

市场微结构学中把收集、处理、显示、传播、接收信息并根据信息进行下单的系统合称为信息系统,是交易系统的重要组成部分。

10.1.1 行情搜集和发布系统

信息的收集和发布是交易所收集、汇总并发送信息的过程。20 世纪 90 年代,交易者在券商营业部柜台下单,单子随后通过电话或者人工传递到券商在交易所大厅的交易员(出市代表,上交所称"红马甲",深交所则细分为负责买卖指令的接收和登记的"蓝马甲"和代客竞价交易的"红马甲"),由交易员记录下委托和成交信息,并上报给交易所。营业部也会在闭市之后对一天的交易情况进行汇总整理并上报。整个信息收集的过程耗时很长,信息传递的速度较慢,因此,市场的信息效率也较低。但很快,随着交易技术的发展,传统的人工叫喊模式完全被电子交易系统所取代。电子系统收集信息的速度和数量比人工叫喊模式要快得多、大得多。目前,我国证券期货交易所都是采取电子系统采集市场交易信息,大大提高了信息采集和处理的速度和容量。

在境外金融市场上,交易所的行情和交易源数据可以直接提供给接入交易所服务器的交易者,通常这些交易者对信息的速度和质量要求很高,所以选择直接接入,即直连(direct access)。直连比较常见,特别是高频交易者都会申请直连交易所。但是交易者首先要成为交易所会员并缴纳昂贵的会费,直连的时候看到的信息只是自己的交易,且用自己的资金。

直连在我国证券期货市场是严令禁止的,因为我国市场上交易者必须通过会员即证券公司或者期货公司进行交易,不可以直接成为交易所会员。如果交易者违规直连交易所,那么该交易者将看到所有该公司客户的实时交易信息,显然有违公平并严重侵害他人的利益。证券公司和期货公司作为交易所会员,本身连接交易所系统,开展自营业务必须设立防火墙,报单仍然要经过风控系统才能进入交易所系统。但是防不胜防,光大"乌龙指"事件就是一个典型例子。期货公司目前不允许开展自营业务。

交易所也会通过协议授权给市场上的一些信息供应商,由后者间接向交易者提供实时或者延迟信息。这些供应商通常都会对交易所的源数据进行打包整理,再转发给订阅数据的客户。一般在交易所的官网上都能查询到获得正式授权的信息供应商名单。

10.1.1.1 行情种类

行情根据发布的时效分为延时行情和实时行情。交易所提供的延时行情一般滞后于实际委托或者成交时间 15—30 分钟,具体滞后时间根据不同的交易所而有所不同。实时行情信息分为 Level 1 和 Level 2 两种,Level 1 又称为"基本行情",Level 2 又称为"深度行情""增值行情"。

以上交所为例,其基本行情包括:集合竞价期间提供证券代码、证券简称、前收盘价格、虚拟开盘价、虚拟匹配量、虚拟未匹配量和虚拟未匹配量的剩余方向；连续竞价期间提供证券代码、证券简称、前收盘价格、最新成交价格、当日最高成交价格、当日最低成交价格、当日累计成交量、当日累计成交金额、实时最高五个买入申报价格和数量、实时最低五个买入申报价格和数量。

深度行情则是在基本行情的基础上增加了委托和实时逐笔成交等额外信息。以上交所为例，深度行情提供逐笔成交数据、成交与报单关联数据，以及买卖十档申报信息，同时提供第一档位的前 50 笔报单的委托量。值得注意的是，深度行情与基本行情相比，不仅仅是信息含量更大，而且由于采取了更先进的行情发送技术，速度更快、更稳定，延时达到毫秒级，大约比基本行情要节省 1 秒以上。1 秒对于普通交易者而言无所谓，但购买深度行情的一般不是普通交易者，而是专业交易者，这里面多数是程序化甚至高频交易者。对于高频交易者而言，买与不买深度行情的差距就是天渊之别。

实时行情还可以划分为快照行情与逐笔成交两种。上交所的快照发送频率为 3 秒一次。前面所讲的市场总览信息（包括十档深度信息和买卖一档上的前 50 个委托单）、虚拟集合竞价信息、指数行情等都属于快照。各大期货交易所的快照频率一般为 0.5 秒一次，大商所和郑商所的付费行情可以达到 0.25 秒一次。值得注意的是，快照虽然包括了逐笔成交信息，但由于技术原因，并没有囊括所有的成交，而只是部分。这反映了目前我国证券交易所面临的交易基础设施还相对落后的现状。深交所的技术相对先进，已经率先做到了实时逐笔行情，但国内大部分投资者还没有完全适应过来，一是实时逐笔行情的数据量太大，每个交易日大约要产生几十千兆（即几十 G）的数据，要接受这么多数据需要较专业的信息技术和较长的时间进行系统调整；二是 2015 年股市异常波动之后券商的程序化交易接口被暂停，交易者也就没有很强的动机去利用实时逐笔行情。

对于普通投资者而言，基本行情已经足够应付日常的买卖交易，券商、期货公司都会向客户免费提供这些行情，交易所收取的数据费也相对比较便宜。但机构投资者和程序化交易者需要了解和掌握市场上更多的投资者行为，以帮助形成判断，因此对于这部分交易者而言深度行情是必不可少的。一般来讲，深度行情需要另外付费。目前，上交所的基础行情和深度行情费用分为经营许可费和用户使用费。基础行情的经营许可费和用户使用费各为 15 万元/年；深度行情的经营许可费为 35 万元/年，用户使用费则视使用终端的不同每月收取不同的费用。

10.1.1.2 行情发布

交易所发布信息一般采取广播（broadcasting）或者轮询（polling）制度。这两种制度很好理解，广播就像交易所拿着一个大喇叭，对全市场播报，理论上交易所在同一时间向市场上所有的交易者发送信息。轮询是指交易所的服务器挨个询问交易者的外设系统，如果发现有数据输入或输出的请求就会发送行情，这就意味着跟广播不同，不是每个交易者都能同时获得信息，而是有先后之分。对于低频交易者而言，这个先后时间上的差别可以忽略不计，平时在交易过程中也几乎察觉不到任何时间上的先后。但对于程序化交易者尤其是高频交易者而言，几毫秒甚至几微秒的差距都会直接影响利润空间的大小。因此，有些程序化交易者会采取申请多账号、多席位的方法来尽量多路获取行情，然后利用计算机优选技术从中选取速度最快的一条。

不过,即便是交易所都采取了广播系统,每个交易者接收信息的速度还是会有所差别。这是因为交易者使用的信息收集系统速度可能不一样。过去的交易都是发生在人声鼎沸的交易大厅,因此,国外第一代交易员通常都是人高马大、身材壮硕的橄榄球运动员出身,他们的生理优势使得其获取信息的速度比别人更快。同理,电子系统之间也存在很大差异,比如在行情解析的速度和准确性方面。如今高频交易领域的竞争十分激烈,速度上几毫秒甚至几微秒的差距就足以分个胜负。在国外已经有不少交易商开始使用微波塔甚至激光来进行数据传输。国内的高频交易商在交易所撮合中心附近铺设裸光纤也早已是业界公开的秘密。

10.1.2　信息发送和接收系统

交易所系统与会员系统之间需要进行数据交换才能实现信息的发送和接收。2010年以前,上交所的行情基于我国证券交易数据交换协议(STEP协议——从国际通行的金融信息交换协议 FIX 扩展而来),后来随着交易量的日益增长,为更好地满足市场交易者对行情信息速度的需求,上交所将 Level 2 行情数据格式在原有 STEP 的基础上进行 FAST 编码,然后嵌入 STEP 消息,成为现在的 FAST 协议。根据上交所公开资料介绍,FAST 协议在保持 FIX 协议灵活性的基础上,将市场数据大幅度压缩,大大提高了处理速度。行情快照发送频率如果是3秒一次的话,根据不同的带宽延时大概在0.5秒至1秒之间。

2016年,深交所推出了新一代交易系统,行情上以 STEP/BINARY 自定义二进制协议为基础。根据深交所有关资料显示,现在深交所的延时大概在10毫秒以内。虽然与国际市场上的微秒级延时仍有不小差距,但在速度上比此前已经有了很大的提高,在国内交易所中处于领先地位。

10.1.3　交易通道

交易者接收到行情之后就进入报单环节。普通交易者对报单的生成和执行没有太高的要求。大多数交易者使用开户所在券商或期货公司提供的交易系统进行报单委托,并没有太在意系统的速度和要求具有复杂的功能。但是对于追求速度和技术的程序化交易者和高频交易者而言,报单的生成和执行系统非常关键。

顾名思义,报单生成和执行系统包括报单的生成和执行两个方面。普通投资者或者低频交易者一般都是手工下单,程序化交易者则通过计算机程序自动生成报单并发送。程序化交易者的报单执行系统会针对交易者需求专门设计,一般拥有快速报单、快速撤单、快速查询等功能,还提供追价幅度、次数、把大笔报单自动拆分成小单等功能的调用。目前,这方面市场上比较成熟的系统供应商包括通达信、大智慧、同花顺等,这些供应商一般会把行情系统以及报单生成和执行系统结合起来。还有一些系统供应商如恒生电子、金仕达等在原有柜台风控系统的优势基础上开发报单生成和执行系统,也占有较大的市场份额。

> 2013年的光大"乌龙指"事件中,向光大证券自营部门提供报单执行系统的铭创科技受到了市场的一片指责。据报道称:"铭创的报单执行系统在事件发生当日发生系统错误,系统在没有得到委托回报的情况下并没有先发送撤单委托再发出新的下单指令,导致系统直接重复派发报单。"
>
> "比如系统下了1万手单,成交2千手,失败8千手,正常情况下系统应该等委托回报回来后才能决定下一步该怎么做……最后导致此种结果。"
>
> "光大证券仅仅只向铭创购买了报单执行系统而自己开发了报单生成系统,将报单生成和执行系统分离开是一件风险很大的事,风险在于两个系统之间是以双方各自规划好的数据进行交互,而其中任何一个系统出现任何问题,都会影响对方的判断;任何一个环节出现错误,都可能出现数据丢失。"
>
> 资料来源:大智慧阿思达克通讯社。

10.1.4 报单显示系统

最后讲一讲报单显示系统。以深交所为例(上交所的情形大体相同,港剧《大时代》中展示了生动的20世纪80年代港股交易场景),20世纪90年代初证券交易刚起步的时候,投资人到券商柜台办理委托之后,券商将客户委托书记载的内容通过热线电话传至其派至交易所的出市代表。穿蓝马甲的出市代表接到本部指令后,立即登记记录,并交给穿红马甲的出市代表,后者以最快的速度跑至红色地毯上用手势口头唱报,在显示报单盘上采取白板作业,即由"红马甲"将买卖盘写在白板上方的左右两栏,每栏又可有两个价位,按买卖价高低顺序登录白板竞价。成交后由卖方出市代表立即填写记录单,一式三联,在打卡机上打上成交时间和成交纪录单号码。然后将红色一联交买方出市代表,黄色一联交交易所管理人员查验,蓝色一联交卖方电话员并通过本部将成交结果告知投资人。交易所工作人员将价量变化输入电脑向社会公布,投资人看到的行情实际上是几分钟以前成交的行情。90年代末,曾经有一段时间在BP(寻呼)机上显示行情信息;此后,随着信息技术的发展和电脑、移动电话的普及,包括行情、委托和成交在内更详细、更丰富的交易信息都显示在电脑和手机屏幕上了。

10.2 券商和期货公司的柜台系统

在我国股票市场上,由于开户数众多,交易所如果对每一个账户都进行实时风控虽然不是不可能,但对技术要求较高且技术更新需时较长,所以目前采取的是由交易所对券商自营进行风控(2013年光大"乌龙指"事件发生后这方面有所加强),而券商通过柜台系统对客户进行风控的模式。期货市场类似,不但期货公司要对客户进行风控,交易所也要对期货公司进行资金风控。

经过多年的市场激烈竞争，目前，我国证券期货市场上普遍采用的柜台系统由少数几家技术供应商提供，如表 10-1 所示。

表 10-1　柜台系统供应商

系统	供应商
行情和下单系统	通达信（证券）、大智慧（证券）、CTP（期货）
柜台和结算系统	金仕达（证券）、恒生（证券）、顶点（证券）、金证（证券）、CTP（期货）

注意，这些仅是我国证券公司、期货公司和公募基金行业普遍使用的柜台系统，其他金融机构可能采用其他系统。其中，CTP 主要是应用在期货市场上，金仕达、恒生等虽然也有期货业务，但主要还是在证券市场上应用较广。在公募基金和信托行业，基本是恒生垄断整个市场。跟其他行业一样，长期的垄断可能会产生一些问题。此外，市场上还有少数系统供应商专门针对私募基金、程序化交易者和高频交易者的特殊需求开发行情和结算系统。

10.3　期货交易所开发的柜台系统

除了以上这些技术开发商提供的柜台系统以外，在我国期货市场上还有一个特殊情况：期货交易所自身也开发了柜台系统，并且占有较大的市场份额。

我国早期期货市场上，由于交易系统的落后，没有量化交易和程序化交易的土壤。有点量化意味的交易就是最早的一批期货投资者，利用伦敦铜价格与沪铜价格的领先滞后关系进行套利，仅此而已。但上期所后来在原有 2006 年新一代交易系统的基础上推出 CTP 综合交易平台，击败当时市面上流行的金仕达和恒生系统，一举开创了我国期货程序化交易的局面。CTP 平台的主要优势在于提供了开放的接口，让有编程能力的交易者能够开发自己的个性化下单软件，从而实现最为快捷的交易速度，奠定了实现程序化交易、量化交易和高频交易等功能的基础。

过去 10 余年间，自从上期所 CTP 系统由于其稳定性和开放性赢得了市场份额之后，其他交易所技术子公司也纷纷投入大量的财力、物力和人力开发新的交易系统，抢占市场份额。

上海金融期货信息技术公司（简称"中金所技术公司"）是中金所下属子公司，于 2012 年成立，开发了飞马交易系统。由于不少技术人员来自于上期所的技术公司即上海期货信息技术有限公司（简称"上期技术"），因此飞马跟 CTP 颇有相似之处。

大商所的大连飞创信息技术公司（简称"大连飞创"）于 2005 年成立，在北京和大连均有分公司，覆盖范围广。其开发的飞创柜台交易系统包括 X-One、X-Speed、X-Quant（XQN），其中 X-One 主要面向期货投资者，X-Speed 面向证券投资者，而 X-Quant 是为速度要求更高的专业量化投资者量身定做的。

郑商所的郑州易盛信息技术公司（简称"郑州易盛"）成立于 2002 年，是五个期货交易所中历史最久的一个，其一键下单功能开创了我国期货的抄手时代。郑州易盛拥有极星、北斗星、启明星等多项交易系统。早年间，公司技术人才济济，但后来随着几位骨干的离职，人才匮乏成为一个主要问题。

概括起来，当前我国期货交易所技术子公司所提供的柜台系统具体如表10-2所示。[①]

表10-2 我国期货交易所技术子公司柜台系统

供应商	所属交易所	柜台系统	
		主席	二席
上期技术	上期所	CTP	不提供
飞创	大商所	不提供	X-One、XQN、X-Speed
易盛	郑商所	极星	启明星
中金所技术	中金所	飞马	飞马

> 期货柜台系统分为主席（也称"主用"）和二席，其中主席系统包括行情、下单、事前事后风控、结算等整套环节，比如上期所的CTP系统；二席系统一般针对高端程序化交易客户而设计，在速度和执行效率等方面都比主席系统更优，比如大商所飞创公司的XQN、中金所的飞马等系统。为突出优势，二席系统通常只包括下单和风控环节，而行情和结算环节由追求速度和效率的交易者自行在市场第三方进行采购。

期货交易所技术子公司的出现，使整个期货交易行业的生态发生了巨大的变化：第一，为了让技术公司吸引更多的高端客户，交易所对下属技术公司放权，默许技术公司可以独立与客户商谈合约。这种模式有好的一面，可以促使技术公司根据客户的需要，提供更对口的服务。但是也有不好的一面，比如某些情况下可以绕过期货公司，形成服务客户的闭环和垄断。

第二，有些技术公司出于竞争的压力，纷纷推出面向专业投资者的深度行情和托管服务。比如此前大连飞创对使用非X-One和非X-Speed系统的投资者提供的是千兆机房，而对X-One和X-Speed系统使用者提供的是万兆机房，这100微秒的差别足够使时间就是生命的高频交易者在交易中占据压倒性优势。这在事实上造成高频交易者如果要在大商所交易，就必须采购其交易系统。在行情方面，只要专业投资者愿意付费，约每年24万元，即可享受到比普通投资者更快的行情。普通投资者看到的行情播报频率是0.5秒，而专业投资者看到的是0.25秒。这相当于两个拳击运动员，其中一人每隔0.25秒可以睁眼看到对方，另一人要每隔0.5秒才能睁眼，谁更有优势一目了然。

第三，各大交易所技术子公司在多年鏖战之后，已然形成了自己的市场。技术子公司可以轻松设置门槛，"迫使"交易者选择自己公司的交易系统。比如要交易郑商所的品种，必须使用易盛的系统，否则就获取不到深度行情，进不了托管机房；要交易大商所的品种，

---

① 上一节提过，除了这些交易所技术子公司以外，市场上还有一些供应商专门提供针对券商和期货自营部门、程序化交易和高频交易客户的高端交易系统。

就必须使用飞创的系统,否则没有深度行情,没有万兆机房。

第四,交易所技术公司人才流失严重,形成"南下"现象。各大交易所技术公司的员工80%以上从事的是纯技术工作,收入与付出严重不匹配。有时候为了调试程序,服务客户,会没日没夜加班,但薪酬却跟市场同类技术人员的待遇相差甚远,且干多干少在薪酬上没有显著区别。近年来,港交所加大了信息技术人才的引进力度,导致内地人才流失严重。这种人才流失的直接后果就是技术能力不足,比如行情实时逐笔播报方面的问题、期货组合品种上线方面的问题,导致与国外先进交易系统和交易技术的差距依然很大。

10.4 交易所结算系统

结算分为交易所在交易后与会员单位的结算,以及券商和期货公司与其客户之间的结算。后者前面已经介绍过,期货市场上主要以 CTP 为主,证券市场上以恒生和金仕达为代表的供应商为主。关于清结算的具体介绍请见第十二章。

目前,我国证券期货交易所的结算系统在整体上与国外成熟市场相比差距很大。国外大型交易所如芝加哥商品交易所(CME)采取的是 SPAN 保证金结算系统(更多关于 SPAN 的介绍请见第十二章),对于交易者的投资组合进行整体上的风控和优化,为交易者降低了资金成本,提高了资金使用效率。我国期货交易所基本都采取"大边"保证金收取制度,即当同品种既有多头头寸又有空头头寸时,交易所按照数量较多的头寸计算并收取保证金。有的交易所比如郑州商品交易所和中国金融期货交易所允许跨品种单向大边收取保证金。这虽然可以提高交易者的资金使用效率,但需注意由于是跨品种,一旦品种之间的相关性变弱甚至相反,那么这种"大边"保证金收取制度有可能造成对风险的严重低估,从而加大交易所特别是期货公司的风险敞口。

> 国内外交易所系统的差距不仅仅是在结算方面。在行情方面,国外交易所普遍采用了实时逐笔广播形式,而我国目前仅有深交所做到了这一点,上交所采用的仍然是 3 秒一次的行情频率,期货市场是 0.5 秒一次的行情频率。在品种丰富程度方面,国外交易所的上市品种繁多,同一个品种跨多个交易所的情况也很多,这些都对交易系统的性能提出了更高的要求。在指令类型方面,国外交易所的交易系统通常能够支持多种复杂的高级交易指令,比如组合指令,方便交易者执行复杂的交易策略,提高交易效率。

第十一章 交易成本

交易成本是决定每个市场交易者投资利润的重要因素之一。成熟的金融市场通常交易成本较低,而新兴金融市场的交易成本偏高。欧美市场的运行效率已经达到较高的水平,套利空间相对较小,但套利型投资者仍然可以生存,其中一个重要原因就在于欧美市场的交易成本也很低。反观新兴金融市场,市场效率不那么高,套利空间很大,但同样的交易策略往往实施起来不能奏效,原因就是这些市场的交易成本很高,有时候甚至存在严重的套利限制。因此,在决定是否投资某个市场的时候,一定要充分考虑当地市场的交易成本结构。

不仅交易者,交易所和监管者也会关心交易成本的大小问题,因为交易成本是金融市场质量的重要指标之一。交易所和监管者经常会出台一些政策,帮助市场参与者降低交易成本,提高交易质量。

11.1 股票市场交易成本

我国股票市场的交易成本相对欧美市场而言比较高昂,既包括显性的券商佣金、印花税、交易所费用等,也包括隐性的买卖价差、融券成本、滑点(价格冲击)、贴水、交易限制和机会成本等。相比而言,显性成本容易测量得多,而隐性成本比如滑点和机会成本等比较难以度量,因为这些涉及估计没有真实发生的交易价格。

欧美成熟股票市场虽然交易成本结构与我国类似,但主要差别在隐形成本上,比如交易限制、对冲成本、融券成本和价格冲击成本。这些隐形成本的高低取决于市场运行的质量、卖空机制的完善程度以及流动性的好坏。

11.1.1 券商佣金

近年来,由于市场行情低迷,券商经纪业务之间的竞争愈演愈烈,证券交易的佣金逐年下降,从 2013 年的万 8(万分之八)一路降到万 7、万 5、万 4,目前,行业平均佣金已经在万 2.5 至万 3 左右,接近成本线。这个成本除了与交易所规费有关以外,还包括交易所收取的其他费用如流量费、报撤单费用等。

交易者都想选佣金最低的,但是其实不一定哪家证券公司佣金最低,因为每家证券公司都有多个营业部,各营业部之间执行的佣金标准不同。同时,每个营业部还有多个经纪人,碰到不同的经纪人,能协商下来的佣金也可能不同。

假设一个交易者跟营业部很熟,能够拿到最优惠的佣金待遇,买卖股票按照目前券商的最低净收佣金水平(净收佣金是指扣除券商代收的交易所费用之后的佣金),大概是万 2 左右,即 2 个基点。这个成本估计显然是保守了,实际佣金要比这个高一些。

11.1.2 印花税

我国税法规定,对股票交易确立的股权转让征收印花税。2008 年 4 月 24 日,财政部出手"救市",将印花税下调至 1‰ 即 10 个基点,当日沪指暴涨 9.29%(即著名的 424 行情)。同年 9 月 19 日,财政部为了鼓励长期持有,将印花税改为单边征收,只在卖出股票时征收。因此除了 2 个基点的佣金外,卖出股票还要支付 10 个基点的印花税,这是交给国家的证券交易税。2019 年前 10 个月证券交易印花税达 1132 亿,同比增长 27.5%。

从世界主要股票市场发展经验看,取消股票印花税是大势所趋。1999 年 4 月 1 日,日本取消包括印花税在内的所有交易的流通票据转让税和交易税。2000 年 6 月 30 日,新加坡取消股票印花税。美国、加拿大、德国、澳大利亚、巴西、俄罗斯等国家都没有证券交易印花税。有些国家只对日内净持仓征收印花税。

我国证券市场正逐渐对外开放,与世界市场衔接,特别是陆港通、沪伦通等政策的出台让境外投资机构不断涌入,推行与国际惯例接轨的印花税税率将是一种趋势。但是在没有改变之前,投资者需要承担 10 个基点的单边(卖出)印花税。

比较特殊的是,对企业或个人投资者买卖(申购与赎回、交易)基金单位,暂不征收印花税;对香港市场投资者通过基金互认买卖、继承、赠予内地基金份额,按照内地现行税制规定,暂不征收印花税;对内地投资者通过基金互认买卖、继承、赠予香港基金份额,按照香港现行有关印花税的法律规定执行。

> 2021 年 2 月 24 日,我国香港政府财政司宣布计划将股票交易印花税从 0.10% 提高 30% 至 0.13%,引起当日港股暴跌,大陆 A 股市场亦闻声下跌,可见印花税的调整对市场影响之巨。香港股市印花税实施双边征收,一直是香港政府的重要财政收入来源,2020/2021 财政年度股票交易印花税达 350 亿港元,约占财政收入的 6%,占整体印花税的 50%。此次调整预计将给香港政府下一财政年度带来 80—110 亿港元的增量收入。新冠疫情期间,香港政府出台了一系列减税降费政策支持企业、纾解民困,耗费了不少财政资金,亟待补充。

11.1.3 交易所费用

交易所费用也称规费,规费包括经手费和证券管理费,其中经手费交给交易所,证券管理费交给证监会(由交易所代收)。

自 2015 年 8 月 1 日起，上交所 A 股规费为：经手费 0.00487％（双向收），证管费 0.002％（双向收），合计为交易金额的 0.00687％；自 2015 年 8 月 1 日起，深交所 A 股规费为：经手费 0.00487％（双向收），证管费 0.002％（双向收），合计为交易金额的 0.00687％。规费一般已经包含在券商收取的万 2 佣金里。

11.1.4　过户费

过户费是指委托买卖的股票、基金成交后，由买卖双方为变更股权登记所支付的费用。这笔收入属于证券登记清算机构的收入，由证券经营机构在同投资者清算交割时代为扣收。

自 2015 年 8 月 1 日起，沪深市场 A 股交易过户费的收费标准，统一调整为按照成交金额 0.02‰ 向买卖双方投资者分别收取。交易过户费为中国结算收费，证券经营机构不予留存。

可以看出，前面提到的印花税与这里的过户费在性质上是一样的，都是由于股权变更而产生的费用，因此有重复征收之嫌。

到目前为止，交易所规费、过户费结合券商佣金和印花税，买卖成本大概是买入股票 2 个基点，卖出股票 12 个基点。

11.1.5　证券投资收益所得税（企业所得税）

一般来讲，证券投资收益包括资本利得和股票的股息红利（或债券利息），很多国际市场对这两部分分别征收资本利得税和股息税。目前，我国对证券投资收益的税务规定，主要体现在《企业所得税法》《外商投资企业和外国企业所得税法》和《个人所得税法》等有关规定中。其主要内容包括三点：

一是对于个人投资者，资本利得税与行为税合并一起包含在印花税中，目前不单独征收。股息红利（或债券利息）一般按所得的 20％（不扣除）征税。自 2015 年 9 月 8 日起，我国对上市公司股息红利所得实行差别化个人所得税政策进行了适当调整，对持股 1 年以上的投资者加大了税收优惠力度，即持股超过 1 年的，对其取得的股息红利所得暂免征收个人所得税。同时，对持股 1 个月以内和 1 个月至 1 年的，原有政策保持不变，实际税负仍为 20％ 和 10％。

二是对于国内企业，比如公司进行证券投资活动或者金融机构利用自有资金进行证券投资等，参照《公司法》将其股票转让净所得并入企业的应税所得，缴纳企业所得税，对股息红利实行抵免法，但债券（不含国债）的利息收入计入应税所得。注意，公募基金和私募基金的资产管理产品由于是契约基金性质而非自有投资，所以不需要缴纳证券投资收益所得税。但我国自 2018 年起实施增值税法，详见 11.1.6 节。

三是对于外商投资企业，股票转让净收益也并入应税所得。对于外国企业，若在中国境内设立机构、场所并由其转让持有的股票（主要是 B 股和海外股），取得的净收益并入当期应税所得缴纳所得税；若外国企业转让的股票（同上）不是由其设在境内的机构、场所持有，则其转让净收益可以免缴所得税，股息不用缴税。

> 股息就是股票的利息,是指股份公司从提取了公积金、公益金的税后利润中按照预先约定的股息率派发给股东(主要是优先股股东)的收益。红利虽然也是公司分配给股东的回报,但它与股息的区别在于,股息的利率是固定的,而红利数额通常是不确定的,它随着公司每年可分配盈余的多少而上下浮动。股利则是股息和红利的统称,是指股份公司从净收益中派发给股东的那一部分。股利是股东投资于股份公司的收益的一部分(另一部分是资本利得),是付给资本的报酬。
>
> 股利只会派发给在除息日之前一日持有股票至除息日当日的投资者,在除息日当日或以后才买入股票的投资者则不能获派股利。与此同时,证券交易所会在除息日开市前自动把股票的上一交易日收盘价扣减股利的价值,定为该股票的前一交易日的收盘价,因此股价会在开盘时自动下跌。
>
> 股利的主要发放形式有现金股利和股票股利两种。现金股利亦称"派现",是股份公司以货币形式发放给股东的股利。股票股利也称为送红股或股票分拆,是指股份公司以增发本公司股票的方式来代替现金向股东派息,通常是按股票的比例分发给股东。股东得到的股票股利,实际上是向公司增加投资;初创或正在快速发展中的公司,往往会倾向于分派股票股利而较少分派现金股利。

11.1.6 证券投资基金的增值税

我国税法规定,从 2017 年 7 月 1 日起,证券投资基金的资管产品运营过程中发生的增值税应税行为,以资管产品管理人(公司型或合伙型)为增值税纳税人。2017 年 12 月,中国证券投资基金业协会发布了《证券投资基金增值税核算估值参考意见》,对基金行业的资管产品征收增值税作出了详细规定。主要内容包括:

基金持有的各类存款取得的利息收入不征收增值税,持有国债、地方政府债、央行票据、政策性金融债券、金融债券、同业存单取得的利息收入也免征增值税。基金转让有价证券、非货物期货和其他金融商品所有权产生的差价收入,按金融商品转让缴纳增值税,其中基金买卖股票、债券的差价收入免征增值税,基金持有债券的利息收入属于应税收入,基金持有股票的股息红利收入则不属于应税收入。

特别值得注意的是,买卖差价收入增值税的免征目前仅限公募基金,私募基金在这方面并不能免征增值税。这主要是因为税务部门免征增值税依据的是 2004 年的《财政部、国家税务总局关于证券投资基金税收政策的通知》(财税[2004]78 号)和 2008 年的《财政部、国家税务总局关于企业所得税若干优惠政策的通知》(财税[2008]1 号),当时市场上还没有私募基金。

表 11-1 为公募基金与私募基金的增值税对比(表中的证券投资基金即指公募基金,非证券投资基金为私募基金)。可以看出,公募基金与私募基金在增值税上的差别主要体现在买卖差价收入上,在相当多的固定收益类和权益类品种上,公募基金免税,而私募基金需

多缴纳 3% 的增值税。

表 11-1 公募基金和私募基金增值税对比

征税大项	明细品种	证券投资基金		非证券投资基金	
		利息收入(%)	差价收入	利息收入(%)	差价收入(%)
固定收益类品种	国债	3	免税	3	3
	地方政府债	3	免税	3	3
	央行票据	3	免税	3	3
	政策性金融债	3	免税	3	3
	金融债	3	免税	3	3
	同业存单	3	免税	3	3
	企业债	3	免税	3	3
	公司债	3	免税	3	3
	短期融资券	3	免税	3	3
	超短期融资券	3	免税	3	3
	中期票据	3	免税	3	3
	可转债	3	免税	3	3
	分离可转债	3	免税	3	3
	次级债	3	免税	3	3
	私募债券	3	免税	3	3
	资产支持证券(ABS)优先级/中间级	3	免税	3	3
	境外债券	3	免税	3	3
股票及金融衍生品	沪深交易所股票(含定向增发)	不应税	免税	不应税	3
	港股通股票	不应税	免税	不应税	3
	美股和其他境外二级市场交易	不应税	免税	不应税	3
	新三板股票(含定向增发)	不应税	免税	不应税	3
	优先股、存托凭证	不应税	免税	不应税	3

资料来源：http://www.cs.com.cn/tzjj/jjdt/201801/t20180105_5655125.html。

当本期金融商品转让差价收入为负数时，不对该负差收入计提负的应交增值税，而是将该负数留在后期备抵。如果下期金融商品转让差价收入为正数，则先用前期留作备抵的负数抵减，若抵减后还有正余额，则该正余额应交增值税，年末出现负差不得转入下一会计年度。

另外值得一提的是，资管产品征收增值税是按照金融商品来征收的，但是没有真正考虑金融商品与其他商品在买卖交易上的区别。普通商品的交易一般只有买价和卖价，但是金融商品的交易通常需要中介服务，会产生包括手续费等在内的交易费用。由此产生的一个问题是，目前资管产品在征收增值税时是按照差价收入计入应税的，而不是按照扣除其他各种交易费用之后的净差价收入来计算的。举个例子，某基金以每股 10 元的价格购入某股票，之后以每股 11 元卖出，则差价收入为每股 1 元并计入应税。但其实该笔交易通常会发生手续费等费用，这个费用并没有从差价收入中扣除，基金仍然要按照 1 元差价收入缴纳增值税。

还存在一个问题:按照税法规定,增值税需要向个人或者法人征收,但资管产品既不是个人也不是法人,在实际操作中纳税人为产品管理人。跟公募基金相比,私募基金管理人需要多缴纳大概一倍左右的增值税。在基金管理过程中,私募基金管理人可能会因为产品增值税缴纳过多而从原来的小规模纳税人变为一般纳税人,从而享受不到作为小规模纳税人能够享受的税收优惠,不利于私募基金的发展。

11.1.7 买卖价差

最优申买价和最优申卖价之间的差称为报价价差。如第五章所述,这通常是衡量市场流动性的宽度指标,代表了市场交易者所面临的交易成本。报价价差越小,说明该标的资产的市场流动性越好,交易成本越低。下面介绍两种常见的买卖价差度量方法。

11.1.7.1 基准价格法

报价价差只是衡量交易隐性成本的方法之一。更一般地,交易者通常用成交价格与某一基准价格之间的差来衡量自己的交易成本。具体计算公式如下:

$$成本 = 成交量 \times D \times (成交价 - 基准价)$$

其中,D 为交易方向,如果买入取 1,卖出则取 -1。基准价是交易者认为如果自己没有成交的情况下的市场价格。基准价的选取不是唯一的,可以是当日开盘价,可以是交易者成交前、成交时、成交后的最优买卖价格的中间值,也可以是当日成交的交易量加权价格。

当基准价取成交时最优买卖价格中间值的时候,如果交易者以当时的申卖价买入成交,那么其单位成本就为:

$$申卖价 - [0.5 \times (申买价 + 申卖价)] = 0.5 \times (申卖价 - 申买价)$$

如果交易者以当时的申买价卖出成交,那么其单位成本就等于:

$$-[申买价 - 0.5 \times (申买价 + 申卖价)] = 0.5 \times (申卖价 - 申买价)$$

可以看出,无论是买入还是卖出,报价价差的 1/2 都可以衡量交易的单位成本,报价价差都是越小越好。我们把这种用成交时最优买卖价格中间值作为基准价计算的买卖价差称为有效买卖价差(effective spread)。在国外市场上,由于有经纪商和交易商的存在,可能会帮助交易者改善价格,所以会出现有效价差低于报价价差的 1/2 的情况。但在我国市场上没有这样的中间服务,所以有效买卖价差即等于报价价差的 1/2。

有的交易者如做市商更偏好用成交后某段时间的最优申买申卖价格中间值作为基准价来计算买卖价差,这种价差称为已实现价差(realized spread)。这些交易者关心的是,如果现在成交建仓,之后一段时间卖出的话能有多少盈利或者亏损。他们更关心这个成本指标,是因为通常他们担心的交易对手是掌握更多信息的知情交易者,需要估算因此而产生的损失也即逆向选择成本。

图 11-1 为 2007 年以来我国股票市场上买卖报价价差的时间序列图。截至 2018 年 3 月 30 日,买卖价差均值大概在 0.13% 即 13 个基点左右,意味着这部分的交易隐性成本约为 6.5 个基点。

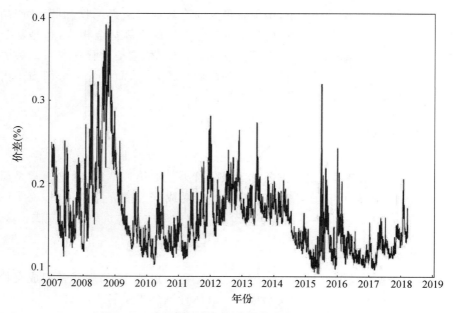

图 11-1 中国股票市场买卖报价价差的时间序列

另外一些交易者选择使用日度交易量加权平均价格（volume weighted average price, VWAP）作为基准价格。交易量加权平均价格计算如下：

$$\text{VWAP} = \frac{\text{当日总成交额}}{\text{当日总成交量}} = \frac{\sum_t p_t v_t}{\sum_t v_t} = \sum_t w_t p_t$$

其中，p_t 为 t 时刻的成交价，v_t 为 t 时刻的成交手数，w_t 为 t 时刻成交量占日度总成交量的权重。

VWAP 代表的是某股票在一天内的平均成交价，交易者以此为基准价格可以衡量自己的成交价与市场其他交易者的平均价格相比是否具有优势。交易所和监管者也喜欢以 VWAP 作为交易成本的参考，因为它可以用来代表整个市场全天的平均交易成本。

除了 VWAP 以外，交易者有时也采用当日开盘价或者收盘价作为基准价，以此度量自己的成交价与成交之前（开盘）或者之后（收盘）的价格相比是否具有优势。

图 11-2 为全球主要交易所的有效价差走势，可以看出，我国股票交易所的有效价差在全球范围内属于比较低的。

11.1.7.2 经济计量方法

有时，由于某种原因不能获得市场报价数据，比如某些喊价式市场很少公布交易中的买卖叫价而只记录成交价格，此时可以用经济计量方法来间接测度交易者对价格的影响。罗氏价差便是其中最主要的一种（亦见第五章）。

$$\text{Roll's Spread} = \frac{2\sqrt{-\text{cov}(r_t, r_{t+1})}}{P_{\text{avg}}} \times 100\%$$

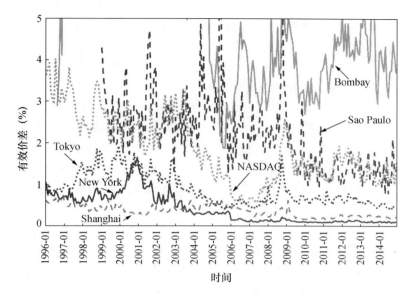

图 11-2　全球主要交易所有效价差走势

资料来源：Fong, Holden and Trzcinka, What Are the Best Liquidity Proxies for Global Research?, *Review of Finance*, 2017, (4)。

其中，P_{avg}为t至$t+1$期的资产平均价格。罗氏价差可以进行拓展，当回报率的时间序列协方差为正时取 0，以避免无法计算的问题。

如果把有效价差进行拆解，则得到：

$$\text{Effective Spread} = 2 \times D \times \frac{P_k - P_{mid}}{P_{mid}} \times 100\%$$
$$= 2 \times D \times \left[\left(\frac{P_k - P_{mid,5}}{P_{mid}}\right) + \left(\frac{P_{mid,5} - P_{mid}}{P_{mid}}\right)\right] \times 100\%$$

括号中的第一项即为已实现价差（相对于 5 分钟之后的买卖价差中间值），可以认为是价差中的暂时部分；第二项为价格冲击指标，可以认为是价差中的永久部分。

11.1.7.3　买卖价差的组成部分

根据成因，买卖价差还可以拆分为三个子部分，包括：(1) 报单处理成本；(2) 存货成本；(3) 逆向选择成本。

报单处理成本源自交易者买卖所要求的"即时性"。一个买方需要迅速在市场上寻找到合适的卖方，但卖方只有在价格比他已经付出的购买此项资产的价格更优时，才会愿意卖出该资产。另外，要想让卖方在市场中等候买方出现，首先要让卖方清楚自己在未来卖出资产时会获得补偿。同理，一个卖方如果想找到合适的买方，也需要给潜在的买方一些补偿，并且买方须已形成心理预期，即自己将在未来买入资产时获得比当前价格更低的折扣，如此买方才愿意在市场中等待。

比如，当前股票的交易价格为每股 10 元。如果交易者 A 急于出手 10000 股股票，他知道刚刚市场上有交易者以 10 元的价格卖出了股票，那么 A 需要报出 9.9 元的价格，才能使该交易者愿意重新买入。如果另一个交易者 B 想买入 5000 股股票,他知道刚刚有交易者以 10 元/股的价格买入了股票,那么 B 需要报出 10.1 元的价格,才能使该交易者愿意卖出这些股票。假如交易者 A 和 B 面对面同时进行交易,那么就会协商出一个均衡价格并成交,不存在买卖价差的问题。但在 A、B 互不认识且不能立刻交易的情况下,买卖价差就出现了。这就是因报单处理成本导致的价差。

买卖价差的第二个来源是做市商的存货成本。做市商承担了双边报价的义务,为市场提供流动性,但也承担着存货价格变动的风险。如果在一段时期内交易失衡,那么做市商就面临着存货过剩或者存货不足的情况,此时,未来市场价格的变动就会给做市商带来损失。为了能够覆盖这部分损失,做市商需要保持一定幅度的买卖价差并根据存货情况进行调整。需要注意的是,目前,我国股票市场上并没有采取做市商制度,因此买卖价差中没有存货成本部分。

第三个来源是逆向选择成本。西方金融市场微结构理论中的信息模型认为,市场上存在三种主要类型的交易者:知情交易者、噪音交易者(也称"流动性交易者")和做市商,其中知情交易者掌握的信息最多,其他两类交易者都尽量避免与知情交易者做对手方。如果买卖报价价差过小,做市商可能在与知情交易者的交易中遭遇损失;如果报价价差过大,做市商又可能在与流动性交易者的交易中遭遇损失。因此,做市商会设置能让自身利润最大化的买卖价差水平。虽然我国股票市场上没有做市商,但仍然有知情交易者和非知情交易者的区别。如果把提交限价报单的流动性提供者看成在自己的头寸上做市,那么逆向选择成分不仅存在,而且是买卖价差发生变化的主要因素。

王志强和陈培昆(2006)[①]对国外学者提出的若干个买卖价差分解模型进行了总结回顾,并认为 Lin, Sanger and Booth(1995)[②]提出的 LSB 模型最适合采取指令驱动机制的中国 A 股市场。基于 LSB 模型的逆向选择成分估算方法如下:

$$\ln(P_{\text{mid},t}/P_{\text{mid},t-1}) = \lambda z_{t-1} + e_t$$

其中,$P_{\text{mid},t-1}$ 为 t 期最优报价的中间值,z_{t-1} 为有效价差的一半,系数 λ 即为价差中逆向选择成分的比例。根据学者的测试结果,A 股市场买卖价差中的逆向选择成分约占 35%—40%,信息不对称确实是形成买卖价差的重要因素。

11.1.8 价格冲击

价格冲击(price impact)是交易成本中的重要组成部分,描述的是一笔交易对资产价格产生的影响。如前所述,价格冲击是有效买卖价差中的永久部分,其估算方式如下:

$$\text{Price Impact} = 2 \times D \times \frac{P_{\text{mid}} - P_{\text{mid},5}}{P_{\text{mid},5}} \times 100\%$$

其中,P_{mid} 为成交时的买卖价差中间值,$P_{\text{mid},5}$ 为成交 5 分钟后买卖价差的中间值。这种价格冲击的计算方法默认为,当某笔交易对价格形成了冲击之后,会体现在 5 分钟后的报价

[①] 王志强、陈培昆:《深市买卖价差逆向选择成分的估算和分析》,载《证券市场导报》2006 年第 3 期,第 65—70 页。

[②] Lin, Sanger and Booth, Trade Size and Components of the Bid-ask Spread, *Review of Financial Studies*, 1995, (8), pp. 1153-1183.

调整中,因此是一种持续的影响。在实证研究和实际交易中,具体是采用 5 分钟还是其他频率视研究者和交易者的需要而定。

另一个基于高频数据[①]的价格冲击指标可以间接测算成交额对资产价格的影响,其估算方式如下:

$$r_n = \lambda S_n + \xi_n$$

其中,r_n 为资产在第 n 个 5 分钟时间段内的回报率。

$$S_n = \sum_{k=1}^{k} \text{sign}(V_{k,n}) \sqrt{|V_{k,n}|}$$

S_n 为第 n 时段内的成交额,如果是买方发起成交,符号函数 $\text{sign}(V_{k,n})$ 取 $+1$;卖方发起成交,则取 -1。系数 λ 用来衡量成交对价格的影响。

也可以将成交额分为若干区间,然后估算买卖各区间金额的资产所产生的价格变化的平均值。根据上交所 2016 年发布的《市场质量报告》统计,从交易 10 万元股票的情况来看,近年来,我国股票市场的价格冲击成本呈现大幅下降趋势,从 1995 年的 199 个基点下降到 2015 年的 11 个基点,如图 11-3 所示。

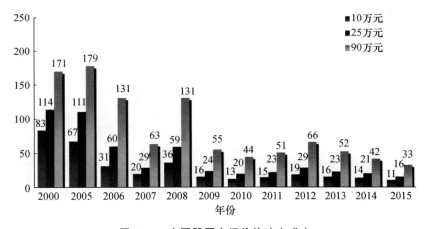

图 11-3 中国股票市场价格冲击成本

资料来源:上海证券交易所 2016 年《市场质量报告》。

11.1.9 融券成本

融券成本和对冲成本是交易成本中最大的两个,与目前我国股票市场上的卖空机制不完善有关。第九章附录讨论过我国股票市场中融券的困难所在。融券有两种方式:一种是从券商自营的股票池子里借,目前的融券成本大概是 8% 左右的年化率。问题在于,券商自营的券池很不稳定,并不保证一定能够获得所要的股票。券商在套保成本很高的情况下不会用股指期货去对冲,那么券商自然也就没有动机养券了。第二种融券方式是通过收益

[①] 此处介绍的价格冲击指标均基于高频数据,另外还有一些基于低频数据如日度、周度甚至月度计算的价格冲击指标。读者可参阅 Goyenko, Holden and Trzcinka, Do Liquidity Measures Measure Liquidity?, *Journal of Financial Economics*, 2009, 92(2)。

互换(swap)融券。即通过券商通道去找持有股票池的投资者,此种方式需要支付115%的保证金和8%左右的券息。这样做的好处是投资者的券池里的股票种类比第一种要多,但是资金占用很大。

不管用哪种手段进行融券,成本都是巨大的,而且风险很大,券源不稳定。因此,融券是主观对冲策略面临的大问题。

11.1.10 股指期货交易限制

主观策略一定需要管理市场风险,要对冲多头持股的风险除了通过融券就是通过股指期货。可惜在过去相当长时间内我国金融市场上的风险管理工具都十分有限,最近上市的沪深300ETF期权和沪深300股指期权也是来之不易。

典型的主观对冲策略如阿尔法策略的投资者选股基本在800—1000只,只有股票个数足够多才能确保有超额收益。这就意味着阿尔法策略持有的组合与大盘有很高的相关性。那么,对冲大盘应该用哪个股指期货? 图11-4展示了近期沪深300与中证500和中证1000指数的走势对比图。

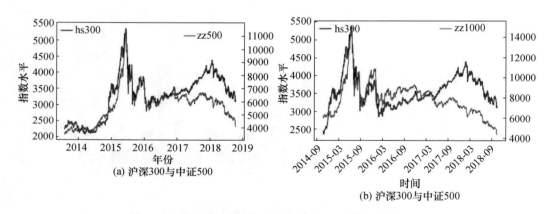

图11-4 沪深300与中证500和中证1000指数走势对比

可以看出,自2017年以来,沪深300与大盘的走势开始出现明显分化。沪深300指数在2017年至2018年年初都呈现上升的走势,但与此同时中证500和中证1000却在一路下滑。在这种情况下,要对冲大盘的市场风险,显然不能选择沪深300股指期货,而应当选择中证500股指期货。

但是选择中证500股指期货,问题仍然很多。首先,需要缴纳交易保证金;其次,每日开仓手数有一定的限制;最后,套保额度基本不能用。2015年,中金所实施交易限制以来,套保额度要求期现匹配即市值套保。对于阿尔法交易者来说,大部分股票并不在中证500指数以内,那么这样的套保至多也是一个交叉套保,存在很大的风险。很多阿尔法交易者其实开的是投机账户。最后一个问题也是最重要的问题,就是期货贴水。

股指期货自2015年异常波动以来就开始出现巨额负基差。2017年以来,股指期货交易限制经过若干次放松后,基差虽然已经出现了回调,但仍然是一笔不小的成本。从近期的数据来看，中证 500 的负基差平均为 0.5% 左右，年化后约 6%。这意味着如果主观策略交易者用中证 500 股指期货进行对冲的话，每年自动承担约 6% 的成本。

如果把以上所有这些成本加总，可以看出，买入股票的各种费用是 2 个基点，卖出股票额外加上 10 个基点的印花税，加上融券成本 9.3 个基点（8% 除以 245 天，加上 15% 的资金占用率），或者股指期货贴水的 3 个基点，一共是 21.3 个基点（如果采用融券）或者 15 个基点（如果采用股指期货），平均年化约为 45%。这是一个放到全球市场来看都是非常高的交易成本，而且在估计中还没有考虑 6.5 个基点的买卖价差、滑点和其他各种交易风险。如果加上这些，量化对冲的交易成本会更高。

11.2 期货市场交易成本

与证券公司的情形类似，不同期货公司、不同地区、不同营业部、不同客户收取的手续费可能都是不一样的，手续费因客户资金量的大小、交易量的多少而不同，资金量大的客户，期货公司也会考虑手续费优惠。一般来讲，规模大、实力强的期货公司手续费低一些，而一些小的期货公司略高。但也并非总是如此，有些小期货公司出于竞争压力会主动降低手续费。近年来，随着期货行业竞争日益激烈，期货公司的手续费一降再降，个别公司甚至将手续费降到了零，以期赢得更多的客户。表 11-2 给出了各期货品种的手续费，有的是成交金额的万分比，有的则是按照每手收取手续费用。注意，这些数字可能随时间而变化。

表 11-2 各期货品种手续费

品种	品种代码	计价单位	交易手续费
AG	白银	成交金额的万分之	0.5
AL	铝	元/手	3
AU	黄金	元/手	10
BU	沥青	成交金额的万分之	1
CU	铜	成交金额的万分之	0.5
FU	燃料油	成交金额的万分之	0.2
HC	热轧卷板	成交金额的万分之	1
NI	镍	元/手	1
PB	铅	成交金额的万分之	0.4
RB	螺纹钢	成交金额的万分之	1
RU	橡胶	成交金额的万分之	0.45
SN	锡	元/手	1
WR	线材	成交金额的万分之	0.4
ZN	锌	元/手	3
A	黄大豆一号	元/手	2
B	黄大豆二号	元/手	1

(续表)

品种	计价单位	交易手续费
BB	胶合板	成交金额的万分之	1
C	玉米	元/手	1.2
CS	玉米淀粉	元/手	1.5
FB	纤维板	成交金额的万分之	1
I	铁矿石	成交金额的万分之	0.6
J	焦炭	成交金额的万分之	0.6
JD	鸡蛋	成交金额的万分之	1.5
JM	焦煤	成交金额的万分之	0.6
L	塑料	元/手	2
M	豆粕	元/手	1.5
P	棕榈油	元/手	2.5
PP	聚丙烯	成交金额的万分之	0.6
V	PVC	元/手	2
Y	豆油	元/手	2.5
CF	棉花	元/手	4.3
CY	棉纱	元/手	4
FG	玻璃	元/手	3
JR	粳稻	元/手	3
LR	晚籼稻	元/手	3
MA	甲醇	元/手	2
OI	菜籽油	元/手	2.5
PM	普麦	元/手	5
RI	早籼稻	元/手	2.5
RM	菜籽粕	元/手	1.5
RS	油菜籽	元/手	2
SF	硅铁	元/手	3
SM	锰硅	元/手	3
SR	白糖	元/手	3
TA	PTA	元/手	3
WH	强麦	元/手	2.5
ZC	动力煤	元/手	4
IC	中证500指数	成交金额的万分之	0.23
IF	沪深300指数	成交金额的万分之	0.23
IH	上证50指数	成交金额的万分之	0.23
T	10年期国债	元/手	3
TF	5年期国债	元/手	3

资料来源：https://www.sohu.com/a/210161688_614190。

不同于证券交易的是，期货和期权交易都是信用交易，需要提供保证金。表11-3列出了截至2017年年底我国各期货品种保证金的情况（保证金信息可能会随市场情况发生变动，读者应以交易所官方信息为准）。

表 11-3　各期货品种保证金

交易所	品种	品种代码	保证金收取比例（%）
上海	白银	AG	13%
	铜	CU	14%
	铝	AL	12%
	锌	ZN	12%
	橡胶	RU	15%
	燃料油	FU	44%
	铅	PB	12%
	螺纹钢	RB	14%
	线材	WR	24%
	黄金	AU	11%
	沥青	BU	14%
	热轧卷板	Hc	13%
	镍	NI	13%
	锡	SN	12%
大连	黄大豆一号	A	11%
	黄大豆二号	B	23%
	豆粕	M	11%
	冶金焦炭	J	16%
	焦煤	JM	16%
	玉米	C	11%
	玉米淀粉	CS	11%
	豆油	Y	11%
	聚乙烯	L	11%
	聚氯乙烯	V	11%
	棕榈油	P	11%
	铁矿石	I	15%
	鸡蛋	JD	12%
	纤维板	FB	23%
	胶合板	BB	23%
	聚丙烯	PP	11%
郑州	强麦	WH	23%
	普麦	PM	23%
	玻璃	FG	12%
	甲醇	MA	12%
	早籼稻	RI	23%
	晚籼稻	LR	23%
	棉花	CF	9%
	棉纱	CY	9%
	白糖	SR	9%
	菜籽油	OI	11%
	油菜籽	RS	23%
	菜籽粕	RM	11%

(续表)

交易所	品种	品种代码	保证金收取比例(%)
郑州	精对苯二甲酸	TA	12%
	动力煤	ZC	12%
	梗稻	JR	23%
	硅铁	SF	16%
	锰硅	SM	13%
中金	沪深300指数	IF	17%
	上证50指数	IH	17%
	中证500指数	IC	32%
	5年期国债	TF	2%
	10年期国债	T	3%

资料来源：https://www.sohu.com/a/210161688_614190。

期货期权等衍生品交易与证券交易不同之处还在于衍生品交易只与价格相关，不涉及所有权转移，所以不需要缴纳印花税。

在增值税方面，我国现有的股指期货、国债期货和上证50ETF期权等金融衍生品均属于应税金融商品，基金（包括公募基金和私募基金）持有金融衍生品转让、平仓、到期时都要确认金融商品价差收益，应缴纳增值税。根据《关于全面推开营业税改征增值税试点的通知》(财税[2016]36号)，商品期货不属于金融商品，对于商品期货的征税仍按原有规定在交割环节按销售货物征收增值税，税率17%。因此，商品期货不管是到期交割，还是未到期买卖或平仓都不按金融商品转让征收增值税。

11.3 交易成本的影响因素

交易活跃度是影响交易成本的重要因素之一。交易活跃度一般用成交量以及成交次数来衡量。交易越活跃的市场，交易成本越低。这是因为交易活动越频繁，交易者处理报单的单位成本就越小，做市商也能更快地周转其存货，降低了流动性风险。此外，交易不活跃的股票，其知情交易的概率更高，因此交易成本也更高。

交易成本也会随着交易难度的增加而增加。交易难度的代理变量通常选用单笔交易规模和对应的市值。有两个原因可以解释为什么交易规模会增加交易成本：一是因为较大的交易规模通常伴随着知情交易和更大程度的信息不对称；二是因为交易规模越大，做市商面临的存货不平衡问题越严重，买卖价差就会越大。市值与交易成本之间一般呈负相关关系。小市值的股票通常信息不对称程度更严重，知情交易也更频繁，所以价差更大。这与我们平时观察到的大型指数成分股的买卖价差一般都较小是一致的。

波动性与交易成本呈正相关关系。波动性意味着价格的不确定性，做市商会扩大价差来抵消价格不确定带来的风险。此外，高波动也会吸引更多的知情交易者入场，逆向选择成本增加。

不同的市场交易系统，其交易成本也会迥然不同。报价驱动交易机制与指令驱动交易机制相比,前者的买卖价差一般会高于后者,这是因为做市商需要维持较高的价差来实现利润。集合竞价与连续竞价相比,前者的透明度更高,信息不对称程度更低,因此集合竞价下的交易成本一般更小。自动交易模式与人工叫喊交易模式相比,由于计算机和通信技术的快速发展大大降低了数据处理成本以及跨地区传输的成本,自动交易模式下的运行成本大大小于传统的人工叫喊模式。但就买卖价差而言,人工叫喊模式下由于场内交易员之间的人际关系和专业能力,且场内交易员更容易识别出知情交易者并拒绝与之进行交易,因此信息不对称程度更低,逆向选择成本相应也更低,但报单处理成本更高。

在很多市场,买卖价差在开盘和(或)收盘期间最大,呈现出日内"U形"或"L形"走势。因此,交易成本也与交易时间有关。在开盘和收盘期间,更有可能出现报单流失衡即单边市的情况,导致做市商所面临的存货风险加大,因此,做市商会调整报价价差以抵御风险。在我国股票市场,王志强和陈培昆(2006)[1]基于 LSB 模型测算发现,上午盘的价差中的逆向选择成本呈现"倒 U 形"走势,即开盘一小时内逐渐上升,随后下降;而下午盘的价差中的逆向选择成本呈现"L 形"走势,一路下降。作者认为这是因为积累的隔夜信息通过知情交易者在次日开盘后逐步被揭示和传播,而经过午休之后信息得到重新集聚,下午开市后逆向选择成分逐渐下降。

最后,一国或一个市场的法律监管体系和投资者保护力度也会影响交易成本。在内部交易法规比较健全并付诸实施的市场里,股票交易成本更低。上市公司的信息披露机制越健全,透明度越高,则交易者之间的信息不对称程度越低,从而带动逆向选择成本比例越低。另外,投资者保护力度不够也会导致更高的信息不对称成本,特别是给流动性提供者带来了更高的成本和损失。

---

[1] 王志强、陈培昆:《深市买卖价差逆向选择成分的估算和分析》,载《证券市场导报》2006 年第 3 期,第 65—70 页。

第十二章　清算和结算

交易(trading)、清算(clearing)和结算(settlement)都是金融支付系统中的一部分。一个金融支付系统可以看作由机构、金融工具、规则、过程、标准和技术手段组成的整体,以实现交易双方在金融价值上的交换并解除履约责任。这里的金融价值包括两端:证券、衍生品,及流动性较好的资产如现金和银行存款等。不同国家、地区和市场上的金融支付系统之间会有一些共同的基本要素,但由于各自发展历史的不同、文化的差异或者法律体系的差异通常也存在很大的本质差别。

买卖证券期货结束,并不意味着整个交易已经最终完成。事实上,清算和结算都是交易后的重要环节,是清偿收付双方债权债务关系的过程及手段。清算是结清资金账户往来债权债务关系最终结果、确定交易双方履约责任的过程;结算是将清算过程产生的待结算头寸分别在交易双方进行相应的会计处理,完成资金转移,并通知交易双方的过程。换句话说,结算是结算机构根据清算的结果组织交易双方通过相互交付资金和证券解除履约责任的过程,即卖方将其卖出的证券交付给买方,买方将其应付资金交付给卖方。

12.1　主要结算模式

国际上的结算模式分为双边净额(bilateral net)、多边净额(multilateral net)和逐笔全额(gross)三种。前两种均属于净额结算,逐笔全额属于全额结算。

净额结算是指证券登记结算机构以结算参与人为单位,对其买入和卖出交易的余额进行轧差,以轧差得到的净额组织结算参与人进行交收的制度。双边净额结算是指证券登记结算机构对交易双方之间达成的全部交易的余额进行轧差,交易双方按照轧差得到的净额进行交收的结算方式。这种结算方式下,交易对手就是交收对手。多边净额结算是指证券登记结算机构介入证券交易双方的交易关系中,然后以结算参与人为单位对其达成的所有交易的应收应付证券和资金予以冲抵轧差,每个结算参与人根据轧差所得净额与证券登记结算机构这一个交收对手进行交收的结算方式。在多边净额结算中,按照结算机构在结算中是否担当中央对手方(central counter party,CCP),可以分为中央对手方净额结算和非中央对手方净额结算两种模式。关于中央对手方在本章后面有详细介绍。

净额结算在指定时间段内只有一个结算净额,从而降低了市场参与者的资金流动性需求、结算成本和相关风险,也提高了市场参与者尤其是做市商投资运用和市场运作的效率。但同时净额结算时效性比较差,一般在交易当天结束后才进行结算,等到发现问题时可能已经无法弥补,严重时可能给整个市场带来较大的系统性风险。因此,净额结算比较适合交易非常频繁和活跃的市场,尤其是在交易所撮合交易模式和做市商机制比较发达的场外市场,这种结算模式需要结算系统与资金清算系统紧密合作。

举两个净额结算的例子:

例1 假如经纪人(券商或者期货公司)甲在当天拿来一个单子,上面记录了他于当日买入1000股A股票(每股价格80元),卖出1000股该股票(每股价格85元),买入200股B股票(每股价格50元),卖出200股该股票(每股价格45元)。那么,因为甲的A、B股票仓位都分别冲销,清算所记为甲买入资金$1000\times80+200\times50=90000$元,卖出资金$1000\times85+200\times45=94000$元,这样清算所当日需给甲一张4000元的支票。

例2 假如经纪人甲在当天拿来一个单子,上面记录了他于当日买入1000股A股票(每股价格80元),卖出500股该股票(每股价格85元),买入200股B股票(每股价格50元),卖出400股该股票(每股价格45元)。那么,清算所记为甲买入500股A股票,卖出200股B股票。此时,清算所会指派经纪人乙和经纪人丙与甲进行股票交割。可能甲、乙之间和甲、丙之间根本没有交易过,不过这不重要,因为清算所只要保证每个经纪人收到自己应有的股票份额就可以了,至于每个经纪人跟谁交易则不影响最终清算结果。

在进行资金交割时需要用到股票的结算价。一般而言,清算所采取最接近当日收盘价的整数值作为结算价。比如当天股票A的最后成交价为83.20元,就采用83元;股票B的最后成交价为45.70元,那么就采用46元。在该制度下,例2的清算结果如表12-1所示。

表12-1 例2清算结果

买				卖			
股数	股票	价格(元)	金额(元)	股数	股票	价格(元)	金额(元)
1000	A	80	80000	500	A	85	42500
200	B	50	10000	400	B	45	18000
200	B	46	9200	500	A	83	41500
			2800				
			102000				102000

甲当天应开支票$500\times83=41500$元(给指派的对手经纪人乙),应收支票200×46(指派的对手经纪人某丙开具)$+2800$(清算所开具)$=12000$元,一共使用资金53500元,比全额结算模式下的$80000+10000+42500+18000=150500$元要节约64%的资金占用。甲的净额为$41500-9200-2800=29500$元,这与按照$80000+10000-42500-18000=29500$元计算得到的金额一样。因此可以看出,不管用什么结算价(这里分别是83元和46元),都不会影响甲的净额的计算。

注意:例2跟例1不同的是,甲与其他经纪人和清算所之间要发生多次票据关系,而不仅是开一张29500元的支票。这种繁杂的双边关系在初期市场交易量不大的时候没有什么大不了的,但是如果交易量扩大了以后,双边关系愈发复杂,形成脆弱的网络,风险就会爆发。

逐笔全额结算是指结算系统对每笔交易都单独进行结算,一个买方对应一个卖方,当一方遇券或款不足时,系统不进行部分结算,因此系统性风险较低。逐笔全额结算是最基本的结算方式,适用于高度自动化系统的单笔交易规模较大的市场。

在上面例 2 中,如果采用全额结算模式,经纪人甲当天所需要开具的支票是 $1000 \times 80 + 200 \times 50 = 90000$ 元,而需要收到的支票是 $500 \times 85 + 400 \times 45 = 60500$ 元,加起来一共需要动用资金 150500 元。可以看出,这种模式对资金的要求比净额模式要高很多。

全额结算的优点在于:由于买卖双方是一一对应的,每个市场参与者都可监控自己参与的每一笔交易结算的进展情况,从而评估自身对不同对手方的风险暴露;逐笔全额结算还有利于保持交易的稳定和结算的及时,降低结算本金风险。其缺点在于会对频繁交易的投资者有较高的资金要求,其资金负担较大,结算成本也较高。

由于净额与全额结算各有优缺点,因此很多市场在发展和转型过程中往往采用两种模式并存的方式互相补充,以保证各类金融资产交易顺利结算。比如现在的净额结算也不局限于日末而是在盘中分批进行,这有助于避免信用风险的积累,降低结算失败的概率。另一方面,全额结算现在也采取净额模式作为辅助,以减少结算堵塞现象。

为了更清楚地说明双边净额、多边净额与逐笔全额这三种结算模式的区别,我们假设一个市场中有 k 个经纪人和一个证券产品。下图矩阵 N、M、T 中的每个元素分别代表在双边净额、多边净额、逐笔全额模式下的结算行为,比如 n_{ij} 代表在双边净额结算模式下经纪人 i 从经纪人 j 那里净买入金额为 n_{ij} 的证券;m_i 代表在多边净额结算模式下经纪人 i 相对于整个结算系统的净头寸;t_{ij} 代表在全额结算模式下经纪人 i 从经纪人 j 那里买入金额为 t_{ij} 的证券。

$$\text{Matrix } N \quad\quad \text{Matrix } M \quad\quad \text{Matrix } T$$

$$\begin{bmatrix} 0 & n_{12} & n_{13} & \cdots & n_{1k} \\ 0 & 0 & n_{23} & \cdots & n_{2k} \\ 0 & 0 & 0 & \cdots & n_{3k} \\ \vdots & \vdots & \vdots & & \vdots \\ 0 & 0 & 0 & \cdots & 0 \end{bmatrix} \quad \begin{bmatrix} m_1 \\ m_2 \\ m_3 \\ \vdots \\ m_k \end{bmatrix} \quad \begin{bmatrix} 0 & t_{12} & t_{13} & \cdots & t_{1k} \\ t_{21} & 0 & t_{23} & \cdots & t_{2k} \\ t_{31} & t_{32} & 0 & \cdots & t_{3k} \\ \vdots & \vdots & \vdots & & \vdots \\ t_{k1} & t_{k2} & t_{k3} & \cdots & 0 \end{bmatrix}$$

表 12-2 总结了在这三种模式下各自结算所需的次数以及结算发生的总金额。

表 12-2 三种结算模式结算次数和总金额

结算模式	结算次数	结算总金额
全额	$k(k-1)$	$\sum_{i=1}^{k}\sum_{j=1}^{k} t_{ij}$
双边净额	$k(k-1)/2$	$\sum_{i=1}^{k}\sum_{j=1}^{k} n_{ij}$
多边净额	k	$\sum_{i=1}^{k} m_i$

如果觉得字母过于抽象的话,我们以 5 个经纪人举例说明。这些经纪人两两之间发生交易,一共会产生 $5 \times 4 = 20$ 次交易。在全额结算模式下,所有 20 次交易要逐一结算,结算总金额为这些交易额之和。在双边净额结算模式下,两两之间的交易先进行轧差计算净

额,然后按照净额进行结算,这样结算次数降为 10 次,而结算总金额由于经过轧差也更少。在多边净额结算模式下,每个经纪人只跟结算机构发生结算关系,因此,结算次数进一步降为 5 次,结算机构对每个经纪人所达成的所有交易进行轧差计算净额,结算总金额为这些净额之和,再次下降。图 12-1 展示了三种模式下的差异。

图 12-1　三种结算模式差异

可以看出,全额结算模式下涉及的结算次数最多,所涉及的结算金额也最高,因此,全额结算模式对市场的资金流动性要求最高,结算成本也最高,双边净额其次,多边净额最低。

分析这些模式孰优孰劣的另一个角度,是看如果结算系统中有一笔失败将会如何影响整个系统的结算。假设经纪人 1 由于资金问题未能在结算日与经纪人 2 如期履行交割,表 12-3 展示了三种模式下结算系统受影响的情况。

表 12-3　三种结算模式受影响情况

结算模式	受影响的交易数目	受影响的交易金额
全额	1	t_{ij}
双边净额	2	$t_{ij}+t_{ji}$
多边净额	$2k-3$	$\sum_{i=1}^{k}t_{1j}+\sum_{i=1}^{k}t_{i2}$

可以看出,如果有一笔交易未能如期结算,那么在全额结算模式下,只有该笔交易受到影响,所涉及的交易金额也仅限于该笔交易的金额;在双边净额模式下,有两笔交易受到影响,因为此时无法确定经纪人 1 和经纪人 2 的交易净额 n_{ij} 和 n_{ji};而在多边净额模式下受到的影响最大,共有 $(2k-3)$ 笔交易受到影响,涉及金额为经纪人 1 和经纪人 2 与所有其他交易对手所发生的交易金额之和。

以上分析证明,全额模式的优势在于发生结算系统性风险的可能性较低,但对市场资金流动性有很高的要求,多边净额模式虽然在结算过程中涉及的交易环节最少,对结算参与方的资金要求最低,但相对而言如果结算失败,更有可能造成系统性风险,双边净额模式居于两者之间。

12.2　结算模式的发展历史

结算模式的发展经历了一个由全额结算到双边净额到多边净额再到实时全额的曲折

过程。这个发展过程的驱动因素包括金融市场的成熟,也包括信息技术的提高。

在早期的欧洲市场,证券买卖在14天后结算,采取一种被称为"ringing out"的模式,即对于同一个证券,如果经纪人甲卖给乙100股股票,乙卖给丙同样的100股该股票,那么交易所直接记为甲卖给丙100股。注意,这里交易所并不记录股票在每次交易中的价格,甲、乙、丙各方损益仍然要在他们之间进行双边结算,在交易所层面唯一省掉的是股票的中间转手。基于这个原理,世界上第一个证券清算所于1867年在法兰克福诞生了,当时主要是清算政府公债。随后1869年柏林、1870年汉堡、1873年维也纳、1876年伦敦相继成立了清算所。这些清算所拓展了"ringing out"模式,经纪人对于同一证券的买和卖之间也采取互相冲销(轧差)的净额结算方式。但是,这些做法都还只限于对证券,没有涉及资金的冲销。

> 古人交易每每需要携带大批币钞,甚为不便。后来钱庄票据、银行支票出现,解决了资金的携带问题,极大地促进了资金流通。《乔家大院》里的乔致庸曾以"货通天下、汇通天下"为毕生抱负。但是很快,随着交易规模的扩大,票据和支票的弊端也暴露无遗。经常出现成千上万的票据从山西的某钱庄发往上海的另一钱庄,而同时上海这一钱庄的伙计正携带同批量的票据赶往山西。可见这种结算方式笨拙而原始。
>
> 1775年,伦敦首先成立了银行清算系统,解决了这个问题。之所以在伦敦出现,而不是世界上其他地方,是因为英国作为当时的海上霸主,伦敦是各国海上贸易往来的中心。一开始,进出伦敦港的各个国家的船只都要携带一些金银币以便交易,后来银行支票出现后人们发现,彼此之间的交易可以互相冲销,这样伦敦港需要准备的实际金银币就大大减少了。据学者统计,美国1891—1892年进出口总额为19亿美元,但这期间美国与外国的黄金进出口总额仅不到1亿美元。因此,实际所需钱币的交换只有贸易总量的约5%,大大降低了交易成本,提高了资金使用效率。

历史上第一个同时结算证券和资金的清算所是1886年美国证券与石油联合交易所成立的清算所。在此之前,美国的证券结算机制是这样的:所有证券买卖都在第二天下午2:15之前进行结算。卖方将股票送到买方办公室,同时收到对方的银行支票。由于每天交易所都有大量的股票买卖,这意味着每天有大量的银行支票开出,买方需要有相应的银行存款。这样的制度设计在市场上银行资金紧张的情况下就会出问题了。比如某经纪人在当天买入60万美元的同时卖出40万美元的证券,一共经手100万美元。这100万美元资金需求无疑会对已经资金紧张的市场造成震荡。但其实,从整个交易所的角度看,这个经纪人当天的业务完全可以看作他与"同一个"交易对手成交,净卖出20万美元。这样结算后对市场资金的冲击就大大降低。

证券与石油联合交易所的做法后来在1892年(梧桐树协议之后的100年)被竞争对手纽交所借鉴。这两家交易所在结算上主要的不同之处在于证券的处理上,前者每周结算,后者每天结算。除此之外,两家交易所在本质上一致,都假设每个会员只跟一位其他会员进行交易,据此对每一个会员的交易情况包括证券和资金一起进行冲销计算。纽交所后来在1920年又成立了股票清算公司,据纽交所统计,该公司的成立帮助降低了结算所需支票总量的 90% 以及所需资金的 70% 以上。

到了 20 世纪 60 年代末期,随着成交量的剧增,发生了所谓的"文书危机"(paperwork crisis),即海量的纸质票据靠人工处理很容易出错,导致大量报单指令和交割不能顺利进行,金融风险急剧提高。图 12-1 和图 12-2 生动地记录了当时交易结束后地面上一片狼藉的情形。70 年代,美国监管层要求成立中央对手方和中央证券存管处(CSD)以促使结算过程电子化和减少结算参与人的对手方风险。

图 12-1　交易结束后废弃纸质票据堆积成丘

图 12-2　交易所工作人员在清理废弃票据

这里着重介绍一下中央对手方制度(CCP)。场外交易一般为双边市场,即每笔交易的对手方可能都不相同。这样多笔交易后,市场形成了非常复杂的对手方关系。每个交易成员都会面对很多不同的对手方。而在中央对手方市场中,每个交易成员只有一个对手方,即中央对手方,关系大大简化。

假设 A 应付 10 元给 B,B 应付 12 元给 C,C 应付 13 元给 A,也即通常所说的三角债的关系。如果通过中央对手方的介入,最终只需 B 和 C 分别支付 2 元和 1 元给中央对手方,而中央对手方支付 3 元给 A 就可以完成结算,大幅降低了支付额和支付风险。

中央对手方制度要求清算所成为所有买方的卖方和所有卖方的买方,以提高流动性和降低违约风险。在原来的双边市场中,任何一个交易成员的违约都会对其交易对手产生影响,即对多个市场成员产生影响。而在中央对手方市场中,任何一个交易成员违约只会对一个市场成员即中央对手方产生影响。像例2里的经纪人乙和丙,原来是由清算所指派的,现在必须由清算所自己担任。到了20世纪80年代,CCP又被应用到场外政府债券结算。

在美国70年代的这场清算革命中,一个机构于1973年悄然成立并迅速崛起,这就是存管信托公司(depository trust corporation,DTC),脱胎于纽交所证券清算公司的中央认证服务公司(CCS)。1976年,另一家清算机构全国证券清算公司(NSCC)也成立了。DTC和NSCC的清算业务开始涉及证券以外的领域如债券、ADR以及跨境清算合作,在业务范围拓展、清算模式革新、无纸化交易等方面突飞猛进。到了80年代,为了追求规模效应,一些地方交易所如波士顿股票交易所、太平洋股票交易所、芝加哥股票交易所以及费城股票交易所相继关闭了自身的清算机构。1995年,DTC与NSCC将美国证券的结算周期由T+5缩短为T+3,大大提高了资金效率,降低了金融风险。1999年,DTC与NSCC强强联合,合并后成立了存托清算公司(DTCC)。DTCC相当于我国的中央结算和中国结算,负责美国证券和债券的清结算业务,对于美国证券市场的安全和顺利运行起到了关键作用。在2001年"9·11"恐怖袭击事件当天,DTCC在整个华尔街几乎瘫痪和市场极端恐慌的情况下依然有序处理了2800多亿美元的交易,市场交易一周后顺利恢复。DTCC下属的DTC、NSCC、FICC均被《多德—弗兰克法案》认定为系统重要性金融市场机构。

2007年金融危机后,美国监管层和G20要求所有场外的信用违约掉期产品交易也要有中央对手方。时至今日,这一制度已经被广泛应用到各个证券市场中。当然,中央对手方现在承担了所有的结算会员违约风险,如果自身风控不力,也会出现危险。当前,大部分中央对手方的资金来源渠道主要是内部资金,包括清算会员的保证金和资本金、中央对手方自身备付的担保金和资本金。在某一个对手方违约时,首先动用的是该交易对手的保证金和追加保证金,其次是全体清算会员的保证金,再次是中央对手方的担保资金,最后是会员的资本金和中央对手方自身的资本金。

目前,很多市场都在积极推进实时全额结算(real time gross settlement,RTGS)模式。实时全额结算与批量处理系统(batch processing system,BPS)相比较而言,后者仅根据一定的时间间隔对发生的交易进行证券和资金的结算。实时全额结算相对于净额结算而言,能够在日内及时发现风险源,因此大大降低了信用风险和流动性风险。

在发达国家中,第一个自动化的RTGS系统是美国的Fedwire,其现代化版于1970年投入使用。至80年代末,G10国家中的荷兰、瑞典、瑞士、德国、日本、意大利六个国家采用RTGS系统建立大额转账系统。90年代,出现了更新型的RTGS系统,一些原有系统也升级了风险管理能力以及系统架构,或从原先的净额结算系统转为RTGS系统。

尽管RTGS有很多优点,但它对市场的流动性要求很高。券商和期货公司需要有大量的证券和资金以随时保证结算的顺利进行。如果有一方出现了流动性问题,很有可能会引起系统内其他交易方结算的进程,从而导致结算堵塞。如前所述,现代金融市场很多采取实时全额与净额相结合的模式,从而保证既有效防控信用风险,又降低对市场参与者流动性的要求。

12.3　结算机构与交易所的关系

　　结算机构与交易所之间的关系一般采取两种形式。第一种形式：结算机构是某一交易所的内部机构，仅为该交易所提供结算服务。这种形式便于交易所掌握市场参与者的资金情况，可以根据交易者的资金和头寸情况及时控制市场风险。但是这种结算机构的风险承担能力有限。

　　第二种形式：结算机构是独立的结算公司，可为一家或多家交易所提供结算服务。这种形式可保持交易和结算的相对独立性，有针对性地防止某些交易所在利益驱动下可能出现的违规行为。由于交易所和结算机构各为独立法人，所以需要付出一定的沟通和协调成本。

　　目前，国际上主要的证券交易所采取第一种形式，期货交易所采取第二种形式。我国则相反，证券结算由中国证券登记结算有限公司提供独立结算服务，即采取第二种形式，而期货结算都在交易所内部进行，即属于第一种形式。之所以采取这样的安排，与我国目前的市场发展状况有关。第一，证券市场相较于期货市场而言，是体量更大、参与者更多、影响更大的市场，将证券账户管理和结算服务独立出去，由第三方统一提供，有利于实现"穿透式"监管，维护证券市场的交易秩序和稳定。第二，国外一个品种通常在多个交易所内交易，结算时可以由第三方结算机构进行跨交易所轧差。我国期货品种都是在一个交易所内上市，不存在跨交易所竞争，所以在所内进行结算即可。第三，国外之所以要有独立第三方结算机构，很大一个原因是担心交易所的信用问题。而在我国，交易所都属于国家所有，背后是国家信用。其实，无论是由中国结算作为独立第三方结算还是由各大证券期货交易所进行内部结算，本质上都建立在国家信用的基础上。

12.4　中国证券结算模式

12.4.1　券款对付

　　券款对付（delivery vs. payment，DVP）模式是防范结算过程中结算机构作为交易双方对手方所面临的风险的主要手段，也是目前国际上证券结算的主流方式。券款对付模式下卖方仅在收到全额付款的前提下才会交付手中的证券，而买方也仅在收到全部证券的前提下才实施付款行为。券款对付模式具有三个关键要素：第一，良好且不可撤销的证券交割；第二，具有最终性且不可撤销的资金交割；第三，同时实现资金与证券的交换。国际清算银行（BIS）支付和结算系统委员会（CPSS）将券款对付模式划分为以下三种类型：①

　　模式一：证券与资金同时逐笔全额对付。结算机构为投资者同时开立证券和资金账

---

① 参见谢兵华：《DVP交收实现途径的探讨》，http://www.szse.cn，2020年11月20日访问。

户;证券交易完成后,交易双方账户内如有足额的证券或资金,结算公司即为双方办理最终的、不可撤销的银货对付。

实行模式一需要具备的重要前提条件是提供抵押性质的融资融券等信用服务。这是因为模式一的处理周期中需要足够多的资金、证券完成交收,一旦投资者账户内没有足够的证券或资金,相应的融资融券制度(当日或隔夜信贷、循环信贷等)即成为降低结算失败率的重要保证。这一制度的实施需要投资者事先缴纳具有抵押性质的证券头寸或保证金,据以获得融券或融资服务,但通常融通的资金额不超过抵押证券资产的价值。

模式二:证券逐笔全额与资金净额同时对付。结算机构一般只为投资者开立证券账户,在交收期内,结算机构为投资人办理证券的过户登记,而资金的交收则完成于交收期的最后,二者实际上存在时间差(证券交收先于资金交付)。但在同一交收期末,货银对付得以实现。

实行模式二需要具备的条件是,净额结算系统须建立完备的风险管理控制措施。具体为:(1)制定完备的风险管理程序,建立资金支付担保制度。针对证券与资金交收的时间差,需要建立银行担保付款制度,确保及时足额支付资金净额。为限制资金结算会员透支风险,需建立证券抵押、信贷敞口限额控制等制度;(2)净额交收系统应该有能力保证在当天的最大净付方不能完成交收时,每日的交收仍能完成;(3)净额交收系统的运营能力以及备份系统必须保证满足每日交收处理需要。

模式三:证券净额与资金净额同时对付。结算机构为结算会员开立证券账户,资金账户一般开立在中央银行或商业银行;在交收期末,以净额方式同时完成证券与资金的最终交收。

模式三的特点包括:一是完全意义上的净额交收,最大限度降低了证券与资金头寸需求,提高了交易效率;二是任何参与方证券或资金头寸不足,均影响整体结算工作的顺利进行,加大了结算系统风险;三是适用于CCP交收体制下的多边净额结算。

实现模式三需要具备的条件包括:一是建立风险共担机制,即结算系统所有参与者均须缴纳风险保证金,设立风险基金,共同分摊可能出现的风险;二是提供融资服务,以解决参与人暂时的资金流动性不足问题。

从DVP的定义和世界一些主要市场的实践可以看出,DVP制度是针对结算过程中的本金风险而提出的,它通过两条途径来消除作为交易双方对手方的结算公司所面临的本金风险:一是款券交收最好不存在时间差,使得本金风险产生的土壤得以根除;二是在款券存在时间差的情况下,需要有相应的风险转移措施,使得本应由结算公司承担的本金风险合法转移到他人(相关实体)。以上三种模式中,第一种和第三种模式基本上采用的是第一种途径,而第二种模式采用的则是后一种途径。

需要特别指出的是,在DVP概念的提出及发展过程中,结算公司的交收对手方从来都是机构,包括银行、证券公司(中间商)、大的机构投资者、涉及某些业务的发行人。这在世界各国的结算体系里都是理所当然的,但在我国的证券登记结算实践中,对"证券"的处理选择了直接到投资者。

12.4.2 其他结算方式

非DVP结算方式包括三种：纯券过户（free of payment，FOP），指交易结算双方只要求结算公司办理证券交割，自行办理资金结算；见券付款（payment after delivery，PAD），指在结算日收券方在得知付券方有履行义务所需的足额证券，即向对方划付款项并予以确认，然后通知结算公司办理证券结算；见款付券（delivery after payment，DAP），指付券方确定收到收券方应付款项后予以确认，要求中央结算公司办理债券交割的结算方式。非DVP结算方式在我国证券市场上使用不多，主要用于境内美元债的交易结算。

12.4.3 中国股票结算模式

我国股票登记结算体系可以称为一种特殊的DVP模式：股票结算采用对投资人的逐笔登记和结算，资金结算采用对证券公司多边净额结算与银行担保交收相结合。这基本上是DVP模式二，但不完全是，因为我国股票登记并没有严格做到券款同时交付。

在股票上实施逐笔结算登记制度，这是我国证券电子簿记系统进行集中管理的逻辑必然。由于登记结算公司统一管理和维护集中的证券账户和证券的电子簿记系统，因此，证券清算交收的过户登记可在系统内方便、准确地实现划转，证券于T+1日9:00前实现在投资人账户间的过户登记。

另外，我国在资金上实施多边净额结算制度，这是提高结算效率的有效途径。我国证券市场具有投资人分散、散户众多的特点，登记结算公司很难直接面对数千万投资人各自不同的资金需求，因此与投资人的资金结算分散到各证券公司这个中间层完成。事实上，我国证券结算体系在建立之初，即选择了投资人—证券公司—登记结算公司的资金结算组织架构。投资人的一切证券资金活动均在证券公司处发生，买入证券应全额预缴资金；登记结算公司作为所有证券结算的共同对手方，与证券公司进行多边净额结算，承担保证交收的义务，资金结算在T+1日17:00完成。

举一个例子说明我国证券市场目前的结算流程。某个交易者在电脑中下达交易指令"以P价格买入某证券N股"。这个指令首先到达证券公司的风控系统，向托管银行查询交易者的账户余额是否足够买入N股证券，如果审核通过，证券公司的报单转发系统就将该指令转发至交易所下单，买入证券。交易配对完成后，交易所将完成情况反馈给证券公司，并报送中国结算。交易双方所在证券公司也要将交易完成信息分别发送给中国结算，由后者结合交易所发来的交易记录进行三方比对核实，并向证券公司返回最终确认报告。

> 证券公司的交易单元(也称"席位")主要分为普通交易单元和专用交易单元。个人投资者使用的是普通交易单元;机构投资者如保险、社保、公募、私募、券商自营、资管等租赁的是券商的专用交易单元。值得注意的是,公募基金较为特殊,其交易指令并不通过券商系统,而是直接发送至交易所,由第三方托管银行而不是券商担当结算参与人。这样形成的一个问题就是由于交易数据不经过托管银行,所以托管银行无法对公募基金实施验资验券的实时风险监控。另一个问题是托管银行并非券商,虽然参加结算但实际无法履行证券交收责任。出于这些考虑,2017年年底,我国开始试点公募基金实施券商结算的新模式,今后可能全面实现公募基金的托管和结算相分离。

当日全天交易结束后下午4:00之前,交易所将所有当日交易记录数据传输给中国结算,后者根据"证券逐笔全额结算、资金多边净额结算"的规则计算出每个证券公司当日对某一个证券的交易汇总轧差。如果证券公司对某证券是净买入,中国结算会于当日将证券划转给证券公司,证券公司结算部门于次日经银行确认后将资金转给中国结算。如果证券公司对某证券为净卖出,中国结算将于次日直接把资金转到证券公司的结算备付金账户,证券公司结算部门再将钱从结算备付金账户取出,划转到自己的账户,然后将钱按照各个客户的资金份额分配到客户名下,分配完毕后,客户可以随时取出划到自己的银行账户。

可以看出,我国实行的是资金"T+1"结算,即资金在交易结束后次日进行结算,以及证券"T+0"结算,即买卖的证券当日实行过户。① 这意味着在投资人与证券公司之间,已实行全额保证金的锁定交易制度。投资人全额预缴交易结算资金,证券公司对其实行全额逐笔核算,可以说实现了严格的DVP第一种运行模式;在证券公司与登记结算公司之间,证券公司作为代理人,归并投资人已交付的资金,与结算公司完成交收。作为结算组织架构中间环节的证券公司,其资金管理问题成为引发交收风险的主要根源。

> 2013年8月16日发生的光大证券"乌龙指"事件突显了我国股票结算制度的弊端。该日上午,光大证券的自营盘订单执行系统未经风控验资,导致在11:05:08之后的两秒钟内,瞬间重复生成了26082笔市价委托报单,使当日操作限额本该只有8000万元的自营盘下单230亿元,成交72亿元。上证综合指数因此突然上涨5.96%,50多只权重股触及涨停。按照当前结算规则,成交的股票当日即过户,资金要第二个交易日才缴付。如果光大证券次日拿不出72亿元,那么将构成违约。这才导致其策略团队急于通过其他手段弥补资金缺口,构成了"内幕交易",对市场造成了更大的冲击。从技术上说,报单未经风控系统是"乌龙指"事件的根本原因,但银货非同时对付的结算规则也起到了作用。如果证券结算也是次日,那么光大在16日的成交可以得到及时纠正。

---

① 这里的证券"T+0"结算与我国证券市场上的"T+1"交易不是同一个概念。前者是指证券的结算交收发生在同一天;后者是指当日新买入的证券只能在次日才能开始卖出。

12.4.4 中国债券结算

如第二章所述,目前我国债券市场体系分为银行间市场、交易所市场、商业银行柜台市场以及自贸区市场四个子市场。各个子市场的结算方式有所不同,其中银行间市场参与者以机构如人民银行、财政部、商业银行、非银行金融机构、证券公司、保险机构、基金公司等为主,实行实时全额逐笔结算,中央结算公司为投资者开立债券账户,实行一级托管并提供结算服务。交易所市场以社会投资者如证券公司、基金公司、期货公司、保险公司、信托公司、QFII/RQFII 及个人投资者为主,实行净额结算和两级托管体制,中央结算公司为总托管人,负责为交易所市场开立代理总户,中证登为分托管人,记录投资者明细账户并负责结算。银行间和交易所市场的部分债券采用净价交易、全价结算的方式,[①]也有部分债券实行全价交易。最后,商业银行柜台市场和自贸区市场均实行两级托管,中央结算公司为一级托管机构,商业银行债券柜台业务开办机构和自贸区柜台市场承办机构为二级托管机构。

银行间市场的债券交易结算流程包括四个步骤:第一,债券交易达成日,成交数据自动传到中央结算公司系统,生成结算指令,等待结算双方分别确认;第二,在结算日日终前,交易双方后台结算人员通过中债综合业务平台,进行第三方指令确认;第三,经确认后的结算指令生成结算合同;第四,中债综合业务系统在合同指定的结算日检查结算双方的券款情况,若无问题则合同成功,完成结算并生成交割单,作为交易结算依据。若券款出现问题,系统将其放入等待队列,在结算日日终前再次启动该笔结算的处理流程。若日终仍不满足条件,系统将通知相关结算人员结算失败,生成失败交割单,作为交易结算最终依据。自贸区市场的结算参照银行间市场。

交易所市场的结算流程采用净额结算、担保交收的方式。中证登对投资者等各结算参与人的应收应付债券、资金进行冲抵轧差清算,并作为中央对手方承担担保交收职责。交易日的下午 3:00 证券交易所收市后,中证登根据交易所发送的成交数据进行清算,并将结果发送各结算参与人,T+1 日债券完成交收。

12.5 中国期货的清结算

期货公司一般都是交易所的交易会员,具有交易席位,同时也是交易所的结算会员,直接和交易所结算。较为特别的是,中国金融期货交易所将会员分为交易会员、结算会员、全面结算会员和特别结算会员四种。其中,交易会员参与期货交易但不直接和交易所进行结算,是通过全面结算会员或特别结算会员进行结算,只对自己的客户结算。结算会员参与期货交易并直接和交易所结算,同时对自己的客户结算。全面结算会员除了

[①] 净价交易是指在进行现券买卖时,以不含自然增长应计利息的价格报价和成交;全价结算是指按净价申报和成交后,以成交价与应计利息之和作为结算价格。

参与期货交易并直接和交易所结算,还可以为交易会员提供结算,对自己的客户结算。特别结算会员不参与期货交易,只负责为交易会员提供结算服务,这种会员资格主要是为银行准备的,又称结算银行。之所以采取不同类型的会员制度,主要是为了避免结算风险,使风险被分解到不同的层次,便于加强风险控制。

作为对比,我国证券公司不存在结算会员一说,因为所有清算和结算都由中国结算进行独立管理。

期货的银货对付发生在未来,在到期日交易者可能会出现较大的亏损。为了降低交易中的信用违约风险,期货交易采取保证金制度和逐日盯市制度。期货保证金包括三块:初始保证金、维持保证金(合称"交易保证金")和结算保证金。结算会员须向交易所缴纳结算保证金。交易者需要缴纳初始保证金给结算会员,后者在每一个结算周期根据结算价计算交易者浮盈/浮亏以及保证金账户余额,然后根据交易者保证金账户余额高于还是低于维持保证金来决定交易者是否要追缴保证金。如果交易者的保证金账户余额低于维持保证金,那么结算会员会立刻通知交易者追缴保证金直至回复初始保证金水平(margin call),否则结算会员有权对交易者头寸进行平仓处理。① 这就是期货交易的无负债结算制度,也称"盯市制度"(mark to market)。一般,期货的结算周期为日,即当日无负债结算或逐日盯市制度。也有的期货采取按周结算的方式。可以看出,采取保证金制度和盯市制度可以有效防止出现交易者连续亏损导致累计亏损金额巨大的情况,从而大大降低信用风险。

期货结算价直接关系交易者的每日账面盈亏,其计算方式对于市场影响很大。为了加大价格操纵难度,一般交易所采取某段交易时间内的加权平均价格作为结算价。商品期货的当日结算价一般是当日全天成交量加权平均价格,股指期货当日结算价采用该期货合约最后一小时按成交量加权的加权平均价。但若遇到合约当日无成交或者最后一小时无成交的,交易所还有额外的规定。此外,期货的交割结算价更加复杂,不同的合约会有不同的计算方式。可见,结算价看似不起眼,但其实事关重大,计算规则因而必须考虑细致全面。

以上是单个合约保证金的计算,如果是同一客户在同一会员处的同品种双向持仓,可以按照交易保证金单边较大者(大边)收取。2019年6月3日起,中金所对股指期货实施跨品种单向大边保证金制度。

> 你见过"负"保证金吗?如果投资者交易期权,期货公司还要倒贴保证金?还真有此事。2005年5月3日,我国台湾一对陈姓夫妇发现,2005年6月行权价5200点的实值认购期权报价600点,而同样行权价的9月认购期权报价仅有500点。这是不正常的,因为通常到期时间越长期权的权利金越高。但其实当年5月

---

① 以中金所为例,当日收市后,中金所按照当日结算价对结算会员所有合约的盈亏、交易保证金及手续费、税金等费用进行清算,对应收应付的款项实行净额一次划转,相应增加或者减少结算准备金。结算会员在中金所结算完成后,按照前款原则对客户、受托交易会员进行结算;交易会员按照前款原则对客户进行结算。

份是我国台湾上市公司集中分红的旺季,且市场普遍预期此次分红比例比往年高。从当天的期货合约报价来看,彼时市场预计这一期间至少有接近150个点的分红。但是期权的日历价差仅有100点,这样看的话其实陈姓夫妇的策略是有问题的。但有意思的是,根据当时期货交易所的规定,持有日历价差组合的保证金按照两个合约权利金相差点数的合约价值收取。在本例中,这意味着负保证金,即该夫妇不仅不需要支付保证金,反而每个组合可以获得100点(约5000台币)的收入!陈姓夫妇发现这个漏洞后,陆续在十家期货公司建仓,共建立了1.4万手合约,单边市值超过160亿台币,总计可提现近7000万台币的保证金金额。幸亏期货公司发现得早,但还是在处理仓位时因流动性问题损失了8000万台币。这次事故说明,组合保证金哪怕小小的设计漏洞都可能会给市场带来很大的损失。

12.6　期权结算制度

期权同样实行当日无负债结算制度,对卖方收取保证金,因为期权卖方的风险理论上无限大,而买方最多损失权利金。期权保证金的计算不同于期货,这是因为市场价格的变化对期权的收益具有非线性的影响,比如期权合约处于深度虚值状态,那么基础资产价格在一定区间内的变化对交易者盈亏并无实质性的影响。此外,同一个期权种类有不同的行权价格和到期时间,合约多,组合多,风险参数多,要准确评估期权组合的未来风险不是一件容易的事情,远比期货复杂。

一个比较保守的保证金计算方法就是把期权当作期货,价格变动引起的盈亏按照1∶1的比例计入保证金变动,但这种做法占用交易者资金过多,不利于交易者资金使用效率和市场交易活跃度。因此,绝大多数期权交易所在计算期权保证金时会考虑到期权合约虚实值情况和实际风险大小,并作相应的调整。不同的交易所使用不同的计算模式,表12-4和表12-5分别列举了我国各交易所的非最后交易日结算价和期权保证金计算方法。可以看出,我国期权保证金与标的期货保证金相关,且处于虚值状态的期权合约所需缴纳的较少。但是我国期权保证金的计算基本都是单品种,很少计算组合保证金,未来随着结算技术的成熟,有望看到更多的期权组合保证金,甚至类似美国 SPAN 这样的结算模式。

表 12-4　中国各交易所非最后交易日结算价计算方法

交易所	非最后交易日结算价计算方法
上交所	行权现金结算价格＝交易所交易基金前一交易日的单位净值（1＋对应指数当日涨跌幅）
深交所	期权合约的结算价格为该合约当日收盘集合竞价的成交价格。如当日收盘集合竞价未形成成交价格,结算价格的确定另有规则。详见官方文件
中金所	某一合约依据当日一定时间内成交价格按照成交量加权平均或者收盘集合竞价等方式确定

(续表)

交易所	非最后交易日结算价计算方法
上期所	根据隐含波动性确定各合约理论价并以此作为当日结算价
大商所	根据 BAW 美式期权定价模型计算期权合约当日结算价,其中无风险利率参照 1 年期定期存款基准利率
郑商所	与上期所相同

表 12-5　中国各交易所期权保证金计算方法

交易所	期权保证金计算方法
上交所	ETF 期权开仓保证金: 1. 认购期权义务仓开仓保证金＝[合约前结算价＋Max(12％×合约标的前收盘价－认购期权虚值,7％×合约标的前收盘价)]×合约单位 2. 认沽期权义务仓开仓保证金＝Min[合约前结算价＋Max(12％×合约标的前收盘价－认沽期权虚值,7％×行权价格),行权价格]×合约单位 ETF 期权维持保证金: 1. 认购期权义务仓维持保证金＝[合约结算价＋Max(12％×合约标的收盘价－认购期权虚值,7％×合约标的收盘价)]×合约单位 2. 认沽期权义务仓维持保证金＝Min[合约结算价＋ Max(12％×合标的收盘价－认沽期权虚值,7％×行权价格),行权价格]×合约单位 ETF 期权组合策略保证金: 1. 认购牛市价差策略、认沽熊市价差策略的开仓保证金和维持保证金收取标准为零 2. 认购熊市价差策略的开仓保证金和维持保证金的计算公式为:(认购期权权利仓行权价格－认购期权义务仓行权价格)×合约单位 3. 认沽牛市价差策略的开仓保证金和维持保证金的计算公式为:(认沽期权义务仓行权价格－认沽期权权利仓行权价格)×合约单位 4. 跨式空头策略、宽跨式空头策略的开仓保证金的计算公式为:Max(认购期权开仓保证金,认沽期权开仓保证金)＋开仓保证金较低的成分合约前结算价×合约单位;当开仓保证金相等时,上述公式中开仓保证金较低的成分合约前结算价,取认购期权前结算价和认沽期权前结算价两者中的较大值 5. 跨式空头策略、宽跨式空头策略的维持保证金的计算公式为:Max(认购期权维持保证金,认沽期权维持保证金)＋维持保证金较低的成分合约结算价×合约单位;当维持保证金相等时,上述公式中维持保证金较低的成分合约结算价,取认购期权结算价和认沽期权结算价两者中的较大值 6. 投资者可以提交转备兑开仓指令,将认购期权保证金卖出开仓转为备兑开仓 7. 其他类型组合策略的保证金收取标准由上交所、中国结算另行规定
深交所	同上交所
中金所	当日结算时,股指期权合约卖方缴纳的交易保证金标准为: 1. 每手看涨期权交易保证金＝(合约当日结算价×合约乘数)＋Max(标的指数当日收盘价×合约乘数×合约保证金调整系数－虚值额,最低保障系数×标的指数当日收盘价×合约乘数×合约保证金调整系数) 2. 每手看跌期权交易保证金＝(合约当日结算价×合约乘数)＋Max(标的指数当日收盘价×合约乘数×合约保证金调整系数－虚值额,最低保障系数×合约行权价格×合约乘数×合约保证金调整系数) 其中,看涨期权虚值额为:Max[(本合约行权价格－标的指数当日收盘价)×合约乘数,0];看跌期权虚值额为:Max[(标的指数当日收盘价－本合约行权价格)×合约乘数,0]

(续表)

交易所	期权保证金计算方法
上期所	期权卖方交易保证金的收取标准为下列两者中较大者： 1. 期权合约结算价×标的期货合约交易单位＋标的期货合约交易保证金－1/2×期权合约虚值额 2. 期权合约结算价×标的期货合约交易单位＋1/2×标的期货合约交易保证金 其中，看涨期权合约虚值额＝Max(行权价格－标的期货合约结算价，0)×标的期货合约交易单位；看跌期权合约虚值额＝Max(标的期货合约结算价－行权价格，0)×标的期货合约交易单位
大商所	与上期所相同
郑商所	与上期所相同，多了套利指令的保证金。卖出跨式、宽跨式组合：大边保证金＋另一部位权利金；备兑期权组合：期权权利金＋标的期货保证金

12.7 境外衍生品市场保证金制度概况

国外基于风险组合的保证金系统的设计目标包括以下两方面：最大限度地利用保证金控制风险；在有效控制风险的同时，最大限度地提高交易者资金的利用效率，降低交易成本。此外，国际期货市场上静态和动态两种保证金收取方式是并存的。但由于动态保证金收取方式更有利于及时弥补市场价格波动风险，国外采取动态方式收取保证金的交易所数量比采取静态方式收取保证金的交易所数量多。

国外保证金系统中最具有代表性的是芝加哥商品交易所的 SPAN 系统与期权清结算公司的 STANS 系统。[①] 随着衍生品市场的成熟和发展，保证金系统也经历了更新换代。2006 年，OCC 以 STANS 系统取代了传统的 TIMS 系统；2019 年 6 月，CME 向美国监管部门提交申请，希望用新一代保证金系统 HVaR(历史风险价值)替代当前的 SPAN 系统。

起始于 1988 年的 SPAN(standard portfolio analysis of risk)系统主要以 Black-Scholes 定价模型为衍生品的定价核心，分别测量可能影响初始保证金额度的 6 个变量：标的资产价格的改变、标的资产波动性的改变、时间改变、期货合约的实物交割、不同到期月份间基差的改变以及各标的资产间相关关系的改变。

具体地，SPAN 先通过改变标的资产价格及波动性来模拟一些情境(一般采用 16 个情境)，形成一个风险数组，求出投资组合一天之内可能合理遭受的最大损失(scan risk，见例 1)，再结合同一商品不同到期月份之间的基差变化来计算适用的追加(intra-commodity spread charge，见例 2)和期权临近到期日波动性增加带来的额外风险(delivery charge)，以及根据不同商品之间的相关性变化来计算适用的减免(inter-commodity spread charge)，SPAN 风险值就等于前三者之和减去第四者，最后由交易所结合深度虚值期权的风险来决定一个足以包含一天最大可能损失的比率，并加上净期权空头头寸，作为应收取的保证金。目前，全球已有超过 50 个交易所和清结算机构采用 SPAN 系统，使其成为组合保证金计算的全球标杆。

---

① CME 和 OCC 在第十五章有更详细的介绍。

例 1 该例是由标普 500 股指期货多头头寸加一个标普 500 指数看涨期权空头头寸组成的投资组合。表 12-6 根据标的资产价格变化和波动性变化模拟了 16 个情境。

表 12-6 根据标的资产价格和波动性变化模拟的 16 个情境

Scenario	SP Underlying Price Move	Volatility Move	SP Future Gain/Loss	SP Option Gain/Loss	Portfolio Gain/Loss
1	UNCHANGED	UP	$0	$1994	$1994
2	UNCHANGED	DOWN	$0	-$1517	-$1517
3	UP 33%	UP	-$9999	$6291	-$3708
4	UP 33%	DOWN	-$9999	$2178	-$7821
5	DOWN 33%	UP	$9999	-$714	$9285
6	DOWN 33%	DOWN	$9999	-$2876	$7123
7	UP 67%	UP	-$20001	$12281	-$7720
8	UP 67%	DOWN	-$20001	$8818	-$11183
9	DOWN 67%	UP	$20001	-$2183	$17818
10	DOWN 67%	DOWN	$20001	-$3179	$16822
11	UP 100%	UP	-$30000	$19772	-$10228
12	UP 100%	DOWN	-$30000	$17607	-$12393
13	DOWN 100%	UP	$30000	$2857	$27143
14	DOWN 100%	DOWN	$30000	-$3218	$26782
15	UP 300%	UP	-$29700	$25503	-$4197
16	DOWN 300%	UP	$29700	-$1063	$28637
			Largest Potential Loss=SPAN Risk		$28637

资料来源:CME 官网。

例 2 该例是由 2019 年 3 月份到期的离岸美元期货多头头寸和 2019 年 4 月份到期的离岸美元期货空头头寸组成的投资组合。表 12-7 根据两个不同到期月份基差变化模拟了 16 个情境。

表 12-7 根据两个不同到期月份基差变化模拟的 16 个情境

Scenario	ED Underlying Price Move	Volatility Move	Mar ED Gain/Loss	Apr ED Gain/Loss	Portfolio Gain/Loss
1	UNCHANGED	UP	$0	$0	$0
2	UNCHANGED	DOWN	$0	$0	$0
3	UP 33%	UP	-$60	$60	$0
4	UP 33%	DOWN	-$60	$60	$0
5	DOWN 33%	UP	$60	-$60	$0
6	DOWN 33%	DOWN	$60	-$60	$0
7	UP 67%	UP	-$120	$120	$0
8	UP 67%	DOWN	-$120	$120	$0
9	DOWN 67%	UP	$120	-$120	$0

(续表)

Scenario	ED Underlying Price Move	Volatility Move	Mar ED Gain/Loss	Apr ED Gain/Loss	Portfolio Gain/Loss
10	DOWN 67%	DOWN	$120	-$120	$0
11	UP 100%	UP	-$180	$180	$0
12	UP 100%	DOWN	-$180	$180	$0
13	DOWN 100%	UP	$180	-$180	$0
14	DOWN 100%	DOWN	$180	-$180	$0
15	UP 300%	UP	-$178	$178	$0
16	DOWN 300%	UP	$178	-$178	$0

资料来源：CME 官网。

CME 此次申请的 HVaR 模式与 SPAN 的主要区别在于，基于 VaR 的方法不可避免地要采用历史数据，但是历史不一定代表未来，因此 HVaR 会结合当前的市场实际情况如高波动性、低流动性等来对历史数据进行调整，然后计算在给定时段内投资组合可能出现的最大损失即风险价值（value at risk，VaR）。

OCC 的 STANS（system for theoretical analysis and numerical simulations）是目前唯一能与 CME 的 SPAN 抗衡的保证金系统。STANS 基于蒙特卡洛模拟技术，可以模拟出 10000 个不同的基本市场情境，为投资组合面临的风险提供更真实的评估。与 SPAN 中的 6 个主要风险因子相比，STANS 会同时考虑超过 7000 个风险因子，包括诸多股票、ETF、指数、外汇和商品的历史信息。在这些基本情境的基础上，STANS 还会模拟市场可能出现的极端情况。因此，STANS 运用了大量的统计技术，比如极值理论、关联函数、厚尾分布、动态方差预测以及预期缺口估计（expected shortfall）等。

我国期货市场保证金制度与国际保证金制度相比有较大差距，主要表现在：第一，目的不同。我国期货市场保证金制度是以最大化控制风险为原则，对具体交易成本考虑较少。而国际保证金制度除了控制风险外，较多考虑提高交易者资金的利用效率，降低交易成本；第二，保证金计算方式不同，我国保证金比例设置较简单，一般采用交易金额的 5%—10%，主要目的是便于管理，而国际上的保证金水平根据市场波动性等指标，通过模型对风险的计算来确定；第三，与前两点一脉相承的是，国际上的保证金计算会通盘考虑交易者的整个投资组合而不是单品种的风险。

我国现行保证金制度对控制我国期货市场总体风险起到了积极作用，但对提高保证金使用效率、增强我国期货市场抗风险能力是不利的。我国期货市场可以借鉴国际经验采用动态保证金制度，从而进一步改进保证金制度。第一，借鉴国外保证金系统，高起点建立保证金制度。如引进 SPAN 或其他更先进的保证金计算系统，并对其进行中国化的改造。第二，在采用国外先进系统前，要对现有保证金制度进行完善。根据市场数据，综合各种相关因素，采用 EWMA、GARCH 等计量模型进行每日动态计算；分析合约风险的大小，不定期或适时调整保证金，特别是对不同投资者如套期保值、投机、套利交易，不同品种、不同合约间应根据其风险大小设立不同保证金水平。

我国台湾期货和期权市场采取的是 SPAN 系统进行保证金计算。但是 2018 年 2 月 6 日发生的期权事件提醒人们,SPAN 并不能保证市场不出问题。2 月 6 日当天开盘时,由于受到美股隔夜负面信息冲击,台股盘中大跌。根据 SPAN 的计算结果,保证金在极端情况下暴增。台湾期货商有个强平规定,只要风险指标(净值除以保证金)低于 25% 就应砍仓,于是大部分期货商将客户仓位一键强平。无论该客户仓位是盈是亏,只要是卖方就强平,导致当日认购期权和认沽期权双双暴涨且居高不下,期权卖家大亏,不少被平在最高点。据统计,当日期权市场卖方损失 40 亿元,违约金高达 14.44 亿元,数百无辜投资者前往监管部门抗议,其中不乏亏损数亿者。可见,SPAN 还需配合其他制度才能避免交易事故的发生,仅仅依靠 SPAN 是不能高枕无忧的。特别是在市场出现极端情况时,SPAN 保证金会突然暴涨,容易引发期货公司强平。

第十三章　高频交易和程序化交易

2010年5月6日,美股主要指数在5分钟之内暴跌逾9%,随后回调;2012年3月23日,股票交易运营商BATS上市,在开盘后900毫秒,价格由15.25美元暴跌至0.20美元,成为史上上市时间最短的公司;同年5月18日,Facebook(脸谱)公司上市也因遭受算法交易的冲击而不得不暂停交易;同年7月19日下午,IBM、麦当劳、苹果和可口可乐等大市值股票出现了巨幅有规律的上下震动,走势犹如心电图一般;同年8月1日,著名对冲基金骑士资本的交易算法出现错误,导致市场148只股票报价错乱,每分钟亏损1000万美元,最后被收购;2014年10月15日,美国10年期国债收益率瞬间大幅下降,引起美国财政部、美联储、证监会等各部门的高度重视和历时半年的深度联合调查。以上重大事件都与高频交易密切相关。

美国市场上的高频交易参与者目前有20多个,包括Virtu,Getco,Citadel,Jump,Tower Research,Two Sigma,Renaissance,QuantLab,IMC,Optiver等知名公司。这些高频交易公司占据美国证券市场超过60%的日成交量以及欧洲证券市场超过40%的日成交量。

除了在公开交易所,很多高频交易在暗池中进行。暗池是非公开交易平台,在监管日益严苛的背景下,它们之间的竞争也日趋激烈。暗池交易占美国所有权益类证券交易量的份额从2008年以来一直保持高速增长,至2013年已经达到35%以上。同时,美股市场上的平均每次交易股数却不断下降。前几家大型暗池既有投行自己开设的平台,比如高盛的Sigma X,瑞信的CrossFinder,也有对冲基金骑士资本开发的Link。关于美国交易所和暗池交易的介绍详见第十五章。

从"闪崩""暗池"这些词很容易想象到,各方面对高频交易难免持怀疑态度。事实上,关于高频交易对市场运行的影响的争论一直不绝于耳。那么,高频交易到底应不应该发展呢?与高频交易相关的另一个词"程序化交易",同样在发展的某些阶段遭到了市场的谴责和质疑。1987年美国股灾发生后,监管层、业界和政府部门都不约而同地将问题指向程序化交易。尽管后来有证据表明,"程序化交易"并不是导致股灾发生的罪魁祸首,但这个词从此在人们心中留下了阴影。

讨论高频交易和程序化交易对我国金融市场的发展具有十分重要的意义。随着市场体量的不断扩大和信息技术的发展,交易者对交易速度的需求越来越高,程序化交易看起来是市场发展的自然趋势,高频交易虽然不普遍,但也开始在一些交易领域出现。跟欧美市场一样,程序化交易和高频交易在我国也备受交易所和监管层关注,并受到严格监管。鉴于欧美市场上的程序化交易和高频交易已经存在较长时间并发展到成熟阶段,了解它们的历史对我国金融市场未来的建设和发展显然大有裨益。

13.1 什么是高频交易

国际监管组织（IOSCO）于2010年总结了高频交易的若干特征：一是会采用复杂的技术手段，并使用从做市到套利等多种交易策略；二是会在市场数据分析、选择交易策略、最小化交易成本、执行交易等整个投资过程中用到大量算法；三是日内交易频繁，与最终成交的订单相比，大部分订单会取消；四是隔夜头寸数量很低甚至没有隔夜头寸，以便于规避隔夜风险，降低占用的保证金，即使是日内头寸，持有时间也不超过几秒钟甚至不到一秒钟；五是多数是自营交易商；六是对交易速度要求较高，会利用直连或共置服务（Co-location）。美国和欧洲业界和学界对于高频交易的定义大同小异，基本都认为高频交易是指利用高级计算机程序的各种自动化交易，通常具有以下特征：高昂硬件和数据成本；亚秒级交易速度；委托数量巨大但每笔规模较小；每日证券净持仓接近于零；几乎无人工介入。

泛泛的定义比较简单，实操中对于高频交易的具体认定，不同监管的标准却不完全相同。美国商品期货交易委员会认为，高频交易的主要特征包括由机器作出投资决策、充分利用低延迟技术、与交易系统高速连接、高信息率（包括三个维度：报单取消率、市场报单占比、市场交易量占比）等。欧洲证券及市场管理局（ESMA）认为，如果交易商的报单修改和报单撤销处于全市场最快的前10%，速度快于100毫秒，即算高频交易。而我国监管部门对于高频交易的认定采用"五五分类"标准，即投资者在1秒内有5笔以上（含5笔）报单，且此现象当天重复出现5次以上（含5次）。[①]

13.2 境外高频交易发展历史

高频交易的诞生和发展离不开合适的土壤，其中一个重要的催生因素就是电子化交易平台的出现。一个严重依靠人工撮合成交的交易市场不利于高频交易的生存，而一个流动性极佳、成本极低的电子化交易平台是高频交易最好的栖身之地。要了解高频交易的产生背景，首先要了解电子化交易平台的历史。

在20世纪七八十年代的美国，机构投资者如共同基金、养老金等在进行投资组合调整时经常需要进行大笔交易，这些大笔报单会对市场价格形成一定的冲击，从而增加机构投资者的交易成本。通常在这种情况下，机构投资者会采取切割单的办法，把大单分解成小单，减少对市场的冲击，但是这样导致下单次数增加，做市商在其中的抽头也更多。尤其是在1987年股市危机中，做市商并没有承担起承接买卖的义务，反而为了自身的利益纷纷逃避责任。这引起市场对做市商这一群体的极端不满但又束手无策。

---

① 德国、澳大利亚、日本等国监管层对如何认定高频交易也有具体标准，感兴趣的读者可以参阅韩冰洁：《高频交易认定标准及最新监管趋势》，中国金融期货交易所2015年报告。

直到有人发现了纳斯达克电子交易市场的一个小盘撮合系统（SOES）。该系统允许经纪商通过电脑系统直接将小投资者的报单路由给做市商。大家很快发现，利用这些做市商的手动报价时滞进行黄牛交易可以赚取丰厚的无风险利润。由于这些自动化交易者给传统做市商带来了巨大冲击，他们被华尔街叱为"SOES 恶棍"。

"SOES 恶棍"们面临着来自纳斯达克以及市场监管者的打击，他们迫切需要创造新的 ATS 以绕开做市商直接进行自由交易。比如在知名 ATS"岛屿"里，所有报价都公开透明，会员在这里进行成本极低的自动化交易。"岛屿"的出现，吸引了一批自动化交易者如"文艺复兴"对冲基金、GETCO 和 TradeBot 加入，大大提高了交易平台的流动性，而很好的流动性又反过来提高了自动化交易的效率。这些早期的自动化交易者中很多成为现在大名鼎鼎的高频交易商。

同时，市场上另一部分人对纽交所的垄断地位也十分不满，他们创造了"极讯"ATS，也撇开中间的做市商，为机构投资者和经纪商内部互相匿名进行大笔交易提供便利。跟"岛屿"稍有不同的是，"极讯"仍然是人工撮合，但也大大降低了大额报单对公开市场的冲击，降低了机构投资者的交易成本。

在这些 ATS 平台里，交易者的报单首先由经纪商搜集然后打包销售发送给高频交易商，后者在 ATS 中根据电脑程序自动处理这些报单，没能成交的报单再转发给交易所。到 1996 年，"岛屿"内部处理剩下不能成交而转到纳斯达克的报单已经占到纳斯达克总交易量的一半。

随着 20 世纪 90 年代电子化交易的迅猛发展，ATS 平台和高频交易商的共生关系越来越密切，传统做市商的利润被严重侵袭。纳斯达克本欲保护这些做市商，但 1994 年爆出了一个做市商暗地勾结扩大价差的丑闻，促使美国证监会在 1996 年最终下定决心，全面转向电子化交易。该年，证监会出台了《报单处理条例》，强制要求纳斯达克的做市商对于从 ATS 转过来的报单，如果自己不能成交就要公开这些报单，之前做市商可以直接回绝这些交易。由此，该条例的出台使投资者的报单可以直接与纳斯达克的做市商展开竞争。此外，证监会出台新规则，允许任何人都可以建立电子通信网络（ECN、ATS 的一种）并接入纳斯达克系统。很多华尔街投行巨头原来是 ATS 平台的受害者，现在有了竞争机会就开始纷纷投资 ECN 平台。平台之间的竞争日趋激烈，大量报单流出传统的公开交易所，转而进入这些平台。

这倒逼交易所进行改革。纳斯达克经过一番痛苦考虑后率先进行电子化交易改革。纽交所刚开始不情愿改变现状，因为它有 390 法令保护，该法令规定不得在交易大厅之外交易在纽交所挂牌的股票。但 2000 年美国证监会废除了该法令。此时，纽交所还有最后一道护身符，即穿价交易规则，该规则要求在其他市场上存在更优列示价格的情况下，某个市场上的委托不得基于次优价格来执行。但是很快，2004 年，Reg NMS 出台并在 2007 年生效，该规则中最重要的一条就是将穿价交易规则从纽交所拓展到所有中心市场。NMS 系统集中了发往所有电子交易平台和交易所的指令，并给出全国最优报价（NBBO）。这将以慢速拍卖为交易核心的纽交所直接置于赤裸裸的速度竞争之中。2001 年，全美市场开始了十进制报价改革，缩小了最小报价单位，更有利于高频交易的壮大。在重重制度压力下，纽交所终于也被迫步了纳斯达克的后尘。从此，传统做市商要么退出了市场，要么转型成了高频交易商。

不能打败就并购。纽交所与纳斯达克借由上市筹集资金,重金分别收购了"群岛"(纽交所)、"岛屿"和"极讯"(纳斯达克)等 ATS 平台,向高频交易者出售非公开数据,使他们能够掌握报单流从开始到成交过程中的每一个细节,从而制定有利的策略。高频交易者的巨额成交量和昂贵的非公开数据馈送成为交易所重要的收入来源,交易所的关注点转为争夺投资者的报单流。电子交易所与高频交易商之间已经形成了密切的利益共生关系。到了 2000 年以后,一些机构投资者为了躲避高频交易商,涌进暗池进行内部交易。但很快高频交易商开始设计针对暗池的交易策略。他们利用暗池的慢速和 ATS 平台的快速,赚取价差。

2007 年金融危机后,高频交易商纷纷开拓海外市场,包括亚洲、巴西、澳大利亚、以色列、加拿大和墨西哥。目前,全球已经有超过 50 个国家 70 个交易所在使用基于"岛屿"的交易系统。高频交易者与这些系统共生共存。

虽然不完全准确,但为了形象说明,可以用打车市场的微结构来简单类比金融市场上的高频交易。用户在路边叫车相当于传统的公开叫喊交易模式,市场公开透明但效率比较低,司机可以挑选客户,拒载现象时有发生,用户体验比较差。最初的滴滴和快的公司就像是刚刚诞生的 ATS 平台,他们的作用是将平台用户与司机进行电子匹配,对传统叫车模式发起挑战。当用户下单后,这个单子会被自动传送到附近司机的手机软件中,在 5 秒倒计时结束后谁先按下"接单"键谁就获得了这笔交易。这给使用打车软件的用户和司机都带来了实质利益,类似于在 ATS 平台交易的机构投资者。但还在公开市场即马路上拦车的用户经常会因看到空车司机对自己的招手不予理睬而感到困惑,其实这都是因为通过软件的报单这些用户看不到。

随着平台用户越来越多,有些司机为了能够在竞争者之前抢到单子,购买并使用了抢单神器手机软件。这种软件通过不停快速刷新可以在倒计时还未结束就抢到报单,从而为使用者带来好处。这些司机也通过购买性能卓越的手机和配备更快的网速及更好的网络信号来提高抢单速度,成为打车市场上的高频交易者。笔者亲眼看到上海的一个出租车司机车上配备了 7 部手机、1 个路由器和 1 个对讲机。为什么配备 7 部手机?因为滴滴公司发现有人用软件抢单后,会采取 GPS 卫星定位技术检查,一旦发现就封号,每次封一个星期。于是,司机配备了 7 部手机,保证每天都有一部手机可以使用。路由器是用来增强信号和提高网络速度的。对讲机则是用来跟群里同行随时保持交流的。这位司机是群里的"老大",他抢到单子后会"路由"给群里其他就近的同行。出于利益最大化的需要,他们只抢远距离的单子,比如从上海嘉定到浦东机场。

现在市场上的司机分为三种群体:一是传统的司机;二是采用打车软件但不违规抢单的司机;三是高频抢单司机。滴滴打车的出现损害了传统司机的利益,迫使他们转向使用打车软件。而高频抢单的出现也使不违规抢单的司机十分不满。为了抑制违规抢单,保护其他司机的利益,滴滴和快的公司一开始用封号的方法加以监管,但后来随着抢单软件使用者的增多,滴滴和快的公司开始推出自己的抢单神器,以争夺市场份额。再后来,两家公司干脆合并,恰似 ATS 平台之间的激烈竞争导致"岛屿"与"极讯"的合并,以及后来纳斯达克和纽交所各自并购各种 ATS 平台进行整合,提高竞争力。

高频交易这段不长的历史告诉我们，它是市场自发形成的，其原因按照时间顺序包括：首先，市场部分投资者对纽交所和纳斯达克垄断交易机制不满，渴望颠覆传统创造新的交易机制；[①]其次，计算机技术的发展和另类电子交易平台的出现对现有交易体制不断发起挑战，为高频交易创造了温床；最后，美国证监会的监管措施比如 2000 年的十进制改革和 2004 年出台的 Reg NMS 在关键时刻对高频交易的发展起到了推波助澜的作用。

13.3 高频交易的策略

高频交易商一般可看作做市商和预测者的结合体，其主要交易策略是做市策略和预测策略的组合。具体包括：回扣套利，即通过大量平价交易获得交易所的返佣奖励；统计套利，即通过关联资产间价格的统计关系进行套利；潜在套利，即利用不同交易平台在报价上的时滞进行套利；动量发起，即通过频繁报撤单制造市场趋势，造成价格即将上升或者下降的假象，引诱触发其他算法交易，然后反向操作。随着相互间竞争的白热化，越来越多的高频交易商将服务器与交易所的撮合中心放在一起（同位托管），使用光纤甚至微波来传输交易行情。

回到之前打车市场的例子，高频司机也有回扣套利策略。滴滴公司为了提高市场流动性，对愿意接"坏"单的司机奖励一定数量的"滴米"。所谓"坏"单是指路途偏远或者处于高峰期的报单，很多司机不愿意接这样的单子。为了激励司机多接"坏"单，滴滴会给予"滴米"奖励。这些滴米可以在下次使用中帮助司机提高抢单速度。制度决定行为，很快有些司机就开始使用两台手机，一台用来模拟用户专门下"坏"单，另一个用抢单神器来抢这个单，左右互倒，通过这种方法来赚取回扣即"滴米"。更有甚者，有些"黑车"司机（类似于非交易所会员）利用一个出租车会员号先抢单，然后私下跟用户沟通达成交易以后再撤单。这样"黑车"司机与用户之间的交易就不会被市场看到，躲开了滴滴公司的后台追踪，规避了被取消会员的风险。当然，随着打车市场的日益规范和成熟，这些早期的乱象现在基本都消失了。

13.4 高频交易的好与坏

目前，学界和业界对高频交易的作用众说纷纭。总结起来，大家认为高频交易的坏处包括：在各个不同的市场同时交易，容易导致从众效应，引发系统性风险；巨大的资源投入，比如交易所的时钟调整技术精确到纳秒；监管成本太高，以致超过高频交易可能给市场带来的好处；高频交易者利用速度优势插队或者频繁报撤单，以及购买非公开数据偷窥其他投资者报单，计算机与交易所服务器同位托管等特权行为，严重侵害了其他交易者利益，损

---

① 金融市场的很多创新是为了打破传统垄断才获得发展的。历史发展的事实证明，一切垄断最终都会被打破，这是市场不断发展和前进的动力。

害市场信心,导致资金流出;高频做市商由于没有传统做市商所要承担的义务,所以在市场流动性差的时候恰恰不见踪影,导致流动性出现真空,乃至价格闪崩;高频交易者的出现促使美国证监会推行十进制改革,结果挤压了投行业务的利润,导致投行出于成本收益考虑而不愿意给中小企业的 IPO 提供服务,造成美国近年来 IPO 业务的萎缩。

高频交易也有可能带来一些好处:提高市场流动性,主要体现为买卖价差的明显缩小(但也有反对意见,比如高频交易者,而不是普通投资者,才是流动性提高的最大受益者;市场流动性会流向不大需要资金、流动性本来就很好的前 100 大股票;虽然报价价差缩小了,但报单簿两端的申报规模小了,即深度差了,从这个角度看流动性是变坏了);降低了交易成本(同样地,谁是成本降低的最大受益者? 普通投资者几天或几个星期交易一次,能够获益多少呢? 只有 5% 的交易活跃的股票的报价价差有所降低,其他股票的价差其实扩大了?);大量的硬件技术竞争和投入,比如时间调整技术、微波/激光传输信息技术等,可能会对社会进步产生一些意想不到的积极效应。

跟其他国际市场一样,高频交易到底对市场有何影响在我国金融市场也是备受争议的。一些市场参与者认为高频交易可以提供流动性并使市场更有效,而其他人则认为高频交易商其实是在消耗流动性并增加市场波动。这需要严谨科学的学术分析来厘清高频交易的影响。

13.5　高频交易的监管

自 2010 年闪崩事件以来,美国证监会、商品期货交易委员会以及财政部等先后多次组织联合工作组,调查高频交易对市场运行的影响,并出台了多项法规,以遏制高频交易中的违法违规行为,如幌骗、故意堵塞(stuffing)、插队(front-running)等。2012 年,法国正式宣告银行业的可纳税交易不能进行高频交易,其他投资者可以继续交易。这主要是因为银行业与实体经济活动联系更密切。德国也在考虑范围更广的高频交易限制条例。欧盟范围内,欧洲议会实施了 MiFID II 命令,规定:在一条交易指令成交的过程中,半秒内不可以取消或者更改指令;取消指令的费用要远高于执行指令的费用;必须确定报价的最小变动价位(太窄会助长高频交易,太宽会增加价差引发场外暗池交易)等。美国有专家建议,放慢交易速度至秒级,然后根据供给和需求的比率来部分执行 1 秒内累积的大量指令。也有业界建议,应该交由股票的发行方来决定自己股票的最小变动价位,而不是统一的十进制。

如何监管高频交易也给我国监管层带来了严峻挑战。对于我国来讲,比较特殊的是如何加强对外资高频交易的监管。2017 年 6 月 23 日,上海一法院判定伊世顿国际贸易公司在 2015 年股市异常波动期间操纵股指期货,判罚 3 亿元人民币,没收违法所得 3.893 亿元人民币,高燕等三人分别获刑。因为这是对外资高频交易商的第一个判决,市场原本预期会有更严厉的处罚。高频交易商 Citadel 与荷兰 IMC 均受到监管机构的调查。因此,政府如何处理伊世顿一案对于未来外资高频交易商在中国如何生存和发展具有重要意义。

与西方同类市场不同的是,我国股指期货市场上的行情公布频率是 500 毫秒。这意味着交易员在这 500 毫秒的时间间隔内不清楚市场发生了什么。关键是,这种情形只对普通交易员适用,对能够直连交易所的交易员并不适用。通过直连交易所,伊世顿可以观察到其开户期货经纪商中其他客户在 500 毫秒时间间隔内的所有报价和成交信息。直连在我国是违规的,或者更准确地说,是被交易所禁止的。我国至今未出台正式的"期货法",因此法律意义上的违规是没有的。

为了利用这种信息优势,伊世顿采取频繁报单的方式测试市场深度。其报价与当前市价偏离很大。在 2015 年 6 月 26 日,这种价格偏离是市场上程序化交易账户前 5 名平均所报价格偏离的两倍多。在 2015 年的六七月间,伊世顿利用这种优势赚取了约 6 亿元人民币的利润。

过去几年间,不少外资高频交易商受巨额交易利润之诱惑而纷纷进入中国衍生品市场。其中大部分交易商以国际贸易公司或者信息技术公司的形式伪装进入,以规避政府所设置的资金转移和交易上的限制。国际高频交易商如 Tower Research,Jump,Optiver 等在中国市场已经具有较大的交易量。第一章介绍过,据公开数据,Jump 在上海黄金交易所的黄金交易量已经占到 5%以上并仍在稳步增长,白银交易量占比达到 20%以上,排名第一位。这些模式鼓励了其他高频交易商如 Virtu 和 Teza 等的进入。

对伊世顿的判决刚开始造成了一些市场担忧,特别在那些外资高频交易商中。然而从长期来看,出于巨额利润的诱惑,高频交易商不太可能会停止直连的诉求。因此,我国监管层应高度关注市场上随时可能出现的直连问题。

13.6 高频交易在中国

美国高频交易的历史发展路径在我国金融市场上不可能重现。首先,我国不允许私人开设交易所,券商也不可以开展暗池交易,所以不存在类似美国那样的高频交易发展的土壤。其次,上海股票市场的行情发送是每 3 秒一次快照(深圳是实时逐笔行情),期货市场上是 0.5 秒,美国则是实时逐笔行情。这在客观上制约了高频交易的反应速度和交易策略。因此,我国的高频交易是相对的高频,而不是西方成熟市场中绝对的高频。再次,我国证券市场上实行的是 T+1 交易制度,当日买入的股票不能当日卖出,这也在一定程度上限制了高频交易的发展。虽然有些交易者可以通过建仓和卖昨买今的方法变相实现高频交易,但高昂的建仓成本和交易成本大大限制了高频交易的规模和收益。最后,2015 年股市异常波动之后,监管层已经明确禁止券商开放程序化接口,从技术上杜绝了高频交易的可能性。因此,美国意义上的高频交易在我国现有证券交易制度下还不可能实现。

但是相比证券市场,在我国期货市场上,高频交易的占比会高一些,特别是商品期货市场。这首先是因为期货市场上没有上述程序化接口的禁用问题;其次是期货交易可以采取 T+0 方式;再次是商品期货市场上的交易手数和撤单次数限制相对比较宽松,有利于高频交易;最后是期货市场的价格波动较大、较频繁,有利于高频交易策略的执行。套利策略为主的高频交易以博概率为核心,只要有足够多的交易次数、较低的交易成本和较多的波动,高频交易就有生存和发展的空间。

尽管存在技术和经验上的缺陷和不足,未来本土高频交易商仍然将是高频交易在我国的主力军。近年来,随着我国金融市场对外开放力度的持续加大,越来越多的 A 股股票被纳入全球主要指数。但开放的重要前提条件之一就是监管层放松境外推出与 A 股相关的金融衍生品的限制或者境内要配备可供外资管理金融风险的工具。因此,一个合理的猜测就是,更多的股票类期权可能会被加速推出,以对抗境外衍生品,保证"重要的流动性留在国内"。由于期权合约繁多,单个合约容易引起流动性问题,因此,这两个期权市场应该都会引入高频做市商制度。

高频交易的逻辑

高频交易的本质是通过足够多次交易将不确定转化为确定。举一个简化的例子,如果一个策略有 50% 的概率赚 3 元,另外 50% 的概率亏 1 元,那么该策略的平均值为赚 1 元,方差为 2 元。但如果将资金分拆,先后投资两次同样的策略(即现在每次有 50% 的概率赚 1.5 元,50% 的概率亏 0.5 元)。假设两次投资之间的相关系数为 0,那么可以计算出整体而言有 25% 的概率赚 3 元,25% 的概率亏 1 元,50% 的概率赚 1 元。策略的平均值仍为 1 元,但方差降为 $1.414(\sqrt{2})$ 元。

事实上,可以通过数学证明,在任意连续两次投资之间相关系数为 0 的假设下,如果将资金分拆投资 n 次,那么整体策略的均值仍保持为 1 元,但方差会降为 $2/\sqrt{n}$ 元。当 n 足够大,方差趋向于 0 时,意味着策略的回报趋向稳定。更一般地,当连续两次投资之间的相关系数为 ρ 时,方差降为 $2\sqrt{\rho+1/n}$ 元。因此,在相关系数恒定的情况下,只要交易次数足够多,交易者就能大大降低回报的不确定性。当然,这并不意味着高频交易者就没有交易风险了,策略的有效性、流动性风险等因素仍然影响着高频交易的回报率。

交易次数既可以通过跨时间的频繁多次交易实现,也可以通过跨空间的多品种交易实现。在当前我国股票市场仍在实行 T+1 交易制度的前提下,跨时间的多次交易很难实现,因此更多的高频模式是在横截面上交易大量的股票。

13.7 程序化交易

程序化交易是指一切主要依靠计算机程序执行策略的交易,高频交易是程序化交易中的一种。随着市场的扩容和信息技术的提高,交易者执行策略的速度和效率必然会越来越高,这是程序化交易诞生的基础,也是金融市场发展的必然趋势。

但是 2015 年股市发生异常波动之后,我国证券市场就禁止券商开放程序化外接接口,因此证券市场上的程序化交易大大萎缩。虽然市场上有些研究报告宣称经过两年多时间的恢复,股票程序化交易量基本回到了 2015 年之前的水平,但仔细研究这些报告的统计口径后会发现,其实很多所谓的程序化交易并不是真正的程序化,而是人工手动炒单。比如融券 T+0 交易,事实上个股融券 T+0 交易的风险很大,除非融券标的是指数成分股并用来做对冲交易,否则融券 T+0 的收益与风险无法匹配,程序化交易也就难以实现。再如 ETF 套利交易,程序化在这里也是无用武之地。在目前我国市场上,ETF 套利难以真正赚钱,一是因为基金方面程序多、效率低;二是因为 ETF 拿来申购赎回的额度很有限。除此之外还有一个原因,在无法接入券商的情况下,有的交易者雇用上百个年轻人进行手工炒单。因此,在实际市场中很难清晰区分哪些是程序化交易,哪些是人工交易。那么,关于程序化交易的统计结果也就很难让人信服了。

期权合约的流动性问题要求期权市场上有做市商提供连续报价,因此期权做市商一般都是程序化交易者。但自从 2015 年股市异常波动以来,交易所一度要求不能接入新的程序化接口,原有的程序化接口可以保留。这就使原来的接口在市场上洛阳纸贵,千金难求。因此,目前期权市场上的程序化交易也十分有限。

与上述形成鲜明对比的是,程序化交易在我国期货市场上倒是风生水起。在"交易系统"一章中,我们讲过上期所开发的 CTP 交易系统开创了我国期货程序化交易的先河,此后各个交易所技术子公司都相继开发了自己的交易系统。因此,期货市场上不仅程序化交易,即使高频交易也占据了不小的份额,尤其是商品期货市场。

总体来看,程序化交易在我国权益市场上发展并不顺利,未来能否恢复并得到发展主要取决于监管的态度。但是,如果以发展的眼光来看,并与世界主要市场相比较,就不难发现,程序化交易是金融市场发展的必然趋势,而且只要监管得当,程序化交易总的来讲是有利于活跃市场、提高市场交易质量和信息效率的。

13.8 量化交易

量化交易是指基于数据和模型产生定量指标并据此进行投资决策的交易方式。因此,量化交易可以是程序化交易,也可以是人工交易,与之相对的是主观交易。目前,我国证券期货市场上的量化交易大概有以下几种模式:

首先,在期货市场上,除了高频交易以外,还有 CTA 趋势策略交易。CTA(commodity trading advisor)也称商品交易顾问或者管理期货,投资标的主要是期货或期权合约,通过主观判断或者量化指标来博取市场趋势带来的收益。为了控制风险,CTA 一般会主动降下杠杆,即将大部分资金投向固定收益品种,剩下约 10%—30% 的资金用于趋势交易。CTA 的交易频率比高频交易低,在市场趋势明显的时候通常能够获得较好回报。

其次,在股票市场上,量化交易分为三种模式:第一种是量化对冲即所谓中性策略。其原理是持有大量的股票多头头寸,然后通过金融衍生品如股指期货来对冲系统性风险,每隔一段时间换仓,赚取超出大盘指数的阿尔法超额收益。截至目前,中证 500 股指期货的贴水仍然达到 10%—15%,意味着投资者的对冲成本很高,因此,量化中性策略很难有好业绩。一些交易者通过做大产品规模,获得参与线下打新的资格,通过打新来获得 9% 左右的收益,以此部分抵消对冲的成本。

第二种是指数增强,即投资者在指数成分股的基础上,通过选股、择时、日内高频等手段实现超出对应指数的额外收益。如果说量化对冲赚的是纯阿尔法,那么指数增强就是在保留市场收益(贝塔)的同时赚取阿尔法超额收益。跟量化对冲相比,指数增强不好的地方在于市场收益可能是负的,但好的地方就是如果市场收益是正的,那么指数增强就比量化对冲有更高的收益。

第三种是银行出售指数增强产品(比如中证 500 指数加 8%—10% 收益率)给客户,然后通过收益互换给券商,券商再换给私募基金,这样转过几手后私募基金的成本大约为 13% 左右。本质上这种模式中私募基金仍然进行了对冲,只不过使用的工具不是股指期货或其他衍生品,而是跟银行客户做对手方。如果结合第一种模式中的线下打新策略,还可以获得 9% 的收益,那么成本就降为 4% 左右。

可以看到,目前量化交易模式之所以在股指期货大幅贴水以及对冲工具有限的前提下还得以保持一定收益,关键在于线下打新能够在一定程度上弥补成本。但随着资本市场交易制度改革的深化,注册制进一步推广到全市场,打新的高回报一定不能持续,届时量化交易的收益势必大大受损。

第十四章　中国资本市场改革开放

理解我国金融市场微结构离不开一个重要事实,那就是我国资本市场正处于改革开放的伟大进程之中。而每一项改革开放政策措施,都会在很大程度和范围内改变市场生态环境,影响参与者的交易行为和利益分配。

一个典型的例子是始于 2017 年下半年证监会施行的一系列资产管理新规定。这项举措在排除金融市场系统性风险的同时,彻底改变了原来的券商资管业务模式,银行委外的天量资金退出股票市场。在此过程中,一些私募基金由于业务萎缩不得不清场退出,券商的通道业务和经纪业务等收入大幅下降。另外,新的银行理财子公司开始逐步形成。这些市场参与者结构上的变化对我国证券市场影响深远。

再如对外开放方面,陆港通机制的推出为我国证券市场引入大量海外资金,北向资金正逐渐成为市场上不可忽视的重要投资力量,对我国证券市场的投资者结构、市场流动性、波动性等微结构因素正在产生影响。

交易规则方面如科创板试点的注册制、放宽日内涨跌幅限制、转融通市场化费率等改革措施,以及这些措施向其他板块的推广,都将深刻影响市场各方利益和市场运行质量。

因此,我国金融市场微结构一直随着改革开放的步伐不断演化,要理解我国金融市场微结构的现在和未来,就必须深入了解资本市场改革开放的历史和规划。

14.1　证券期货市场改革开放简史

随着我国实体经济的发展和改革开放的推进,证券期货市场也发生了历史性变革,基本形成了与中国特色社会主义市场经济相适应、具有国际竞争力的现代金融市场体系。近 20 年来,我国证券期货市场改革开放进入更深层次,在多方面取得了重大突破。[1]

14.1.1　建立和完善合格境外机构投资者(QFII)制度

合格境外机构投资者(QFII)是指经证监会批准投资于境内证券期货市场,并取得国家外汇局备案或者批准投资额度,使用来自境外的资金进行境内证券期货投资的境外机构投

---

[1] 本节证券部分根据《第一财经》2019 年 9 月 10 日发表的《QFII/RQFII 额度限制全面取消！一图回顾 A 股 17 年国际化之路》一文整理;期货部分根据《中国经济网》2018 年 12 月 29 日发表的《激情燃烧的岁月——致敬期货市场改革开放 28 周年》一文整理。

资者。境外机构投资者包括境外基金管理公司、商业银行、保险公司、证券公司、期货公司、信托公司、政府投资管理公司、捐赠基金等证监会认可的机构投资者。

2002年11月5日,《合格境外机构投资者境内证券投资管理暂行办法》正式出台,打响了证券市场对外开放的第一枪。随后从2005年至2013年,QFII先后四次扩容,从最初的100亿美元扩大至1500亿美元,单家QFII申请投资额度上限也增至10亿美元。2011年推出人民币合格境外机构投资者(RQFII)制度。2016年2月,外汇局进一步放宽QFII准入条件,不再对单家机构设置统一的投资额度上限,改为根据机构的资产规模或管理的资产规模的一定比例设置投资额度,简化了审批流程,对QFII基础额度内的额度申请采取备案管理,只对超出基础额度的部分进行审批。2018年6月12日,央行、外汇管理局发文实施新一轮外汇管理改革,规定取消QFII、RQFII资金汇出限制以及QFII、RQFII本金锁定期要求等。2019年1月,QFII总额度增至3000亿美元,并将QFII和RQFII两项制度合二为一,扩大了投资品种范围,放宽了准入条件。9月,外汇局宣布彻底取消QFII和RQFII总额度限制,不再对单家合格境外投资者的投资额度进行备案和审批,RQFII试点国家和地区限制也一并取消。

截至2019年8月底,共有292家境外机构获得QFII资格,获批额度1113.76亿美元;RQFII制度从我国香港扩大到20个国家或地区,共有222家境外机构获得RQFII资格,获批额度6933.02亿元人民币,对引进境外长期资金、优化投资者结构、引导价值投资、完善上市公司治理、促进资本市场健康发展发挥了积极作用。截至2019年8月,QFII名单(部分)如表14-1所示。

表14-1 QFII名单(部分)

中文名称	外文名称	国家或地区	托管行
瑞士银行	UBS AG	瑞士	花旗银行
野村证券株式会社	Nomura Securities Co., Ltd.	日本	农业银行
摩根士丹利国际股份有限公司	Morgan Stanley & Co. International PLC.	英国	汇丰银行
花旗环球金融有限公司	Citigroup Global Markets Limited	英国	德意志银行
高盛公司	Goldman Sachs & Co., LLC.	美国	汇丰银行
德意志银行	Deutsche Bank Aktiengesellschaft	德国	花旗银行
香港上海汇丰银行有限公司	The Hongkong and Shanghai Banking Corporation Limited	中国香港	建设银行
摩根大通银行	JPMorgan Chase Bank, National Association	美国	汇丰银行
瑞士信贷(香港)有限公司	Credit Suisse (Hong Kong) Limited	中国香港	工商银行
渣打银行(香港)有限公司	Standard Chartered Bank (Hong Kong) Limited	中国香港	中国银行
日兴资产管理有限公司	Nikko Asset Management Co., Ltd.	日本	交通银行
美林国际	Merrill Lynch International	英国	汇丰银行
恒生银行有限公司	Hang Seng Bank Limited	中国香港	建设银行
大和证券株式会社	Daiwa Securities Co., Ltd.	日本	工商银行
比尔及梅林达盖茨信托基金会	Bill & Melinda Gates Foundation Trust	美国	汇丰银行
景顺资产管理有限公司	INVESCO Asset Management Limited	英国	中国银行
法国兴业银行	Société Générale	法国	汇丰银行

(续表)

中文名称	外文名称	国家或地区	托管行
巴克莱银行	Barclays Bank PLC.	英国	渣打银行
德国商业银行	Commerzbank AG	德国	工商银行
法国巴黎银行	BNP Paribas	法国	工商银行
加拿大鲍尔公司	Power Corporation of Canada	加拿大	建设银行
东方汇理银行	Credit Agrigole Corporate and Investment Bank	法国	汇丰银行
高盛国际资产管理公司	Goldman Sachs Asset Management International	英国	汇丰银行
马丁可利投资管理有限公司	Martin Currie Investment Management Ltd.	美国	花旗银行

经国家外汇局备案或者批准,合格境外机构投资者可以使用来自境外的人民币资金进行境内证券期货投资,成为RQFII。截至2019年8月,RQFII名单(部分)如表14-2所示。

表14-2 RQFII名单(部分)

中文名称	注册地
南方东英资产管理有限公司	中国香港
易方达资产管理(香港)有限公司	中国香港
嘉实国际资产管理有限公司	中国香港
华夏基金(香港)有限公司	中国香港
大成国际资产管理有限公司	中国香港
汇添富资产管理(香港)有限公司	中国香港
博时基金(国际)有限公司	中国香港
海富通资产管理(香港)有限公司	中国香港
华安资产管理(香港)有限公司	中国香港
中国国际金融(香港)有限公司	中国香港
国信证券(香港)金融控股有限公司	中国香港
光大证券金融控股有限公司	中国香港
华泰金融控股(香港)有限公司	中国香港
国泰君安金融控股有限公司	中国香港
海通国际控股有限公司	中国香港
广发控股(香港)有限公司	中国香港
招商证券国际有限公司	中国香港
申万宏源(国际)集团有限公司	中国香港
中信证券国际有限公司	中国香港
安信国际金融控股有限公司	中国香港
国元证券(香港)有限公司	中国香港
工银瑞信资产管理(国际)有限公司	中国香港
广发国际资产管理有限公司	中国香港

14.1.2 两地互联互通机制

两地互联互通机制是我国金融市场的重大创新,也是一大特色。2014年11月17日,沪港通正式起航。沪港通包括沪股通和港股通。沪股通是指投资者委托香港经纪商,经由香港联合交易所在上海设立的证券交易服务公司,向上海证券交易所进行申报(买卖盘传递),买卖沪港通规定范围内的上海证券交易所上市的股票。港股通是指投资者委托内地证券公司,经由上海证券交易所在香港设立的证券交易服务公司,向香港联合交易所进行申报(买卖盘传递),买卖沪港通规定范围内的香港联合交易所上市的股票。2016年8月17日,沪港通总额度取消。

2016年12月5日,深港通正式开通。2018年5月1日,沪股通和深股通每日资金限制额度分别由原来的130亿元扩大为520亿元人民币,两地的港股通每日资金限制额度分别由原先的105亿元扩大为420亿元人民币。截至2019年9月12日,沪股通历史资金累计流入约4527亿元人民币,深股通历史资金累计流入约3500亿元人民币,而港股通两地累计流入约1万亿元人民币。

2019年6月17日,沪伦通在伦敦启动。符合条件的两地上市公司,可以发行存托凭证(DR)并在对方市场上市交易,因此"产品"跨境而投资者不跨境。

> CDR是指由存托人签发、以境外证券为基础在中国境内发行、代表境外基础证券权益的证券。国内投资者买英国公司股票意味着在上交所买CDR。沪伦通下的GDR是由存托人签发、以沪市A股为基础在英国发行、代表中国境内基础证券权益的证券。英国投资者买中国公司股票意味着在伦交所买GDR。

沪港通与沪伦通的主要区别在于以下四点:①

一是运行机制不同。沪港通采用"订单路由"机制,即由交易所设立的证券交易服务公司将境内投资者的交易申报订单路由(转发)至境外交易所执行,并由两地证券登记结算机构分别为本地投资者提供名义持有人服务、代为持有境外证券并参与清算交收的互联互通模式;沪伦通采用"存托凭证互挂"机制,即沪伦两地满足一定条件的上市公司到对方市场发行或上市交易存托凭证的模式。同时参照国际通行做法,沪伦通存托凭证与基础股票间可以相互转换,利用基础股票和存托凭证之间的相互转换机制,打通两地市场的交易。

二是交易场所不同。沪港通下,两地的投资者到对方市场直接交易,与对方市场的投资者在同一个交易场所交易,遵守对方市场交易机制。在沪伦通下,同一个上市公司发行的证券放在两个场所交易,同时可以通过跨境转换联通两个流动性池子。沪伦通模式更适合跨时区的交易所互联互通。

三是沪港通仅仅涉及二级市场行为。沪港通是一种单纯的交易联通,不对上市公司的

---
① 摘自《中国证券报》相关报道。

行为造成影响。上市公司仍遵守现有本地规则进行信息披露。沪伦通下涉及上市公司的发行或上市行为,西向业务还涉及一级市场的融资行为,需要遵守两地的监管规则进行申请且符合当地信息披露的要求。

四是交易规模和对跨境资金流动的影响不同。沪港通跨境总交易规模已没有上限,仅保留每日额度控制,上交所 577 只股票、港交所 325 只股票为可交易的标的,南北向日均交易金额合计超过 300 亿元人民币,对市场和跨境资金具有较大影响。沪伦通的规模则由有多少公司愿意到对方市场发行或上市存托凭证决定,标的数量相对有限。因此,跨境资金规模、成交量、总体规模以及对市场的影响均远远小于沪港通。

2017 年 7 月 2 日,香港与内地债券市场互联互通合作(简称"债券通")正式获批上线。7 月 3 日,"北向通"上线试运行,交易债券品种涵盖国债、政策性金融债、政府支持机构债券、同业存单、中期票据、短期融资券和企业债等各类债券。截至 2019 年 8 月,"债券通"已汇集 1244 家境外投资者,较 2018 年年底翻了一番,特别是吸引了全球 100 家顶级资产管理公司中的 61 家,覆盖范围扩展至全球 31 个国家或地区。①

陆港通机制与 QFII/RQFII 机制都是在我国资本账户尚未完全开放的背景下,为进一步丰富跨境投资方式、加强资本市场对外开放而作出的特殊安排。两者都为境外资金投资我国证券期货市场打开了大门,提供了便利条件,但在具体制度安排上也存在较大不同,详见表 14-3。

表 14-3 陆港通机制与 QFII/RQFII 机制比较

对比项目	陆港通	QFII/RQFII
投资方向	双向(包括内地投资者投资港股即"南下"和香港投资者投资 A 股即"北上")	单向(境外投资者投资境内产品)
业务载体	陆港两地交易所分别设立证券交易公司,并对订单进行路由,因而速度相对较慢	以资产管理公司为载体,向投资者发行金融产品吸引资金
投资范围	沪股通范围:上证 180 指数成分股、上证 380 指数成分股;A+H 股上市公司的上交所上市 A 股。深股通范围:市值 60 亿元人民币以上深证成份指数和深证中小创指数的成份股;A+H 股上市公司的深交所上市 A 股,且 H 股在港交所主板上市	在证券交易所交易或转让的股票、存托凭证、债券、债券回购、资产支持证券;新三板转让的股票;银行间债券市场交易的产品;公募证券投资基金、私募证券投资基金;金融期货、商品期货、期权等;可以参与融资融券交易
投资额度管理	不设总额度,陆股通沪深每日额度各 520 亿元人民币,港股通每日额度 420 亿元人民币	无额度限制
持股比例限制	单个境外投资者对单个上市公司的持股比例,不得超过该上市公司股份总数的 10%;所有境外投资者对单个上市公司 A 股的持股比例总和,不得超过该上市公司股份总数的 30%	单个境外投资者持有单个上市公司或者挂牌公司的股份,不得超过该公司股份总数的 10%;全部境外投资者持有单个公司 A 股或者境内挂牌股份的总和,不得超过该公司股份总数的 30%

---

① 更多关于债券通的统计资料可参见 https://www.chinabondconnect.com/。

(续表)

对比项目	陆港通	QFII/RQFII
交易货币	以人民币进行投资	以可兑换外币进行投资,经外汇局备案或批准可以人民币汇入本金
可用申报指令	限价申报,不采用市价申报	交易所允许的指令类型都可使用
可否直接交易	可以	目前不可以,必须委托券商和期货公司办理交易活动和进行资金结算
风险管理工具	可以在香港市场上进行担保卖空,单个交易日单只股票担保卖空比例不超过1%;连续10个交易日单只股票担保卖空比例累计不得超过5%。由于融券标的股票须为上交所融券标的证券范围,而境内券源有限,因此基本无法卖空	除融券外,可以使用外汇期货、股指期货、期权进行套期保值
跨境资金管理方式	对资金实施闭合路径管理,卖出股票获得的资金必须沿原路径返回,不能留存在当地市场	买卖证券的资金可以留存在当地市场,汇入汇出资金须遵守外汇局相关规定

从表14-3中可以看出,陆港通下投资A股股票仍然有诸多不便之处,比如存在每日额度限制,这意味着投资者应关注当日额度余额,余额用完的,香港联交所将暂停接受当日后续买入申报,直到当日余额大于零才恢复接受。投资者还缺乏风险管理工具,无法及时对冲多头头寸上的下跌风险。最后,投资范围仅限于部分A股股票。

> 陆港通下的当日额度余额＝每日额度－买入申报金额＋卖出成交金额＋被撤销和被交易所拒绝接受的买入申报金额＋买入成交价低于申报价的金额。当日余额降为零时,交易所即暂停接受买入申报,但仍可接受卖出申报。

相比之下,QFII/RQFII的投资便利度稍大一些,投资范围除了A股和新三板股票以外,还包括债券、外汇、商品期货和金融期货、期权、基金等品种,且无须担心额度限制问题,并可以使用期货和期权工具进行风险管理。未来如果出台相关实施细则,允许QFII/RQFII直接交易,那么可以预见将有更多的外资从QFII/RQFII渠道投资我国证券期货市场,陆港通将面临更大的竞争压力。

14.1.3 A股加快纳入国际主流指数

经过前期数轮谈判,2018年6月1日,A股股票正式纳入MSCI新兴市场指数,纳入因子为5%,约占MSCI新兴市场指数0.73%。2019年3月,MSCI扩大A股在MSCI全球基准指数中的纳入因子至20%。5月,MSCI将首批中国大盘A股纳入因子由5%调至10%,同时将创业板大盘A股以10%因子纳入MSCI指数体系。8月,MSCI将第二批中国大盘A股纳入因子由10%调至15%,并计划于11月份将大盘A股纳入因子由15%调至 20%,同时将中盘 A 股(包括创业板潜在标的股票)以 20%因子纳入 MSCI 指数体系。

2018 年 12 月底,标普道琼斯指数公布 1241 家 A 股上市公司入选全球基准指数(2019 年 9 月正式公布的名单中包括 1099 只 A 股股票),25%的纳入因子约占指数比重 0.57%。

2019 年 6 月 24 日,富时罗素首批中国大盘 A 股纳入因子为 5%,9 月第二批中国大盘 A 股纳入因子提高至 15%,并于 2020 年 3 月将第三批中国大盘 A 股纳入因子进一步提升至 55%。

从长期来看,A 股纳入国际主流指数后,将有更多的国际投资者由于被动追踪指数而加仓我国 A 股股票,从而为 A 股市场带来长期增量资金,有利于激发市场活力,维护市场稳定。

14.1.4　金融业对外开放力度加大

2016 年 6 月 30 日,中国基金业协会(简称"中基协")发布了《私募基金登记备案相关问题解答(十)》,明确了外商独资(wholly owned foreign enterprise,WOFE)及合资私募证券基金管理机构可以通过在中国境内设立外商独资机构的方式开展私募证券投资基金管理业务。截至 2019 年 8 月 9 日,共有 21 家外资机构在中基协登记,备案产品 46 只,资产管理规模 54 亿元人民币。

这些外资私募的加入,一方面可以为国内投资者提供更加丰富、更高质量的专业产品与服务,提高我国证券期货市场的投资者机构化水平;另一方面也给本土私募带来了竞争和挑战,从长远看对于推动我国基金行业实现充分发展和普惠使命都具有十分积极的意义。

2019 年 7 月 20 日,国务院金融稳定发展委员会宣布推出 11 条金融业对外开放措施:允许外资机构在华开展信用评级业务时,对银行间债券市场和交易所债券市场的所有种类债券进行评级;鼓励境外金融机构参与设立、投资入股商业银行理财子公司;允许境外资产管理机构与中资银行或保险公司的子公司合资设立由外方控股的理财公司;允许境外金融机构投资设立、参股养老金管理公司;支持外资全资设立或参股货币经纪公司;人身险外资股比限制从 51%提高至 100%的过渡期,由原定 2021 年提前到 2020 年;取消境内保险公司合计持有保险资产管理公司的股份不得低于 75%的规定,允许境外投资者持有股份超过 25%;放宽外资保险公司准入条件,取消 30 年经营年限要求;将原定于 2021 年取消证券公司、基金管理公司和期货公司外资股比限制的时点提前到 2020 年;允许外资机构获得银行间债券市场 A 类主承销牌照;进一步便利境外机构投资者投资银行间债券市场。

这些开放举措将大幅提升我国金融市场和金融服务业对外开放的深度和广度,提高外资机构在我国金融市场的参与程度,既推动我国金融业的国际化,也服务于人民币国际化的大战略。

14.1.5　期货市场逐步开放

2018 年 3 月 26 日,我国第一个对外开放的期货品种——原油期货在上海期货交易所的上海国际能源交易中心挂牌交易。目前,上海原油期货已跃升为全球第三大原油期货,功能发挥初步显现。继原油期货上市,2018年5月4日,大连商品交易所铁矿石期货正式引入境外交易者,这也是我国第一个允许境外交易者直接参与交易的已上市期货品种。2018年11月30日,郑州商品交易所的PTA期货,作为我国独有的期货品种,鉴于已发展成熟,引入境外交易者。2019年8月12日,我国国际化品种20号胶期货在上海国际能源交易中心正式挂牌交易,这也预示着,继原油、铁矿石和PTA期货后第四个国际化品种正式亮相。

以上一系列证券期货市场开放措施对于我国金融市场微结构有着极其重要的意义。境外机构投资者的参与将有效改善当前我国股票市场以散户为主的投资者结构,有利于培育价值投资的理念。境外资本特别是长期资金的流入有助于提高市场流动性和降低波动性。境内金融机构在与境外机构的竞争合作中,也能借鉴后者较为成熟先进的投资理念和管理方法,增强国际竞争力。期货国际化品种还有助于提升我国大宗商品在国际市场上的话语权。

在加大对外开放的同时,也鼓励境内金融机构走出去。合格境内机构投资者(QDII),是指经中国证监会批准在境内募集资金,运用所募集的部分或者全部资金以资产组合方式进行境外证券投资管理的境内基金管理公司和证券公司等证券经营机构。QDII可以委托符合条件的境外投资顾问进行境外证券投资。境外投资顾问是指根据合同为QDII在境外投资证券提供证券买卖建议或投资组合管理等服务并取得收入的境外金融机构。QDII的投资范围很广,涵盖了境外市场的货币市场工具、债券、股票、公募基金、衍生品等,但对投资比例也有一定的限制,具体规定可参见证监会官网。

根据东方财富网的统计,截至2019年年中,QDII基金资产配置标的已经分布于全球32个国家或地区,以美股和港股为主。其中投资我国香港的QDII基金有107只,来自76个基金公司,总市值276.99亿元人民币,占比53.72%;投资美国的QDII基金有123只,来自78个基金公司,总市值185.61亿元人民币,占比36%;其余QDII基金则将投资标的瞄准了印度、日本和越南等小众市场。多数QDII基金取得了不错的回报。

14.2 资本市场改革的里程碑——科创板

2019年6月13日,科创板作为中国资本市场改革的一部分隆重推出。自7月22日交易首秀以来,科创板交易一直保持活跃。第一批25只股票大部分来自于通信、媒体和科技行业以及制造设备产业,在开板后的前三周交易中,平均而言,这些股票价格均实现翻倍,市盈率达到136倍,远高于行业平均水平33倍。日度平均换手率达到40%,也远高于A股市场的平均值。

科创板之所以吸引了众多目光,是因为它承载了作为中国科技发展助推器的重任,也是未来资本市场创新的试验田。这种双重功能在当前中美贸易战、紧张升级的华为事件以及中国政府近期关于逐步开放金融服务业和金融市场的决心等背景下显得尤为突出。2019年8月9日,27只科创板上市公司总市值达到6600多亿元人民币,扣除上市各项费用后共净融资 370 亿元人民币。

看起来很高的市盈率和换手率可能是由于科技行业的特殊性。一个典型的科创企业在实现稳定盈利之前通常需要很多年的初期研发，所以投资者应当将估值重心放在企业的成长潜力上，而不是照搬传统的资产估值模型。

另一方面，来自上海证券交易所的统计数据表明，在交易首日，超过 70% 的卖方是机构投资者，超过 90% 的买方是个人投资者。这意味着机构投资者急于锁定利润，同时接下来股价可能会出现回调。事实上，第三周的交易热度明显下降，27 只股票中仅有 3 只出现了价格上涨，整个板块下降了 11.55%。在随后一个多月的交易中，半数以上的股票价格出现了腰斩。

科创板的一个重要创新在于用注册制取代原先的 IPO 审批制。在新制度下，只要企业及时、充分和准确披露信息，那么就由市场而不是监管者来决定该企业能否成功发行上市以及能够融资多少。这就赋予了发行方和投资银行很大的责任，以确保 IPO 信息披露的真实性。2019 年 7 月 4 日，中国证监会对国内一家资深投行——中金公司发出警示函，并对该公司两名未经允许擅自篡改客户 IPO 申请资料信息的员工给予通报批评。

科创板还有史上最严的退市政策。一旦企业触及某个既定标准，比如连续 20 个交易日股票价格低于 1 元面值，或者市值低于 3 亿元人民币，该企业将被立即退市。在 A 股主板市场上，企业可以在暂停上市期间解决有关问题后重新上市，但在科创板上，具有重大违规违法行为的企业将永远不可能再次上市。监管层希望可以通过这样严格的退市措施保证上市公司的质量，提升资源配置的效率。

科创板投资者还需要习惯一系列新的交易规则。与主板现有 10% 的日内价格涨跌幅限制不同，科创板规定股票在上市后首 5 日交易不设涨跌幅限制，5 日后转为 20% 的日内涨跌幅限制。日内波幅的放宽可能会带来科创板市场的高波动性。

作为降低波动性的措施，上海证券交易所规定投资者在进行限价申报时，申买价不能超过当前基准价格（通常是最优申买价）的 102%，申卖价不能超过当前基准价格（通常是最优申卖价）的 98%。否则，这些申报指令将自动被认定为无效。交易所还采取了熔断机制，以在必要的交易时段冷却市场。

未来更多的制度创新可期。尽管有一些降低波动性的措施，但在新的更宽的 20% 日内涨跌幅限制下，市场波动性仍然可能会很高。投资者面临最高 40% 的日内亏损。然而，目前我国金融市场包括科创板上风险管理工具十分有限。因此，科创板未来推出指数期货或指数期权也未可知。

仅仅依靠严格的退市政策并不能完全解决潜在的违规问题。尽管已经有了融券制度并且科创板股票在上市交易首日即自动成为融券标的，但是券源依然十分短缺。监管者已经采取了一些措施来解决这个问题，比如允许金融机构实现市场化转融券费率、降低中证金融公司——国内唯一一家从事转融通业务的国家机构收取的保证金等，但是收效甚微。显然，监管者还需加强改革，进一步优化融券机制。

科创板的成功经验未来会被推广到 A 股其他市场，将对整个股票市场的微结构和生态环境产生巨大影响。尤其是以信息披露为核心的 IPO 注册制将企业价值定价权交给了市场，压实了中介机构的责任，有利于提升我国投资银行的定价能力和竞争力。二级市场交易方面的各项新措施及其效果也将为我国股票市场进一步与国际通行交易制度接轨提供宝贵的经验。

科创板的推出进一步丰富了我国资本市场的层次结构。目前,我国已经形成了由沪深A股主板、科创板、创业板、新三板、区域性股权交易市场以及券商柜台市场等构成的"金字塔"形多层次资本市场体系,[①]针对处于不同发展阶段、不同行业类型的企业特点,更好地满足企业的直接融资需求。各层次板块之间互相补充、错位发展,各具特色,同时又互联互通,建有良好的转板机制,有利于提升资本服务实体经济发展的能力。虽然目前在个别市场流动性、退市制度等方面仍需进一步强化和改进,但随着资本市场制度改革的推进和体系的逐步完善,这些问题都将得到解决。图 14-1 和图 14-2 分别统计了 2019 年年底各板块上市公司的数量和流通市值。

图 14-1　各板块上市公司数量(截至 2019 年年底)

图 14-2　各板块上市公司流通市值(截至 2019 年年底)(单位:亿元人民币)

14.3　加强投资者教育与保护

一个市场是不是重视投资者保护直接关系到这个市场的质量以及投资者对这个市场的信心。美国证监会的宗旨把保护投资者利益放在首位,这是美国证券市场受到全世界投

---

① 2021 年 2 月 5 日,证监会批准创业板与中小板两板合并,自此,我国沪深两市形成了"上海:主板+科创板;深圳:主板+创业板"的市场格局。

资者青睐的重要原因。只要投资者对市场有信心,资金就会源源不断地转化为资本,为实体企业发展提供持续有力的支持。投资者保护措施得当的市场流动性更好,更有韧性和弹性,能够抵抗资本市场上的暴风骤雨。反之,如果一个市场投资者保护不到位,法治不健全,违法违规成本低,那么这个市场通常体现为高波动性、高脆弱性和低流动性。

近年来,加强投资者教育和保护已经被我国监管层提到了重要议事日程,资本市场法治的"人民性"已经成为共识。第一章介绍过,现有一亿多股票账户中约有95%的账户是散户。另外,根据投资者保护基金发布的《全国股票市场投资者状况调查报告(2018年度)》,到2018年8月底,全国共有股票投资者1.42亿,其中自然人投资者占比99.77%。保护这些中小投资者的利益关系到市场稳定、经济稳定和社会稳定。

目前已经建立了投资者适当性管理制度,成立了中小投资者服务中心和投资者保护基金等专门机构。但是投资者保护仍然缺乏强大的法律支持,违法违规成本仍然偏低。一些上市公司违法违规,给中小投资者造成损失,但采取自行诉讼、委托或者代理人诉讼等方式对于单个投资者来说耗时长、成本高,即使胜诉获赔也少。因此有必要借鉴国外市场的经验,结合我国实际情况,完善适合我国国情的集体诉讼制度。只有这样,才能对违法违规的上市公司起到震慑作用,切实保护好投资者的合法权益。

2019年成立了由证监会主席任组长的投资者保护工作领导小组,将各业务领域的投保工作统筹起来,从更高层面研究部署投保领域的重点工作和重大政策;以设立科创板并试点注册制为契机,以强化信息披露为核心,在发行、承销、交易到退市各环节实施了一系列新制度,包括帮助投资者在权益受损后得到及时救济的制度;设立了"5·15全国投资者保护宣传日",在全国范围内集中开展投保活动,促进全社会形成尊重投资者的良好市场环境;12386投资者服务热线更加便捷,热线投诉直转经营机构的试点范围从北京扩大到上海、江苏、广东、深圳共5个地区,纳入直转机构的投诉量已占热线投诉总量近60%,大幅减少了诉求流转环节,有效提高了投诉办理效率。

2019年8月7日,上海高院就方正科技虚假陈述案作出二审判决,维持上海金融法院一审示范判决。这是全国首例证券纠纷示范判决案件实践,是落实证监会与最高院《关于全面推进证券期货纠纷多元化解机制建设的意见》的一项重大举措,标志着"示范判决+纠纷调解"这一具有中国特色的投资者维权机制落地实施。

2017年5月10日,方正科技发布《关于收到中国证监会行政处罚决定书的公告》。经查明,方正科技未按照规定披露关联交易;方正科技、武汉国兴未按规定披露持有方正科技股票事项。根据司法解释,上市公司因虚假陈述导致投资者权益受损,应承担民事赔偿责任。处罚决定公布后,全国各地有近千名投资者起诉方正科技等被告,索赔金额约1.69亿元。

2019年5月,上海金融法院对原告潘某等诉被告方正科技集团股份有限公司证券虚假陈述责任纠纷一案进行公开宣判,认定方正科技存在证券虚假陈述行为,需承

> 担民事责任,四名投资者的部分索赔请求得到法院支持,其中,获赔最多的一名投资者可获赔18万余元。一审判决后,方正科技提起上诉,上海市高级人民法院于2019年8月7日下午作出二审判决:驳回上诉,维持原判。根据终审示范判决,符合索赔条件的投资者如果起诉,有望判决或调解获赔。[①]

　　从根本上杜绝资本市场违法违规行为,除了如上所述要加强资本市场法制建设,还应该逐步完善市场惩罚机制,善于借助市场的力量对违法违规行为进行打击。完善做空机制就是市场惩罚机制中的重要一环。对于经营不善、有违法违规行为的上市公司,投资者有权利做空它们的股票,促使这些负面信息和不良行为及时准确地反映到市场价格中去。如果这些权利无法得到表达,那么留在市场上的投资者势必只能单向做多,从而导致形成股价泡沫,容易暴涨暴跌。

[①] 资料来源:http://finance.eastmoney.com/a/201908191210296732.html。

第十五章 境外金融市场微结构

他山之石，可以攻玉。通过了解境外金融市场的微结构，并与我国进行横向对比，可以加深对我国金融市场微结构的理解并找到不足之处和改善之法。境外金融市场众多，每个市场又有自身的特色，由于篇幅限制无法一一介绍。这里仅选择性地介绍美国和我国香港的金融市场。①

15.1 美国股票市场微结构

先从耳熟能详的股票市场谈起。美国的股票市场历史悠久，在经历了若干次股灾之后越来越成熟，机制越来越完善，为美国的实体经济发展提供了源源不断的动力。在微结构方面，美国股票市场是全球最具流动性、交易成本最低、信息最透明以及效率最高的市场。其大市值股票的报价价差基本保持在 1 美分，其他中小市值股票的报价价差达到历史最低点；平均市场深度在过去的 10 年间增长逾 300 倍；平均日交易量已然恢复至 2008 年金融危机之前的水平；波动性也处于数十年来历史低水平。

然而另一方面，美国股票市场又是结构最复杂、参与者类型最丰富、竞争最激烈的市场。与我国国情不太一样的是，美国的股票市场属于充分自由竞争和高度去中心化的市场，其交易所是私营的上市公司，经纪商和交易商等是私有公司，其他市场参与主体也多为私有性质，监管层有意保持彼此之间的竞争和合作关系。随着技术进步和经济发展，证券交易的生态也随之发生变化，市场参与者不断地进行淘汰和更新，交易技术吸收了当时最先进的通信和计算机技术。美国监管层虽落后于市场发展（关于这一点，全球所有金融市场监管层都一样），但尚属能够积极拥抱新科技，主动适应新发展，对出现的新事物、新问题采取客观、谨慎、包容和科学的态度，基本做到公平、公开、透明，有效保护了投资者利益，大力促进了美国的资本形成。

近 30 年来的自由竞争让美国股票市场呈现出一个显著特征——高度碎片化，即全国出现了数百个相互竞争的交易场所，且交易规则之间有很大差异。根据美国证监会公开报告，截至 2015 年，美国证券市场上共有 11 个交易所、44 个另类交易系统（ATS）以及超过

---

① 感兴趣的读者可以参阅 H. Kent Baker 和 Halil Kiymaz 主编的《新兴市场与发达市场的微观结构》（东北财经大学出版社 2016 年版）一书，其中介绍了世界主要新兴市场的微结构特点以及相关学术研究。美国市场微结构可以参阅 Larry Harris 于 2002 年出版的 *Trading and Exchanges: Market Microstructure for Practitioners* 一书，该书内容虽有些过时，但一些概念及分析依然是经典。

200 家交易商—经纪商自营的内盘(internal crossing networks,ICN)。投资者的委托有可能被交易商转发到这数百个交易场所中的任何一个,意味着这些私有交易场所之间存在激烈的竞争关系。这种竞争一方面有利于降低交易成本,但另一方面也有可能因为 ATS 和 ICN(因不公开揭示委托信息而合称"暗池")的不透明性而损害证券市场价格发现的功能。因此,理解美国股票市场微结构的核心即是要认清当今美国市场这种碎片化所带来的利和弊,并为我国证券市场的改革发展提供借鉴和教训。下面分别介绍美国的这些公开交易所和非公开交易平台。

> 在美国股票市场交易,仅有 Level 2 行情是不够的,因为 Level 2 行情再快速、再具体,也还只是反映了公开揭示的流动性。暗池中非公开的流动性没有在行情信息中体现,因此 Level 2 行情并不能刻画某时间点整个市场的全貌,充其量只是其中的一部分,有时甚至还具有欺骗性。Level 2 行情必须结合 Time & Sales 数据,即合并纸带,才能完整展现市场上发生的真实情况。在合并纸带上,暗池中发生的交易将会以代码 D 显示。暗池中的交易信息由此成为一些交易平台的盈利来源。

15.1.1 美国证券期货交易所

经过多年的合并重组,美国证券期货市场现有四大交易所集团,即洲际交易所、纳斯达克证券交易所、芝加哥期权交易所以及投资者交易所集团。每个各交易所集团旗下又有若干细分领域的交易所平台。

15.1.1.1 洲际交易所

洲际交易所(ICE)于 2000 年成立,期初主要以场外能源交易业务为主。2001 年,ICE 并购了国际石油交易所,开始涉足能源期货交易,2005 年在纽交所成功上市。第十三章提到过,2006 年出于竞争压力,纽交所与著名的另类交易系统群岛(Archipelago)公司合并设立 NYSE Arca,并组建了以盈利为目的的上市公司 NYSE 集团。2007 年,ICE 收购了 New York Board of Trade 以及 Winnipeg Commodity Exchange,全面涉足大宗商品以及商品期货交易领域。同年,NYSE 集团与欧交所 Euronext 合并为 NYSE Euronext,成为第一个跨大西洋的股票交易所集团。该集团于 2008 年收购了美国股票交易所(Amex)。2010年,ICE 收购了气候交易所,成为天气衍生品交易的领头羊。2013 年,ICE 收购了 NYSE Euronext,一跃成为全球交易所集团中的佼佼者。此后,ICE 连续收购了新加坡商品交易所、全国股票交易所(NSX,原辛辛那提股票交易所)、加拿大能源交易所、芝加哥股票交易所等,旗下业务几乎涉及商品、权益、债券、衍生品、加密货币、数据、信用分析、清结算等所有金融领域,愈发巩固了其在金融交易领域的霸主地位。

ICE 的股票交易全部在旗下的纽交所,而纽交所分为 5 个子交易所:NYSE(原纽交所)、NYSE Arca(即与群岛合并的公司)、NYSE American(并购美国股票交易所之后形成的公司)、NYSE Chicago(收购芝加哥股票交易所之后形成的公司)和 NYSE National(收购全国股票交易所之后形成的公司)。

15.1.1.2 纳斯达克交易所

纳斯达克交易所(NASDAQ)以创新闻名,早在 1971 年就创立了世界上第一个电子化交易所,如今超过 4000 家来自全球各地的企业在纳斯达克上市,其中不乏当今世界科技的领头羊如苹果、亚马逊、谷歌等优秀企业。1997 年,岛屿公司 Island① 开创了 Maker-Taker 流动性管理模式,后被另一家 ECN 平台 Instinet 收购;2005 年,纳斯达克又收购了 Instinet,从此,Island 成为纳斯达克的主打交易平台。2007 年,纳斯达克收购了美国第三古老的波士顿股票交易所(BSX),接着在 2008 年又收购了北欧地区的主要交易所 OMX,开始向成为全球化交易所集团迈进。2010 年,纳斯达克收购了费城股票交易所(PSX)。

目前,NASDAQ 旗下共有三个子交易所,分别为:Nasdaq(采用岛屿 ECN 技术,代号为 Q)、Nasdaq BX(收购波士顿股票交易所之后的公司,代号为 B)以及 Nasdaq PSX(收购费城股票交易所之后的公司,代号为 X)。如果一个交易平台上股票纸带上的记录为"12:02:59 12.50 100 Q",则意味着在 12:02:59 有一笔数量为 100 股的成交,成交价为 12.50 美元,该笔交易在纳斯达克 Q 平台上成交。

15.1.1.3 芝加哥期权交易所

芝加哥期权交易所(CBOE)作为以期权交易起家的老牌交易所,创造了无数期权交易史上的第一。比如 1973 年,第一次在交易所内挂牌交易期权合约;1977 年,首推看跌期权合约;1983 年,首推美股标普 100 和标普 500 指数期权;1993 年,首次发布波动性指数 VIX,后来成为全世界市场波动性的晴雨表,也被称为"恐慌指数";2004 年和 2006 年,分别首推 VIX 期货和 VIX 期权等。2010 年,CBOE 成功上市。

经过资本扩充后的 CBOE 迅速将原全美第三大交易所 BATS 收入囊中,一跃发展成为全球最大的交易所集团之一,其业务包括期货、期权、股票、交易所交易产品(ETP)、汇率以及各种资产波动性产品,地域上也横跨欧美乃至全球,拥有全美最大的期权交易所、欧洲第一大股票交易所(按市值计算)、全美第二大股票交易所以及全球最大的 ETP 交易所。

2014 年,交易所 Direct Edge 旗下两个独立的权益资产交易平台 EDGX 和 EDGA 交易所与 2005 年成立的交易所 BATS Global Markets 合并,并于 2017 年被 CBOE 并购,从此 EDGX 和 EDGA 归于 CBOE 旗下。现在,原先 BATS 的 BZX 和 BYX 两个子交易所,与 EDGX 和 EDGA 一起构成 CBOE 交易集团旗下四个关于权益类资产交易的重要平台。

15.1.1.4 投资者交易所

与前三大交易所相比,投资者交易所(IEX)相当年轻,是由几个加拿大皇家银行的前职员于 2012 年才成立的交易平台。2016 年,IEX 经美国证监会批准成为全国性股票交易所,

---

① 电子通信网络(ECN)可以看作另类交易系统(ATS)的子集,专指全电子化的交易系统。自从 2005 年 Nasdaq 收购世界上第一个 ECN 公司 Instinet 后,ECN 便成为交易所的主流技术平台。因此,也有人将 ECN 与暗池相对立。

目前已有一家公司——全球最大的网络券商之一——盈透（Interactive Brokers）在其间上市交易。IEX创始人立志建立更公平的市场的传奇故事在2014年畅销书《闪电小子》中有详细描述。

这四家美国全国性股票交易所集团占据了美国全市场约68%的成交量，其分布情况如图15-1所示。① 从2019年8月8日的数据看，成交量排名上纽交所集团与纳斯达克集团几乎不相上下，各占总成交量的23%左右，CBOE集团紧随其后，约占17%—18%的成交量，IEX集团仅占据3%左右。

Matched Volume	Tape A	Tape B	Tape C	Market*	Today	5 Day
⊖ NYSE (P,N,A,C,M)	$52,893,078,457	$22,604,822,985	$13,061,108,810	$88,559,010,251	23.76%	22.57%
NYSE (N)	$43,671,434,053	$2,800,708,963	$1,949,010,217	$48,421,153,233	12.99%	10.87%
NYSE Arca (P)	$7,045,288,581	$16,902,154,788	$9,045,402,615	$32,992,845,984	8.85%	10.26%
NYSE Chicago (M)	$711,303,963	$1,410,867,059	$1,225,975,897	$3,348,146,718	0.90%	0.50%
NYSE National (C)	$1,173,783,096	$1,169,036,814	$617,124,250	$2,959,944,160	0.79%	0.70%
NYSE American (A)	$291,268,765	$322,055,361	$223,596,029	$836,920,155	0.22%	0.22%
⊖ NASDAQ (B,X,Q)	$24,564,227,903	$18,215,464,930	$42,941,767,964	$85,721,460,798	23.00%	23.66%
NASDAQ (Q)	$21,621,050,805	$14,883,730,347	$40,266,674,708	$76,771,455,860	20.60%	20.91%
NASDAQ BX (B)	$2,349,038,957	$1,558,913,729	$1,713,528,252	$5,621,480,938	1.51%	1.63%
NASDAQ PSX (X)	$594,136,141	$1,772,820,854	$961,565,004	$3,328,524,000	0.89%	1.12%
⊖ Cboe (Z,Y,K,J)	$22,944,794,527	$19,398,046,460	$20,773,849,353	$63,116,690,340	16.93%	18.70%
BZX Equities (Z)	$9,369,711,628	$8,082,991,793	$8,512,750,936	$25,965,454,357	6.97%	7.99%
EDGX Equities (K)	$5,770,371,615	$5,708,741,312	$7,149,425,373	$18,628,538,301	5.00%	5.57%
BYX Equities (Y)	$4,287,984,515	$3,835,882,720	$2,743,461,785	$10,867,329,020	2.92%	3.13%
EDGA Equities (J)	$3,516,726,770	$1,770,430,635	$2,368,241,259	$7,655,368,663	2.05%	2.01%
IEX (V)	$6,088,735,863	$1,422,756,642	$4,241,793,000	$11,753,285,505	3.15%	3.07%
Matched Total	$106,490,836,751	$61,641,091,016	$81,018,519,127	$249,150,446,894	66.85%	67.99%

图15-1 四大交易所集团股票成交量分布情况

资料来源：CBOE官网，数据日期为2019年8月8日。

15.1.1.5 交易所的报单引流和路由

如前所述，美国的交易所之间以及交易所与暗池之间存在激烈的竞争，这一点与我国股票交易所有很大不同。为了在竞争中占据一席之地，美国各大交易场所竭尽所能，通过提供各式各样的服务吸引报单流和交易者，提高交易场所的流动性和报单执行效率。好的流动性和高的执行效率反过来会吸引更多的报单流和交易者，形成良性循环。

一些交易所为了迎合部分市场交易者特别是高频交易者的策略需求，会专门开发复杂交易指令供他们使用。令监管者头痛的是，有些复杂交易指令常常是不公开的"隐藏指令"。一项研究统计发现，这些隐藏指令大约占到全美交易所成交量的11%—14%，对价格发现过程有不可忽视的影响。

还有的交易所采取特殊的成交规则以吸引特定交易群体，比如2010年Nasdaq PSX采取了价格—申报量优先的撮合规则，而不是传统的价格—时间优先规则，以吸引大笔交易者进场。在这种撮合规则下，如果某交易者A提交5000股的委托，随后交易者B在同价位提交了7000股的委托，那么交易者B的委托将排在A的前面，哪怕A更早提交了委托。还有交易所采取反向Maker-Taker模式，即向提供市场流动性的交易委托收取费用，向攫

---

① 换言之，目前，美国股票交易中大约有32%的成交量在暗池中完成。暗池中的交易不揭示委托信息，但会按照监管要求公开成交信息，因此具有交易后透明性，但不具有交易前透明性，没有参与交易前的价格发现过程。

取流动性的交易委托提供返还。这样做的目的是争取到积极主动以及成交量大的交易者群体。显然,这些交易者更可能攫取流动性,而且从返还中获益最多。为什么有交易者愿意在这种交易平台提供流动性呢?答案在于这些交易者可以更快地成交,他们愿意付出一定的费用获得更快的成交速度。

许多美国投资者以为自己的报单发出之后直接就进入了交易所进行撮合,但其实不然,这里面还有一个报单路由的问题。报单首先到达投资者的经纪商,由其决定转发到下一个地方。如果该股票是在纽交所这样的地方交易,那么经纪商可以把报单转给交易所大厅,由场内经纪商(floor broker)成交。因为这是人工交易,所以成交速度较慢,可以慢到 9 秒左右。经纪商也可以把这个报单转给做市商(有些做市商直接花钱从经纪商手中购买普通客户的报单),或者转给交易所的 ECN 平台,又或者干脆转到自己的内盘看是否能够成交。(见图 15-2)

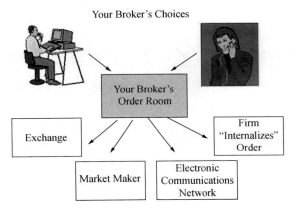

图 15-2　报单路由

资料来源:美国证监会官网。

一项统计表明,像 1000 股这样的小型买单在全部成交之前会被经纪商辗转转发到多达 18 个不同的交易所和暗池,而一个 250 万股的大型买单在成交之前会被经纪商报送和撤销总计高达 7500 万股的委托。

根据美国法律,经纪商应当为投资者争取更优价格(price improvement)。但这在实际操作中很难界定和判别。有时经纪商确实努力为投资者争取更优价格,但由于速度和行情变化等原因可能最终不能得到执行,因此经纪商优化价格最多是一个不能保证兑现的承诺。不过,经纪商需要按季度定期向证监会报告自己的执行情况,披露自己最大比例转发的做市商身份。另外,投资者也可以要求经纪商将自己的报单路由到指定的交易平台,但有时经纪商会为此收取一定的费用。

各交易所为了吸引报单流可谓绞尽脑汁,各显神通,所采取的路由技术也各不相同。以纳斯达克的岛屿 ECN 报单转发策略为例,当某交易者向 Nasdaq Q 报送一个委托时岛屿 ECN 将首先考虑将此委托与本交易平台中的其他委托匹配成交。如果未能成功匹配,ECN 会将该委托转发给纽交所人工场内交易(NYSE floor),直到该委托成交为止。NYSE 的场内经纪商不会再次转发该委托。

而 CBOE EDGX 的转发技术与此不同:发给 EDGX 的委托将首先与本交易平台内的

委托成交,如果未能即时成交,则尝试与暗池系统内未公开显示的委托成交。如仍未能成交,则转发给 NASDAQ BX。如再未成交,则转发给 NYSE 场内。如场内经纪商也未能找到匹配的委托,则该委托自动打回原地,并在 EDGX 平台上挂出。

15.1.1.6 交易所费用结构

经过近 10 年的竞争,交易所根据市场状况不断改变其费用结构(fee schedule),导致这些费用结构名目繁多,异常复杂。在提供精细化报单管理的同时,也不可避免地会存在利益冲突甚至不公平的问题。

这里列举几个美国交易所的费用结构例子,读者可以从中看出由于竞争而带来的复杂程度。第一个例子是 CBOE EDGX 的费用结构,如图 15-3 所示。首先是交易所收取的会员费、逻辑端口费和物理连接费,这些固定费用与交易过程没有直接联系。

Membership Fees:

Membership Fee Type	Fee
Firm Membership	$2,500/year[1]
Monthly Trading Rights*	$500**

Logical Port Fees:

Service	Fee
Logical Ports (excluding Purge Port, Multicast PITCH Spin Server Port or GRP Port)	$550/port/month
Purge Ports	$650/port/month
Multicast PITCH Spin Server	$550/set of primary (A or C feed)
Multicast PITCH GRP Ports	$550/primary (A or C feed)

Physical Connectivity Fees:

Service	Fee per Physical Port
1 Gb physical port	$2,500/month
10 Gb physical port	$7,500/month
1 Gb physical port (Disaster Recovery)	$2,000/month
10 Gb physical port (Disaster Recovery)	$6,000/month

图 15-3 CBOE EDGX 费用结构

其次是交易过程中产生的交易费用,主要根据成交量大小和流动性的贡献进行分层收取。交易所会员有两种类型的费用代码:标准费用代码和非标准费用代码。其中,标准费用代码的收取如图 15-4 所示。

Standard Rates:

Category	Adding Liquidity	Removing Liquidity	Routing and Removing Liquidity
Securities at or above $1.00	$(0.00170)[1]	$0.00265	$0.0030
Securities below $1.00	$(0.00003)	0.30% of Dollar Value	0.30% of Dollar Value
Standard Fee Codes	B, V, Y, 3, 4	N, W, 6, BB, PR, ZR	X

图 15-4 标准费用代码的收费标准

可以看出,对于价格在 1 美元以上和以下的股票,其收费标准不一样;对提供流动性和攫取流动性的交易，收费标准也不一样（括号代表交易所提供流动性回扣）。标准费用代码包括 B，V，Y，3，4（提供流动性），N，W，6，BB，PR，ZR（攫取流动性）以及 X（转发并攫取流动性），除此之外都是非标准费用代码。非标准费用代码所对应的收费标准如图 15-5 所示。

代码	分类标准	收费标准
10	Routed to NYSE Arca, adds liquidity (Tape B)	-0.0022
2	Routed to NASDAQ using INET routing strategy (Tape B)	0.003
3	Adds liquidity to EDGX, pre and post market (Tapes A or C)	-0.0017
4	Adds liquidity to EDGX, pre and post market (Tape B)	-0.0017
6	Removes liquidity from EDGX, pre and post market (All Tapes)	0.00265
7	Routed, pre and post market	0.003
8	Routed to NYSE American, adds liquidity	0.0002
9	Routed to NYSE Arca, adds liquidity (Tapes A or C)	-0.0021
A	Routed to NASDAQ, adds liquidity	-0.0015
AA	Routed to EDGA using ALLB routing strategy	-0.0024
AY	Routed to BYX using ALLB routing strategy	-0.0015
AZ	Routed to BZX using ALLB routing strategy	0.003
B	Adds liquidity to EDGX (Tape B)	-0.0017
BB	Removes liquidity from EDGX (Tape B)	0.00265
BY	Routed to BYX using Destination Specific ("DIRC"), ROUC or ROUE routing strategy	-0.0015
C	Routed to BX	-0.0011
CL	Routed to listing market closing process, except for NYSE Arca & BZX	0.001
D	Routed to NYSE or routed using RDOT routing strategy	0.0028
DM	Adds liquidity using MidPoint Discretionary order within discretionary range	-0.001
EA	Internalization, adds liquidity	0.0005
ER	Internalization, removes liquidity	0.0005
F	Routed to NYSE, adds liquidity	-0.0015
G	Routed to NYSE Arca (Tapes A or C)	0.003
HA	Non-displayed order, adds liquidity	-0.001
HI	Non-displayed order that receives price improvement, adds liquidity	0
I	Routed to EDGA using ROUC or ROUE routing strategy	-0.0024
J	Routed to NASDAQ	0.003
K	Routed to PSX using ROUC or ROUE routing strategy	0.0029
L	Routed to NASDAQ using INET routing strategy (Tapes A or C)	0.003
MM	Non-displayed order, adds liquidity using Mid-Point Peg	-0.001
MX	Routed to NYSE American using ROUC routing strategy	0.0002
N	Removes liquidity from EDGX (Tape C)	0.00265
NA	Routed to BZX, NYSE, NYSE Arca or Nasdaq; adds non-displayed liquidity	0
NB	Routed to any exchange not covered by Fee Code NA, adds non-displayed liquidity	0.003
NX	Routed to NYSE National using ROUC routing strategy	-0.002
O	Routed to listing market opening or re-opening cross	0.001
OO	EDGX Opening or Re-Opening	0.001
PR	Removes liquidity from EDGX using ROUQ routing strategy	0.00265
Q	Routed to a non-exchange destination using ROUC routing strategy	0.002
R	Re-routed by NYSE	0.003
RA	Routed to EDGA, adds liquidity	0.003
RB	Routed to BX, adds liquidity	0.002
RN	Routed to NASDAQ using ROOC routing strategy, adds liquidity	-0.0015
RP	Non-displayed order, adds liquidity using Supplemental Peg	-0.001
RQ	Routed using ROUQ routing strategy	0.0029
RR	Routed to EDGA using DIRC routing strategy	-0.0024
RT	Routed using ROUT routing strategy	0.003
RX	Routed using ROUX routing strategy	0.003
RY	Routed to BYX, adds liquidity	0.0018
RZ	Routed to BZX, adds liquidity	-0.002
S	Directed ISO	0.0032
SW	Routed using SWPA routing strategy (except for removal of liquidity from NYSE)	0.0031
T	Routed to a non-exchange destination using ROUD or ROUE routing strategy	0.0012
V	Adds liquidity to EDGX (Tape A)	-0.0017
VI	Displayed order subject to price sliding that receives price improvement, adds liquidity	0
W	Removes liquidity from EDGX (Tape A)	0.00265
X	Routed	0.003
Y	Adds liquidity to EDGX (Tape C)	-0.0017
Z	Routed to a non-exchange destination using ROUZ routing strategy	0.0012
ZA	Retail Order, adds liquidity	-0.0032
ZR	Retail Order, removes liquidity	0.00265

图 15-5　非标准费用代码的收费标准（单位：美元）

以代码 3 为例，如果某笔 Tape A 或 Tape C 股票的委托为 EDGX 交易所增加了流动性，那么交易所根据证券名义价格对每股委托提供 0.17 美分（每千股 1.70 美元）的补偿。再以代码 6 为例，如果某笔股票委托从 EDGX 交易所攫取了流动性，那么交易所将收取每股委托 0.265 美分（每千股 2.65 美元）的费用。由于每一笔成交一定有一个委托提供流动性，另一个委托攫取流动性，因此交易所有强烈动机将委托留在本交易平台优先成交，从而赚取每千股约 0.95 美元的利润。

实际操作比上述这些更复杂，尚需根据报单所带来的新增成交量（add volume）补贴再行细分（仅列举费用代码 B、V、Y、3、4 的成交量细分层级，其他代码也有类似细分），如图 15-6 所示。

Add Volume Tiers:

The rebates to add provided by the below add volume tiers are applicable to the following fee codes: B, V, Y, 3 and 4.

Tier	Rebate Per Share to Add	Required Criteria
Tier 1	($0.0023)	Member adds an ADV ≥ 0.20% of the TCV.
Tier 2	($0.0025)	Member adds an ADV ≥ 0.30% of the TCV.
Tier 3	($0.0027)	Member adds an ADV ≥ 0.40% of the TCV.
Tier 4	($0.0029)	Member adds an ADV ≥ 0.70% of the TCV.
Growth Tier 1	($0.0020)	(1) Member adds an ADV ≥ 0.10% of the TCV or (2) Member has a Step-Up Add TCV from March 2019 ≥ 0.05%.
Growth Tier 2	($0.0026)	(1) Member adds an ADV ≥ 0.20% of the TCV, and (2) Member has a Step-Up Add TCV from March 2019 ≥ 0.10%.
Cross-Asset Volume Tier 1	($0.0027)	(1) Member adds an ADV ≥ 0.20% of the TCV, and (2) Member has an ADV in Customer orders on EDGX Options ≥ 0.08% of average OCV.
Cross-Asset Volume Tier 2	($0.0027)	(1) Member adds an ADV ≥ 0.05% of the TCV, and (2) Member has an ADV in AIM orders on EDGX Options ≥ 25,000 contracts.
Market Quality Tier	($0.0028)	(1) Member adds an ADV ≥ 0.25% of the TCV; and (2) Member adds an ADV ≥ 0.10% of the TCV as Non-Displayed orders that yield fee codes DM, HA, HI, MM or RP.

图 15-6　新增成交量细分层级

注：ADV 为交易者于某月份在 EDGX 交易所的日均成交量，TCV 为某月份所有交易所的总合并成交量。

除以上交易费用外，大多数交易所还会收取数据费用，同样有十分复杂的分层结构。作为与这些交易所的鲜明对比，图 15-7 列示了 IEX 自 2019 年 7 月 15 日起实施的费用结构。可以看出，所有非交易费用均为免费，确实体现了 IEX 为投资者服务、建立公平交易所的初心。

Membership fees

Membership	Fee
Investors Exchange	FREE

Connectivity fees

Service	Fee
10G Physical Port	FREE
1G Physical Port	FREE
Logical Port	FREE

Market Data fees Show more

Service	Fee
Internal Distribution Fee	FREE
External Distribution Fee	FREE
Usage Fee	FREE

图 15-7　IEX 费用结构

IEX 的交易费用更简洁明了且比其他交易所便宜不少，但跟我国交易所费用相比仍然复杂得多。为节省空间，这里不再展示。

15.1.2 另类交易系统

ATS 以及经纪商—交易商自己的内盘，二者合称"暗池"。暗池不是交易所，但作为交易平台必须申请成为美国金融业自律组织即金融监管局（FINRA）的会员，并接受 FINRA 的监管。根据 FINRA 的要求，2016 年 2 月 1 日起，所有 ATS 平台必须向 FINRA 交易报告系统（trade reporting facilities，TRFs）报送周度加总数据，股票种类包括所有的 NMS tier 1、tier 2 以及场外交易股票（OTC equity）[①]。如图 15-8 所示，如今暗池交易已经占据了约 32% 的成交量。

FINRA & TRF Volume						
TRFs (DQ,DN,DB)	$50,229,551,665	$28,888,559,423	$44,459,010,618	$123,577,121,705	33.15%	32.01%
NASDAQ TRF Carteret	$44,149,618,986	$25,549,327,787	$34,489,915,764	$104,188,862,537	27.95%	26.91%
NYSE TRF	$5,980,371,494	$3,271,140,394	$9,719,051,028	$18,970,562,916	5.09%	5.04%
NASDAQ TRF Chicago	$99,561,184	$68,091,242	$250,043,826	$417,696,252	0.11%	0.06%
FINRA & TRF Total	$50,229,551,665	$28,888,559,423	$44,459,010,618	$123,577,121,705	33.15%	32.01%

图 15-8　暗池交易

> NMS 股票是指在全国股票交易系统中交易的股票，与 OTC 市场内交易的股票相对。一般而言，NMS 股票比 OTC 股票会揭示更详细的交易信息，比如实时成交信息、最高价、最低价、最新成交价等。OTC 股票交易信息需要向行业自律组织进行报告。NMS tier 1 股票是指所有被纳入标普 500 指数、罗素 1000 指数以及指定交易所交易品种（如 ETF）中的股票。NMS tier 2 股票是指所有 NMS 股票中除 tier 1 以外的股票。

图 15-9 为 FINRA 要求各 ATS 报送的个股加总数据示例。股票 Agilent Technologies 于 2019 年 7 月 22 日至 7 月 26 日这一周内在各大 ATS 平台一共成交 11929 笔，成交股数超 290 万股。

Alternative Trading Systems Data Details			
Symbol	A	Report	NMS Tier 1
Description	Agilent Technologies Inc.	Week of	07/22/2019
Product	CTS		
Total Shares	2,909,873	Total Trades	11,929

ATS Description	Shares	Shares Last Updated Date	Trades	Trades Last Updated Date
BLKX INSTINET BLOCKCROSS	552,341	08/12/2019	38	08/12/2019
UBSA UBS ATS	456,095	08/12/2019	3,494	08/12/2019
BIDS BIDS ATS	306,710	08/12/2019	217	08/12/2019
CROS CROSSFINDER	241,450	08/12/2019	1,419	08/12/2019
JPMX JPM-X	173,279	08/12/2019	1,005	08/12/2019
EBXL LEVEL ATS	139,100	08/12/2019	519	08/12/2019
ITGP POSIT	134,700	08/12/2019	198	08/12/2019
MSPL MS POOL (ATS-4)	114,300	08/12/2019	620	08/12/2019
LATS THE BARCLAYS ATS	100,100	08/12/2019	577	08/12/2019

图 15-9　FINRA 要求各 ATS 报送的个股加总数据示例

资料来源：美国金融业自律组织 FINRA 官网（https://otctransparency.finra.org/otctransparency/AtsData）。

[①]　在此之前的加总数据是各大 ATS 根据 FINRA 第 4452 规则报送的数据。ATS 的完整名单可见美国证监会官网（https://www.sec.gov/foia/ats/atslist0415.pdf）。

图 15-10 为 2015 年 3 月底至 6 月底共 13 周内各大 ATS 平台上 NMS 股票的成交信息和市场份额，前十大 ATS 几乎占据了 60% 左右的成交量和成交额。不少投资银行有自己的 ATS，比如瑞信（Credit Suisse）的 Cross Finder，大摩（JP Morgan）的 JPM-X，以及高盛（Goldman Sachs）的 SIGMA X 等，且市场份额较大。这是因为这些投资银行本身就是规模很大的经纪商和交易商，掌握了大量的客户和平台资源。它们可以在较大的范围内搜索委托，帮助客户提高成交概率和成交质量。份额最大的 Cross Finder 在此期间成交超 4000 万笔，成交股数约 75 亿股，成交金额超 3000 亿美元。最后一行统计数字显示，在 ATS 上交易的 NMS 股票成交量大约占到总合并成交量的 15%。

MPID	ATS Description	Trades	Share Volume	Dollar Volume	% of ATS Dollar Volume	% of ATS Share Volume
CROS	CROS CROSSFINDER	41,672,006	7,551,914,806	$315,945,661,169	12.61%	12.70%
UBSA	UBSA UBS ATS	43,027,809	6,734,276,556	$291,180,523,638	11.62%	11.32%
DBAX	DBAX SUPERX	25,242,629	4,678,600,167	$199,074,916,743	7.94%	7.87%
IEXG	IEXG IEX	18,041,576	4,423,181,973	$186,499,788,586	7.44%	7.44%
MSPL	MSPL MS POOL (ATS-4)	18,236,411	4,289,819,243	$156,471,258,204	6.24%	7.21%
DLTA	DLTA DEALERWEB	1,516	764,998,801	$134,793,590,990	5.38%	1.29%
SGMA	SGMA SIGMA X	18,716,925	3,222,508,033	$131,407,703,348	5.24%	5.42%
MIIX	MIIX INSTINCT X	15,015,084	3,360,647,845	$116,747,351,177	4.66%	5.65%
JPMX	JPMX JPM-X	12,258,446	2,837,510,840	$116,551,158,849	4.65%	4.77%
ITGP	ITGP POSIT	10,227,796	2,900,218,900	$111,751,958,834	4.46%	4.88%
KCGM	KCGM KCG MATCHIT	14,173,691	2,423,079,322	$95,254,726,769	3.80%	4.07%
EBXL	EBXL LEVEL ATS	14,048,531	2,272,446,000	$94,803,590,528	3.78%	3.82%
BIDS	BIDS BIDS TRADING	4,317,558	2,208,466,903	$94,153,259,495	3.76%	3.71%
LATS	LATS BARCLAYS ATS ("LX")	13,743,582	2,365,482,491	$92,785,653,009	3.70%	3.98%
ICBX	ICBX INSTINET CONTINUOUS BLOCK CROSSING SYSTEM (CBX)	7,295,533	1,875,009,482	$70,029,206,516	2.79%	3.15%
XSTM	XSTM CROSSTREAM	2,678,027	1,158,257,295	$40,156,942,579	1.60%	1.95%
LQNT	LQNT LIQUIDNET ATS	18,127	712,524,230	$31,447,188,492	1.25%	1.20%
IATS	IATS IBKR ATS	2,308,101	722,328,435	$31,399,360,633	1.25%	1.21%
NYFX	NYFX MILLENNIUM	1,801,107	647,366,571	$26,977,052,943	1.08%	1.09%
CXCK	CXCK CITI CROSS	3,047,670	680,227,091	$26,237,183,874	1.05%	1.14%
MSTX	MSTX MS TRAJECTORY CROSS (ATS-1)	4,032,146	670,349,940	$24,101,728,412	0.96%	1.13%
PDQX	PDQX PDQ ATS	2,843,539	519,782,380	$22,384,657,822	0.89%	0.87%
XIST	XIST INSTINET CROSSING	111,510	493,513,656	$19,449,543,200	0.78%	0.83%
BLKX	BLKX BLOCKCROSS	38,984	429,983,908	$17,125,909,759	0.68%	0.72%
LTPL	LTPL LIGHT POOL	2,275,740	403,527,790	$15,757,610,861	0.63%	0.68%
LQFI	LQFI LIQUIFI	18,322	233,816,558	$10,054,937,852	0.40%	0.39%
BTBK	BTBK TRADEBOOK	951,569	217,286,935	$9,105,149,522	0.36%	0.37%
LQNA	LQNA LIQUIDNET H2O	38,256	218,684,500	$8,397,182,948	0.34%	0.37%
VRTX	VRTX VORTEX	994,257	218,122,351	$6,968,936,215	0.28%	0.37%
MLVX	MLVX MERRILL LYNCH (ATS-1)	167,416	53,504,500	$2,509,930,415	0.10%	0.09%
JEFX	JEFX JET-X	162,053	47,294,192	$1,505,230,591	0.06%	0.08%
AQUA	AQUA AQUA	3,074	33,993,467	$1,275,459,816	0.05%	0.06%
RCSL	RCSL RIVERCROSS	169,033	35,504,467	$1,018,621,752	0.04%	0.06%
WDNX	WDNX XE	10,818	16,495,078	$965,039,562	0.04%	0.03%
BCDX	BCDX BARCLAYS DIRECTEX	371	27,323,979	$786,574,698	0.03%	0.05%
MSRP	MSRP MS RETAIL POOL (ATS-6)	44,498	16,392,000	$754,554,611	0.03%	0.03%
APOG	APOG APOGEE	14,960	3,016,349	$120,888,304	0.00%	0.01%
PROS	PROS PRO SECURITIES ATS	34	57,700	$1,874,537	0.00%	0.00%
	Total (NMS Stock ATS)	277,748,710	59,467,514,735	$2,505,972,772,257	100.00%	100.00%
	Total Consolidated Volume (NMS stock)[1]	-	397,278,958,163	$16,272,538,057,045	-	-
	NMS Stock ATS as a Fraction of Total Consolidated Volume	-	15.0%	15.4%	-	-

图 15-10　ATS 平台上 NMS 股票的成交信息和市场份额
资料来源：美国 SEC 官方文件 Regulation of NMS Stock ATS（简称"Reg ATS"）。

与交易所的 ECN 一样，不同的 ATS 平台之间存在激烈的竞争，因此每家 ATS 都尽量设计不同的交易结构，提供差异化的服务。比如千禧公司（Millenium）的 NYFlix ATS 提供一种委托指令，可以将报单拆分成若干小份并在暗池中搜索以最大化成交量。瑞信的 Cross Finder 提供一种委托指令，除了可以在暗池中搜索可能与之成交的委托以外，还可以自动搜索公开交易所中的委托。骑士资本（Knight Capital）的 FAN ATS 提供了一种适应性算法，可以优先搜索最近发生成交的暗池，以提高成交的概率。还有些 ATS 提供包括 IOC（立刻成交，否则取消）等在内的委托指令，帮助交易者在市场价格发生偏离时更好地管理成交率。

15.1.3 内盘

内盘是经纪商—交易商对收到的委托进行内部撮合的交易平台，它与 ATS 的主要区别在于内盘使用全国公开报价对委托进行撮合，并不自行定价，而 ATS 可以形成自己的价格。图 15-11 为 FINRA 官方统计的非 ATS（主要为内盘）统计数据（节选），里面出现了不少银行和券商的身影。

Name	Total Shares	Total Trades	Last Updated
CHARLES SCHWAB & CO. INC.	52,563	24,458	08/14/2019
WELLS FARGO CLEARING SERVICES, LLC	10,387	10,387	08/13/2019
ACS EXECUTION SERVICES, LLC	23,980,205	196,749	08/12/2019
AMERICAN ENTERPRISE INVESTMENT SERVICES INC.	11,460	11,460	08/12/2019
BARCLAYS CAPITAL INC.	53,799,283	16,089	08/12/2019
BOFA SECURITIES, INC.	104,803,009	7,428	08/12/2019
CANACCORD GENUITY LLC	5,169,510	12,827	08/12/2019
CITADEL SECURITIES LLC	960,297,760	4,083,337	08/12/2019
CITIGROUP GLOBAL MARKETS INC.	173,459,717	18,726	08/12/2019
COMHAR CAPITAL MARKETS, LLC	5,226,732	41,376	08/12/2019
COWEN EXECUTION SERVICES LLC	13,629,775	17,797	08/12/2019
CREDIT SUISSE SECURITIES (USA) LLC	53,856,317	1,113	08/12/2019
CUTTONE & CO., LLC	67,394	5,378	08/12/2019
De Minimis Firms	339,127,756	13,083	08/12/2019
E*TRADE SECURITIES LLC	8,943	8,943	08/12/2019
FOLIO INVESTMENTS, INC.	20,314	14,346	08/12/2019
G1 EXECUTION SERVICES, LLC	391,576,556	1,365,486	08/12/2019
GOLDMAN SACHS & CO. LLC	368,930,338	177,116	08/12/2019
GTS SECURITIES, LLC	11,818,447	4,387	08/12/2019

图 15-11 非 ATS（主要为内盘）统计数据（节选）
资料来源：FINRA 官网中的 OTC 透明数据报告。

图 15-12 为 NMS tier 1 股票 Agilent Technologies 于 2019 年 7 月 22 日至 7 月 26 日这一周在非 ATS 平台（主要是内盘）上的全部成交信息。可以看出，相比于交易所 ECN 和 ATS 平台，这只股票在内盘中的总成交量比较小，成交笔数也比较少，约为该股在 ATS 平台成交量的一半，但单笔成交量较大。这是因为如前所述，内盘中主要是大宗交易者在参与。

Symbol	A		Report	NMS Tier 1
Description	Agilent Technologies Inc.		Week of	07/22/2019
Product	CTS			
Total Shares	1,880,033		Total Trades	5,799

OTC (Non-ATS) Description	Shares ↓	Shares Last Updated Date	Trades	Trade Last Updated Date
De Minimis Firms	1,344,879	08/12/2019	1,642	08/12/2019
CITADEL SECURITIES LLC	382,149	08/12/2019	3,155	08/12/2019
VIRTU AMERICAS LLC	153,005	08/12/2019	1,002	08/12/2019

图 15-12　Agilent Technologies 在非 ATS 平台上的成交信息

资料来源：FINRA 官网中的 OTC 透明数据报告。

2021 年年初，美国股票市场发生了一场史上罕见的华尔街轧空事件。该事件的主要对象是游戏驿站公司发行的股票（代码"GME"）。从游戏驿站公司的基本面来看，各项财务指标均显示公司经营不善，业绩持续下滑，这是空方选择做空的主要理由。该股票自 2020 年下半年起基本形成了多空对峙局面。自 9 月底，GME 股票的卖空比例便维持在 100% 以上，股价徘徊在 10—14 美元。

2021 年 1 月，多头发起猛烈攻势。一方面，前金融机构从业人员基思·吉尔在社交媒体平台 Reddit 的 WallStreetBets 论坛中多次晒出个人获利账单，吸引散户买入 GME 股票；另一方面，知名投资人赖安·科恩通过名下风投公司向游戏驿站注入资金并进入董事会，号称要将游戏驿站重组成"游戏界的亚马逊"，推动股价上涨。硅谷风险投资家查马斯·帕里哈皮蒂亚和伊隆·马斯克也为游戏驿站摇旗呐喊。散户在此感召下纷纷加入多头队伍，并通过购买看涨期权进一步对股价造成上涨压力，形成轧空之势。截至 1 月 28 日，GME 股价从年初的 17 美元一路飙升至盘中最高价 483 美元。与此同时，GME 股票的卖空比例也达到了最高点 140%，多空对决进入高潮。

当此节骨眼，罗宾侠（Robinhood）和 E-trade 等零售经纪商紧急采取技术措施，限制散户购买 GME 股票，引起散户多头极大不满和强烈抗议。而知名交易商城堡基金（Citadel）由于身兼罗宾侠的客户和空头 Melvin 资本的股东，涉嫌利益冲突，也被推向舆论的风口浪尖。

在多头的持续攻势下，一些空头不得不认输离场。随着空头的平仓了结，GME 的卖空比例降至 50%，卖空股数降为 2000 万股，目前股价也回落至 40 美元附近。多空阵营互有得失。鉴于事态严重性，美国国会众议院于 2 月 18 日举行了听证会。

此次事件涉及若干重大市场设计问题，因此引起市场轩然大波，比如零售商限制投资者买入股票是否合规，网络大 V 在论坛中鼓动散户参与买卖是否涉嫌市场操纵，以及 Citadel 是否涉嫌利益冲突等。但从市场微结构的角度看，美国市场存在两个重大问题：交易商从零售商处购买散户报单（pay for order flow，PFOF）是否公平，以及交易商如 Citadel 是否将购买的报单流用于自营交易。

15.1.4 交易所做市商模式

15.1.4.1 纽交所模式

第三章提到,纽交所实行的是做市商报价驱动为主的混合交易机制。纽交所的做市模式经过历史演变后日趋成熟,已经形成了一套由现代高科技电子自动化交易和人工深度参与混合而成的独特市场模式。纽交所做市商的核心群体原来叫作"专家"或"场内做市商"(specialist),后改为"指定做市商"(designated market maker,DMM),在责任和义务上作了一些调整。每个做市商一般负责监控和管理几只股票的交易状况,以确保这些股票交易公平有序的进行。指定做市商有义务保证股票的顺利开盘和收盘,特别是在市场出现问题不能自动形成开盘价和收盘价的时候。指定做市商还有义务提供一定比例的全国最优报价,提供市场流动性,降低市场波动。指定做市商是确保纽交所股票市场发挥价格发现功能的重要机制。根据纽交所官方数据统计,指定做市商的存在使开(收)盘期间的价格波动降低了51%(52%),上市首日的价格波动降低了30%,股东限售解禁日的价格波动降低了23%。

指定做市商需要强大的资本实力才能胜任。比如在一个罗素指数调整日,某股票要被剔除出指数,此时通常会面临比正常交易日大得多的卖压。负责该股票的DMM挂出1300万股的申买单,防止其价格下跌。但临近收盘时,市场上出现了大量的卖单,卖量高出买量400万股。此时,DMM决定拿出6300万美元支持该股票,从而避免了该股票约2%的下跌可能,市值原本可能损失30亿美元。目前,纽交所的DMM有Brendan E. Cryan & Co.、Citadel Securities LLC.、GTS Securities LLC.、IMC Financial Markets、Virtu Americas LLC.等。

除了DMM,纽交所还设有"补充流动性提供者"(supplementary liquidity provider,SLP),一般都是成交量较大的电子交易商,为对应股票增强流动性。根据交易所规定,同一只股票的DMM和SLP不能为同一家会员。并不是所有股票都有SLP,通常日均成交量在100万股以上的股票会有SLP,且SLP的每日报价中必须保证至少10%以上的比例与全国最优报价匹配。

除了DMM和SLP以外,纽交所的市场模式中还有一些场内经纪商,即各经纪公司在交易所大厅内的出市代表。这些场内经纪商常年在场内进行交易,彼此熟悉,信息交流频繁,因此对市场发生了什么通常有很好的洞见和灵敏度。DMM、SLP和场内经纪商一起为保证日常交易的顺利进行提供流动性和稳定性,是纽交所为众多上市公司和投资者青睐的重要基础。

15.1.4.2 纳斯达克模式

纳斯达克的市场模式与纽交所有所不同。纳斯达克最初是散落在全美各地的OTC市场,后来实现全国联网,形成了统一的自动报价与交易系统。因此,它并不像纽交所那样有一个物理场所(百老汇街18号,近华尔街),而是由各家做市商公司所组成的庞大电脑网络。但其实即便是纽交所,也只有一小部分交易在位于华尔街的纽交所交易大厅进行,大多数交易是在位于新泽西州的一个小城马瓦市的数据撮合中心里进行的。华尔街已经成为一个真正的象征。

> 在纽交所和纳斯达克上市的公司有很大不同。一般来讲,纽交所上市公司股票是所谓的蓝筹股,即那些已经发展成熟、盈利稳定、规模较大,也颇有些历史的公司,而纳斯达克上市公司以成长股居多。这一方面与投资者长期以来形成的印象有关,另一方面也与两个交易所的上市费用有关。纽交所的首次上市费用最低10万美元,最高可达50万美元,而纳斯达克在5万至7.5万美元之间。年度延续费用上,纽交所按照发行股票数量进行阶梯式收费,最高可达50万美元,而纳斯达克一般在2.75万美元左右。因此,从费用上来看,纳斯达克也更适合初始资本不多的创业型企业。

纳斯达克主要也是靠做市商提供报价维持市场流动性。纳斯达克的做市商与纽交所的DMM相比,前者鼓励竞争,同一只股票可以有多个(平均在14个左右)做市商负责,而后者一般带有垄断性,每个DMM负责若干只股票,彼此之间没有重复和竞争。两种制度各有利弊。DMM专门负责指定的股票,有的DMM可能几十年跟踪同样的股票,经验非常丰富,对这些股票的交易状况、投资者构成十分熟悉,与相应的上市公司管理人员也有经常性的沟通,因此确实能够在关键时刻发挥"定海神针"的作用,保证市场的流动性和稳定性。纳斯达克的做市商虽然不像DMM这样"专一",但由于彼此之间存在激烈竞争,因此有利于降低交易成本,为投资者获得最优价格。图15-13为目前纳斯达克的做市商名单,可以看出,银行仍是做市商的主体。

> 举一个关于DMM作用的真实例子。某交易日临近收盘时,DMM收到一个1300万股的某股票申买单,这个量大约是该股票平时日成交量的5倍多。关键是彼时市场上并没有关于该股票的重大消息,也没有足够多的股票供应。于是,DMM联系交易所场内的工作人员,后者马上暂停该股票交易,并找到了发出申买指令的经纪商——交易商,结果发现这是一个错误指令,从而避免了数百万美元的损失以及收盘价的错误。

15.1.5　OTC市场

作为美国多层次资本市场体系中的一部分,OTC市场中交易的证券数量大约占全美证券总数量的3/4,是世界上最大的证券OTC市场。按照美国相关法律规定,OTC股票企业满足一定的要求,即可向美国证券交易商协会(NASD)提出申请升入纳斯达克、纽交所、全美证券交易所等主板进行交易。近年来,我国选择境外上市的企业也越来越多地先在美国OTC市场挂牌融资,然后再转向主板市场。

做市商代码	做市商名称	做市商代码	做市商名称
GSCO	Goldman Sachs & Co.	MLCO	Merrill Lynch
FBCO	Credit Suisse Securities, LLC.	MSCO	Morgan Stanley & Co, Inc.
SGAS	SG Americas Securities, LLC.	SBSH	Citigroup Global Markets, Inc.
UBSS	UBS Securities, LLC.	JPMS	JP Morgan Securities, LLC.
BCAP	Barclays Capital, Inc.	BOFA	Bank of America Securities
CCMC	Commerzbank Capital, Inc.	DBAB	Deutsche Bank Securities, Inc.
WEDB	Wedbush Securities	HSBC	HSBC Securities
RBCD	RBC Capital Markets, LLC.	BNPS	BNP Paribas Securities Corp.
SOHO	Two Sigma, LLC.	INCA	Instinet, LLC.
IMCC	IMC Chicago, LLC.	JEFF	Jefferies Execution Services
NMRA	Nomura Securities, Inc.	WFGO	Wells Fargo Securities
LIME	LIME Brokerage LLC.	SUSQ	SIG Brokerage LP
CUGS	Cuttone & Co, Inc.	CIBC	CIBC World Markets Corp.
IBKR	Interactive Brokers	COWN	Cowen Execution LLC.
ABNA	ABN AMRO Clearing Chicago	WEED	Weeden & Company
APCC	Apex Clearing Solutions LLC.	BERN	Sanford C. Bernstein & Co.,LLC.
STFL	Stifel Nicolaus & Co., Inc.	DASH	Dash Financial LLC.
CDEL	Citadel Securities	VIRT	Virtu Financial

图 15-13 纳斯达克做市商名单

资料来源：http://www.programtrading.com/ptfirms.htm。

美国的 OTC 市场一度为 1990 年设立的 OTCBB 公司所垄断，OTCBB 是专门为不在纳斯达克、纽交所和全美证券交易所挂牌交易的证券，提供即时报价、成交价和成交量等信息的报价服务系统。

OTCBB 的崛起有其历史背景。1990 年，针对一些小的公司在发展初期也需要资本市场的支持，但达不到主板市场的上市需求，一些券商建立了地区性、区域性的 OTC 市场。1990 年 6 月，为了便于交易并加强 OTC 市场的透明度，美国证监会根据《低价股票改革法》的要求，命令美国证券交易商协会为 OTC 证券交易市场设立电子报价系统，开通了 OTCBB 电子报价系统，并将一部分粉单市场（pink sheets market）的优质股票转移到 OTCBB 上来。1993 年 12 月起，所有美国国内的 OTC 证券在交易后 90 秒内必须通过自动确认交易服务系统（ACTSM）显示于 OTCBB 上。1997 年 4 月，美国证监会批准了 OTCBB 的永久性运营地位。1998 年 4 月，经证监会登记的所有外国证券和存托凭证（ADR）都可在 OTCBB 上报价。此后经过 10 年的运作，OTCBB 确立了在美国非主板市场的霸主地位，最多时有超过 3600 家公司、超过 6667 种证券、近 400 家做市商活跃于该市场。2007 年以前，几乎全美所有场外证券交易都发生在 OTCBB 交易平台上，股票日均交易量达到 25 亿美元以上。

> 彼时,美国的场外市场同时存在一个所谓的"粉单市场",它是美国国家报价局(NQB)为在 OTC 挂牌的公司提供的一个更加便捷的交易平台。NQB 每天从做市商那里汇总这些股票的报价,而这些报价被印在粉红色长纸条上,因此被称为"粉单"。粉单公司通常都是规模很小并且公众持股量非常有限的流动性很低的公司。同时,由于存在大量的奖金机会,很多粉单公司的财务报表并不经过审计,也不将财务报表递交给证监会,更没有进行任何公开的披露,所以对投资者而言,很难了解到这些公司可靠的公正的信息。因此,通常认为在粉单市场上挂牌的公司具有很高的交易风险。与 OTCBB 上交易的股票相比,粉单市场显然名声不太好。

到了 2007 年 7 月,FINRA 接管 OTCBB。此后不久,FINRA 意识到管理这样一个场外交易平台与其所谓的"针对所有在美国开展业务的上市公司的最大独立监管机构"原则不相符,因此 FINRA 出于专心做好监管机构角色的考虑,开始主动减少 OTCBB 交易平台上的挂牌公司数量。

在这个过程中,另一个在技术及交易成本上更具优势的 OTC Markets 集团逐步发展起来,并建立起多层次的市场结构。OTC Markets 电子报价系统所具有的便捷性及有效性,以及可以通过 EDGAR(electronic data gathering, analysis, and retrieval system,即电子化数据收集、分析及检索系统)获取挂牌公司的信息这些优势,去除了 OTCBB 平台的大量弊端。同时,由于 OTCBB 看上去对它的会员及在 OTCBB 上交易的公司漠不关心,这些都成为公司向 OTC Markets 平台转移的背后推动因素。无论对个人投资者还是对专业的投资机构,OTC Markets 的模式都比 OTCBB 更具吸引力,因此大多数在 OTCBB 平台上交易的经纪商—交易商也会通过 OTC Markets 的电子报价系统"LINK"报价。事实上,OTCBB 公司最主要的大单交易是通过 OTC Markets 的"LINK"平台完成的。如今只有 14 家公司(占全部 OTC 公司的 0.1%)仅通过 OTCBB 进行报价,其余公司都采用两个系统同时报价。从图 15-14 中 2016 年至 2018 年以来 OTCBB 与其他 OTC 平台交易量统计数据的对比也可以看出这一点。

Market	Year	Tot. Trades	Tot. Shares Vol.	Tot. Dollar Vol. ($)	Avg Share Vol./Trade	Avg Dollar Vol./Trade ($)	Avg Dollar Vol./Share ($)	Issues
All OTC	2018	52,484,603	2,155,645,844,665	379,413,800,702	41,072	7,229	0.176	15,289
OTCBB	2018	18,471	785,293,024	94,522,599	42,515	5,117	0.1204	36
Other OTC	2018	52,466,132	2,154,860,551,641	379,319,278,103	41,071	7,230	0.176	15,287
All OTC	2017	40,660,683	2,776,417,207,081	285,278,374,976	68,283	7,016	0.1028	15,361
OTCBB	2017	82,202	551,311,568	231,254,403	6,707	2,813	0.4195	87
Other OTC	2017	40,578,481	2,775,865,895,513	285,047,120,573	68,407	7,025	0.1027	15,321
All OTC	2016	30,964,884	1,255,631,725,475	236,661,194,385	40,550	7,643	0.1885	15,423
OTCBB	2016	439,238	33,339,928,027	1,054,832,186	75,904	2,402	0.0316	342
Other OTC	2016	30,525,646	1,222,291,797,448	235,606,362,199	40,041	7,718	0.1928	15,317

图 15-14　OTCBB 与其他 OTC 平台交易量

资料来源:https://otce.finra.org/otce/marketStatistics。

> OTC Markets Group 这个名字的由来还颇有意思。1997 年，美国国家报价局被收购，粉单报价模式从而转变为电子化报价交易平台。顺利运行几年之后，2000 年，国家报价局正式更名为 Pink Sheets 公司，再后来更名为 Pink OTC，希望能充分利用 OTC 的知名度，淡化"粉单"市场的不良印象。不过，由于"粉单"这个名字的负面影响实在太大，Pink OTC 于 2010 年 11 月更名为 OTC Markets Group。
>
> 时至今日，OTC Markets 本质上已经成为为所有 OTC 股票提供电子报价的最主要的系统。据统计，这一公开电子化交易平台为超过 160 个股票经纪人提供服务，有超过 1 万家公司通过 OTC Markets 进行报价，77% 的 OTC 公司只通过 OTC Markets 的 Link 系统进行报价。

OTC Markets Group 建立了一个清晰的分级制度，以显示通过美国场外市场进行交易的公司所披露的财务报表和公司信息的水平，这种分级根据交易公司披露相关信息的及时性和公开性而定，目的在于提醒投资者在进行投资之前慎重考虑。

15.1.5.1 OTCQB

OTCQB 是美国场外市场交易股票的最高级。在 OTCQB 挂牌的企业必须披露公司年度财务报告、季度财务报告和年度公司信息等内容，其财务报表采用美国通用会计制度，但不需要符合美国证券交易委员会的第 404 条规定。

15.1.5.2 OTCQX

OTCQX 是美国场外市场的中小规模板块，与 OTCQB 一样，在 OTCQX 交易股票的公司也需要按照美国标准会计制度提交财务报表。

15.1.5.3 Pink Sheet

（1）当前信息公司

当前信息公司这一层级的公司，最近 6 个月曾向粉单信息服务部门提交过相关报表，或者曾在美国证券交易委员会的 EDGAR 系统备案。这一层级的公司包括借壳上市的公司或者正处于发展阶段的小公司，这些公司发展规模较小，盈利前景尚不明朗，因此被视为极具投机性的公司。

（2）有限信息公司

有限信息公司这一层级的公司，一般来说无法或不愿提供足够符合美国粉单交易市场标准的信息，此类公司一般在财务报表上有问题，或者经营困难或者破产。

(3) 未提供信息公司

未提供信息公司这一层级的公司,不愿或无法提供符合美国粉单市场标准的财务报表,同样也不利用美国粉单信息发布系统发布相关信息或者发布的信息是在 6 个月之前的旧资讯。此类公司一般被认为是管理上出现重大纰漏或者已经彻底停止运营的公司,甚至有可能是一些并不存在的公司。投资这样的公司具有高风险性。

(4) 买者自负公司

买者自负公司这一层级的公司,一般是引发重大公共问题的公司,或者管理层内部存在重大欺诈行为。这一层级的公司的股票是会被美国场外交易集团终止交易的。

参与 OTC Market 平台交易的投资者必须在指定的经纪商—交易商开户,然后提交市价或者限价申报。经纪商—交易商在收到投资者申报指令后,可以在自身内盘中撮合成交。如果申报指令是可立即执行的,[①]那么经纪商—交易商可以在 OTC Market 提供的 LINK 交易系统中跟其他经纪商—交易商成交。如果申报指令不能立即被执行,经纪商—交易商也可以在 LINK 系统内挂单,等待其他经纪商—交易商与之商谈具体价格和数量,类似于我国的银行间债券市场交易。

目前,OTC Markets 共有 88 个经纪商—交易商,部分名单如图 15-15 所示。

经纪商—交易商	名称缩写	注册地
Cantor Fitzgerald & Co.	CANT	New York, NY
Celadon Financial Group LLC.	CFGN	Chatham, NJ
Chardan Capital Markets LLC.	CHDN	New York, NY
Citadel Securities	CDEL	Chicago, IL
Citigroup Global Markets Inc.	SBSH	New York, NY
Clear Street, LLC.	CLST	New York, NY
Cowen And Company, LLC.	COWN	Stamford, CT
Credit Suisse Securities (Usa) LLC.	FBCO	New York, NY
D.A. Davidson & Co.	DADA	Los Angeles, CA
DBOT ATS, LLC.	DBOX	Wilmington, DE
Fig Partners, LLC.	BNKS	Atlanta, GA
G.RESEARCH, INC.	GABE	Rye, NY
G1 Execution Services, LLC.	ETRF	Chicago, IL
Glendale Securities, Inc.	GLED	Sherman Oaks, CA
GOLDMAN SACHS & CO. LLC.	GSCO	New York, NY
GTS Securities LLC.	GTSM	New York, NY
Hilltop Securities Inc.	SWST	Dallas, TX
Hovde Group, LLC.	HOVD	Atlanta, GA
ICAP Corporates LLC.	GARC	Jersey City, NJ
Imperial Capital, LLC.	IMPC	New York, NY

图 15-15 经纪商—交易商名单(部分)

---

① 市价指令显然是可执行的指令;限价指令的申报价格如果是在当前最优申买和申卖价格之间,那么也是可执行的。比如某交易者申买 100 股股票,价格为 30 美元,如果当前最优申卖价格为 30 美元或 29.98 美元,那么该申卖指令就是可执行的。如果最优申卖价格不是 30 美元,而是 30.01 美元,那么该申买指令就是不可执行的。

15.2 美国衍生品市场微结构

15.2.1 美国期货市场

全球知名的衍生品交易集团芝加哥商品交易所（CME,简称"芝商所"）是美国最大的期货交易所,旗下有四个交易平台 CME、NYMEX、COMEX 和 CBOT,CBOT 于 2007 年拒绝了另一个交易所巨头洲际交易所集团 ICE 的要约,选择与 CME 合并,促成了衍生品交易所巨无霸的诞生。

CME 集团下的商品期货交易品种齐全,覆盖面广,涵盖了农产品、能源、金属等类别,实力雄厚,著名品种有玉米、大豆、WTI 原油、Henry Hub 天然气和黄金等。除了商品期货外,CME 也提供权益类指数期货如 E-迷你标普 500 股指期货、标普 500 股指期货、E-迷你纳斯达克 100 股指期货等,以及利率期货、外汇期货甚至比特币期货。① CME 还有一些基于国际指数的期货品种,如 E-迷你富时中国 50 股指期货、E-迷你富时新兴指数期货等。

作为 CME 集团的主要竞争对手,近 10 余年崛起的 ICE 设在纽约、伦敦和新加坡等地的衍生品市场向全球交易者共提供 2892 个期货和期权品种以及 8000 多个合约的交易,在能源期货、农产品期货等方面有不少拳头品种。图 15-16 列举了在 ICE 期货和期权交易平台上交易的品种。可以看出,品种十分丰富,涵盖了利率、外汇、能源、农产品、信用、权益等资产类别,甚至包括数字资产。

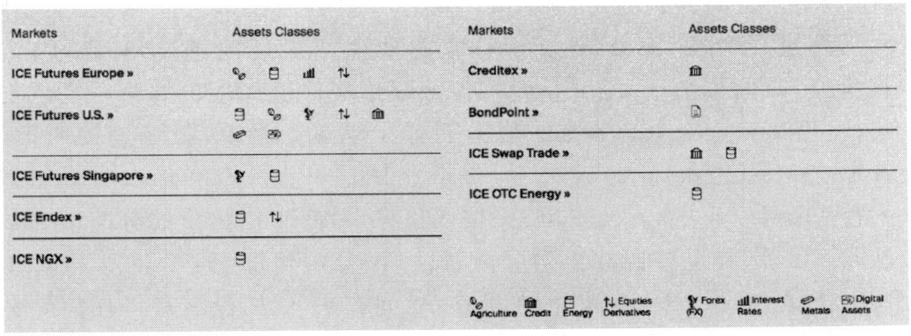

图 15-16　ICE 期货和期权交易平台交易品种

资料来源：ICE 官网。

另一家衍生品交易巨头 CBOE 的实力同样不可小觑。其期货交易所 CFE（CBOE Futures Exchange）另辟蹊径,主要提供权益类指数及波动性期货的交易,尤其是关于波动性期货的交易独树一帜,是 CBOE 的当家品种。目前,CFE 拥有著名的波动性指数 VIX 期货、标普 500 指数方差期货（即标的为标普 500 综合指数的已实现方差）、美国 10 年期

---

① 从这个角度看,美国监管层已经认可比特币作为一个资产的投资功能。CME 已于 2020 年 1 月份推出比特币期货期权。

国债波动性期货、企业债指数期货以及美国银行间拆解利率期货等。

纳斯达克交易集团除了提供股票、交易所交易品种等产品的交易以外,也提供期货和期权交易。在期货方面,纳斯达克期货公司 NFX 主要提供原油、石油化工、天然气、电力、干货集散等商品期货以及美国国债期货的交易服务。

OneChicago 是一个成立于 2002 年的全电子化交易所,主要交易品种为个股期货。

以上除了 CME 和 ICE 有自己的期货清算服务以外,其他期货交易所的交易均由美国期权清算公司 OCC(Option Clearing Corporation)负责清算。OCC 是 1973 年成立的全美最早的权益类期权清算机构,同时受美国证监会及商品期货交易委员会的监管。如今,OCC 不但为期权交易做清算工作,也为期货及股票融券等业务做清结算工作。OCC 也是世界上第一个采用基于大规模蒙特卡洛模拟的风险管理方法的清算所,拥有自行开发的 STANS 技术。STANS 保证金计算系统基于经济计量方法模拟投资组合在极端情况下的价值,能够考虑多个风险因子之间的相关性特别是尾部相关性,并且将抵押品的价值变化也计算进去,一方面提高了投资者资金使用的效率,另一方面也极大地降低了清算风险。由于清结算的重要性,OCC 被列为"系统重要"的金融市场主体。

15.2.2　美国期权市场

每一个期权品种的合约都对应一系列的行权价格和到期日,合约众多就容易出现单个合约流动性不足的问题,因此对于期权交易而言,做市商制度是关键举措。

如果多家做市商对同一产品的最优报价相同,则交易所需要对这一最优价位的成交在做市商之间作出分配(allocation)。根据分配算法的不同,做市商制度可以分为按比例分配(pro rata)和价格/时间优先(price/time)两种。根据按比例分配算法,交易将按做市商的报价量比例进行分配,对于剩余量通常的处理方法是先进先出(first in first out,FIFO);根据价格/时间算法,一笔交易将首先分配给提供最优报价的第一笔订单。

举个例子,当前市场在 50.05 元的价位上有 3 笔买入报单,报单量按照报入时间先后排序分别为 100 手(做市商 A)、100 手(做市商 B)、200 手(做市商 C)。此时,如果某交易者报入一笔 160 手 50.05 元的卖单,则按照价格/时间算法给出的分配情况是:A 获得 100 手,B 获得 60 手;如果按照按比例分配算法,则分配情况是:A 获得 1/4 即 40 手,B 获得 40 手,C 获得 80 手。可以看出,在价格/时间算法下,C 没有获得任何配额,但其实 C 的报买量是最大的。但是价格/时间算法的好处在于它鼓励做市商报出最优价格,因此有利于缩小买卖价差;而按比例分配算法的好处在于鼓励大额报单,增加市场深度。

2007 年,伦敦国际金融期货交易所(LIFFE)推出新的算法——时间/按比例分配(time/pro rata),即以时间为权重计算分配比例,融合了两种传统算法的优点。在上面的例子中,A 的权重为:$100^3/(100^3+100^2+200^1)=42.85\%$,获得 70 手;B 的权重为:$100^2/(100^3+100^2+200^1)=28.57\%$,获得 45 手;C 的权重为:$200^1/(100^3+100^2+200^1)=28.57\%$,获得 45 手。

欧美成熟期权市场上的复杂性在于,不同的交易所对于做市商的规定是截然不同的,报单成交的分配问题只是其中一方面。

CBOE 号称全美排名第一的期权交易所，下有四个期权交易市场，分别为 CBOE Options Exchange、C2 Options Exchange、BZX Options Exchange 及 EDGX Options Exchange，提供股票个股、指数和 ETF 期权交易。CBOE 几乎垄断了美国股指期权的所有交易（市场份额占 99.08%）和个股期权成交量的约 40%。

CBOE 设立了成熟的做市商制度，以保证合约的流动性。以 CBOE Options Exchange 为例，每一个交易品种都有唯一一个指定主要做市商（designated prime market-maker，DPM），DPM 必须拿到交易许可并经交易所批准后在交易大厅进行报价，以保证市场的公正和有序。除了 DPM 以外，还有头部做市商（lead market-maker，LMM）、优先做市商（preferred market-maker，PMM）等，这些做市商可以在不同程度上享有报单成交的优先分配权。所有做市商报价的连续性、交易量、报价宽度等方面均要遵守相关规定，不同的做市商履行的义务和享受的权利也有所不同。其他三个 CBOE 期权交易所对此也有各自的规定。正是这些做市商的存在，保证了期权市场的流动性和正常运行。

CME 在其期货品种较好流动性的基础上大力发展相对应的期权品种，因此其期权市场与期货市场同样规模庞大，种类繁多。CME 的期权基本上都是商品期货期权，即标的资产是对应的商品期货。其农产品期货期权包括玉米、大豆、生猪、活牛、豆油、小麦等品种；能源类期货期权则包括主要的原油和天然气品种，具有较大的全球影响力。农产品和能源等商品期权主要在 CME 集团旗下的 NYMEX、CBOT 和 COMEX 平台进行交易，权益指数期货期权则在 CME 及 CBOT 平台进行交易，主要品种包括 E-迷你标普 500 指数期权、E-迷你纳斯达克 100 指数期权等；外汇、利率、金属等也有相应的期权品种。

纳斯达克交易集团下设 Nasdaq PHLX、Nasdaq ISE、Nasdaq GEMX、Nasdaq BX、Nasdaq NOM、Nasdaq MRX 六个期权交易所，交易品种主要为证券指数类期权、个股期权以及外汇期权，比如纳斯达克 100 指数期权、行业指数期权、七个主要外汇品种的期权、周期权以及季度期权等。

类似地，隶属于 ICE 交易集团的纽交所下面也有两个期权交易平台：NYSE Arca Options 以及 NYSE American Options。其中，Arca 平台交易的品种有个股期权、ETF 期权以及指数期权等，成为 Arca 平台的做市商必须通过资格考试获得期权交易许可（option trading permit，OTP），做市商公司获得 OTP 越多，则负责的期权合约数量越多。对每一个期权种类，Arca 还指定一个头部做市商（LMM）。与一般的做市商不同的是，LMM 必须保证在 90% 以上的正常交易时段提供连续双边报价，一般做市商只需要做到 60%。NYSE American 的市场结构与 Arca 大致类似，差别是 Arca 的 LMM 在 NYSE American 被称作"专家"，另外关于 OTP 如何对应做市商负责的期权合约数量的规定有所不同。

美国还有一些专门的期权交易所，比如波士顿期权交易所 BOX 以及迈阿密国际证券交易所设在新泽西州普林斯顿的三个交易平台（MIAX Options Exchange、MIAX Emerald、MIAX Pearl）。其中，BOX 于 2002 年成立，主要交易多达 2482 个个股期权。与其他采取 DPM 或者 LMM 等做市商模式的期权交易所不一样的是，BOX 鼓励做市商之间进行多重竞争，为期权交易提供流动性。MIAX 于 2012 年经美国证监会批准开始权益类期权交易，如今平台上有多达 2600 个个股期权品种。MIAX Pearl 于 2017 年才开始交易，MIAX Emerald 则于 2019 年 3 月才开始正式交易，都属于比较年轻的期权交易所，市场份额较低。图 15-17 为截至 2019 年 9 月 27 日美国权益类期权交易市场份额的统计。

Matched Volume	Market	Today	5 Day
⊖ Cboe (C,W,E,Z)	9,617,383	42.80%	40.83%
Cboe Options Exchange	5,696,695	25.35%	23.04%
Cboe BZX Options Exchange	2,103,027	9.36%	9.65%
Cboe C2 Options Exchange	1,091,928	4.86%	4.99%
Cboe EDGX Options Exchange	725,733	3.23%	3.14%
⊖ NASDAQ (Q,T,X,H,I,J)	6,952,167	30.94%	31.93%
Nasdaq PHLX	2,240,810	9.97%	11.55%
Nasdaq ISE	1,889,719	8.41%	7.96%
NASDAQ Options Market	1,749,530	7.79%	7.76%
Nasdaq GEMX	963,274	4.29%	4.18%
Nasdaq MRX	67,775	0.30%	0.28%
Nasdaq BX Options	41,059	0.18%	0.21%
⊖ NYSE (A,N)	3,162,505	14.08%	15.14%
NYSE Arca Options	1,684,147	7.50%	8.04%
NYSE American Options	1,478,358	6.58%	7.10%
⊖ MIAX (M,F,D)	2,163,118	9.63%	9.72%
MIAX Pearl	1,163,432	5.18%	5.17%
Miami Stock Exchange	834,753	3.72%	3.81%
MIAX Emerald	164,933	0.73%	0.74%
BOX Options	572,842	2.55%	2.38%
Total	22,468,015	100.00%	100.00%

图 15-17　2019 年 9 月 27 日美国权益类期权交易市场份额统计
资料来源：CBOE 官网。

以上除了 CME 有自己的期权清算系统外，其他期权交易所的期权交易（基本是个股、指数、ETF 和外汇期权）均由 OCC 进行清算。由于 OCC 给这些期权交易所进行清结算，因此交易所交易的期权合约必须统一遵循 OCC 所指定的格式。举例来说，所有个股期权合约都应是美式期权，每一个合约对应 100 股股票，报价中一个点对应 100 美元，结算周期为 T+2，交易时间为每个交易日的美东时间 9：30am 至 4：00pm 等等。其他如 ETF 期权、指数期权和外汇期权等，OCC 也有统一的规定。

总结起来，美国金融市场有以下几个特征：第一，鼓励市场竞争和创新，但如果竞争影响到了市场公平和效率，侵害了投资者利益，监管就会介入。市场的高度碎片化、发达的金融衍生品交易、程序化交易和高频交易、做市商模式的复杂性等，这些都是竞争与监管互动产生的现象。我国金融市场的发展逻辑与此不同，更偏向强监管而竞争不足。这跟我国现有主要金融机构的国有属性不无关系。未来，通过国有企业的混合所有制改革和对外开放可以进一步释放国有性质金融机构的活力，加强良性竞争，促进行业发展。

第二，做市商制度在美国金融市场扮演了极其重要的角色。无论是纽交所、纳斯达克这些交易所，还是股票的 OTC 市场或者衍生品市场，都有做市商来保障市场的流动性。即便在以指令驱动为主的市场也要辅之以做市商制度。这一点值得我国金融市场学习和借鉴。我国目前在新三板、债券、商品期权市场上虽然都有做市商制度，但从实际效果来看都不太理想。这当中的原因、经验和教训值得认真研究和对比总结。

第三，科技含量高是美国金融市场的重要特点。积极拥抱新科技是高效率金融市场的驱动要素。相信读者已经从本书介绍的行情发布频率、实时风控、结算模式以及高频交易等章节体会到我国与欧美金融市场在技术方面的差距。这显然与是否鼓励市场竞争有关。

如何做到第九章所说的"既紧又松"是监管层需要认真思考的问题。

> **美国散户特征**
>
> 根据美联储的统计口径,美国散户所持有的股票市值大约占全市场总市值的67%,这里面包括散户直接持有的部分(34%),也包括公募基金(22%)和养老基金(11%)代为管理和间接持有的部分。但如果将散户细分,我们将发现资产在散户内部的分布是极不平均的。1%的散户拥有接近60%的股票和基金,10%的散户拥有超过90%的股票和基金,而近50%的美国家庭几乎没有任何权益类资产,根本享受不到上市公司的分红和投资收益。
>
> 20世纪70年代以来,由于政府推动养老基金和保险资金入市,美股市场上散户的交易量占比逐年下降,约占15%,形成了以机构为主的投资者结构。散户交易仅贡献了6.4%左右的市场流动性。由于2019年年底美股主要券商均实行零佣金政策、新冠疫情以及美联储货币政策宽松等原因,美股散户的日均交易量占比在进入2020年以来有了较大幅度的提升,从此前约占全市场交易量的15%提高到20%以上,在2021年华尔街轧空事件中甚至一度超过机构投资者。
>
> 散户交易频率总体偏低,每个月只交易一次,但盈透和罗宾汉的散户交易非常频繁。散户的平均交易规模较小,大部分每笔报单股数在500股以下、12000美元以内。散户喜欢交易小市值的股票,且这些股票的换手率通常较高,因此,散户交易是这些股票市场流动性的重要来源。

15.3 中国香港金融市场微结构

我国香港证券交易最早可以追溯到晚清时期。1891年成立了第一家证券交易所——香港股票经纪协会,后于1914年易名为"香港证券交易所"。此后,香港又陆续见证了若干交易所的兴衰,直至1980年香港联合交易所(简称"联交所")注册成立,最终于1986年结束了四个交易所并存的历史时代。①

新的联交所采用电脑辅助交易系统进行证券买卖。1989年,香港中央结算有限公司注册成立,其中央结算及交收系统于1992年投入使用,成为所有结算系统参与者的中央对手方。2000年3月,联交所与香港期货交易所(简称"期交所")以及香港中央结算公司三方合并,统称"香港交易及结算所有限公司"(简称"香港交易所"或"港交所")。合并后的港交所于2006年6月27日在联交所上市。

香港衍生品市场也起步较早。1976年,成立了香港商品交易所,主要产品包括棉花期

---

① 有关我国香港股市的早期历史可参见郑宏泰、黄绍伦:《香港股史:1841—1997》,三联书店2006年版。

货、糖期货、黄豆期货及黄金期货等。1985 年,香港商品交易所改名为"香港期货交易所"。1986 年,期交所推出恒生指数期货,颇受市场欢迎。此后,金融衍生品市场进一步发展,为各类期货和期权产品提供交易,如今产品线已包括股票指数、个股和利率期货及期权等。2012 年 12 月,港交所收购了全球金属交易的头牌——伦敦金属交易所(LME),扩大和巩固了港交所集团在商品特别是金属交易方面的全球地位。图 15-18 概括了目前香港金融市场的品种、交易场所以及结算机构。

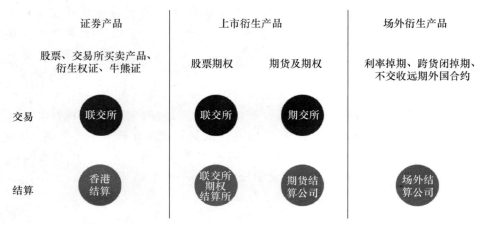

图 15-18 香港金融市场的品种、交易场所以及结算机构
资料来源:香港交易所官网。

15.3.1　中国香港股票市场微结构

我国香港股票市场与内地股票市场在微结构上有很多相似之处,比如均采取指令驱动、价格/时间优先、开盘集合竞价和尾盘集合竞价等制度,但也在很多方面有较大的差异。通过与香港股票市场交易制度和运行质量的对比,可以给内地股票市场的设计和建设带来一些借鉴。港股中的交易术语与内地使用的术语有一些习惯上的差别,交易者包括港股通投资者需要熟悉这些术语。

15.3.1.1　交易时间

香港虽然与内地沪深同处一个时区,但交易时间与内地不太相同。香港股票市场的连续竞价交易时段分为早市和午市,其中早市从上午 9:30 至中午 12:00,午市则从下午 1:00 至 4:00。对于某些纳入试验计划的证券,有延续早市,即从早市结束的 12:00 至午市开始的下午 1:00。在圣诞节前夕、新年前夕以及农历新年前夕,没有午市交易和延续早市交易,称为半日市。早市、延续早市和午市共同构成所谓的持续交易时段。

香港股票市场有开盘集合竞价和收盘集合竞价阶段。[①] 具体地,开市前时段从上午

---

① 自 2016 年 7 月 25 日起,港交所正式在持续交易时段结束后增设收市竞价交易时段。

9:00 至 9:30,其中 9:00 至 9:15 为输入买卖盘时段,接受竞价盘和竞价限价盘(港股中所说的"盘"即报单,详见下一节的交易指令类型部分),并可以修改或撤销。如果修改只是减少买卖股数,将不会影响该盘的轮候对盘顺序,但如果更改了价格或是增加了买卖股数,则会失去该盘原来的轮候次序并重新排队。9:15 至 9:20 为撮合(港股称为"对盘")前时段,可以输入竞价盘但不可修改或撤销,并在结束时产生开盘价(港股称作最终参考平衡价)。9:20 至 9:28 为对盘时段,根据报单类型及价格/时间优先原则进行排序和配对。9:28 至 9:30 为系统暂停期间,一切买卖活动停止,等待向连续竞价阶段过渡。对盘时段和暂停时段均不接受报单,也不可修改或撤销。

收市竞价交易时段从下午 4:00 午市结束后至收市竞价交易时段的随机收市时段,不迟于下午 4:10。逢圣诞前夕、新年前夕及农历新年前夕无午市时,由中午 12:00 至随机收市时段,不迟于 12:10。收市竞价交易时段可以细分为四个子时段:下午 4:00 至 4:01(半日市则为 12:00 至 12:01)为参考价定价时段,期间不接受报单,也不得修改或撤销;4:01 至 4:06(半日市则为 12:01 至 12:06)为输入买卖盘时段,期间可接受竞价,并可修改或撤销;4:06 至 4:08(半日市则为 12:06 至 12:08)为不可取消时段,接受竞价但不可修改或撤销;4:08 至 4:10(半日市则为 12:08 至 12:10)为随机收市时段,结束时间由系统自动随机决定,但最晚不超过 4:10(半日市不超过 12:10),该时段可接受竞价但不可修改或撤销。随机收市时段结束时整个收市竞价交易时段也即结束,会产生一个参考平衡价格,随后根据该价格按照价格/时间优先原则开始一般竞价盘的自动对盘。

> 暗盘交易是指某些大型券商自行设立的内部撮合交易系统,即上一节所讲的"内盘",在美国股票市场上大行其道,但在我国内地市场被严格禁止。在香港,暗盘交易是合法的,主要用于新股上市前的交易,一般在新股上市前一个交易日收盘后(16:15—18:30)进行。暗盘交易有实际买卖需求,比如未能打中新股或者获赔数量较少的投资者可以从暗盘中提前购买新股,而另一方面有的融资打新投资者觉得暗盘价格已有不错收益,可以提前卖出获利,降低融资成本。暗盘交易的组织者通常是规模较大的券商,通过暗盘交易可以收取佣金。不同的券商,其暗盘交易形成的价格可以不一样,即没有统一价格。暗盘交易的标的股票一般是主板上市的新股,创业板上市的新股风险较高,券商不会轻易接入暗盘。因参与者一般以机构为主,暗盘成交的价格一定程度上可以作为上市后股价走势的参考。

15.3.1.2 交易单位和申报限制

港股以"手"为交易单位,与内地市场通常一手对应 100 股不同,香港市场每只股票的交易单位即每手对应股数由发行人自行决定,可以是每手 50 股、100 股、200 股,等等。

港股交易每个买卖指令最大不超过 3000 手,且必须满足股数不超过 1 亿股(内地市场每笔申报最大为 100 万股)的要求。如果某上市公司的每手股数设置很大,导致不到 3000 手就超过 1 亿股,此时仍需满足每笔指令不超过 1 亿股的规定。因此,港股交易的最大交易手数实际上是 3000 手与 1 亿股除以每手股数两者之间的最小值。

不足一手在香港市场称为"碎股",碎股不参与自动撮合交易,而是要在交易系统中单独的"碎股/特别买卖单位市场"进行碎股交易。值得注意的是,参与港股通交易的内地投资者对于碎股只能卖出,不能买入。

港股交易货币主要是港币,某些证券以人民币或美元交易。港股通投资者买卖股票以港币报价,但以人民币作为支付货币。

港股最小报价单位与美股一样实行阶梯式管理,股价越高,报价单位越大,详见表 15-1 的价位表。比如名义价格在 10—20 元的股票,其最小报价单位为 0.02 元。这样的价位设计充分考虑到了股票之间不同的名义价格,有利于股票流动性的均匀化,缩小低价格股票的相对价差,减少价格冲击。

表 15-1　价位表(元)

由	0.01 至	0.25	——	0.001
高于	0.25 至	0.50	——	0.005
高于	0.50 至	10.00	——	0.010
高于	10.00 至	20.00	——	0.020
高于	20.00 至	100.00	——	0.050
高于	100.00 至	200.00	——	0.100
高于	200.00 至	500.00	——	0.200
高于	500.00 至	1000.00	——	0.500
高于	1000.00 至	2000.00	——	1.000
高于	2000.00 至	5000.00	——	2.000
高于	5000.00 至	9995.00	——	5.000

港股交易中,每个交易日首个输入交易系统的买盘(卖盘),其价格必须高于(低于)或等于上日收市价之下(之上) 24 个价位的价格,即设有价格区间。首个挂盘(无论是买盘还是卖盘)在任何情况下都不得偏于上日收市价 9 倍或以上。这样做的目的是防止开盘价格出现太大波动,以及防止价格操纵。对于非开市买卖盘的报价,受另一套报价规则和价位表限制,其中包括挂盘价格不得偏离按盘价 9 倍或以上,详见"指令类型"部分。

15.3.1.3　指令类型

本节介绍港股中的交易指令类型。与内地股票市场相比,港股的指令类型(盘)较复杂,主要体现为不同时段对应不同的指令,且不同类型指令的报价区间有不同的限制。

竞价盘指的是没有指定价格而在开市前时段(收市竞价交易时段)输入,以在开市前时段(收市竞价交易时段)的对盘时段内(随机收市时段结束时),按开市前时段(收市竞价交易时段)的对盘前时段(随机收市时段)结束时计算所得的最终参考平衡价格进行自动撮合的买卖指令。

竞价限价盘是指定价格的指令。指定价格等同或者优于最终参考平衡价格的指令可以按最终参考平衡价格参与撮合,能否成功取决于是否有足够的对手盘。

竞价盘和竞价限价盘顾名思义只适用于竞价时段。在集合竞价阶段,竞价盘在配对次序上优先于竞价限价盘,但竞价限价盘不会以差于最终参考平衡价格的价格撮合。在开市前时段结束后,任何未完成而且指定价格不偏离按盘价 9 倍或以上的竞价限价盘,将自动转入持续交易时段,加入轮候队伍中排队等候成交。

港交所交易系统在持续交易时段只接受三种报价指令：限价盘、增强限价盘以及特别限价盘。限价盘指的是在持续交易时段有指定价格的买卖指令，只能以指定价格配对（配对的意思即成交），卖盘的输入价格不得低于最优买入价（如有），买盘的输入价格不得高于最优卖出价（如有）。换言之，限价盘主要提供流动性，而不是攫取流动性。若在持续交易时段结束时有未能配对的部分，则被转为竞价限价盘并进入收市竞价交易时段。

增强限价盘也是指持续交易时段指定价格的买卖指令。但与限价盘不同的是，增强限价申买指令首先与当时卖盘配对，然后顺序与下一个较高价格的卖盘配对，直至与高于当前最优卖盘价9个价位或指定价格（取较低价者）的卖盘配对。增强限价申卖指令首先与当时买盘配对，然后顺序与下一个较低价格的买盘配对，直至与低于当前最优买盘价9个价位或指定价格（取较高价者）的买盘配对。未能配对成功的部分被视为指定价格的限价盘存于轮候队伍中。

特别限价盘与增强限价盘类似，区别在于特别限价盘没有输入价格的限制，只要卖盘价格等于或低于最优买入价，或买盘价格等于或高于最优卖出价即可。另外，若未能进行对盘（或有余额未进行配对），则自动取消该委托（或该委托的余额），不会保留在交易系统内。

以下例子说明了限价盘、增强限价盘及特别限价盘在有效报价区间上的区别。假设当前报单簿如表15-2所示。

表 15-2 报单簿（港元）

买一	10.00	卖一	10.01
买二	9.99	卖二	10.02
买三	9.98	卖三	10.03
买四	9.97	卖四	10.04
买五	9.96	卖五	10.05
买六	9.95	卖六	10.06
买七	9.94	卖七	10.07
买八	9.93	卖八	10.08
买九	9.92	卖九	10.09
买十	9.91	卖十	10.10

限价买盘的有效报价为介于低于买一价24个最小报价单位（此处假设价位为0.01港元）与卖一价之间的价格，在本例中有效报价区间即为$[10.00-24\times0.01, 10.01]$。限价卖盘的有效报价为介于买一价与高于卖一价24个最小报价单位之间的价格，在本例中有效报价区间即为$[10.00, 10.01+24\times0.01]$。

增强限价买盘的有效报价为介于低于买一价24个最小报价单位与高于卖一价9个最小报价单位之间的价格，在本例中有效报价区间即为$[10.00-24\times0.01, 10.01+9\times0.01]$。增强限价卖盘的有效报价为介于低于买一价9个最小报价单位与高于卖一价24个最小报价单位之间的价格，在本例中有效报价区间即为$[10.00-9\times0.01, 10.01+24\times0.01]$。假如某投资者输入增强限价盘以每股10.05港元买入，则该指令将分别按照当前报单簿中的顺序（以不高于10.05港元的价格）依次配对，直至指定买入股数全部满足。

特别限价买盘的有效报价为高于或等于卖一价,即≥10.01港元。特别限价卖盘的有效报价为低于或等于买一价,即≤10.00港元。

以上例子为存在买一盘和卖一盘(即第一轮候名单)的情况。如果报单簿中没有买一盘或者卖一盘,则限价盘、增强限价盘以及特别限价盘的报价区间另有规定,需参考当日最低成交价及上日收市价等信息。读者可参考香港联交所的相关交易规则。以上为持续交易时段内的报价限制,集合竞价时段又有不同的限制,详见下节。

15.3.1.4 集合竞价制度

(1) 开市前时段

开市前时段分为输入买卖盘时段、对盘前时段、对盘时段和暂停时段。其中,对盘前时段结束时将产生一个参考平衡价格,该价格即为该交易日的开盘价,它的确定视不同情况而定,具体规则如下:

当竞价限价买盘的最高买入价等于或高于竞价限价卖盘的最低卖出价时,参考平衡价格为介于这两个价格之间的买入价或者卖出价,且以此价格须达成最高交易股数。

如果有多个满足以上条件的价格,则取能够导致最低之"不能配对买卖盘"的那个价格。"不能配对买卖盘",就某一价格而言,指的是竞价买盘及买入价等于或优于该价格的竞价限价买盘之总股数与竞价卖盘及卖出价等于或优于该价格的竞价限价卖盘之总股数的差异。

如果仍有超过一个价格符合以上条件,则要看对于这些符合条件的价格,竞价买盘及买入价等于或优于该价格的竞价限价买盘之总股数是高于还是低于竞价卖盘及卖出价等于或优于该价格的竞价限价卖盘之总股数。如果前者高于后者,则取有关价格中的最高者;如果前者低于后者,则取有关价格中的最低者。若该规则不适用,参考平衡价格须为最接近收市竞价交易时段参考价的价格。如有两个价格与参考价的距离相等,取价格较高者。但若没有产生参考价,则参考平衡价格须为有关价格中的最高者。

如果按照以上规则产生了参考平衡价格,竞价盘及指定价格等于或优于该参考平衡价格的竞价限价盘将会在开市前时段的对盘时段按照价格/时间优先规则进行自动买卖盘配对。完成配对后,所有全数或部分未能配对的一般竞价盘将自动取消并自系统中删除。指定价格没有偏离当时按盘价9倍或以上的竞价限价盘将转为输入指定价格的限价盘,在同一交易日的持续交易时段进行自动买卖盘配对。原来的竞价限价盘输入系统的时间作为此等限价盘的输入时间。

如果未能产生参考平衡价格,则对盘时段将不会进行自动买卖盘配对。开市价取当日第一笔成交价格。

(2) 收市竞价交易时段

港股收市价格的确定分两种情况:一类股票适用于收市竞价交易,称为收市竞价证券,另一类股票不适用于收市竞价交易,称为非收市竞价证券。[①] 先介绍非收市竞价证券的情况。

---

① 2019年10月8日,港交所将证券市场的收市竞价交易时段扩大至包括所有股本证券及交易所交易基金和房地产信托基金。此前,收市竞价证券仅包括恒生综合大型股、中型股及小型股指数成分股,有相对应A股在内地交易所上市的H股以及所有交易所交易基金。结构性产品、杠杆及反向产品、股本认股权证、供股权及债权不包括在内。

对于非收市竞价证券,其在某一交易日的收市价是该证券于持续交易时段最后一分钟内 5 个按盘价的中位数,[①]系统在下午 3:59:00 开始,每隔 15 秒录取一次股份按盘价,共摄取 5 个按盘价,然后取其中位数,以此作为收市价。

对于收市竞价证券,情况复杂得多。在收市竞价交易时段中的参考价定价阶段,交易系统会计算每只收市竞价证券的参考价,订出收市竞价交易时段内的允许价格限制范围(介于参考价格上下 5%)。参考价与非收市竞价证券的情形相同,按持续交易时段最后 1 分钟 5 个按盘价的中位数而定。持续交易时段结束时收市竞价证券未能配对的限价盘,只要指定价格在以上范围内均可带入收市竞价交易时段进行自动对盘,指定价格在限制范围以外的将被取消或拒绝。同样地,在随后的输入买卖盘时段,那些限制范围以外的竞价限价盘会被自动取消或拒绝。

在不可取消时段和随机收市时段,系统接受竞价盘和竞价限价盘,但不可更改或取消。输入的竞价限价盘必须满足:指定价格不偏离参考价超过 5%;输入价格介于输入买卖盘时段结束时的最高买盘价和最低卖盘价之间。

随机收市时段内以集合竞价方式产生参考平衡价格。参考平衡价格的确定依据不同情形而定,具体规则与开市前时段相同。

如果依以上规则确定了参考平衡价格,则所有竞价盘及指定价格等于或优于该参考平衡价格的竞价限价盘将会在随机收市时段结束时进行自动买卖盘配对。于该交易日结束时,所有未能配对的一般竞价盘将自动取消并自系统中删除。图 15-19 总结了港股收市价的确定流程。

如果依以上规则未能确定参考平衡价格,则收市竞价交易时段参考价将被视为参考平衡价格。如果没有产生出参考价,该收市竞价交易时段的随机收市时段结束时将不会进行自动买卖盘配对。一般竞价盘于该交易日结束时自动取消并自系统中删除。

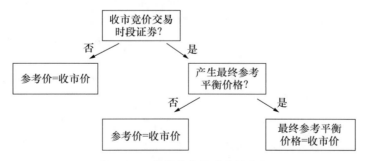

图 15-19 港股收市价确定流程图

资料来源:香港交易所官网。

香港的收市集合竞价制度经过了一段时期的反复试验,值得总结和借鉴。2008 年 5 月 26 日以前,香港证券市场没有采取收市集合竞价制度,收盘价取当日交易结束前 1 分钟 5

---

① 此处的按盘价指的是:如果该证券在当日持续交易时段结束时有成交,则按盘价为最优申买价(当最优申买价高于最后录得价时);否则为最优申卖价(当最优申卖价低于最后录得价时)或最后录得价。如果该证券在当日持续交易时段结束时没有成交,则以昨日收市价替代最后录得价,其余类似。

个成交价的中位数。为了鼓励投资者积极参与收盘交易,港交所于 2008 年 5 月 26 日至 2009 年 3 月 22 日采取了收市集合竞价制度,规定收盘时间为下午 4:00 至 4:10,并固定在 4:10 计算和公布收盘价。其中 4:00 至 4:08 期间交易者可以提交、修改和撤销申报,4:08 至 4:10 期间可以申报,但不可修改或撤销。竞价限价盘设有上下限,即 4:00 发生的成交价之 800%(上限)和 −89%(下限),也就是"9 倍规则"。

但在这 10 个月左右的时间里,市场对此收盘新制度抱怨很多,主要集中在人为操纵收盘价的现象很严重,体现为部分股票如最大的权重股汇丰银行的收盘价开始出现大幅波动,尤其是在有关权证到期日当天,这种现象更为明显。因此有充分理由怀疑有人在进行市场价格操纵,港交所随后取消了该制度。从 2009 年 3 月 23 日至 2016 年 7 月 24 日,这段时期内仍然采用了最初的取 5 个成交价中位数的老办法。

2016 年 7 月 25 日,港交所重启收盘集合竞价制度,主要作了两个方面的大改动:首先,收盘时间由固定的 4:10 改为 4:08 至 4:10 中的随机时段;其次,集合竞价期间的竞价限价盘申报价格由原来的"9 倍规则"缩小为 4:00 整所取参考价的上下 5%,该参考价为连续竞价时段最后一分钟即 3:59 至 4:00 期间 5 个成交价的中位数。采用新制度之后,市场操纵的难度大大增加,收盘价剧烈波动的现象几乎没有了。

这段制度变革告诉我们,集合竞价制度中的每个细节都很重要。如果集合竞价制度不在细节上做好配套,完全有可能不但没有起到提高市场效率的预期效果,反而会带来价格操纵等不良市场反应。

15.3.1.5 交易成本

香港证券交易费用并不低。除了与证券经纪公司自由协商确定的佣金以外,投资者需要缴纳股票印花税,占成交金额的 1‰,且是双边收取(内地市场也要收取 1‰的印花税,但只对出让方征收)。2021 年 3 月 2 日,香港政府宣布将股票印花税调高至 1.3‰。投资者还需缴纳占成交金额 0.0027%的交易征费、占成交金额 0.005%的交易费用、每笔交易 0.50 港元的交易系统使用费,皆为双边收取。除此之外,还有中央网关讯息流量费、各种规则修改费等五花八门的费用。

15.3.1.6 市场波动调节机制

为防止证券和衍生品价格出现极端波动以及证券与衍生品之间联动可能带来的系统性风险比如闪崩事件,港交所于 2016 年 8 月 22 日起实施市场波动调节机制(简称"市调机制")。市调机制是指若价格在一个特定时间内偏离预先设定的百分比,则会触发 5 分钟的冷静期,以便市场参与者重新审视交易策略,有助于降低波动,恢复市场平稳。

适用市调机制的证券目前包括所有恒生指数及恒生国企指数的成分股(统称"市调机制证券")。任何被删除的指数成分股都会在删除首日从市调机制证券名单中删除,新增成分股也会在新增首日加入名单。除证券市场外,市调机制还适用于部分衍生品市场。

市调机制仅适用于持续交易时段的整手买卖盘输入,不适用于开市前时段和收市竞价交易时段。在持续交易时段,有三个不适用市调机制的子时段:早市及午市持续交易时段的首 15 分钟不设市调机制监测,以便持续交易时段开始时可以自由地进行价格发现;以及午市持续交易时段的最后 20 分钟不设市调机制监测,确保该时段结束前有 15 分钟可以自由地进行价格发现,①避免投资者因难以平仓而承受隔夜风险。

就每只市调机制证券而言,在每个交易时段(早市和午市为两个交易时段)内最多触发一次冷静期;在冷静期结束后,市调机制的监测在该交易时段内的余下时间将完全解除,恢复无涨跌幅限制。

在持续交易时段,证券市场每只市调机制证券均按动态价格限制受到监测,即系统会实时跟踪当前买卖盘及潜在成交价,如果发现潜在成交价可能偏离 5 分钟前的最后成交价上下 10%,则该买卖盘将被拒绝,同时该证券进入 5 分钟的冷静期。(见图 15-20)

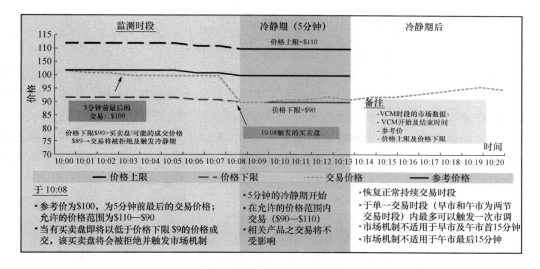

图 15-20 港交所市调机制

资料来源:香港交易所官网。

关于如何确定 5 分钟前的最后成交价,还有一些具体细节。由于市调机制的监测于上午 9:45 开始,所以第一个参考价为 9:45 前 5 分钟的最后成交价,其后系统将每分钟更新参考价一次。若在 9:45 前 5 分钟并无交易,则系统进一步搜寻至上一个最后成交价并以此为参考价。此搜寻可追溯至开市,即以开市前竞价的交易价格作为参考价。若此搜寻无果,即如果开市至市调机制监测开始前 5 分钟并无交易发生,系统将以早市执行的首个成交价作为参考价,直至再有交易执行。

午市下午 1:15,若 5 分钟前并无执行交易,系统将进一步搜寻并以上一个最后成交价作为参考价,此过程可追溯至午市开市。若午市开市至市调机制监测开始前 5 分钟均无交易,系统将以午市执行的首个成交价作为参考价,直至再有交易执行。

触发冷静期时,系统将拒绝触发冷静期的那个买卖盘。同时,若由于潜在成交价高于价格上限而触发冷静期,则取消在买盘轮候队伍中的高价买盘(申买价高于价格上限),且所有当时的卖盘(无论价格是否高于价格上限)保留在轮候队伍中不被取消;若由于潜在成

---

① 冷静期会持续 5 分钟,因此监测会于午市持续交易时段结束前 20 分钟停止。

交价低于价格下限而触发冷静期,则取消在卖盘轮候队伍中的低价卖盘(申卖价低于价格下限),且所有当时的买盘保留在轮候队伍中不被取消。

进入冷静期后,系统会即时拒绝输入任何超出价格限制的买卖盘(即高于价格上限的买盘和低于价格下限的卖盘),仍会接受输入被动的买卖盘(即申买价低于或等于价格上限,申卖价高于或等于价格下限),以保证足够的流动性。此外,冷静期内前述 24 个价位规则和 9 倍差额规则仍然使用。可见,进入冷静期并不意味着停止交易,而只是申报价格必须在一定的价格限制范围内。

15.3.1.7　港股现状

多年来,香港证券市场作为内地与世界的桥梁,发挥了重要的金融和资本连接作用。由于物理距离近、文化语言差别小、上市条件相对宽松灵活等原因,很多内地企业选择在联交所上市。在内地金融市场尚未完全开放前,很多看好内地企业的国际投资者也会将在香港上市的内地企业股票看作投资中国的不二之选。2018 年,港交所 IPO 募资总额达到 355.8 亿美元,是 2018 年全球最大的 IPO 平台,比排名第二的纽交所超出 70 亿美元。

香港证券市场分为主板和创业板(GEM),其中 GEM 主要为那些未能符合联交所主板市场在盈利和业务记录方面规定的中小企业提供融资渠道。因此,GEM 不要求有关公司具有盈利记录才能上市。截至 2019 年 9 月底,香港证券市场总市值为 30.6 万亿港元,上市公司数目为 2395 家,上市证券 13307 只。2019 年 9 月,日均成交金额达 758 亿港元,其中自动化交易(ATS 交易)约占证券市场总成交金额的 1.4%。我国内地企业是香港证券市场中的上市主体部分,H 股 275 只,红筹股 174 只,内地民营企业 752 只,市值占比达到 68.3%,成交金额占比 76.7%,是港股中不可忽视的重要组成部分。

但从市场微结构角度来看,港股的流动性存在两极分化的现象。只有少部分恒生指数成分股的流动性较好,其他股票特别是名义价格不足一毫(港币 10 分)的"仙股"交易清淡,少数股票全天无成交或成交量近于零。多数小票(细价股,即小盘股)的市盈率长期较低,在 5—10 倍之间。但低市盈率并不一定意味着有投资价值。

造成这种流动性分化现象的原因有很多,港股近年来扩容速度加快是其中的主要原因。一方面,上市公司数量增长速度很快;另一方面,市场参与者数量和资金却没有明显的增加。港股市场参与者主要是机构,尤其是国际金融机构,本土投资者数量偏少。这就容易导致分摊到个股的资金减少,从而导致市场流动性下降。扩容加快还会导致上市公司良莠不齐,高质量的公司自然会受到机构投资者的青睐,而基本面较差的公司会无人问津。

另一个重要原因是港股有成熟的做空机制,如个股期货、个股期权等,机构资金不敢轻易去炒作小股票。一些长期不动的小股票于是成为游资的眼中肉,利用较差的流动性游资可以动用低成本小资金人为制造假行情,吸引散户跟进,然后逢高抛售。仙股的暴涨暴跌很多情况下是因为游资的幌骗炒作。

流动性分化的后果之一是流动性较差的股票很容易崩盘。股票崩盘在香港证券市场司空见惯,比如 2017 年 6 月 27 日,港股多只"老千股"(指游资炒作的股票)集体崩盘,最高跌幅高达 9 成以上。2018 年 11 月 15 日,多只"仙股"也出现崩盘,当日跌幅为 4 成至 8 成。

2019年1月17日,多只港股盘中跳水,当日收跌为6成至8成。

相比港股,美股市场的流动性分布要均匀得多。这主要得益于美股成熟的做市商制度,可以保障个股的流动性;还有美股市场进行的 tick size 改革,将买卖最小报价单位降到了1美分,大大提高了股票的流动性;此外,程序化交易和高频交易也在一定程度上提供了股票市场的流动性。香港市场上的高频交易很少,很大原因在于大部分股票流动性不足,且游资的市场操纵较为严重。

15.3.2　中国香港衍生品市场微结构

香港衍生品种类丰富,除了从伦敦金属交易所合并过来的商品衍生品外,还有产品线齐全的金融衍生品,期货类涵盖了多达几十个品种,期权类有10个品种,包括指数期货、指数期权、个股期货、个股期权、外汇期货和利率期货等。① 但从成交量上看,期货只有恒生指数期货、小型恒生指数期货、恒生中国企业指数期货、小型恒生中国企业指数期货以及美元兑离岸人民币期货的成交量比较大,其他品种成交清淡。期权情况类似,指数类期权成交量居主要地位,个股期权虽然总量较大,但多数股票期权的成交量很小,有些全天无成交。

香港衍生品的交易流程如图15-21所示,交易系统 HKATS 将买卖盘按照价格/时间优先规则进行撮合。

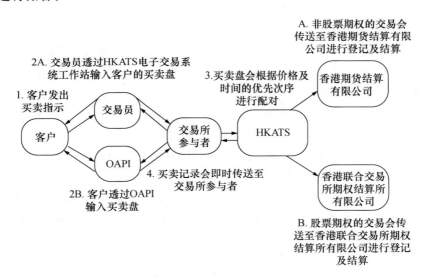

图 15-21　香港衍生品交易流程

资料来源:香港交易所官网。

15.3.2.1　衍生品买卖盘

衍生品的买卖盘分为竞价盘和限价盘,其中竞价盘只适用于开市前议价时段(目前开

---

① 值得注意的是,港交所将企业发行的牛熊证、衍生权证等归为证券类,尽管这些产品也具有衍生品的性质。

市前议价仅适用于恒生指数及 H 股指数相关的期货合约交易），不限定价格并愿以"拟定开市价"成交。所有竞价盘按照时间优先顺序排列及配对。未能配对的竞价盘会于开市时按照开市价转成限价盘。限价盘为设有价格限制的买卖盘。如果市场价比市场参与者指定的价格更优，则此买卖盘将会在 HKATS 系统内自动配对。

衍生品的买卖盘可以附带不同的时间有效性。比如第三章中介绍过的，FOK 指令提交后将按指定数量全额完成配对，否则整个买卖盘会被系统自动取消；FAK 指令提交后将根据指定数量即时进行配对，余下未配对部分会被系统自动取消；当日有效指令顾名思义保留于系统中央买卖盘账目内至当日收市；到期日有效指令会保留至有关合约到期；指定日期有效会保留至指定日期。FOK 及 FAK 指令不适用于收市后交易时段。

香港衍生品买卖盘提供组合指令，以便参与者灵活设计交易策略，节约执行成本。组合指令分为两种：标准组合指令和自选组合指令。标准组合指令由交易所预先设定，主要为参与者的转仓活动提供便利，只接受"当日有效"及 FAK、FOK 三种指令；自选组合指令可以让参与者以单一买卖盘开设自订的期货及期权策略组合。所有组合指令都按价格/时间优先顺序进行配对。

每个 HKATS 交易产品都设有买卖盘张数上限，超过上限的买卖盘将不会被系统接受。绝大多数期货及期权产品的买卖张数上限为 1000 张合约，只有个股期货和个股期权的上限为 5000 张。

15.3.2.2 交易时段

衍生品的交易时段与证券市场稍有不同，分为日间时段和收市后交易时段。绝大多数衍生品的日间时段分为早市和午市，少数品种比如金砖市场期货全天都有交易，中间没有午休。指数类衍生品的早市一般从上午 9:15 至正午 12:00，午市从下午 1:00 至 4:30。个股期权和个股期货的早市从上午 9:30 至正午 12:00，下午则从 1:00 至 4:00。外汇期货一般无午休时间，从上午 8:30 至下午 4:30 连续交易。[①]

目前，恒生指数及 H 股指数相关的期货合约交易设有开市前议价时段，旨在确定开市秩序，提升市场效率。开市前议价时段分为三个子时段，如图 15-22 所示（表中的"不动盘"是指现存于参与者本机买卖盘账目内的买卖盘，不参与市场配对，因此不能进行交易，除非参与者将其激活为"活跃盘"；"COP"是指"拟定开市价"，即 calculated opening prices，其计算规则可见港交所官网）。

衍生品市场收市后交易时段又称"T+1"时段，于正常交易时段（T 时段，下午 4:30 结束）收市后 45 分钟开市。2016 年，开市时间由原先的下午 5:00 改为下午 5:15（合约最后交易日除外，另有时间规定）。T+1 时段相当于内地期货市场的夜盘，主要是为了方便处于不同时区的国际投资者能够及时进行风险管理和投资决策，扩大香港金融市场的国际影响力。

2013 年 4 月 8 日，港交所经证监会批准推出了收市后期货交易时段，涉及品种为恒生指数期货及 H 股指数期货，结束时间为晚上 11:00。2017 年 11 月 6 日，港交所将 4 只股

---

① 各品种的具体交易时段参见 https://www.hkex.com.hk/Services/Trading-hours-and-Severe-Weather-Arrangements/Trading-Hours/Securities-Market? sc_lang=zh-HK。

交易时段	时间	性质
开市前时段	● 早市 上午 8 时 45 分-上午 9 时 11 分 ● 午市 下午 12 时 30 分-下午 12 时 56 分	● 接受竞价盘、限价盘及不动盘
开市前分配时段	● 早市 上午 9 时 11 分-上午 9 时 13 分 ● 午市 下午 12 时 56 分-下午 12 时 58 分	● 只接受竞价盘及不动盘 ● 不得更改或取消买卖盘，亦不可激活不动盘 ● 只有新的竞价盘可对COP 构成影响
开市时分配时段	● 早市 上午 9 时 13 分-上午 9 时 15 分 ● 午市 下午 12 时 58 分-下午 1 时正	● 不接受输入、更改或取消活跃竞价盘或限价盘 ● 只可输入不动盘 ● 到此时段完结时，买卖盘将按其类别、价格及时间优先次序以COP 进行对盘 ● 如以订出COP，未能配对的竞价盘将按 COP 转为限价盘 ● 如未能订出COP，未能配对的竞价盘将会以最佳买入及卖出价转为限价盘 ● 如未能订出COP，而于市场上亦没有最佳的买入及卖出价，未能配对的竞价盘将会被转化为不动盘并保留于中央买卖盘帐目内 ● 使用者在开市时配对时段的两分钟内不可更改或删除其买卖盘

图 15-22　开市前议价时段的划分

资料来源：香港交易所官网。

票指数期货（恒生指数期货、恒生国企指数期货、小型恒生指数期货及小型恒生国企指数期货）的 T＋1 时段交易结束时间由晚上 11：45 延长至次日凌晨 1：00。2019 年 6 月 17 日，T＋1 交易结束时间由凌晨 1：00 进一步延长至凌晨 3：00，该时段可供交易的期货产品范围也扩大至货币期货及部分商品期货。

期权市场近期也引入了 T＋1 时段。2018 年 5 月 14 日，港交所将股票指数期权合约（恒生指数期权、恒生中国企业指数期权及小型恒生指数期权）纳入 T＋1 时段，结束时间为凌晨 1：00，并设立了短暂停牌机制。2019 年 6 月 17 日，更多期权产品如小型恒生中国企业指数之前也开始适用收市后交易时段。

参与收市后交易时段的投资者在输入"当日有效盘""直至到期盘"及"特定日期盘"时，若希望该买卖盘在 T 时段及 T＋1 时段均适用，则须勾选"T＋1"选项。未获配对且标有"T＋1"的买卖盘将由 T＋1 时段结束后转回 T 时段，直至全部配对。

T＋1 时段的交易设有价格上下限（T 时段的交易不受此限制）。一般认为越临近交割日，期货价格越趋向于现货价格，因此以 T 时段交割月份合约（也称"现货月合约"）的最后成交价为参考价，上下可以浮动 5％。比如 2019 年 10 月份到期的合约于 10 月 16 日的最后成交价为 100 港元，则该日上下限价格范围为 95 港元至 105 港元。[①]

港交所于 2017 年 1 月 16 日引入衍生品市场的市场波动调节机制，适用范围目前包括恒生指数期货、小型恒生指数期货、H 股指数期货及小型 H 股指数期货的首两个合约月份（统称"市调机制交易所合约"）在正常交易时段的交易指令，不适用于开市前议价时段和收市后交易时段。衍生品的市调机制与证券市场类似，此处不再赘述。

---

① 其他情形下价格限制的相关规定可参见港交所官网。

15.3.2.3 做市商制度

为了提高衍生品市场的流动性,港交所实施了做市商(称为"庄家")和流动性提供者计划。做市商的责任和奖励在各交易所规则中明确规定和说明,而流动性提供者计划属于交易所与流动性提供者之间协商所作出的商业安排,因此责任和奖励可较具弹性,不在交易所规则以内。图 15-23 为实施做市商和流动性提供者计划的衍生品产品类别和合约。

产品类别	合约	市场庄家计划	流通量提供者计划
期货合约	股票指数期货	恒生波幅指数期货 恒生股息期货 恒生国企股息期货 金砖市场期货 行业指数期货	中华交易服务中国 120 指数期货 行业指数期货
	股票期货	个别股票期货	不适用
	货币期货	美元兑人民币(香港)期货	欧元兑人民币(香港)期货 日元兑人民币(香港)期货 澳元兑人民币(香港)期货 人民币(香港)兑美元期货
	利率期货	1 个月港元利率期货 3 个月港元利率期货	不适用
	商品期货	不适用	伦敦铝期货小型合约 伦敦锌期货小型合约 伦敦铜期货小型合约 伦敦锡期货小型合约 伦敦铝期货小型合约 伦敦镍期货小型合约 伦敦铅期货小型合约
期权合约	股票指数期权	恒生指数期权 小型恒生指数期权 恒生中国企业指数期权 小型恒生中国企业指数期权	不适用
	股票期权	个别股票期权	不适用
	货币期权	不适用	美元兑人民币(香港)期权

图 15-23 实施做市商和流动性提供者计划的衍生品产品类别和合约
资料来源:香港交易所官网。

截至 2019 年 10 月,港交所期货及期权市场的做市商及流动性提供者名单如图 15-24 所示,有不少是海外知名做市商公司如 Citadel、Optiver、IMC 等,还有国际大银行如高盛、UBS、大摩等,其余包括香港本地的券商如辉立证券以及少数来自内地的金融机构如海通国际证券、中银国际证券。

期交所期货及期权庄家的参与者名单及代号:

代号	名称	代号	名称
"AKN"	Akuna Hong Kong Ltd	"LQC"	Liquid Capital Markets Hong Kong Ltd
"APC"	雅柏资本管理(香港)有限公司	"MAK"	Mako Hong Kong Ltd
"BNP"	法国巴黎证券(亚洲)有限公司	"MPF"	ABN AMRO Clearing Hong Kong Ltd
"CFT"	群益期货(香港)有限公司	"MVN"	Maven Asia (Hong Kong) Ltd
"CTC"	Chicago Trading Company (CTC) Ltd	"NHT"	Eclipse Options (HK) Ltd
"CTD"	Citadel Securities (Hong Kong) Ltd	"OPT"	Optiver Trading Hong Kong Ltd
"HKB"	汇丰金融期货(香港)有限公司	"SGS"	法国兴业证券(香港)有限公司
"IBG"	盈透证券香港有限公司	"SQH"	Susquehanna Hong Kong Ltd
"ICB"	工银国际期货有限公司	"TFF"	海通国际期货有限公司
"IMC"	IMC Asia Pacific Ltd	"UWD"	UBS Securities Hong Kong Ltd
"ISS"	一通投资者有限公司	"YKR"	跃鲲研发有限公司
"JPM"	J.P. Morgan Broking (Hong Kong) Ltd		

期交所期货流通量提供者的参与者名单及代号:

代号	名称	代号	名称
"APC"	雅柏资本管理(香港)有限公司	"NHT"	Eclipse Options (HK) Ltd
"CFT"	群益期货(香港)有限公司	"PHL"	辉立商品(香港)有限公司
"CHI"	致富期货商品有限公司		
"CNT"	中州国际期货有限公司	"SGS"	法国兴业证券(香港)有限公司
"DAI"	直达国际金融服务有限公司	"SQH"	Susquehanna Hong Kong Ltd
"FLW"	Flow Traders Hong Kong Ltd	"TFF"	海通国际期货有限公司
"GHF"	港汇金融(香港)有限公司	"UWD"	UBS Securities Hong Kong Ltd
"IBG"	盈透证券香港有限公司	"WFF"	永丰期货有限公司
"JSF"	中辉国际期货有限公司	"YNT"	元大期货(香港)有限公司
"KGI"	凯基期货(香港)有限公司		
"MPF"	ABN AMRO Clearing Hong Kong Ltd		

联交所期权庄家的参与者名单及代号:

代号	名称	代号	名称
"AKN"	Akuna Hong Kong Ltd	"JPM"	J.P. Morgan Broking (Hong Kong) Ltd
"BCA"	巴克莱亚洲有限公司	"LQC"	Liquid Capital Markets Hong Kong Ltd
"BNP"	法国巴黎证券(亚洲)有限公司	"MAK"	Mako Hong Kong Ltd
"BOC"	中银国际证券有限公司	"MEA"	麦格理资本股份有限公司
"CFB"	Credit Suisse Securities (Hong Kong) Ltd	"MSA"	Morgan Stanley Hong Kong Securities Ltd
"CGM"	花旗环球金融亚洲有限公司	"NHT"	Eclipse Options (HK) Ltd
"CTD"	Citadel Securities (Hong Kong) Ltd	"NTX"	Natixis Asia Ltd
"EAF"	东亚证券有限公司	"OPT"	Optiver Trading Hong Kong Ltd
"FUL"	富昌证券有限公司	"PHL"	辉立证券(香港)有限公司
"GSF"	高盛(亚洲)证券有限公司	"SGS"	法国兴业证券(香港)有限公司
"HBF"	汇丰证券经纪(亚洲)有限公司	"SQH"	Susquehanna Hong Kong Ltd
"IBG"	盈透证券香港有限公司	"TFF"	海通国际期货有限公司
"IMC"	IMC Asia Pacific Ltd	"TGS"	汇泽证券有限公司
"ISS"	一通投资者有限公司	"UWD"	UBS Securities Hong Kong Ltd
"JAF"	国泰君安期货(香港)有限公司	"YKR"	跃鲲研发有限公司

图 15-24 港交所期货及期权市场的做市商及流动性提供者名单

港交所的期权做市商分为三类：主要市场庄家、持续报价庄家及回应报价庄家，后两种合称为"一般庄家"，不同类型的做市商，其责任和奖励有所不同。主要庄家必须提供持续报价和回应报价，每只期权经过竞投程序选定不多于5家主要庄家。

恒生指数及恒生中国企业指数期权的主要庄家必须提供不少于100个期权系列的持续报价，最少持续报价时间于一个月内应达日间交易时段的90%。在回应报价上，主要庄家一个月内对开价盘要求必须作出回应达70%，回应报价最高时限为20秒，开价盘保留最少时限不少于10秒。除此之外，交易所对合约买卖盘的最大价差及开价盘所需涉及最少合约张数等也有具体的责任要求。

> 开价盘是指由庄家就相同期权系列在同一时间输入期权交易系统内以限价盘买入及限价盘卖出期权合约。庄家有责任在接受开价要求后及时提供开价盘并维持一定时间。

相比指数期权，个股期权的主要庄家责任要更多一些，比如必须提供不少于150个期权系列的持续报价，对所有月份期权开价盘要求作出回应达80%，开价盘保留最少时限为20秒等。

期货市场也有庄家，其责任与期权市场类似，只是不同的期货合约在报价要求、回应时限、最大买卖盘价差等方面规定也不同。庄家在提供义务履行责任的同时，也享受交易所提供的费用折扣，比如交易费用和交易系统分判牌照费用的减免，还可以向交易所申请额外的技术支持和庄家保护。感兴趣的读者可自行查阅港交所相关规定。

香港金融市场从总体微结构上看介于美国与中国内地之间，既有与国际接轨的交易制度，比如复杂的交易指令、不同情形下申报价格区间的设定、做市商制度，也有丰富多样的金融衍生品，但同时它又是比较完整的市场，不像美国那样碎片化。香港金融市场中的一些机制设计可为内地提供借鉴：

第一，香港的市场波动调节机制设计比较合理。它的触发以市场动态价格为参考，而不是以一个绝对的涨跌幅为指标，这样做的好处是既可以保持市场的连续价格发现，又可以防止暴涨暴跌。它还具有一定的提前预判性，可以在潜在买卖盘尚未造成价格大幅波动之前即进入冷静期，而且在冷静期只要申报价格在一定范围内仍然可以继续申报，保持了适度的流动性。这样的调节机制有助于防止盘中价格的大幅波动，维护市场价格稳定。如果未来我国股票市场要取消日内涨跌幅，那么可以借鉴香港的市调机制。

第二，港股流动性严重分化的现象值得内地吸取教训。如前所述，流动性分化的主要原因，一是港股扩容太快，二是对游资炒作监管不严。目前，内地市场尚未出现明显的流动性分化，在监管方面力度越来越大，IPO节奏也适中，不存在太快的问题。但这个现象值得监管层持续关注。

第三，香港金融市场的监管有一点值得学习，即在推出新的交易制度时采取实验的方法，逐步分阶段铺开，与美国证监会的做法相同。比如港交所在推出收盘集合竞价机制、市调机制和衍生品T+1交易机制等时，都是先选取部分证券试行，成熟后再向其他证券普及。在 2008 年至 2009 年收盘集合竞价机制出现市场问题后被立即停止,2016 年推出新机制,能够科学地解决此前制度设计上的问题,杜绝了价格操纵现象。内地的科创板有很多制度创新也是采取这种循序渐进的方式,但在证券期货市场上今后应该采取更多的科学实验的方法,加强政策事前、事中和事后的科学评估,循序渐进地推出各项改革措施。

> 2016 年 7 月 25 日起港交所推出的"新版"收盘集合竞价机制分成三个阶段逐步展开:第一阶段,适用于新收盘集合竞价机制的证券仅包括恒生综合大市值和中市值指数成分股;第二阶段,从 2017 年 7 月 24 日起,适用证券范围扩大至恒生综合小市值指数成分股、在内地也有 A 股上市交易的 H 股以及 ETF;第三阶段,从 2019 年 10 月 8 日起,进一步扩大至所有股票、ETF 和房地产信托基金(REITS)。

第十六章 加密货币市场微结构

自 2008 年中本聪引入基于区块链技术的电子现金系统概念,到 2009 年第一个包含 50 个比特币的区块诞生,一个全新的分布式匿名加密货币进入我们的世界。然而,随着比特币"挖矿热潮"风靡、ICO 骗局不断、价格疯涨暴跌和非法交易活动猖獗,人们在被加密货币创新理念吸引的同时,也在为加密货币过于迅速、不受控制的发展担忧。

许多人认为,包括比特币在内的加密货币币值太不稳定,因此完全没有投资价值,也不具有颠覆主权货币的可能性。的确,现阶段加密货币价格波动很大,然而从发展的眼光看,市场微结构是有可能发生改变的,如果采取积极措施着力改善加密货币的市场微结构,提高其流动性和稳定性,那么终有一天这些加密货币尤其是比特币会实现币值稳定,成为投资者组合中的座上宾。事实上,现在已经有越来越多的机构投资者将加密货币纳入其投资组合。近期比特币期货和比特币期权的推出也有助于比特币价格的稳定。

因此,研究和了解加密货币的市场微结构十分重要。投资者可能关心加密货币对现有金融资产是否有分散风险的作用,还可能关心比特币衍生品是否可以用来对冲比特币的价格风险。监管者需要密切注视加密货币市场的动向,因为它们可能将对或者已经对主权货币带来新的冲击,此外,一些洗钱、贩毒等违法犯罪活动正越来越多地围绕加密货币特别是比特币展开。

本章通过梳理加密货币方面(主要是比特币)的国内外学术文献,归纳总结加密货币的职能属性、价格风险、价格影响因素、市场流动性、相关衍生品和监管现状等市场微结构,并展望一种新型加密货币——天秤币的前景和可能带来的挑战。当然,这个领域的发展日新月异,各国央行近年来也纷纷加大了对数字货币的研发力度。全球数字货币的角逐正在拉开帷幕。

16.1 文献回顾

16.1.1 比特币能否成为货币?

目前,各国政府对待比特币的监管态度存在差异,但大部分都公开承认或者默认比特币是一种合法的金融投资工具,至今尚未有任何政府认定比特币具有货币属性,可以以货币地位进行交易。在 2017 年之前,比特币交易主要通过区块链进行,彼时交易所交易量大约为 30%。到了 2018 年 5 月,交易所交易量占了大约 90%。这其实已经与比特币作为一种匿名加密货币的初衷相违背,因为交易所交易是需要实名的,也说明比特币正逐渐向一种可交易的资产转变。

与传统货币相比,比特币具有以下五大特征:第一,去中心化。每条比特币交易记录都会传到网上,比特币网络由全体比特币用户共同控制,除非绝大部分比特币用户一致同意作出某种改变,否则任何人或组织都无法改变或停止比特币运行。因此,比特币的数量不受中央银行和政府的控制。第二,稀缺性。比特币的供给具有上限,当比特币挖掘总量达到 2100 万个之后就不再增加,以保证比特币的价值。此外,区块链限制了单位时间内新区块生成的数量。矿工完成区块制作之后要完成额外的计算任务,才可以将生成的区块发布到网络上。这个额外的计算任务限制了新区块发布的时间,约每隔 10 分钟才有一个矿工将自己做好的新区块发布到网络上。第三,高可分性。比特币设有最小货币单位,每 0.00000001 个比特币,即 1 聪比特币,以近期价格估算 1 万个聪大概相当于 7 美分。高可分性在一定程度上可以缓解总量有限的缺点,也可以支持传统货币所不能支持的超小额交易。第四,高匿名性。交易双方生成一对公私钥进行交易。通过私钥加密、公钥解密完成交易。每一笔交易都需要付款人的数字签名,数字签名可满足对应性和可鉴别性两个特征。对应性是说,一个签名只能对应一条交易记录,当付款人相同,但是交易内容不同时,数字签名也是不同的。可鉴别性利用了非对称加密法。每一笔交易会生成一对公私钥,加密的时候生成私钥,只有付款人自己知道,解密的时候利用公钥,公钥对所有人开放。私钥可以推算出公钥,公钥不可以反推出私钥。第五,不可逆性。一旦交易被记录,就不可能更改。鉴于这五大特征,Kaponda(2018)[①]在总体上比较认可比特币,认为其是新的"数字黄金"。

Caldararo(2018)[②]则持不同的观点,他分析了比特币相较于传统货币的优势和劣势,认为比特币的优势在于:第一,随着贸易全球化进程的加快,市场对于统一货币的需求加大;第二,可以有效解决各国央行对基础货币的操纵所引发的负面问题;第三,可以避免市场大机构对汇率的操纵;第四,比特币具有绝对的技术优势,可以使国际转账更便捷、更便宜、更安全,可以记录完整的交易记录。

但是,他认为比特币也具有一些显而易见的劣势,比如由于很多投机者参与以及庄家操纵,比特币的价格极不稳定,这对于任何潜在货币来说都是不可接受的;存在记账系统的利己问题,如交易所对加密货币价格进行操纵(以 Tether 为例)以获取利润;容易被黑客攻击;当前人们对比特币的狂热和历史上很多泡沫事件相似。值得注意的是,Caldararo 所提出的劣势基本都集中于比特币在交易所内的交易环节,而不是在区块链上的交易。

在实证研究上,Baur et al.(2017)[③]对比特币用户的链上交易数据进行了详细分析。他们将比特币用户分为主动用户(超过两次以上交易并仅发送大于 2000 美元的比特币)、被动用户(超过两次以上交易并仅接收大于 100 美元的比特币)、货币用户(频繁使用比特币,但

---

① Kaponda, K., Bitcoin the "Digital Gold" and Its Regulatory Challenges, SSRN Working Paper, 2018, (3123531).
② Caldararo, N., Bitcoin: Rube Goldberg Machine, Antique Throwback, Gigantic Distraction, Entertainment, Ripoff or New Money?, *Interdisciplinary Description of Complex Systems-scientific Journal*, 2018, 16, pp. 427-445.
③ Baur, D.G., Hong, K., Lee, A.D., Bitcoin: Medium of Exchange or Speculative Assets, *Journal of International Financial Markets*, 2017, 54, pp. 177-189.

每次数额低于 2000 美元)、试用用户(只交易过一次比特币并且交易金额低于 100 美元)、矿工用户(有过挖矿经历)和其他用户(既可能将比特币用于日常消费,也可能参与投资)等类型,发现以投资为目的的用户(包括主动用户、被动用户和其他用户)占绝大多数,且所占比例不断提升,同时货币用户、矿工用户和试用用户这些非投资用户逐年减少。通过进一步分析这些不同用户类型钱包的特征,作者证实了公共账簿中约 1/3 的比特币由投资者特别是被动用户所持有并储存,从而得出结论:目前,比特币主要用于投机目的,而非交易媒介。

国内学者也就比特币是否具有货币属性问题作了一些研究。盛松成等(2014)[1]研究指出,由于比特币具有如下特点:缺乏国家信用支持,难以作为本位币履行商品交换媒介的职能;比特币数量规模存在上限,难以适应现代经济发展需要;缺少中央调控机制,与现代信用货币体系不相适应等,因此,比特币不是真正意义上的货币。

李翀(2015)[2]也认为,由于比特币自身不存在价值,且不具备政府信用保障的特点,因此,比特币不能成为一国法定货币,也不能成为国际货币。比特币未来发展前景取决于各国中央银行的态度与商业机构的接受程度。

16.1.2　比特币是否具有分散风险的功能?

Baur et al.(2017)[3]发现,无论市场处于正常时期还是金融动荡时期,比特币与贵金属、股票、债券等传统资产的相关性均较弱,据此判断认为比特币作为投资工具应该具有分散风险的功能。

但 Klein et al.(2018)[4]对"比特币是新黄金"这一猜想提出了质疑。他们运用条件方差以及 BEKK-GARCH 关联模型,发现比特币与黄金在风险对冲功能上存在显著差异。当市场陷入低迷时,仅有黄金价格显示出避险能力,比特币价格却呈现出随市场变化的正相关性。如图 16-1 所示(样本期为 2011 年 7 月 2 日至 2017 年 12 月 31 日),在市场低迷期(阴影部分),黄金与标普 500 指数回报率之间呈现负相关关系,而比特币与标普 500 指数回报率之间却由负相关急剧转为正相关。

Klein et al.(2018)[5]进一步考察了最优投资组合表现,证实比特币不具有对冲能力。如表 16-1 中的"Panel A"所示,在基础资产为标普 500 和明晟 MSCI 全球两种股票指数的最优投资组合中,黄金占投资组合的比重最多可以达到 89%,平均达到 30%以上,说明黄金具有较强的风险对冲能力。而比特币所占比重较小,平均只有 3%左右。从"Panel B"和"Panel C"的对比来看,当把黄金纳入指数投资组合中后,组合的极端风险有了明显下降,然而比特币在纳入投资组合后反而增加了组合的极端风险。因此,作者认为比特币在风险对冲方面远不如黄金。

---

[1] 盛松成、张璇:《虚拟货币本质上不是货币——以比特币为例》,载《中国金融》2014 年第 1 期,第 35—37 页。
[2] 李翀:《比特币会成为货币吗?》,载《当代经济研究》2015 年第 4 期,第 60—65 页。
[3] Beau, D.G., Hong, K., Lee, A.D., Bitcoin: Medium of Exchange or Speculative Assets?, *Journal of International Financial Market, Institutions & Money*, 2017, 54, pp.177-189.
[4] Klein, T., Hien, P.T., & Walther, T., Bitcoin Is Not the New Gold: A Comparison of Volatility, Correlation, and Portfolio Performance, *International Review of Financial Analysis*, 2018, 59, pp.105-116.
[5] Ibid.

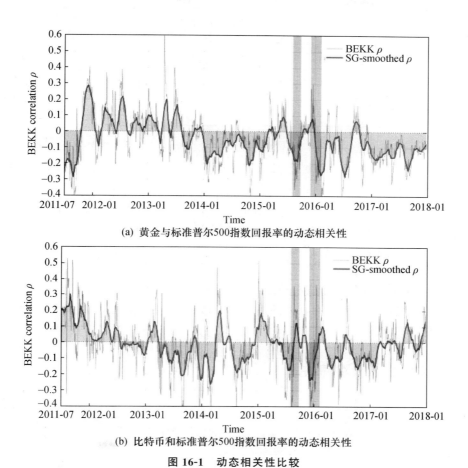

图 16-1 动态相关性比较

表 16-1 比特币最小方差组合统计

	Panel A: Descriptive statistics of the portfolio weights			
	S&P 500		MSCI World	
	Bitcoin	Gold	Bitcoin	Gold
Mean	0.0369	0.3698	0.0292	0.3088
Std. Dev.	0.0403	0.1368	0.0334	0.1451
Min.	−0.0850	−0.0554	−0.0486	−0.1208
Max.	0.2203	0.8896	0.1585	0.7883
	Panel B: Value-at-Risk measures			
	S&P 500		MSCI World	
$VaR_{0.01}$	−2.5438		−2.3171	
$VaR_{0.05}$	−1.4159		−1.2454	
$VaR_{0.10}$	−0.9019		−0.8031	

(续表)

		Panel C: *Hedging properties*				
Return	0.0489	0.0547	0.0251	0.0363	0.0399	0.0239
Volatility	0.8859	0.9044	0.6483	0.8069	0.8174	0.6434
Return|VaR$_{0.01}$	−3.5755	−3.6577	−1.0105	−3.4736	−3.4840	−1.1856
Return|VaR$_{0.05}$	−2.1881	−2.2189	−1.0195	−2.0255	−2.0267	−1.1387
Return|VaR$_{0.10}$	−1.6597	−1.6619	−0.8616	−1.5264	−1.5147	−0.8835

Urquhart et al.(2018)[①]通过 ADCC 模型评估了比特币对世界主流货币的日内对冲、分散和避风港作用。文中将"对冲"定义为某资产与其他资产负相关或者不相关,将"分散"定义为某资产与其他资产不完全正相关,将"避风港"定义为在市场极端情况下某资产与其他资产负相关或者不相关。结果显示,比特币可以作为瑞士法郎、欧元、英镑的日内对冲工具和澳元、加元、日元的风险分散工具。同时使用 Hansen(2000)[②]的阈值测试对比特币避险属性进行评估,发现在市场动荡高峰和极端情况下,比特币可以作为加元、瑞士法郎、英镑的安全避风港。

综上所述,实证研究偏向于支持以下结论:比特币对股票组合没有风险分散的作用,但对于一些世界主流货币组合具有日内的对冲和分散作用,当市场处于极端情况下还能作为某些货币的安全避风港。

16.1.3 比特币的风险特性

对比特币的风险特性的研究,学者关注于比特币泡沫风险与交易平台安全危机等话题。现阶段,比特币价格表现出强烈的波动性,大部分学者认为比特币交易仍具有较大风险。

Caldararo(2018)[③]指出,大众对比特币的复杂性技术和新平台交易模式产生新鲜感,容易狂热追捧。但比特币存在价格不稳定、生产耗能巨大、区块链被恶意攻击、央行干预受阻等问题,建议大众保持投资理性。图 16-2 为近年来比特币指数的走势图。可以看出,比特币的交易价格波动剧烈。

Klein et al.(2018)[④]发现,比特币价格的时间序列呈现出肥尾、长记忆和非对称的特性。其中,在非对称性上,比特币显示出与股票不同的特征。传统上,股票收益率与波动性之间存在非对称性,杠杆效应导致收益率为负时,波动性加大;但是作者发现,比特币的收益率与波动性之间呈现出正向的非对称性,即当收益率为正时,波动性更大。

---

① Urquhart, A. and Zhang, H., Is Bitcoin a Hedge or Safe-haven for Currencies? An Intraday Analysis, SSRN Working Paper, 2018,(3114108).
② Hansen, B. E., Sample Splitting and Threshold Estimation, *Econometrica*, 2000, 68, pp. 575-603.
③ Caldararo, N., Bitcoin: Rube Goldberg Machine, Antique Throwback, Gigantic Distraction, Entertainment, Ripoff or New Money?, *Interdisciplinary Description of Complex Systems-scientific Journal*, 2018, 16, pp. 427-445.
④ Klein, T., Hien, P. T., & Walther, T., Bitcoin Is Not the New Gold: A Comparison of Volatility, Correlation, and Portfolio Performance, *International Review of Financial Analysis*, 2018, 59, pp. 105-116.

图 16-2　BTC 的历史价格

　　Bianchetti et al. (2018)[①]采用 Philips, Shi and Yu(2015)[②]中提出的 PSY 模型和对数周期幂律(LPPL)模型,研究了 2016 年年底至 2017 年年底比特币与以太坊的价格泡沫,并检测出比特币 2017 年 6 月至 12 月中旬的泡沫以及以太坊 2017 年 4 月至 6 月的泡沫。

　　邓伟(2017)[③]从比特币价格背离性和爆炸性两个角度检验比特币价格泡沫。作者先通过正态分布检验证实了比特币价格背离性,具体表现为:不同交易平台在以不同货币和同种货币计价时,没有一致地反映比特币的内在价值,说明不同交易所的价格存在长期偏离。然后运用 sup ADF 检验等方法验证比特币价格具有爆炸性,即比特币存在价格泡沫。同时,结合实际情况,作者分析了比特币价格泡沫持续膨胀的原因,认为主要是由于投机、监管缺失、比特币优点过度夸大导致价值高估和可能存在市场操控等因素,并建议政策当局加大对互联网金融产品的关注,尽快制定相关政策,加强对交易平台的监管,完善市场机制。

　　Gandal et al. (2018)[④]是为数不多的研究比特币交易中的价格操纵的学者。作者巧妙地利用了比特币交易所 Mt. Gox 泄漏的 2013 年 2 月至 11 月多达 1800 万条用户交易数据,识别并分析了该交易所的可疑交易行为。作者重点研究了两个账号的可疑交易行为,分别是账号为 Markus Bot 和 Willy Bot 的自动化程序。结果发现,2013 年 2 月 14 日至 9 月 27 日 Markus 一直买入比特币,但没有支付相应的真实货币,它在 225 天中有 33 天是活跃的,总共买入 335898 个比特币,其平均交易量占该交易所日均成交量的 21%。而第二个账户 Willy 用了 49 个独立的账户,每个账户买入了价值为 250 万美元的比特币,买完就进入休眠状态,其平均交易量占该交易所日均成交量的 18%。2013 年 9 月 27 日 Markus 处于休眠状态后,Willy 的第一个账户开始购买,65 天中有 50 天在进行交易,总共买了 268132 个比特币。后来发现,这两个机器人账户竟然都是交易所自己运作的! 通过这两类欺诈性交易行为,交易所平台的交易量得到提高,手续费也有所增加。图 16-3 展示了

---

　　① Bianchetti, M., Ricci, C. and Scaringi, M., Are Cryptocurrencies Real Financial Bubbles? Evidence from Quantitative Analyses, SSRN Working Paper, 2018, (3092427).
　　② Philips, P. C. B., Shi, S. and Yu, J., Testing for Multiple Bubbles: Historical Episode of Exuberance and Collapse in the S&P 500, *International Economic Review*, 2015, 56, pp. 1043-1078.
　　③ 邓伟:《比特币价格泡沫:证据、原因与启示》,载《上海财经大学学报》2017 年第 2 期,第 50—62 页。
　　④ Gandal, N., Hamrick, J. T., Moore, T., Oberman, T., Price Manipulation in the Bitcoin Ecosystem, *Journal of Monetary Economics*, 2018, 95, pp. 86-96.

Markus 和 Willy 活跃时占 Mt.Gox 日交易量的百分比。

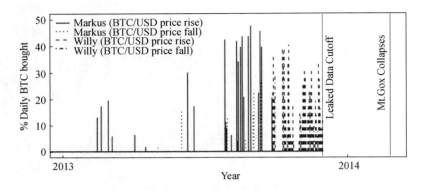

图 16-3　Markus 和 Willy 活跃时占 Mt.Gox 交易量的百分比

如图 16-3 所示，Markus 和 Willy 活跃时期通常伴随着比特币价格的上涨。当 Markus 活跃的时候，比特币价格平均上涨 3.15%；当 Willy 活跃的时候，比特币价格平均上涨 21.85%；而当这两个机器人账户不活跃的时候，比特币价格平均是下跌的。作者通过进一步回归分析证实了这两类行为是导致 2013 年年末比特币价格大涨的主要原因。如图 16-4 所示，当这两个机器人账户尤其是 Willy 活跃的时候，比特币价格出现了暴涨。

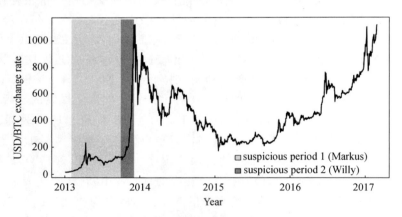

图 16-4　比特币价格走势与可疑交易
资料来源：Bitstamp。阴影部分为可疑交易行为活跃时期。

Makarov et al.(2018)[①]利用来自全球不同地区共 15 家加密货币交易所的交易数据，考察了包括比特币、以太坊和瑞波币在内的加密货币在各大交易所之间是否存在币法套利和币币套利机会的问题。对每一个币种，作者首先计算了各交易所的日内分钟加权价格，然后以分钟为单位计算跨交易所的平均价格最大值与最小值之比，以此作为地区套利指标。如果该指标大于 1，则表明存在套利机会。结果发现，跨地区套利比同地区套利机会更大，比如美国与日本、韩国之间利差较大，美国与欧洲之间利差较小。

---

① Makarov, I., Schoar, A., Trading and Arbitrage in Cryptocurrency Markets, SSRN Working Paper, 2018, (3171204).

图 16-5 展示了在这些国家或地区间进行套利可能获得的利润。美国与日本之间（见图 16-5(b)）的套利利润达 1.16 亿美元，美国与欧洲之间（见图 16-5(c)）的套利利润相比较小，为 0.23 亿美元，套利空间最大的为美国与韩国之间（见图 16-5(a)），约 7.47 亿美元。针对以太坊和瑞波币的实证结果与比特币类似。

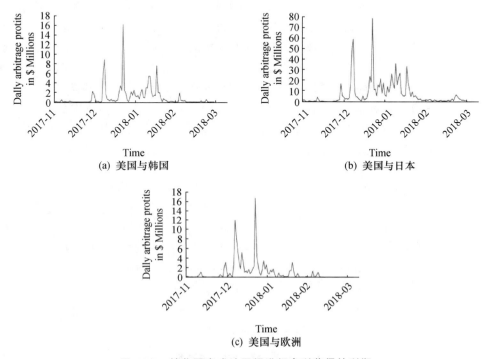

图 16-5　某些国家或地区间进行套利获得的利润

尽管有这么大的套利空间，但实际上由于跨地区的资本管制、卖空机制和区块链的交易认定时间较长等限制，跨地区套利存在较大的操作阻碍。

以上是针对各币种与各国法币之间的套利分析，相比之下，在比特币、以太坊和瑞波币的币币交易上，套利空间非常小。

16.1.4　比特币的监管

在比特币交易迅速发展的同时，由此带来的监管问题引起了各国政府和中央银行的高度关注。美国政府从 2012 年开始召开比特币听证会，评估风险；2013 年，开始构建比特币反洗钱、投融资等监管体系，将比特币等加密货币认定为金融投资工具；2015 年，在纽约州初步完成了比特币监管立法；2017 年 10 月，Ledger X 推出比特币期权交易，同年 12 月，CBOE 和 CME 分别推出比特币期货；2019 年，ICE 推出以实物交割的比特币期货；目前，美国有关方面正在积极推进比特币 ETF 的申请。

我国于 2013 年由中国人民银行等五部委联合发布《关于防范比特币风险的通知》，否认比特币的货币地位，禁止金融部门参与比特币经营活动，严防比特币洗钱风险；2017 年，中国人民银行等七部委联合发布《关于防范代币发行融资风险的公告》，暂停 ICO 融资，严控非法金融活动；同年 9 月 30 日，比特币中国暂停交易，我国对比特币的严厉监管进一步推进；2018 年 11 月，我国香港交易所宣布开始加密货币交易所沙盒监管。

樊云慧（2016）[①]指出，比特币是互联网金融的创新，我国对于比特币法律地位的认定不够准确，忽视对比特币等加密货币平台的规范，因此需要加强法律管控风险，在监管体系内最大程度发挥加密货币的价值。王寰（2018）[②]通过深入分析比特币交易的课税义务与比特币国际征税的挑战，建议正确认识技术革新带来的挑战，同时加强国际交流合作，对国际逃税避税进行规制。Jafari et al.（2018）[③]指出，面对比特币带来的网络安全风险、偷税漏税、恐怖活动等问题，立法当局试图修改法律，防止密码货币滥用，但成效甚微，建议在制定法律时全面考虑问题，对虚拟货币开展全方位研究，使虚拟货币发挥其技术优势。Kaponda（2018）[④]认为，由于比特币交易存在绕过机构监管、交易结果不可逆转、交易过程高度匿名性等特点，建议相关立法、监管机构及执法部门采取保护措施，加大监管力度，加强对公民的风险教育。

Foley et al.（2018）[⑤]运用网络聚类分析法和检测控制估计法对 2009—2017 年的比特币交易用户数据进行分析，发现目前约有 25% 的比特币用户和 44% 的比特币交易（次数）与非法活动有关；20% 的比特币交易（金额）和 51% 的比特币持有量与非法活动有关。从时间序列上看，利用比特币从事非法活动的交易金额占比有所下降，但绝对数量仍持续增加。

同时，通过对比特币用户群体特征进行分析，作者发现非法用户交易量更大而交易金额更小；倾向于与固定的对手方交易，较少持有比特币；倾向于在暗网数量较多、影子银行数量较少、暗网市场受到冲击、比特币关注较少的情况下从事非法活动（见表 16-2）。这些表现与非法用户担心比特币被政府没收的心理相一致。

表 16-2 非法用户和合法用户特征的差异

Variable	Observed		
	Other (1)	Illegal (2)	Difference (2)−(1)
Transaction Count	4.09	31.51	27.42***
Transaction Size	5346.87	2969.38	−2377.49***
Transaction Frequency	28.91	45.46	16.54***
Counterparties	3.53	14.61	11.08***
Holding Value	4021.77	3207.06	−814.71***
Concentration	0.09	0.20	0.11***
Existence Time	6.19	13.44	7.26***

[①] 樊云慧：《比特币监管的国际比较及我国的策略》，载《法学杂志》2016 年第 10 期，第 116—123 页。
[②] 王寰：《比特币引发的国际逃税避税问题及其法律应对》，载《税务研究》2018 年第 1 期，第 81—87 页。
[③] Jafari, S., Vo-Huu, T., Jabiyev, B., Mera, A., Mirzazade Farkhani, R., Cryptocurrency: A Challenge to Legal System, SSRN Working Paper, 2018, (3172589).
[④] Kaponda, K., Bitcoin the "Digital Gold" and Its Regulatory Challenges, SSRN Working Paper, 2018, (3123531).
[⑤] Foley, S., Karlsen, J., Putnins, T., Sex, Drugs, and Bitcoin: How Much Illegal Activity Is Financed through Cryptocurrencies?, SSRN Working Paper, 2018, (3102645).

(续表)

Variable	Observed		
	Other (1)	Illegal (2)	Difference (2)−(1)
Darknet Sites	17.17	16.67	−0.50***
Tumbling	0.38	1.15	0.77***
Shadow Coins	2.11	1.43	−0.69***
Darknet Shock Volume	15.84	27.25	11.40***
Bitcoin Hype	28.74	1.43	−27.31***
Pre-Silk-Road User	0.06	0.22	0.16***

注：*** 表示该系数在 1% 的水平下显著。

16.1.5 比特币价格的影响因素

比特币作为全球交易的加密货币，价格受到多重因素影响，波动性较大。相关研究表明，政策信息，投资者心理价位，"挖矿"活动的电力、人力资源投入，比特币交易费用，其他金融资产波动等均能在一定程度上影响比特币价格与交易活动。

Bystrom et al. (2018)[1]发表了第一篇关于比特币波动性成因的文章。作者基于相关性分析、回归分析和向量自回归（VAR）分析，分别对 2011—2017 年比特币的日度、周度和月度波动性影响因素进行了研究，发现在众多因素中只有美元指数的波动以及"Bitcoin"关键词的谷歌搜索量与比特币波动性存在显著正相关关系。谷歌关键词搜索量无论在样本内拟合还是样本外预测都是最重要的因素。这表明散户投资者，而非大型机构投资者，是比特币波动性的主要驱动因素。

Conrad et al. (2018)[2]运用 GARCH-MIDAS 混频模型提取了比特币价格中的长期波动性，发现在较短样本周期内，标普 500 指数的已实现波动性对比特币的长期波动性具有显著的负效应，而标普 500 指数的波动性风险溢价对比特币的长期波动性具有显著的正效应，Baltic 干货指数对比特币的长期波动性具有显著的正效应。比特币交易量与长期波动性之间有显著的负相关关系。有意思的是，作者发现数字犯罪相关的统计量与比特币的长期波动性并没有显著关系。

Easley et al. (2017)[3]通过构建博弈模型，研究了比特币交易费用的演变过程，并解释矿商与用户双方的战略决策行为。作者指出，比特币协议同时受到内生交易费用与外生动态约束（比如用户排队等待、区块链规模限制等）的影响，交易费用正从以采矿为基础向以市场为基础演变。

---

[1] Bystrom, H., Krygier, D., What Drives Bitcoin Volatility?, SSRN Working Paper, 2018, (3223368).
[2] Conrad, C., Custovic, A., Ghysels, E., Long-and Short-term Cryptocurrency Volatility Components: A GARCH-MIDAS Analysis, *Journal of Risk and Financial Management*, 2018, 11(2), pp. 1-12.
[3] Easley, D., Hara, M., Basu, S., From Mining to Markets: The Evolution of Bitcoin Transaction Fees, SSRN Working Paper, 2017, (3055380).

16.1.6 比特币期货和比特币期权

2017年7月,交易所Ledger X获得美国商品期货交易委员会的批准于同年10月正式推出比特币期权交易。2017年12月10日,美国芝加哥期权交易所上线比特币期货(XBT);同月18日,芝加哥商品交易所上线比特币期货(BTC)。比特币期货和期权的出现标志着比特币衍生品正式进入主流经济市场。尽管衍生品交易一定程度上使比特币交易合法化,但比特币衍生品的高投资风险和有限监管问题依然存在。

武佳薇等(2018)[1]研究发现,比特币期货上市的争议体现在宽松的上市条件、有限监管、风险对冲功能发挥不足方面。对于比特币衍生品,美国两大监管机构(CFTC、SEC)也存在监管理念分歧。针对这些问题,作者指出要从本国国情出发,妥善处理好金融创新与规范的关系,完善法律制度,提高监管治理能力。

宋爽(2018)[2]在对比私人平台与官方平台推出的比特币期货合约后,发现官方平台在合约设计、风控制度等方面表现出专业化与规范化,但仍然不能从根本上改善比特币易被操纵的风险问题。由此,作者认为只有建立法定加密货币,才能加强监管,遏制违法活动。

Madan *et al.*(2018)[3]通过多个期权定价模型考察了比特币期权的定价效率,发现凡是考虑了随机波动性的模型表现都更优。作者还考察了比特币期权合约的流动性分布情况,发现价外期权合约的流动性不如价内期权合约的流动性,而长期期权合约的流动性比短期期权合约的流动性要好一些。

Corbet *et al.*(2018)[4]研究了比特币期货合约对现货波动性的影响,发现比特币期货市场加大了比特币价格的波动性。作者分别使用描述波动性变化的统计量(the mood statistics)与描述价格位置和尺度变化的统计量(the lepage statistics)来检测比特币价格的变化时点,结果发现自2017年11月29日(宣布推出比特币期货的前两天)起,比特币价格的波动性明显加大,价格收益率的分布也随之发生了显著变化。

作者接着考察了比特币期货的套期保值能力,发现无论是简单1:1对冲,还是构建最小二乘法(OLS)对冲投资组合都不能降低风险,反而还增加了风险。

Corbet *et al.*(2018)[5]还通过信息份额指标来度量比特币现货市场和期货市场的价格发现功能,结果如表16-3所示,期货市场价格发现功能明显弱于现货市场。因此作者认为,比特币期货交易未能促使比特币成为货币,比特币仍是投机性资产。

---

[1] 武佳薇、卢边静子:《比特币衍生品:上市争议与监管分歧》,载《武汉金融》2018年第7期,第45—48页。
[2] 宋爽:《比特币期货与私人加密货币的投资风险》,载《银行家》2018年第2期,第50—51页。
[3] Madan, D., Reyners, S., Schoutens, W., MaMaMoMaMa: BTC Options, SSRN Working Paper, 2018, (3250760).
[4] Corbet, S., Lucey, B., Peat, M., Vigne, S., Bitcoin Futures—What Use Are They?, *Economics Letters*, 2018, 172, pp. 23-27.
[5] Ibid.

表 16-3 比特币期货与现货的价格发现功能

Information Share (Hasbruck)	Lower Bound	Upper Bound	Average
Futures	0.115535	0.183738	0.149637
Bitcoin	0.816261	0.884465	0.850363
Component Share (Gonzalo)	Average		
Futures	0.177028		
Bitcoin	0.822971		
Information Leadership(Yan)			
	Average		
Futures	0.025626		
Bitcoin	0.827931		
Information Leadership Share (Putnins)			
	Average		
Futures	0.030034		
Bitcoin	0.969965		

Hattori et al.(2018)①根据远期合约价格与期货合约价格之间的理论关系,考察比特币期货市场上是否存在远期和期货之间的套利。结果显示,在 2017 年 12 月比特币期货合约启动的当月,由于比特币期货市场尚未成熟,确实存在套利空间。但自 2018 年 1 月后,随着期货合约的有效运作,如图 16-6 所示,期货与远期价格之间的差别已经逐渐缩小,而且差别都在期货合约的买卖价差以内,这说明套利机会已经不复存在,比特币期货市场是一个有效的市场。

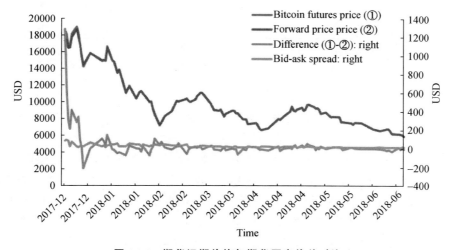

图 16-6 期货远期价格与期货买卖价差对比

---

① Hattori, T., Ishida, R., Do Investors Arbitrage in the Cryptocurrency Market? Evidence from the Bitcoin Futures Market, SSRN Working Paper, 2018,(3209625).

16.1.7 比特币市场微结构

由于比特币市场结构的特殊性,如一周 7 天、24 小时无休交易,存在多个交易平台套利机会等,使得高频交易更易实现。但交易费用的收取、比特币价格剧烈波动难以预测等因素也抬高了比特币的投机成本。近年来,已经有学者开始对比特币的市场微结构进行分析研究。

Brauneis et al. (2018)[①]分析了分别位于亚洲、美国和欧洲的 Bitfinex、Bitstamp 和 GDAX 三大交易所比特币美元市场的微结构,发现在交易价格与报价水平上,比特币三大交易市场的整合性较差,价格出现交叉的比例较高,在 0.5—1 之间波动。但在样本期(2017 年 12 月 15 日至 2018 年 6 月 15 日)内,Bitstamp 和 GDAX、Bitfinex 和 GDAX 之间的价格交叉比例呈现明显的下降趋势,表明市场一体化逐渐加强。如图 16-7 所示,图中虚线表示这三个市场的集合,实线表示两两比较。

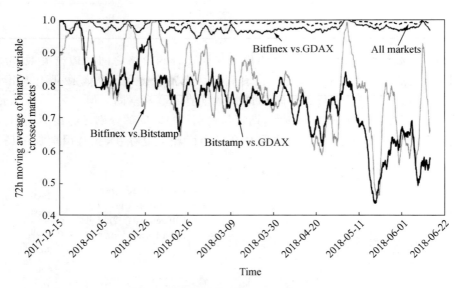

图 16-7　三大交易所比特币美元市场微结构
资料来源:Bitfinex 官网、Bitstamp 官网和 GDAX 官网。

Brauneis et al. (2018)[②]还采用多个流动性指标(包括买卖价差、市场深度、价格冲击等)对三家交易所进行比较,结果如图 16-8 所示(样本期为 2017 年 12 月 15 日至 2018 年 6 月 15 日)。可以看出,GDAX 的流动性最好,Bitfinex 次之,Bitstamp 最差。原因可能在于:GDAX 对流动性提供者不收取任何交易费用,因而流动性最好;Bitfinex 允许以高杠杆进行融资融币交易,使其具有较高流动性;Bitstamp 在系统负荷过高时,服务器会失去响应,导

---
① Brauneis, A., Mestel, R., Riordan, R., Theissen, E., A high-frequency Analysis of Bitcoin Markets, Working Paper Series, Social and Economic Sciences from Faculty of Social and Economic Sciences, Karl-Franzens-University Graz, 2018, (6).
② Ibid.

致短时间内无法获得交易所的即时行情,投资者会通过增加价差来弥补未来可能面临的价格风险。

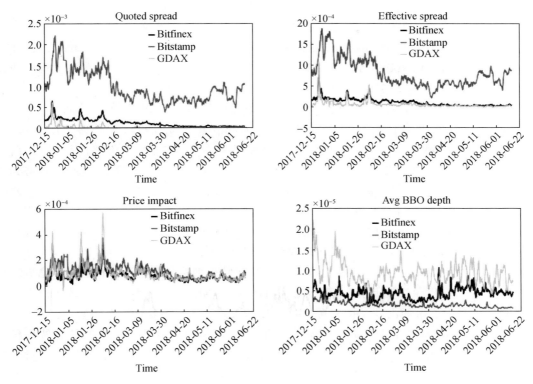

图 16-8 各交易所流动性指标

资料来源:Bitfinex 官网、Bitstamp 官网和 GDAX 官网。

16.1.8 比特币市场微结构的最新进展

近一两年来,比特币市场领域的研究日新月异,进展飞快。Aleti et al.(2020)[①]研究了 Bitstamp、Coinbase、Kraken、itBit 四个加密货币交易所的市场微结构,这四个交易所一共占据比特币对美元全市场近 56% 的成交量,同时也是 CME 比特币期货的结算价参考场所。上面提到有文献发现早期有些加密货币交易所内存在严重的虚假交易问题,但到了 2019 年至少这四家交易所被认为不存在虚假交易。

CME 比特币期货的结算价基于比特币参考率(Bitcoin reference rate,BRR),BRR 是有关交易所在下午 3:00 至 4:00 期间成交价的成交量加权中位数。为了保证比特币期货结算价的权威性,CME 专门成立了一个监督委员会,就成交量、市场透明度、合规和风控等方面对现有交易所进行筛选和评估。

---

① Aleti, S. and Mizrach, B., Bitcoin Spot and Futures Market Microstructure, *Journal of Futures Markets*, 2020, 41(2), pp. 194-225.

从交易额上看,这四个主要比特币现货交易所的日均总成交金额达 1.08 亿美元,基本相当于美国一个中等市值股票的日均成交额,而 CME 的比特币期货日均成交额达到了 6000 万美元,从成交量上看已经超过了纽约商品交易所的钯期货合约,但不如天然气期货合约。

从成交次数上看,Coinbase 是最活跃的场所,日均成交超 5 万次。Kraken 其次,日均成交不到 2 万次。Bitstamp 平均 9423 次,itBit 以不到 3000 次成交排列最后。CME 的日均成交次数更少,只有 2338 次。

比特币现货的买卖价差普遍比股票市场的买卖价差小。Coinbase 的平均价差为 0.27 个基点,Kraken 的买卖价差是其 8 倍多,而 Bitstamp 和 itBit 是其 14 倍多。作为对比,2019 年美国市值最大的三只股票(微软、苹果和亚马逊)的月度买卖价差高得多,分别为 0.99、1.05 和 4.56 个基点。据测算,在 Coinbase 上买卖一个比特币的交易费用(两倍买卖价差)约为 0.54 美元,但买卖亚马逊股票每股交易费用达到 9.12 美元。除了买卖价差以外,比特币的交易费用还包括交易所收取的其他费用。

在市场深度上,CME 比特币期货市场的深度最大,平均达到 36 个比特币(约 7 份期货合约)。在现货交易所,Coinbase 的市场深度最大,约为 Kraken 的 3 倍多。

比特币现货是 24 小时不间断交易,但 CME 比特币期货是每个工作日的格林尼治时间晚 10 时至 11 时以及每周五晚 10 时至每周日晚 11 时期间闭市,因此可以比较比特币期货上线和下线时现货市场流动性的差异。研究结果发现,当比特币期货下线时,现货市场的成交量显著下降,买卖价差显著扩大,而市场深度则显著降低,说明比特币期货交易有利于现货市场质量的提升。这应该跟 CME 比特币期货合约比较大(每手合约对应 5 个比特币,按照每个比特币 1 万美元的价格计算合约大小约为 5 万美元)以及主要投资者为机构有关。

从价格冲击的维度看,比特币现货市场是弹性较好的。要对现货价格造成 1% 的冲击,分别需要 120 个 itBit、143 个 Bitstamp、456 个 Coinbase 和 672 个 Kraken。这意味着在 Kraken 市场,一笔 250 万美元的成交对市场价格的冲击还不到 1%。

Aleti et al. (2020)[①] 还测算了比特币现货市场上的高频交易占比。如果以与限价报单成交速度快于 50 毫秒的比例来衡量高频交易活动,那么高频交易目前在比特币现货市场上占比还很小。比如 Coinbase 上高频交易占比约为 2.51%,作为对比,苹果股票的高频交易占比约为 30%。如果从撤单与成交的比例(cancellation to execution ratio,CER)来看,Coinbase 与 Bitstamp 上的 CER 分别为 36.80% 与 50.27%;作为对比,美股最大市值组股票的平均 CER 为 22.37%,最大市值组的交易所交易产品 CER 为 75.64%。因此,比特币现货市场上的 CER 算是正常水平。此外,如果看 50 毫秒撤单比例,Coinbase 大概是 15.55%,Bitstamp 为 8.09%,而苹果股票的撤单比例达到了 35.44%。

从期现之间的价格发现功能来看,超过 2/3 的时间价格发现在比特币期货市场上发生。这个发现跟前文中引用的部分文献结果迥然不同,说明经过一段时间的运行,比特币期货

---

① Aleti, S. and Mizrach, B., Bitcoin Spot and Futures Market Microstructure, *Journal of Futures Markets*, 2020, 41(2), pp. 194-225.

市场已然更加成熟,功能也得到了更好的发挥。

最后,值得一提的是,2019年9月23日,Bakkt首个以实物结算的比特币期货正式上线开始交易。虽然开始成交清淡,但Bakkt比特币期货的推出有以下两方面的意义:首先,由于Bakkt是国际著名交易所集团ICE旗下的加密货币交易平台,且其推出的比特币期货是第一个接受美国CFTC监管的在合法交易所内交易的品种,这表明美国政府在经过前期的监管摸索之后已经有了比较清晰的监管思路,这对于加密货币市场是一个长期利好消息;其次,Bakkt此前致力于建立和完善加密货币的存储和提现业务,为基于实物交割的期货品种运行打下了基础,基于实物交割的比特币期货有利于降低比特币价格的波动性,从而进一步提升比特币在加密货币中的地位,拓展比特币的应用前景。

16.1.9 小结

本节通过回顾比特币相关文献研究,发现目前学者对比特币的看法褒贬不一。第一,学术研究总体发现比特币更多表现为一种投机金融工具,而非交易货币;第二,比特币价格泡沫化现象十分严重,波动性较高,对传统金融资产没有起到类似黄金一样有效的对冲作用,仅对部分主流货币具有对冲、分散风险和避风港功能;第三,各国对加密货币的监管体系尚在摸索之中,比特币交易平台存在较严重的安全漏洞,各平台之间存在较大的套利空间,但由于各国资本管制和交易技术上的限制等因素不能形成规模套利;第四,比特币期货合约推出早期未能改善比特币投资风险,期货市场的价格发现功能较弱,没有对冲功能。但随着期货市场的日益成熟,价格发现功能已经逐渐完善;第五,比特币市场的流动性不亚于传统的股票市场,且机构投资者越来越多,其中不乏高频交易者。这些迹象表明,比特币市场的微结构相比初期已经有了很大的改善,未来如何发展值得期待。

16.2 Libra横空出世

如果说比特币等加密货币在日常生活中的应用场景仍然遥远,且目前主要应用在洗钱、贩毒、赌博等"黑暗"世界,[①]那么脸谱(Facebook)公司于2019年宣布拟于2020年推出的天秤币(Libra)则是面向"光明"世界的加密货币。凭借脸谱公司全球几十亿月活用户的流量实力,天秤币旨在打造一个基于分布式账本技术(DLT)的无国界的全球货币,将超过17亿非银行用户纳入金融系统。根据目前的构想和进展,天秤币完全有可能成为加密货币中的王者,日后至少部分取代现有主流法币也不是空中楼阁。

天秤币首先被设计为一种低波动性、低通胀的资产。高波动性、暴涨暴跌是比特币的最大缺陷,也是其至今尚未得到广泛使用的最大障碍。据脸谱公司介绍,天秤币将会锚定一篮子主流法币(流动性和稳定性较好的货币如美元、英镑、日元、欧元等,其中美元的比重

---

① 2019年,欧洲执法机构欧洲刑警组织(Europol)发布了一份网络犯罪威胁报告,称与其他任何货币相比,暗网更喜欢比特币。在暗网这个提供非法活动的温床,从预付卡到枪支、毒品和假币,比特币仍然是最受欢迎的支付方式。Europol估计,迄今为止已有价值超过10亿美元的加密货币流入暗网,其中主要是比特币。

达到 50%)以及低波动性的金融资产。

天秤币将由位于瑞士日内瓦的天秤币理事会进行管理和运维。天秤币理事会是一个非营利性组织,由来自支付、科技、风投等行业的天秤币创始成员和合作伙伴共同运营,脸谱公司将会是其中一员,但不享有任何特权。天秤币的供给由理事会成员根据 2/3 的多数原则共同决定。天秤币技术所需的共识节点(validator)也将由理事会成员组成。

伴随天秤币的是天秤币加密钱包(Calibra)应用软件。该软件由脸谱公司开发,并将其植入社交软件中。Calibra 使用了基于公钥的加密技术,安全性高,并且完全接受监管,正在全球范围内申请牌照。

可以预见,未来天秤币的重要应用场景之一就是跨境支付。如果按照其他类似的网络支付平台如 Venmo 的用户数和交易量来测算,基于脸谱庞大的用户群,天秤币的交易量可能会达到一个天文数字:每年 1 万亿美元。目前,全球跨境支付每年才 5000 亿美元。与西联汇款这些跨境支付机构相比,天秤币具有低成本、无支付限额、瞬间支付和匿名等优点。

仅"匿名"这一条便足够引起全球各大央行的高度重视,特别是对于我国金融监管层来说,匿名跨境支付可以完全绕开目前的资本管制,威胁国家金融安全。脸谱公司日前宣布,Libra 将锚定以美元为主的一篮子法币,也不禁使人联想即使 Libra 最终成为超主权货币,但其实背后控制其价值的仍然是美元。虽然近期脸谱公司 CEO 扎克伯格在美国国会听证会上遭到了强烈的质疑,但天秤币的推出并不是毫无可能。无论如何,应对天秤币等数字货币对我国金融系统和人民币国际化进程所带来的挑战将是包括央行在内的监管层所必须认真考虑的迫切问题。